RÉALISER SON PROJET D'ENTREPRISE

3e édition revue et enrichie

Les Éditions Transcontinental
1100, boul. René-Lévesque Ouest
24e étage
Montréal (Québec) H3B 4X9
Tél. :   (514) 340-3587
          1 866 800-2500
www.livres.transcontinental.ca

Les Éditions de la Fondation de l'entrepreneurship
55, rue Marie-de-l'Incarnation
Bureau 201
Québec (Québec) G1N 3E9
Tél. :   (418) 646-1994, poste 222
          1 800 661-2160, poste 222
www.entrepreneurship.qc.ca

La collection *Entreprendre* est une initiative conjointe de la Fondation de l'entrepreneurship et des Éditions Transcontinental visant à répondre aux besoins des futurs et des nouveaux entrepreneurs.

Distribution au Canada
Les messageries ADP, 2315, rue de la Province, Longueuil (Québec) J4G 1G4
Tél. : (450) 640-1234 ou 1 800 771-3022
adpcommercial@sogides.com
Distribution en France
Géodif Groupement Eyrolles – Organisation de diffusion
61, boul. Saint-Germain 75005 Paris FRANCE – Tél. : (01) 44.41.41.81
Distribution en Suisse
Servidis S. A. – Diffusion et distribution
Chemin des Chalets CH 1279 Chavannes de Bogis SUISSE – Tél. : (41) 22.960.95.10
www.servidis.ch

Données de catalogage avant publication (Canada)
Vedette principale au titre :
Réaliser son projet d'entreprise
3e édition revue et enrichie
Collection *Entreprendre*
Publié en collaboration avec la Fondation de l'entrepreneurship
ISBN 2-89472-284-2 (Les Éditions)
ISBN 2-89521-079-9 (La Fondation)
1. Projet d'entreprise. 2. Entrepreneuriat. 3. Plan d'affaires. 4. Nouvelles entreprises – Gestion.
5. Nouvelles entreprises – Finances. I. Filion L. Jacques (Louis Jacques), 1945-   .
II. Fondation de l'entrepreneurship. III. Collection Entreprendre (Montréal, Québec).

HD62.5.R44 2001   658.1'1   C2001-940963-X

Les droits d'auteur de ce livre sont versés au Fonds de recherche de la Chaire d'entrepreneuriat Rogers — J.-A. Bombardier de l'École des HEC de Montréal. Ces fonds servent à financer des recherches sur les entrepreneurs.

Révision et correction : Louise Dufour, François Roberge
Mise en pages et conception graphique de la couverture : Studio Andrée Robillard

© Chaire d'entrepreneuriat Rogers — J.-A. Bombardier 2001, 2005
Dépôt légal — 3e trimestre 2001
3e impression, mai 2005
Bibliothèque nationale du Québec
Bibliothèque nationale du Canada
ISBN 2-89472-284-2 (Les Éditions)
ISBN 2-89521-079-9 (La Fondation)

Nous reconnaissons, pour nos activités d'édition, l'aide financière du gouvernement du Canada, par l'entremise du Programme d'aide au développement de l'industrie de l'édition (PADIÉ), ainsi que celle du gouvernement du Québec (SODEC), par l'entremise du Programme d'aide aux entreprises du livre et de l'édition spécialisée.

LOUIS JACQUES FILION
et ses collaborateurs

RÉALISER
SON PROJET
D'ENTREPRISE

3e édition revue et enrichie

Les Éditions
Transcontinental

fondation de
l'entrepreneurship

Remerciements

Je tiens à remercier en premier lieu notre collègue Richard Déry qui a eu l'idée de ce livre.

Je remercie également les différents auteurs qui ont rendu ce livre possible. Ils ont su respecter plusieurs contraintes reliées tant au thème, à la longueur du texte qu'à l'approche, que nous voulions simple et facilement accessible.

Plusieurs milliers d'étudiants ont lu et utilisé les deux premières éditions. Nous en avons rencontré quelques centaines qui nous ont fait part de leurs commentaires et suggestions. Nous avons aussi noté les suggestions de nombreux étudiants, lors de cours, et de nombreuses personnes, lors de conférences. Nous les en remercions. Nous remercions plus particulièrement Christophe Kadji-Youaleu ainsi que Denis Grégoire pour l'ensemble des suggestions détaillées qu'ils ont formulées à la suite de la première édition.

Enfin, j'aimerais souligner le travail fort apprécié de Nicole Bossard qui, alors qu'elle était secrétaire à la Chaire d'entrepreneuriat Rogers — J.-A. Bombardier, a coordonné l'ensemble du processus de remise des textes à l'éditeur.

Louis Jacques Filion

Les auteurs

Benoit A. Aubert est professeur agrégé au service d'enseignement des technologies de l'École des HEC de Montréal. Il est également directeur de recherche au CIRANO (Centre interuniversitaire de recherche en analyse des organisations). Ses travaux de recherche, ainsi que ses interventions en entreprise, portent sur l'impartition, sur les nouvelles formes d'organisation, ainsi que sur la gestion des activités informatiques. Il s'intéresse aux différents types de relations contractuelles pouvant lier clients et fournisseurs de services (ou employés et employeurs), afin de définir les modes d'organisation optimaux.

Céline Bareil, B.Sc., M. Ps., Ph.D., est professeure agrégée au service d'enseignement du management à l'École des HEC de Montréal. Psychologue du travail, elle détient un doctorat en psychologie industrielle et organisationnelle de l'Université de Montréal. Sa recherche et son enseignement portent principalement sur la gestion de la vie professionnelle, le développement organisationnel, la mise en œuvre de projets de changement et les préoccupations des individus en situation de changement. Dans sa pratique professionnelle antérieure à l'enseignement universitaire, Céline Bareil a cumulé près de dix années d'expérience en formation et en développement organisationnel.

Jacques Baronet, B.A., M.Sc. (relations publiques), M.B.A., est consultant en gestion et en communication et étudiant au doctorat en management à l'École des HEC de Montréal. Ses domaines d'expertise incluent l'entrepreneurship, la créativité, l'innovation en entreprise et les habiletés de direction.

Jean-Pierre Béchard est professeur agrégé au service d'enseignement du management de l'École des HEC de Montréal. Il est chercheur associé à la Chaire d'entrepreneuriat Rogers — J.-A. Bombardier et responsable de l'Observatoire des innovations pédagogiques en gestion (OIPG). De plus, il agit à titre de directeur de la revue en enseignement supérieur RES ACADEMICA, publication scientifique de l'Association internationale de pédagogie universitaire (AIPU).

Roger A. Blais, O.C., O.Q., ing., M.Sc., Ph.D., est professeur émérite à l'École Polytechnique de Montréal où il a enseigné l'entrepreneurship durant 20 ans et est maintenant conseiller technique au Centre d'entrepreneurship HEC - Poly - UdeM. Il est le coauteur de deux livres sur l'entrepreneurship technologique et de plus d'une centaine d'articles scientifiques portant sur les sciences de la Terre et sur l'innovation.

Détenteur d'un baccalauréat ès arts de l'Université Laval, d'une licence en sciences commerciales de l'École des HEC de Montréal et d'un M.B.A. de l'Université de Chicago, **Marcel Côté** est professeur honoraire de stratégie à l'École des HEC de Montréal. Il a publié plusieurs livres ainsi que de nombreux articles traitant de la gestion stratégique, du rôle du dirigeant, de la caractérisation des organisations et de la gestion des organisations et de leurs ressources humaines. À titre de professeur invité au sein d'universités étrangères, il participe à la formation de professeurs d'écoles de gestion par le biais du transfert de méthodes pédagogiques actives (méthode des cas, simulation d'entreprise) qu'il a pratiqué tout au long de sa carrière universitaire. Il agit également en tant que consultant auprès de présidents d'entreprises privées.

Claude R. Duguay est professeur invité à l'école des sciences de la gestion à l'UQAM et chercheur associé au groupe CHAÎNE de l'École des HEC de Montréal. De 1976 à 1998, il a été professeur au département de l'enseignement de la gestion des opérations et de la production à l'École des HEC de Montréal. Il s'intéresse surtout à l'amélioration de la productivité puis à la gestion de la qualité totale ainsi qu'à la gestion de la chaîne d'approvisionnement

Louis Jacques Filion, B.A., B.S.S., M.A., M.B.A., Ph.D., est professeur titulaire et directeur de la Chaire d'entrepreneuriat Rogers — J.-A. Bombardier à l'École des HEC de Montréal. Il possède une expérience diversifiée de la création d'entreprises, de l'entrepreneuriat et de la pratique de la gestion : ressources humaines, gestion des opérations, marketing et direction générale. L'entrepreneuriat et la PME sont ses champs de spécialisation.

Rodrigue Gagnon est un conseiller en gestion des ressources humaines et des organisations auprès de dirigeants de moyennes et grandes entreprises. Diplômé de l'université de Montréal, il a occupé divers postes de direction des ressources humaines auprès de grandes organisations dont Steinberg, Domtar et le Groupe Transcontinental. En 1998, il a été reconnu professionnel émérite de l'Ordre des conseillers en ressources humaines et relations industrielles agréés du Québec.

Alain Gosselin est professeur titulaire et directeur du service de l'enseignement de la gestion des ressources humaines à l'École des HEC de Montréal. Il fut directeur et rédacteur en chef de la revue *Gestion, revue internationale de gestion* de même que président de l'Association des sciences administratives du Canada (ASAC). Au cours des dernières années, il a assumé successivement le poste de vice-président de l'Association des professionnels en ressources humaines du Québec et de l'Ordre des conseillers en ressources humaines et relations industrielles agréés du Québec.

Professeure adjointe et directrice du groupe de recherche CHAÎNE à l'École des HEC de Montréal, **Marie-Hélène Jobin,** Ph.D., s'intéresse à la gestion de la chaîne d'approvisionnement et au phénomène de l'entreprise réseau. Elle porte un intérêt particulier à l'impartition. Elle enseigne et poursuit des recherches sur la création de la mesure de la valeur sur le plan des opérations et sur des outils d'amélioration.

Gaston Meloche est professeur au service de la direction et de la gestion des organisations de l'École des HEC de Montréal où il est coordonnateur des enseignements en droit des affaires. Il enseigne dans plusieurs universités, anime des séminaires dans de nombreuses entreprises, fait de la consultation en gestion de contrats commerciaux et en négociation commerciale internationale et agit comme médiateur et arbitre. Il est conseiller externe auprès d'un cabinet d'avocats de Montréal orienté vers la PME. Il a été avocat aux ministères de la Justice (Bureau de la concurrence), de Revenu Canada et directeur du contentieux du MRQ. Il est membre de plusieurs comités relatifs à l'entrepreneurship, fellow de Price-Babson et diplômé de Harvard Law School en négociation et en médiation.

Liette Lamonde détient le titre de comptable agréée depuis 1993. Ses études supérieures en droit sont concentrées dans les domaines du droit commercial, du droit international et de la propriété intellectuelle. Elle achève présentement la rédaction de son mémoire de maîtrise en droit. Elle est à l'emploi de l'Agence de développement économique du Canada pour les régions du Québec.

Professeur agrégé de finance, **Pierre Laroche**, Ph.D., est actuellement directeur du service d'enseignement de la finance à l'École des HEC de Montréal. Il se spécialise en gestion des risques financiers et dans les instruments financiers dérivés. Il s'intéresse aussi à la gestion de la trésorerie. Il enseigne ces matières au baccalauréat et à la maîtrise en sciences de la gestion et leur a consacré trois livres en plus de quelques articles.

Jean-Francois Pariseau, M.Sc., M.B.A. est directeur, division du capital de risque, pour la Banque de développement du Canada. La BDC fournit du capital de risque depuis 1975 et a investi dans plus de 270 entreprises. Avant de joindre la BDC en 2001, Jean-François Pariseau a travaillé en tant que directeur investissements, pour CDP-Sofinov, une filiale de la Caisse de dépôt et placement du Québec spécialisée en investissement de capital de risque de sociétés de hautes technologies. Il évalue et finance des compagnies qui évoluent dans le secteur des biotechnologies et des sciences de la vie depuis 1997. Il s'assure du suivi d'investissements tant au Canada qu'aux États-Unis et est actif dans plusieurs conseils d'administration de sociétés. Avant de joindre CDP-Sofinov, Jean-François a cofondé deux sociétés œuvrant dans le domaine de la santé et de la distribution de produits pharmaceutiques.

Détentrice d'un B.A.A. et d'une M. Sc. en management, **Louise E. Péloquin** a toujours travaillé en entrepreneurship et en gestion de la PME. Elle est actuellement chargée de formation à l'école des HEC de Montréal.

Louise St-Cyr est titulaire de la Chaire de développement et de relève de la PME et professeure titulaire de finance à l'École des HEC de Montréal. Elle est membre de l'Ordre des comptables agréés depuis 1975 et a terminé une maîtrise en sciences de la gestion – option finance à l'École des HEC de Montréal en 1982. Les recherches de Louise St-Cyr s'orientent principalement sur le phénomène de la relève dans les PME et sur l'entrepreneuriat féminin. Depuis 1997, elle est successivement membre du Groupe de travail sur le financement de l'entrepreneurship féminin et du Groupe-conseil en entrepreneuriat féminin mis sur pied par le ministère de l'Industrie et du Commerce (MIC). Depuis 1992, elle est directrice du groupe de recherche Femmes, gestion et entreprises de l'École des HEC.

Jean Talbot est directeur du service de l'enseignement des technologies de l'information à l'École des HEC de Montréal. Il détient un doctorat en sciences de gestion de l'Université de Montpellier. Sa recherche et son enseignement portent principalement sur le commerce électronique et sur la répercussion de celui-ci sur les organisations. Il s'intéresse aussi à l'entrepreneurship québécois dans le domaine des technologies de l'information. Il anime un séminaire public sur le marketing à l'aide d'Internet.

Professeur agrégé au service de l'enseignement du marketing de l'École des HEC de Montréal, **Normand Turgeon**, Ph.D. Marketing, a une expertise dans le domaine de la gestion du marketing stratégique appliqué tant aux entreprises de production que de servuction, et ce, sur les plans national et international. Il est l'auteur de deux livres traitant du sujet, dont l'un, *Les entreprises de services* (Éditions Transcontinental) a remporté, en 1999, le prix PricewaterhouseCoopers du meilleur livre d'affaires.

Détenteur d'un B.A., d'un M.B.A. et d'un doctorat en comptabilité, **Van The Nhut** est professeur agrégé au service de l'enseignement des sciences comptables de l'École des HEC de Montréal. Son enseignement et ses recherches l'ont mené à s'intéresser particulièrement aux liens qui existent entre la comptabilité et les sciences du comportement.

Avant-propos de la troisième édition

L'idée originale de ce livre est extrêmement simple : fournir aux étudiants et aux étudiantes un document facile à comprendre et à suivre afin de les initier à la pratique entrepreneuriale, à la rédaction d'un plan d'affaires de même qu'à la création d'une entreprise. Il s'agissait pour nous de présenter une approche qui permette à l'étudiant d'établir une relation de confiance et de confort entre soi et son projet. Une fois cette première étape achevée, il deviendra plus facile d'établir par la suite une relation de confiance entre soi, son projet et les autres – investisseurs, employés, fournisseurs, clients.

Nous avons effectué une étude passablement exhaustive des livres, manuels et autres publications existant en français et en anglais sur le plan d'affaires et le démarrage d'entreprise et avons constaté que ces publications étaient essentiellement centrées sur le plan d'affaires. À une exception près, aucune ne possédait un chapitre sur l'identification d'occasions d'affaires, aucune ne possédait de chapitre pour préparer au démarrage, à la pratique entrepreneuriale ou à l'exercice du métier d'entrepreneur. Nous présentons un livre plus complet qui non seulement guide à la rédaction d'un plan d'affaires, mais prépare aussi à se lancer en affaires.

Pourquoi avoir choisi le plan d'affaires comme moyen pour non seulement se préparer à la pratique des affaires, mais aussi pour s'introduire au monde des organisations ? Pour plusieurs raisons, dont l'une des principales réside en ce que la rédaction d'un plan d'affaires constitue l'un des meilleurs exercices de synthèse que quiconque puisse réaliser pour comprendre l'ensemble de la dynamique d'une organisation.

La rédaction d'un plan d'affaires fait appel tant aux connaissances et à l'analyse qu'à l'imagination, en somme, tant aux facultés de la partie droite qu'à celles de la partie gauche du cerveau. La rédaction d'un plan d'affaires implique l'utilisation adéquate des savoirs, mais aussi des réflexions sur les savoir-être, les savoir-faire ainsi que sur les savoir-devenir. Il s'agit d'un exercice de réflexion parmi les plus complets pour exercer le jugement à la pratique des affaires, de même qu'à l'intégration et à la gestion des organisations.

Qui a préparé un plan d'affaires au moins une fois dans sa vie aura intégré des éléments de référence qui permettent de procéder à des diagnostics organisationnels plus rapidement que ceux qui n'ont jamais fait cet exercice. C'est un des meilleurs exercices pour préparer à l'intervention dans une entreprise, par exemple à titre de consultant, ou à la présence et à la participation active au sein d'un conseil d'administration, car il permet de comprendre l'ensemble, ainsi que la relation à cet ensemble, de chacune des parties d'une organisation.

L'exercice servira directement celles et ceux qui veulent se lancer en affaires, mais sera aussi fort utile à celles et ceux qui iront travailler en grandes entreprises. On sait que plus de 75 % des emplois créés au cours des dernières années l'ont été dans des secteurs de services. Les entrepreneurs, travailleurs autonomes, dirigeants de micro et de petites entreprises constituent un pourcentage non négligeable de la croissance des clientèles dans les différents secteurs de services. L'initiation à la création d'entreprise par la rédaction d'un plan d'affaires constitue également un exercice parmi les plus riches pour comprendre la culture entrepreneuriale de ces nouvelles clientèles émergentes.

Le livre a été conçu pour faciliter l'apprentissage de la rédaction d'un plan d'affaires. La première édition proposait une innovation pédagogique en suggérant une approche graduelle comprenant deux niveaux de plans d'affaires : le sommaire et le classique. Les éditions subséquentes vont plus loin dans le sens de l'approche graduelle en proposant, dès le premier chapitre, de situer sa dimension entrepreneuriale dans l'ensemble de son système de vie.

Nous avons aussi amélioré et grandement enrichi les différentes dimensions pour bien planifier le démarrage ainsi que pour bien agencer la gestion par la suite. Nous avons couvert l'essentiel de ce qu'a besoin de connaître une personne qui lance, gère et développe une entreprise. Un chapitre ouvre même une réflexion sur la possibilité d'intégrer une entreprise familiale et de s'y insérer dans un processus de succession plutôt que de lancer sa propre entreprise. Nous croyons qu'il existe là de nombreuses possibilités que nos étudiants ne considèrent pas à leur juste valeur. Et cela n'exclut pas la possibilité d'établir un plan d'affaires pour cette entreprise.

Faisant suite aux demandes souvent mentionnées par des intervenants et des consultants, la troisième édition ajoute même deux chapitres qui s'adressent aux personnes qui travaillent au soutien des entrepreneurs et des créateurs d'entreprises. Un chapitre portant sur les approches et les critères pour évaluer un plan d'affaires offre des repères aux personnes qui ont soit à évaluer des plans d'affaires, soit à organiser des concours ou des jurys portant sur des plans d'affaires. Il sera aussi très utile aux rédacteurs de plans d'affaires intéressés à mieux comprendre à partir de quels critères leurs plans d'affaires peuvent être évalués. Le chapitre sur l'éducation et la formation entrepreneuriale intéressera plus particulièrement les intervenants et consultants qui ont à mettre en pratique de telles activités.

Enfin, nous avons fait un effort particulier pour que le texte soit agréable et facile à lire. Nous espérons qu'il saura vous plaire et vous donnera le goût non seulement de vous lancer en affaires et de mieux soutenir celles et ceux qui y sont déjà, mais aussi de continuer à apprendre et à progresser dans la voie entrepreneuriale.

Louis Jacques Filion
14 août 2001

fondation de l'entrepreneurship

Table des matières

CHAPITRE 13
La recherche-développement et l'innovation technologique 313
par Roger A. Blais, ingénieur

Liste des tableaux

Liste des exercices

Liste des figures et des graphiques

Préface

Par Jean-Marie Toulouse
Directeur de l'École des hautes études commerciales de Montréal

Un regard sur la démographie des entreprises dans les pays du G7 permet de cerner certains phénomènes dont l'importance est cruciale pour une école de gestion comme les HEC et pour ceux qui choisissent de faire carrière en administration.

LE NOMBRE D'ENTREPRISES

Dans les pays du G7, on trouve un grand nombre de très petites entreprises : en général, le pourcentage de petites ou de très petites entreprises oscille entre 85 % et 95 % ; le pourcentage de moyennes entreprises se situe entre 5 % et 10 % et le pourcentage de grandes entreprises se situe entre 1 % et 5 %. Bref, en termes démographiques, le segment le plus nombreux est celui des petites ou des très petites entreprises. Dans le cas du Québec, le gouvernement a recensé, en 1995, 92,6 % d'entreprises qui comptaient moins de 20 employés, 5,9 % qui avaient entre 20 et 100 employés et 1,9 % qui avaient plus de 100 employés.

Par contre, si l'on examine la contribution au produit intérieur brut (PIB), on constatera une inversion : les grandes entreprises sont celles qui contribuent le plus au PIB, tandis que l'apport des petites entreprises paraît modeste compte tenu de leur importance démographique. Pour s'en convaincre, soulignons le fait que, en 1995, 22,2 % des emplois étaient attribuables aux entreprises de moins de 20 employés, 19 %, aux entreprises de 21 à 99 employés et 58,9 %, aux entreprises de plus de 100 employés.

Donc, la vie économique des pays industrialisés est marquée autant par la contribution des petites entreprises que par la place prépondérante qu'occupent les grandes entreprises dans la production intérieure brute.

LES MESURES DE VITALITÉ DE L'ÉCONOMIE

Pour décrire la vitalité de l'économie, les spécialistes utilisent de nombreux indicateurs dont deux nous intéressent plus particulièrement. Le premier est associé au développement : le développement est le fruit des efforts des entreprises actives dans l'économie (on renvoie alors soit à la croissance, soit aux nouveaux investissements, soit aux fusions-acquisitions), des investissements publics et de l'activité d'entreprises nouvellement créées. Dans les pays industrialisés, l'arrivée de nouvelles entreprises dans l'économie est un facteur de grande importance. Au Canada, il se crée environ 300 000 nouvelles entreprises par année ; au Québec, il se crée entre 30 000 et 45 000 nouvelles entreprises par année. Bien sûr, ces chiffres varient selon les cycles économiques que nous traversons, cependant, la tendance est constante.

Des observateurs pessimistes s'empresseront de dire que les créations d'entreprise sont pratiquement neutralisées par les fermetures d'entreprise. Il est vrai que certaines nouvelles entreprises ont une espérance de vie très courte, en particulier dans certains segments de l'économie comme le commerce de détail ou la restauration. De 1989 à 1995, le nombre de nouvelles entreprises au Québec a oscillé entre 33 000 et 43 000 ; pour cette même période, la disparition d'entreprises a varié entre 30 000 et 39 000. À notre avis, l'indicateur le plus important est le ratio création de nouvelles entreprises contre fermeture d'entreprises existantes : pour s'assurer d'une vitalité économique à long terme, le ratio doit toujours pencher du côté positif. Pour les années 1989-1995, le ratio a été positif, sauf en 1990 et en 1992.

Le deuxième indicateur est celui de la croissance ou de la diminution de l'emploi. Si l'on jette un regard de ce côté, on constatera qu'une portion significative des nouveaux emplois vient de l'activité des nouvelles entreprises et que l'autre portion est associée aux projets de développement des entreprises plus anciennes. Dans son document sur les PME publié en 1998, le gouvernement du Québec affirme que, de 1974 à 1995, les entreprises de moins de 100 employés ont créé plus d'emplois et qu'elles en perdent moins que les entreprises de plus de 100 employés. Donc, nouvelles entreprises et nouveaux emplois sont des phénomènes intimement liés : pour s'en convaincre, on n'a qu'à penser au secteur du logiciel. De nombreuses entreprises qui offrent des emplois en 1999 n'existaient pas il y a cinq ou même trois ans.

LES CRÉATEURS DE NOUVELLES ENTREPRISES

Les nouvelles entreprises sont le fruit du travail de personnes qui, individuellement ou en équipe, ont élaboré une idée d'affaires. Le processus ou la démarche qui a conduit à la création de l'entreprise est complexe ; il peut s'étendre sur plusieurs mois et nécessiter de longues négociations avec des associés ou des partenaires. Au-delà de ces aspects, la création d'une nouvelle entreprise demeure une idée plus ou moins originale qui suppose l'utilisation de ressources financières et matérielles, ainsi que la contribution et la participation de personnes ou de collaborateurs invités à prendre part au projet. La création d'une nouvelle entreprise suscite toujours des attentes en ce qui concerne les résultats : le créateur a plus précisément des attentes à l'égard de son emploi et de ses revenus ; la société dira que le créateur d'entreprise est un bon entrepreneur si la nouvelle entreprise connaît des succès en ce qui concerne tant les résultats financiers que la création d'emplois.

On peut souhaiter que la nouvelle entreprise réussisse, mais personne ne peut le garantir : créer une nouvelle entreprise, c'est faire des gestes qui comportent des risques. La perception du risque varie, car chaque acteur a son opinion sur l'ampleur du risque. Les entrepreneurs ont tendance à minimiser les risques. Ils affirment que les banquiers et les partenaires financiers les exagèrent et que les agents de réglementation (par exemple, les agences responsables de l'émission des permis) ne voient que des risques.

Les créateurs d'entreprise sont souvent le point de mire : d'une part, on les admire, on cherche à les imiter, on en fait des modèles, on les cite en exemple et, d'autre part, on les critique, on les envie, on leur reproche d'avoir réussi et, dans certains cas, d'être devenus riches. On voit bien que le rôle, la place et la contribution sociale des entrepreneurs ne laissent pas indifférent, ne passent pas inaperçus. Dans ce grand tableau, il convient de noter que les entrepreneurs qui sont populaires à une époque ne sont pas ceux qui seront populaires à une autre époque : en 1999, les créateurs d'entreprises à fort contenu technologique ou d'entreprises de logiciels sont plus populaires que les entrepreneurs qui créent une entreprise manufacturière ou qui ouvrent un restaurant. Malgré la popularité de certains secteurs, nous avons besoin de nouvelles entreprises dans tous les secteurs de l'économie : tant dans le secteur de la construction que dans celui du textile, et tant dans le secteur des services aux personnes que dans celui des nouvelles technologies de l'information.

L'UNIVERSITÉ A-T-ELLE UN RÔLE À JOUER ?

Le rôle fondamental des universités dans ce domaine se situe sur le plan des individus. D'une part, elles doivent s'assurer que les professionnels ou les spécialistes de la gestion ont les compétences pour épauler ceux et celles qui, dans la société, décident de créer une nouvelle entreprise. Elles doivent également inviter leurs propres étudiants à envisager la création d'entreprise comme une voie professionnelle aussi respectable que les autres. Dans un tel cas, il faut s'assurer que les étudiants sont préparés pour mener à bien leur projet de création d'entreprise.

D'autre part, elles doivent se préoccuper du transfert des connaissances : les recherches universitaires sont souvent le creuset de nouvelles entreprises. Il importe que les universités s'assurent de bien jouer ce rôle complémentaire, mais extrêmement utile pour le développement de l'économie.

L'École des HEC de Montréal veut faire sa part : nous espérons que ce livre permettra à l'ensemble de nos étudiants de se sensibiliser au rôle et à la place des nouvelles entreprises dans notre économie, qu'il éveillera chez certains d'entre eux le désir de créer leur propre entreprise et qu'il initiera les étudiants à la dynamique des petites entreprises : leur origine, leur développement, leur gestion et leur pérennité.

Montréal, le 8 août 1999

Introduction

Une démarche simple, graduelle, complète

par Louis Jacques Filion

Nous vivons dans une société où beaucoup devient possible pour celles et ceux qui savent entreprendre. Au début des années 1980, 5 000 nouveaux produits étaient mis sur le marché chaque année en Amérique du Nord. En l'an 2000, on en compte plus de 30 000. Le nombre de personnes qui se lancent en affaires continue également d'augmenter, en particulier dans les entreprises de services, et ce, partout, dans tous les pays. De plus en plus, même les personnes qui ne songent pas à s'établir à leur compte se voient sollicitées à titre d'investisseur ou de partenaire à temps plein ou à mi-temps.

Une proportion de plus en plus grande de gens qui se lancent en affaires n'avait jamais envisagé cette éventualité auparavant. Ils sont forcés de le faire faute d'emploi. Ces entrepreneurs involontaires sont soit de jeunes diplômés, soit des personnes mises à pied à la suite d'une fermeture ou d'une restructuration et qui ne trouvent plus de travail dans leur spécialité. Ils doivent créer leur propre emploi.

Une famille sur quatre au Canada exploite une activité d'affaires à la maison, le plus souvent à temps partiel ou sur une base saisonnière. On constate également que le nombre de personnes qui participent à temps partiel à une activité d'affaires a plus que doublé au cours de la dernière décennie.

De nos jours, l'évolution de la vie professionnelle d'une personne se mesure de plus en plus à la compréhension qu'elle a du monde de l'entrepreneur et de la petite entreprise. Même dans les cas où l'on envisage de faire carrière dans une grande entreprise, en particulier dans le domaine des services, par exemple dans une banque, la réussite dépend pour beaucoup de la connaissance de la masse critique de la clientèle en croissance, à savoir le monde de la petite entreprise et du travail autonome.

Pour bien fonctionner dans la société actuelle, tous auront avantage à se familiariser avec l'élaboration d'un plan d'affaires. Le plan d'affaires est la démarche de base pour toute personne qui veut se lancer en affaires ou qui s'intéresse aux affaires. Le plan d'affaires permet autant de comprendre les activités des gens d'affaires en général que de se préparer à une fonction particulière, telle que travailler ou intervenir dans une petite entreprise, siéger à un conseil d'administration ou à un comité-conseil d'une PME, ou encore faire partie d'un jury afin d'évaluer des plans d'affaires ou des projets d'entreprise.

Le plan d'affaires est un outil de base qu'on se doit de posséder si l'on veut mieux comprendre le contexte actuel où on voit de nouvelles entreprises prendre pignon sur rue chaque jour. Il faut avoir monté un plan d'affaires au moins une fois dans sa vie pour bien comprendre ce qu'implique la cohérence et le réalisme de la conception d'un projet. Il s'agit là d'un des meilleurs exercices synthèses pour comprendre la naissance et l'évolution des organisations.

UNE DÉMARCHE SIMPLE, GRADUELLE ET COMPLÈTE

Dans ce livre, nous vous suggérons une démarche à la fois simple, graduelle et complète. D'abord, le texte est écrit dans un langage simple. Le livre est conçu comme un ensemble de blocs Lego : vous pouvez le lire en entier, un chapitre à la suite de l'autre, ou ne lire que le ou les chapitres dont les sujets vous intéressent. Vous avez besoin de consulter un bon cadre de référence en marketing, ou vous êtes en train de structurer le financement d'un projet, alors consultez les chapitres sur ces sujets.

La démarche suggérée dans ce livre est graduelle. Si vous la suivez, vous évoluerez naturellement et facilement d'une étape à l'autre. Nous vous suggérons un ensemble d'étapes regroupées fondamentalement autour de trois grandes étapes.

En premier lieu, nous vous invitons à décrire l'entreprise idéale que vous aimeriez lancer et développer. En deuxième lieu, établissez un plan d'affaires sommaire d'une activité que vous aimeriez faire : soit une entreprise à temps partiel, soit une entreprise pour le temps des vacances. En troisième lieu, établissez un plan d'affaires classique d'une véritable entreprise que vous pourriez démarrer. Le fait de procéder graduellement devrait vous permettre de mieux intégrer la démarche et de la rendre plus cohérente par rapport à ce que vous êtes et ce que vous voulez faire.

Nous commençons par situer la démarche entrepreneuriale dans l'ensemble du système de vie. Il importe, avant de se lancer dans la rédaction d'un plan d'affaires, d'avoir réfléchi à ce qu'on veut devenir. Cela permettra de concevoir plus judicieusement son cheminement entrepreneurial (chap. 1). Nous proposons diverses avenues entrepreneuriales (chap. 2).

On s'initie ensuite à une méthode simple pour identifier des occasions d'affaires (chap. 3). On apprend à ne pas confondre idée et occasion d'affaires et à percevoir les problèmes et les besoins qui existent autour de soi comme des occasions d'affaires potentielles. Mais surtout on s'exerce à analyser de manière créative les tendances de l'environnement dans le but de reconnaître les occasions d'affaires qui conviennent à ses aptitudes et objectifs. Pour mieux soutenir cette démarche, des notions de créativité et d'idéation en contexte de création d'entreprise sont présentées (chap. 4).

La connaissance du marché et du client constitue une des pierres angulaires de la réussite d'un projet d'affaires. Après avoir vu ce qu'est un marché, on apprend comment procéder à une étude de marché et à la segmentation du marché (chap. 5). On étudie comment se donner des repères de façon à cerner la concurrence, à connaître son environnement d'affaires et à comprendre sa clientèle. Une entreprise est un système dont l'enjeu est la satisfaction des clients. Le chapitre 5 se situe dans l'optique qui consiste à percevoir son entreprise à partir de la perspective du client.

Après le marketing, nous présentons les autres fonctions de gestion : gestion des opérations et de la sous-traitance (chap. 6) et le système d'information (chap. 7). Pour rester en affaires, il faut que l'entreprise soit rentable. Les notions comptables essentielles à la préparation d'états financiers prévisionnels sommaires sont abordées aux chapitres suivants (chap. 8, 9 et 10). On étudie les éléments de base pour établir le coût de revient. Nos recherches sur les entreprises en démarrage démontrent que le comptable est le principal conseiller d'affaires. En fait, dans plus de 80 % des cas, c'est le seul. Ses conseils sont donc vitaux. Pour cette raison, nous avons ajouté une courte section qui suggère quelques critères à considérer dans le choix de son comptable.

Puis, nous abordons le financement. Comment structurer son financement à partir du capital dont on dispose? On apprend à estimer ses besoins de fonds, à distinguer divers types de financement et à choisir différents outils de financement. Nous donnons les règles et proposons quelques astuces qui servent à maintenir une gestion financière saine (chap. 11). Les dimensions juridiques introduisent aux questions légales relatives à la création d'entreprises (chap. 12).

L'élaboration d'un plan d'affaires qui implique des dimensions technologiques et de R&D nécessite souvent une démarche particulière plus complexe. Un chapitre aborde ce sujet (chap. 13). Une fois le projet structuré, on est plus à même d'identifier les ressources humaines dont on aura besoin pour le mener à terme (chap. 14). Un cas montre les aléas et les difficultés qui découlent du lancement d'entreprise sans préparation adéquate et sans plan d'affaires (chap. 15).

Bien que vous ayez déjà en main tous les éléments requis en vue de monter un plan d'affaires, vous aurez la tâche encore plus facile en vous initiant à l'élaboration du plan d'affaires en deux étapes. Le chapitre 16 traite des composantes du plan d'affaires sommaire, suivi d'un exemple de plan d'affaires sommaire (chap. 17). Puis, nous présentons les composantes d'un plan d'affaires classique type (chap. 18) ainsi qu'un exemple (chap. 19). Le plan d'affaires sommaire est utile surtout pour des activités d'affaires menées à temps partiel ou pour la première esquisse d'un plan d'affaires classique.

Nos recherches sur la création d'entreprises démontrent que plusieurs entrepreneurs réussissent à monter de beaux plans d'affaires, mais qu'ils font face à des difficultés au moment du lancement de l'entreprise. Nous avons constaté que les activités de démarrage comportent beaucoup de négociation et qu'il est vital pour l'entrepreneur de développer des aptitudes à cet égard.

L'entrepreneur doit s'habituer, dès le début, à penser stratégiquement. Le chapitre 20 suggère des conseils fort utiles pour le démarrage. Pour le compléter, nous présentons un survol de ce qu'implique la pratique du métier d'entrepreneur. Lorsqu'on se lance en affaires, on a avantage à apprendre à penser et à s'organiser en tant qu'entrepreneur. Nous présentons 10 activités de base que l'entrepreneur doit accomplir dans l'exercice de son métier. Ensuite, nous indiquons les caractéristiques ou qualités entrepreneuriales, les compétences et les apprentissages que l'entrepreneur doit posséder, acquérir ou développer pour mener à bien chacune de ces activités (chap. 21).

Tout au long de ce cheminement, le futur entrepreneur a avantage à se donner un minimum d'encadrement. Il y parviendra dans un premier temps par le choix d'un mentor (chap. 22). Il pourra compléter cet encadrement par la mise en place d'un petit conseil d'administration, qui deviendra un véritable conseil lorsque l'entreprise aura atteint un certain niveau de développement. Nombre de jeunes envisagent de se lancer en affaires sans considérer le potentiel que peut offrir l'intégration dans l'entreprise familiale d'où ils sont issus. Un chapitre (chap. 23) est consacré à cette réflexion.

Le rédacteur d'un plan d'affaires constitue le premier client de cette démarche, car cet exercice lui permet d'accroître son apprentissage sur lui-même et sur son marché et, par conséquent, d'améliorer sa cohérence. Toutefois, bien des rédacteurs de plans d'affaires se demandent sur quels critères seront évalués leur plan d'affaires.

La même question est d'ailleurs souvent posée par des gens qui ont à en évaluer. Nous suggérons une démarche et des critères (chap. 24). Des repères sont apportés pour les personnes qui ont à mettre en place des programmes d'éducation de même que des formations entrepreneuriales (chap. 25). Le dernier chapitre montre des sources d'information utiles dans le Web au moment de l'élaboration d'un plan d'affaires (chap. 26). Ce chapitre est d'ailleurs complété par une bibliographie des principaux ouvrages sur le sujet.

La conclusion insiste sur le fait que la création d'une entreprise n'est pas une fin en soi, mais qu'elle est un moyen de se réaliser à part entière. L'entrepreneur doit éprouver du plaisir dans ce qu'il fait s'il veut maintenir sa motivation, continuer à apprendre et réussir.

Pour peu que vous soyez motivé à vous lancer en affaires, la démarche que nous préconisons est simple, graduelle et complète : non seulement nous enseignons les étapes à suivre pour rédiger un bon plan d'affaires, mais nous présentons également les notions de base qui permettent d'apprendre à gérer et à développer une petite entreprise.

Tous les auteurs qui ont participé à la rédaction de cet ouvrage enseignent à l'École des HEC de Montréal, sauf Roger Blais qui est relié à Polytechnique. Cette école est à l'ingénierie ce que les HEC sont à la pratique des affaires. Toutes deux sont d'ailleurs rattachées à l'Université de Montréal. Les auteurs possèdent de nombreuses années d'expérience dans leur domaine respectif. Parmi les 10 000 étudiants de l'École des HEC de Montréal, plusieurs centaines d'entre eux rédigent un plan d'affaires chaque année. Il va sans dire que nous avons eu l'occasion d'en lire et d'en corriger un bon nombre. Nous avons aussi vu démarrer plus d'une entreprise. C'est cette expérience qui nous a amenés à définir les bases nécessaires pour rédiger un plan d'affaires cohérent, attrayant, réaliste et réalisable.

Chaque année, des milliers de gens se lancent en affaires. La moitié de ces entreprises auront disparu dans cinq ans. Pourquoi? Quatre causes principales expliquent cet état de fait : expérience administrative inexistante ou trop limitée, absence de connaissances suffisantes du secteur, encadrement inadéquat ou réalisé par des gens inexpérimentés et préparation inexistante ou insuffisante.

Deux conseils s'imposent. Premièrement, essayez de prendre quelques années d'expérience dans le domaine où vous comptez vous lancer. Posez des questions aux gens qui y travaillent. Renseignez-vous sur tous les aspects de ce secteur. Tentez d'y repérer un bon créneau pour votre future entreprise.

Deuxièmement, n'improvisez pas votre lancement en affaires. C'est une décision stratégique cruciale qui aura beaucoup d'effets sur votre vie ainsi que sur celle des proches qui vous entourent. Il est reconnu qu'il existe une relation entre, d'une part, le temps consacré à la préparation et le choix de la méthode de travail et, d'autre part, les résultats obtenus. Qu'arrive-t-il aux athlètes qui participent aux Jeux olympiques sans être bien préparés ?

Vos chances de réussir en affaires sont soumises aux mêmes règles que celles qui existent dans d'autres domaines : méthode et discipline de travail sont des conditions essentielles au succès. Il ne suffit pas de travailler. Il faut le faire intelligemment et avec méthode.

Nous vous suggérons une méthode, à vous de bien l'utiliser. De 2 à 3 mois, à raison de 3 heures par semaine, sont nécessaires pour préparer un plan d'affaires sommaire, et 3 à 6 mois, à raison de 10 à 20 heures par semaine, selon le degré de complexité, sont requis pour rédiger un bon plan d'affaires.

délai.

La deuxième version que vous rédigerez sera plus claire que la première, mais c'est la troisième version dont vous accoucherez après deux ans de travail qui vous permettra de viser juste tout en utilisant le minimum de vos ressources. C'est à ce moment que votre projet devient vraiment rentable.

Un plan d'affaires n'est jamais terminé. Une vision d'affaires cohérente demande un ou deux ans pour se dessiner, mais elle continue d'évoluer par la suite, car le marché évolue. Après avoir monté un plan d'affaires une fois, vous pourrez en monter un autre, même plusieurs années plus tard, généralement très rapidement, soit en quelques semaines.

Bien sûr, si vous voulez obtenir du financement, il vous faut bien déposer un plan d'affaires. Le plan d'affaires initial devient alors votre plan stratégique. Il constitue un canevas à partir duquel vous continuerez à apprendre, à ajuster votre vision, à progresser. Autrement dit, le client cible pour lequel vous élaborez un plan d'affaires n'est pas uniquement le banquier et les autres investisseurs, c'est d'abord et avant tout vous-même. Le plan d'affaires, c'est votre canevas d'apprentissage.

La plupart des entrepreneurs qui réussissent ont mijoté leur projet durant quelques années avant de se lancer. Les gens qui travaillent leur projet au moins un an à mi-temps ou six mois à temps plein ont énormément plus de chance d'être encore en affaires cinq ans après leur démarrage. Vous pouvez être de ceux-là !

Un système de vie écologique

par Louis Jacques Filion

Une majorité d'êtres humains est conditionnée à penser au quotidien. À quelques occasions dans leur vie, les gens s'arrêteront pour réfléchir à leur avenir. Chaque année, on s'arrêtera pour planifier quelques événements spéciaux comme les vacances, un voyage, une réception. Mais l'essentiel des réflexions porte généralement sur du quotidien.

L'activité de l'entrepreneur l'amène à réfléchir continuellement en fonction de l'avenir et à établir des lignes directrices qui le mèneront là où il veut aller. Il s'agit d'une personne qui doit demeurer aux aguets des changements qui peuvent influer sur ses activités d'affaires. En ce sens, compte tenu du monde de changements dans lequel nous évoluons, il constitue un exemple à suivre pour quiconque veut maintenir une activité centrée autour de visions à concrétiser.

Les chapitres qui suivent suggèrent une démarche pour élaborer un plan d'affaires. Le fait de lancer un projet d'entreprise constitue un élément déterminant de pratique entrepreneuriale. Nous avons pensé introduire cette démarche en prenant une perspective plus large. Ce chapitre aborde la dimension entrepreneuriale à partir de la perspective du système de vie global de la personne.

D'ailleurs, la rédaction d'un plan d'affaires constitue un des exercices par excellence pour améliorer sa cohérence personnelle, apprendre à réfléchir sur quelque chose de pertinent pour soi, se situer par rapport à son univers, apprendre à décoder son environnement, mais surtout pour apprendre à se définir des fils conducteurs autour desquels on organise ses activités.

Le fait de commencer la démarche par un exercice global permet de mieux se situer et d'établir plus sûrement les points d'ancrage à partir desquels on construira son système d'activités professionnelles. Cela permet d'établir des repères réfléchis et stables à l'aide desquels on peut regarder l'environnement qui nous entoure pour définir le rôle qu'on compte y jouer.

La grande majorité des diplômés mis à la retraite anticipée alors qu'ils étaient dans la cinquantaine, et que nous avons interrogés pour nos recherches, nous ont dit avoir planifié leur carrière en fonction de ce qui existait à leur époque. À ce moment-là, préparer son avenir consistait à établir une carrière dans une grande organisation, le plus souvent sans trop réfléchir sur les tendances de l'environnement. Ils nous disent maintenant que la meilleure carrière, c'est celle qu'on prépare pour se lancer en affaires à son compte. C'est celle où on contrôle le mieux son devenir. Avant de le faire, on aura cependant avantage à apprendre à lire et à décoder son environnement et à prendre de l'expérience dans le secteur dans lequel on veut se lancer.

1.1 UNE MUTATION PROFONDE DES ORGANISATIONS

Si nous vivons des transformations profondes des rôles que sont amenées à jouer les personnes dans nos sociétés, ces changements ne sont pas sans affecter les organisations. Qu'est-il en train d'arriver aux organisations ? Les États-Unis sont souvent un bon baromètre pour connaître ce qui s'en vient dans nos sociétés. Dans les années 2000, les mises à la retraite anticipée dans les grandes organisations se font maintenant alors que les gens ne sont que dans la quarantaine (Munk, 1999). Pourquoi ? Pour plusieurs raisons, dont voici les deux principales. D'abord le coût : il en coûte presque toujours moins d'employer quelqu'un de plus jeune. Ensuite, le besoin de flexibilité des organisations : ce besoin les incite à recourir de plus en plus à la sous-traitance, à des agents externes et au maillage.

Les organisations sont de plus en plus constituées en constellations d'échanges de savoirs où les cultures entrepreneuriales sont devenues des nécessités. Les organisations ont des exigences pour rester en vie et pour maintenir leur compétitivité. Les agents organisationnels qui y évoluent doivent non seulement contribuer de façon créative à la marche de l'organisation, mais aussi se protéger pour être en mesure de continuer à évoluer à long terme.

Les organisations offriront de plus en plus de systèmes d'essaimage qui permettront aux agents organisationnels qui le désirent de se lancer en affaires. Tout ceci pour montrer que les gens auront de plus en plus d'options quant à leur choix d'évolution de carrière, tant à l'intérieur qu'à l'extérieur des organisations. Même si les personnes auront avantage à continuer à évoluer dans le secteur qu'elles auront choisi, les rôles qu'elles seront amenées à jouer varieront davantage et plus souvent. Nous insistons : les personnes ont déjà et auront de plus en plus d'options de cheminement de carrière qui se feront tant à l'intérieur qu'à l'extérieur des organisations.

1.2 DES SOCIÉTÉS DE PERSONNES

Revenons sur ce qui est en train d'arriver aux personnes dans nos sociétés. Nous sommes passés en quelques décennies de la vie en groupe à la vie individuelle, de la famille patriarcale à la famille monoparentale. Tant les familles que les organisations sont devenues plus petites. Nous sommes passés de sociétés de groupes à des sociétés de personnes. Voici quelques faits : en l'an 2000, au Canada et au Québec, près de 20 % des travailleurs sont des travailleurs autonomes, c'est-à-dire un travailleur sur cinq ; le pourcentage des couples sans enfant de même que celui des familles monoparentales sont en pleine croissance et semblent aller de pair avec les phénomènes d'urbanisation.

On dit que l'apprentissage des technologies fera la différence entre ceux qui réussiront et les autres. C'est vrai. Mais ce qu'on dit moins et qui est tout aussi vrai, c'est que l'esprit entrepreneurial fera une différence encore plus grande entre ceux qui réussiront et les autres.

Tout le monde ou à peu près doit déjà apprendre à maîtriser les technologies de base pour fonctionner dans la société : guichet automatique, ordinateur, recherches dans Internet, etc. Mais ce qui fera une véritable différence entre les personnes réside dans les niveaux d'autonomie et de débrouillardise qu'elles auront acquises : ne plus seulement suivre et s'adapter au changement, mais l'initier. C'est ce qui s'appelle véhiculer une culture entrepreneuriale. Dans les années 2000, dans notre société, au moins une personne sur quatre est un agent entrepreneurial qui s'est pris en main en initiant une activité d'affaires quelconque.

Les autres devront de plus en plus jouer des rôles entrepreneuriaux s'ils veulent maintenir leur emploi et la compétitivité de leur organisation. Ils ne devront plus attendre qu'on leur dise quoi faire. Ils devront travailler et agir comme s'il s'agissait de leur propre affaire. Non seulement cela, mais ceux qui feront carrière dans les entreprises de services – et c'est déjà là où se situe l'essentiel de la croissance économique – devront être en mesure de bien comprendre le monde et la culture entrepreneuriale, car c'est là où se situe déjà et où se situera de plus en plus la clientèle. Par exemple, il sera difficile de faire carrière dans les services bancaires et financiers si on ne connaît pas un minimum des cultures des travailleurs autonomes et des « péemmistes », ces gens qui évoluent en petites entreprises.

1.3 ESQUISSER UN SYSTÈME DE VIE ÉCOLOGIQUE

La démarche entrepreneuriale s'inscrit à l'intérieur d'une démarche globale, laquelle implique des choix multiples qui couvrent plusieurs dimensions de la vie humaine. Ces choix ne sont pas toujours réalisés de façon consciente et explicite. Ils dépendent souvent du hasard des rencontres, de choix d'activités qu'aura au préalable faits la personne, de l'influence d'un professeur ou de quelqu'un qui aura fait qu'on se sent plus intéressé à tel ou tel sujet.

Étant donné que les gens sont plus seuls, il existe moins d'entraves à leur évolution, mais aussi moins de balises qui les protègent. En tant que chercheur, j'interroge chaque année plusieurs dizaines de personnes qui évoluent dans des rôles entrepreneuriaux. Je suis à même de constater que la personne qui vit une épreuve comme la perte d'un proche trouve des soutiens plus nombreux dans son environnement de travail et de famille que la personne seule. C'est pourquoi, si nous allons assister à une diminution de la grosseur des organisations, nous constaterons parallèlement une recrudescence de mises en place d'associations, de coopératives et d'organismes qui impliquent des regroupements d'humains. Chacun a besoin de trouver des lieux d'équilibre entre ses besoins d'indépendance et ceux d'affiliations sociales.

Il importe d'établir autour de soi des balises qui facilitent le maintien d'états d'équilibre. C'est ce que nous avons appelé : s'établir un système de vie écologique. L'individu qui joue des rôles entrepreneuriaux aura besoin de ces balises pour définir jusqu'où aller dans tel ou tel projet ainsi que jusqu'où aller par rapport à soi-même et aux autres. On trouve en effet de plus en plus de gens qui vivent des périodes d'épuisement professionnel – communément appelé *burn-out* – parce qu'ils n'ont pas su établir un système de vie écologique. À quoi sert de réussir son entreprise ou sa carrière si on brûle sa vie, si on ne sait pas être heureux dans ce qu'on fait ? Il faut savoir rester à l'écoute de soi. Mais une des bonnes mesures à prendre pour améliorer ses chances de mieux réussir à la fois sa vie et sa carrière consiste à établir des repères sur lesquels on pourra revenir périodiquement pour faire le point. Ce qui suit suggère une démarche en ce sens.

1.4 LES SPHÈRES DE VIE ET LES POINTS D'ANCRAGE

Un système de vie comprend plusieurs sphères de vie, lesquelles sont composées d'activités diverses. Les sphères de vie privilégiées varient évidemment d'une personne à l'autre en fonction des influences reçues et des expériences vécues.

Une des bonnes façons d'apprendre consiste à travailler sur quelque chose que nous connaissons et qui nous est familier. Ainsi, un des premier exercices de réflexion projective que nous suggérons consiste à préciser les sphères de vie que nous comptons privilégier ainsi que les interrelations entre ces sphères de vie.

Les activités entrepreneuriales peuvent devenir déstabilisatrices, surtout au cours des mois qui suivent le lancement d'un projet d'entreprise. Il importe de mettre le plus de chances possible de son côté en se créant des repères de stabilité. Une façon de le faire consiste à s'habituer à élaborer des scénarios d'avenir. Dans ce domaine, il revient à chacun d'établir d'abord ses repères quant à l'importance relative des sphères de vie. Le tableau 1.1 ci-dessous suggère des sphères de vie à considérer pour mieux planifier son système de vie et mieux y situer la dimension entrepreneuriale.

Tableau 1.1 LES SPHÈRES DE VIE À CONSIDÉRER

1. Spirituel
2. Intellectuel
3. Énergétique (sports, loisirs, ressourcement)
4. Familial
5. Créatif (violon d'Ingres)
6. Social (appartenance à un ou des groupes)
7. Professionnel
8. Entrepreneurial
9. Matériel (prévoir les moyens dont on aura besoin pour les réalisations projetées)
10. Contributif (contributions aux divers milieux de vie)

Il importe d'abord de se situer par rapport aux sphères de vie présentées ci-dessus et d'autres qui pourront avoir été identifiées. Une des bonnes façons d'évaluer ce qu'on aime vraiment faire consiste à déterminer ce qu'on a aimé faire plutôt que ce qu'on pense qu'on pourrait aimer faire. Ensuite, il importe de définir des objectifs et des projections à long terme, puis de les ramener sur une base annuelle.

L'identification d'un ou de quelques points d'ancrage autour desquels seront par la suite organisées les activités de chaque sphère facilitera la démarche de réalisation ultérieure. Les questions suggérées à l'exercice 1.1 pourront faciliter la démarche.

Voici un exemple qui porte sur la sphère énergétique. D'abord, faire le point sur les sports, loisirs et activités de ressourcement qu'on a aimés et qu'on aime pratiquer. Ensuite, définir ce qu'on compte pratiquer. Certains iront jusqu'à faire un horaire d'activités hebdomadaire. Il importe d'établir des points d'ancrage comme un sport ou un loisir de base à pratiquer à l'année et des sports ou des loisirs saisonniers. Ensuite, fixer des objectifs à atteindre, des apprentissages à réaliser, des interrelations avec d'autres sphères de vie. Tout au long de cet exercice, il importe de prévoir des états d'équilibre afin de planifier un système de vie sain et écologique.

1.5 LA CULTURE ENTREPRENEURIALE

Chaque personne posera des pondérations différentes aux diverses sphères en fonction des valeurs et des critères retenus – implicites ou explicites. La démarche suggérée dans ce livre vise à mieux situer la sphère entrepreneuriale en vue de mieux se préparer à jouer les rôles professionnels qu'on aura choisis. C'est de la sphère entrepreneuriale qu'émanera la culture entrepreneuriale qui influera sur les autres sphères. Il importe de garder à l'esprit que l'évolution d'une personne est systémique : ce qu'on vit dans une sphère de vie influe inévitablement sur les autres sphères. Il existe là une question de degrés. Certaines sphères exerçant sur les autres des influences plus déterminantes.

Ce qui différencie l'entrepreneur des autres agents organisationnels, c'est sa capacité à définir des visions, des projets pour lesquels il s'organisera afin de les réaliser. Ces projets comprennent des éléments d'innovation qui les différencient de ce qui existe déjà. Ces visions sont généralement construites autour d'occasions d'affaires et de créneaux que l'entrepreneur a repérés dans le marché. C'est autour de ces visions à réaliser que l'entrepreneur construit son système organisationnel et relationnel.

Ce système organisationnel comprend des relations avec des personnes à l'intérieur de son entreprise. Son système relationnel comprend les relations à l'extérieur de l'entreprise. Nous venons de constater que les particularités de l'entrepreneur résident non seulement dans sa capacité à définir des visions, mais aussi dans ses habiletés à gérer des relations. Pour ce faire, l'entrepreneur devra aussi apprendre à bien maîtriser la communication.

Le tableau 1.2 suggère quelques repères d'une culture entrepreneuriale. Dans le chapitre sur le métier d'entrepreneur, on discute plus à fond de cette question.

Tableau 1.2 QUELQUES REPÈRES D'UNE CULTURE ENTREPRENEURIALE

1. Identification d'occasions d'affaires
2. Définition de visions
3. Expression de différenciations
4. Évaluation de risques
5. Gestion de relations

Être entrepreneur, c'est aussi savoir définir des projets et les réaliser. Il faut s'habituer à le faire graduellement. L'exercice 1.2 à la fin de ce chapitre suggère des pistes pour structurer sa démarche en vue de mieux intégrer une culture entrepreneuriale.

Ce chapitre visait à mieux vous préparer à mettre en place votre cheminement entrepreneurial. Pour ce faire, nous avons situé la dimension entrepreneuriale dans l'ensemble du système de vie. Nous avons montré qu'il importe de la développer et de la cultiver. Elle peut devenir la toile de fond sur laquelle va se construire la sphère de vie professionnelle. Les exercices suggérés impliquent l'apprentissage graduel de la définition de contextes, dimension fondamentale de l'agir entrepreneurial. La démarche d'élaboration d'un plan d'affaires en sera facilitée au moment d'aborder les chapitres suivants. Lorsqu'arriveront les périodes plus turbulentes souvent difficiles à éviter dans la vie de l'entrepreneur, on aura établi un ensemble de repères auxquels on pourra se rattacher.

Les recherches montrent que les modèles entrepreneuriaux qui entourent une personne sont parmi les meilleurs éléments pour nourrir, garder vivante et faire progresser sa propre culture entrepreneuriale. Par conséquent, un conseil s'impose : choisissez une personne qui joue un rôle entrepreneurial et demandez à celle-ci d'agir auprès de vous comme conseillère et mentor. Les affinités de métier sont innombrables : il n'y a rien comme un entrepreneur pour comprendre un autre entrepreneur ou pour aider un entrepreneur potentiel à cheminer et à s'épanouir.

1.6 BIBLIOGRAPHIE

Munk, N. (1999). « Finished at Forty », *Fortune,* février, p. 50-66.

Exercice 1.1 LE SYSTÈME DE VIE
---

1. Faire le point sur sa situation actuelle en évaluant l'importance accordée à chaque sphère de vie. (Certains procéderont par une classification sur une échelle de un à 10 pour chaque sphère.)

2. Indiquer l'importance désirée pour chaque sphère.

3. Établir une vision d'ensemble de ce qu'on veut devenir, puis établir des visions complémentaires pour chaque sphère.

4. Déterminer un objectif général, puis des objectifs spécifiques pour chaque sphère, pour chacune des cinq années à venir.

5. Lister les activités à réaliser pour chaque sphère ainsi que les interrelations entre les sphères.

6. Lister les changements, de même que les apprentissages à réaliser, ainsi que les moyens à mettre en place pour que ce qui est projeté devienne possible.

N.B. Prévoir au moins une journée pour faire l'exercice. Il est cependant recommandé de l'étaler sur un mois.

Exercice 1.2 LA CULTURE ENTREPRENEURIALE

1. Quelles sont les activités entrepreneuriales dans lesquelles j'ai été impliqué ?

2. Quels furent mes éléments de différenciation ?

3. Quel y a été mon rôle en ce qui a trait à l'innovation ?

4. Quel bilan est-ce que je dresse des résultats accomplis ?

5. Quel est ou quels sont les secteurs dans lesquels je pourrais initier une activité d'affaires ?

6. Quelle est l'occasion d'affaires la plus prometteuse que je peux identifier dans ce secteur ?

7. Quelle est ma vision de ce que je pourrais réaliser à partir de cette occasion d'affaires ?

8. Quels sont les éléments de différenciation que je pourrais inclure dans ma vision et dans mon projet ?

9. Quelles sont les personnes-ressources dont j'aurais besoin pour mener à terme ce projet ?

10. Présenter une synthèse de mon projet en incluant une analyse des risques encourus et des façons de les réduire.

11. Montrer des scénarios de replis si le projet ne réussit pas.

12. Quelles sont les activités que je compte entreprendre pour développer ma culture entrepreneuriale ?

Chapitre 2

Les avenues entrepreneuriales

par Louis Jacques Filion

Il existe bon nombre d'avenues entrepreneuriales (Lavoie, 1988). Chacun pourra choisir la sienne ou même évoluer de l'une à l'autre. Dans le passé, les avenues entrepreneuriales se situaient le plus souvent dans et autour des PME. De nos jours, les entreprises familiales, les micro-entreprises, les travailleurs autonomes, les écopreneurs, les technopreneurs, les entreprises coopératives et collectives, l'entrepreneuriat social et d'autres formes nouvelles d'entrepreneuriat qui se pratiquent même en contexte de grande entreprise, tel l'essaimage, prennent de plus en plus de place. Nous abordons quelques-unes de ces formes.

2.1 L'INTRAPRENEURIAT

Toute personne peut avoir l'occasion d'agir comme intrapreneur. L'intrapreneur est un agent de changement. Il agit de façon entrepreneuriale dans une organisation au sein de laquelle il travaille, mais qui ne lui appartient pas. C'est un créatif qui conçoit et fait des choses nouvelles, qui apporte des innovations à ce qui existe. Pour ce faire, il a besoin de soutien : il doit s'assurer d'un bon système de relations. Il a aussi besoin d'apprendre à concevoir des visions, à bien structurer ses projets et à se donner un cadre pour améliorer la cohérence de ses réalisations. L'intrapreneur prend des risques pour lesquels il n'est pas rémunéré. Par contre, c'est lui qui fait avancer les organisations. Il fait de cette façon son apprentissage tant du leadership que du métier d'entrepreneur. Certains deviendront dirigeants d'entreprise, leaders sociaux ou politiques, ou se lanceront en affaires et exerceront à temps plein le métier d'entrepreneur. S'il crée une entreprise qui se situe dans le prolongement de ce qu'il avait déjà entrepris dans l'organisation où il travaillait, certains diront que d'intrapreneur, il est devenu extrapreneur. (Voir Carrier, 1997 ; Filion, 1990 ; 1999 ; 2000a.) Quoi qu'il en soit, les comportements intrapreneuriaux sont de plus en plus en demande dans les organisations. Ils constituent une excellente préparation à la pratique entrepreneuriale.

2.2 L'ENTREPRENEURIAT

L'entrepreneur est une personne qui axe son énergie sur l'innovation et sur la croissance. Il crée une entreprise ou met au point quelque chose de nouveau dans une entreprise qu'il a acquise : nouveau produit, nouveau marché, nouvelle façon de faire. L'entrepreneur vise généralement la croissance et grandit progressivement avec son organisation. Il a besoin d'apprendre de façon continue, car il exerce un métier complexe, à multiples facettes et en évolution constante. Dans son apprentissage, il devra mettre l'accent sur la conception, le design de projets et de visions. Il devra aussi élaborer de bons systèmes de suivi et de supervision des projets qu'il met en marche et qu'il veut réaliser. Il devra faire des choix quant au secteur dans lequel il veut se lancer, car il faut compter quelques années avant de connaître suffisamment un secteur pour y reconnaître des créneaux à occuper. L'expérience du monde des affaires, de même qu'un minimum d'expérience du secteur dans lequel il se lance, offre de meilleures garanties de succès.

2.3 LE CUMUL DES RÔLES DE PROPRIÉTAIRE ET DE DIRIGEANT DE PME

Le propriétaire-dirigeant d'une PME doit être polyvalent et généraliste ; il doit pouvoir résoudre des problèmes et être en mesure de prendre des décisions rapidement. Il devra maîtriser les bases de la gestion et être en mesure d'intégrer dans son activité de tous les jours des pratiques de gestion efficaces.

Par exemple, il pourra définir les paramètres de sa mise en marché et se servir de ces mêmes paramètres pour définir les critères de sélection des personnes dont il a besoin pour mettre en œuvre ce qu'il conçoit. Il doit avoir une personnalité stable, car, capitaine d'un bateau, il devra affronter des tempêtes.

2.4 L'ENTREPRISE FAMILIALE

Plus de la moitié des entreprises sont des entreprises familiales. La gestion de ce type d'entreprise est dépendante des membres de la famille qui sont soit copropriétaires de l'entreprise, soit des proches du principal propriétaire.

La famille a le pouvoir sur la gestion. Généralement, la succession constitue une préoccupation importante. Sur le plan des apprentissages, tout comme le propriétaire-dirigeant de PME, l'entrepreneur familial devra s'initier au métier de propriétaire et de gestionnaire. Il doit également garder à l'esprit la continuité de l'entreprise et favoriser la relève. Par conséquent, il doit maîtriser la planification tant à long terme qu'à court terme. Le contexte familial est une excellente occasion pour les jeunes de la famille de démontrer leur esprit entrepreneurial et de former la relève. L'entrepreneur familial aura avantage à se situer en relation de l'instrumentalité, c'est-à-dire à percevoir si c'est la famille qui est au service de l'entreprise ou l'entreprise qui est au service de la famille.

Un apprentissage du fonctionnement des systèmes sociaux et organisationnels est tout indiqué afin d'en appliquer les leçons en ce qui concerne la circulation de l'information, la prise de décisions et l'exercice du pouvoir.

2.5 LA MICRO-ENTREPRISE

L'entrepreneur de micro-entreprise doit bien connaître son métier de base. En réalité, il doit posséder deux métiers : celui de sa spécialisation et celui de dirigeant de micro-entreprise. Il devra apprendre à suivre de près son coût de revient et à orienter ce qu'il fait en fonction des besoins du client. À plus petite échelle, son travail s'apparente à celui du propriétaire-dirigeant d'une PME. Il possède peu de ressources pour réaliser ce qu'il veut. En fait, son expertise du domaine et le temps constituent le plus souvent ses ressources principales. La meilleure façon pour la micro-entreprise de réduire les risques et de ne pas être trop vulnérable par rapport aux aléas du marché consiste évidemment à prendre de l'expansion. Toutefois, on diminuera le risque en diversifiant les clientèles pour éviter d'être trop dépendant de quelques clients.

2.6 LE TRAVAIL AUTONOME

Le travail autonome s'apparente à la gestion d'une micro-entreprise, sauf que l'entrepreneur travaille seul ou avec des collaborateurs occasionnels. Certains travailleurs autonomes le sont par choix et s'y sont préparés, d'autres le sont par obligation, faute d'emploi (Filion, 2000b). Cette différence peut influer sur le type d'apprentissages nécessaires à chacun de ces cas. Toutefois, tous doivent apprendre à se gérer eux-mêmes, à se ressourcer et à gérer leur temps. Nos recherches montrent que les meilleurs travailleurs autonomes sont des personnes flexibles. Comme dans la micro-entreprise, le travailleur autonome doit privilégier sa relation avec le client. L'équilibre de vie, les questions relatives à l'écologie personnelle sont de toute première importance pour que le travailleur autonome conserve sa motivation et sa productivité.

2.7 LE TECHNOPRENEURIAT

On trouve de plus en plus d'entrepreneurs technologiques et d'inventeurs qui préfèrent commercialiser eux-mêmes leurs produits. Ce type d'entrepreneur recherche souvent des associés ou constitue une équipe à qui il confie la gestion de l'entreprise. Ses activités s'apparentent à celles de l'entrepreneur classique en croissance, mais se situent, en général, à un degré de complexité plus élevé, tant en ce qui a trait à la mise au point du produit, à la fabrication et au financement qu'à la mise en marché. Le technopreneur doit généralement commercialiser son produit sur une base globale dès le lancement, car il s'adresse à quelques clients spécifiques disséminés sur la planète.

2.8 LA COOPÉRATIVE OU L'ENTREPRISE COLLECTIVE

Les entreprises coopératives et collectives sont de plus en plus nombreuses. Elles font déjà partie de la tradition de certaines régions et de certains groupes. On peut penser à la place occupée par le Mouvement Desjardins au Québec, par exemple. Les entreprises coopératives et collectives offrent des voies de rechange quant aux modes de créer, de gérer et de développer les organisations. Ces façons de faire peuvent intéresser autant des personnes que des entreprises à se regrouper autour de projets collectifs. Par exemple, dans bien des pays, des PME se regroupent afin de former des coopératives d'exportation de leurs produits et de leurs services. Prises individuellement, elles sont toutes trop petites pour affronter la concurrence des multinationales sur les marchés étrangers, mais, regroupées, elles peuvent devenir des concurrents redoutables.

La dimension humaniste tient une place de taille dans la philosophie coopérative (Conseil de la coopération, 1999 ; Filion, 2002). La coopérative considère les dimensions d'éducation, de formation et de développement des personnes comme primordiales et y investit généralement une bonne partie de ses ressources. Les processus décisionnels font appel à la participation égale de tous puisque chaque membre ne détient qu'un vote. Nous voyons aussi apparaître de plus en plus de formes différentes d'entreprises collectives. Les créateurs d'entreprises coopératives et collectives doivent apprendre à maîtriser la gestion des différences.

2.9 L'ENTREPRENEURIAT SOCIAL

Un nombre de plus en plus grand de personnes s'impliquent de par le monde dans diverses formes d'activités bénévoles. Le nombre de personnes qui jouent un rôle entrepreneurial soit en créant une activité bénévole, soit en innovant dans le secteur d'activité bénévole où elles œuvrent, soit en apportant des appuis augmente aussi. Le nombre de personnes qui créent des organismes sans but lucratif (communément appelées OSBL) augmente chaque année. Non seulement cela, mais le nombre de personnes en difficulté qui décident de se prendre en main en créant leur propre activité d'affaires plutôt que de rester dépendants des programmes sociaux de l'État augmente. Le nombre de personnes qui offrent des conseils et du soutien à ceux qui se prennent en main s'accroît aussi. Tout cela implique essentiellement des activités bénévoles et peut être classifié dans l'entrepreneuriat social. Nous serons quasiment tous appelés à faire une contribution dans ce sens, un jour ou l'autre. Tant qu'à la faire, pourquoi ne pas la faire de façon entrepreneuriale ? Pourquoi ne pas en initier une nouvelle pour satisfaire un besoin non comblé ? C'est une excellente façon d'apprendre, à peu de risques, tout en apportant une contribution utile.

On trouve une synthèse des éléments présentés ci-dessus au tableau 2.1.

Tableau 2.1 LES AVENUES ENTREPRENEURIALES		
Avenues	**Activités**	**Apprentissages**
Intrapreneuriat	Innovation	Systèmes de soutien, système relationnel, vision
Entrepreneuriat	Innovation	Vision, conception, design
Propriétaire et dirigeant de PME	Gestion	Gestion (en particulier du marketing, des ressources humaines, de la finance, des opérations
Entreprise familiale	Gestion, succession	Instrumentalité, systèmes sociaux
Micro-entreprise	Gestion	Gestion des opérations
Travail autonome	Gestion	Gestion de soi, gestion des opérations, marketing, écologie personnelle
Technopreneuriat	Invention, innovation	Vision, gestion, travail d'équipe, réseaux, globalisation
Entreprises coopératives et collectives	Gestion	Travail et communication de groupe
Entrepreneuriat social	Bénévolat	Implication sociale

2.10 CONCLUSION

Avant de conclure, nous aimerions dire quelques mots sur l'éthique entre-preneuriale et sur la responsabilité sociale qui incombe à l'entrepreneur. Sur le plan de l'éthique, il est clair que les entrepreneurs qui réussissent sont ceux qui se sont concentrés sur leurs objectifs et qui ont compté sur leur valeur, et non sur la tricherie. On récolte ce qu'on a semé. On obtient des résultats là où l'on a investi de l'énergie. Qui triche se triche.

On a pris conscience ces dernières années des limites des ressources naturelles et gouvernementales de nos sociétés. On veut que disparaissent les abus qui ont eu lieu dans le passé. Des générations d'hommes et de femmes ont investi beaucoup afin de rendre possible une société qui soutient ceux qui veulent se lancer en affaires. Pour que cela continue, il faut que les entrepreneurs jouent un rôle dans leurs milieux respectifs, et qu'ils participent et contribuent au développement de la société à une échelle plus grande que les entrepreneurs le faisaient dans le passé. L'époque est propice à l'essor de la communauté en raison du grand nombre de gens et d'entrepreneurs motivés, prêts à se prendre en main et à s'engager pour le devenir collectif. Cela est vrai particulièrement pour les régions les plus éloignées. On attend de vous que vous soyez prêt quand viendra votre tour. Vous avez un rôle moteur primordial à jouer dans le développement des milieux et des sociétés de l'avenir.

2.11 BIBLIOGRAPHIE

Carrier, C. (1997). *De la créativité à l'intrapreneuriat*. Sainte-Foy : Presses de l'Université du Québec.

Conseil de la coopération du Québec (1999). *Démarrer et gérer une entreprise coopérative*. Les Éditions Transcontinental et la Fondation de l'entrepreneurship.

Filion, L. J. (1990). « L'intrapreneur : un visionnant », *Revue internationale de petites et moyennes organisations PMO,* vol. 5, n° 1, p. 22-33.

Filion, L.J. (1999). « D'employés à intrapreneurs », Cahier 99-03, Chaire d'entrepreneuriat Rogers — J.-A. Bombardier.

Filion, L.J. (2000a). « Carrières entrepreneuriales de l'avenir, espace de soi et essaimage », Cahier 2000-04, Chaire d'entrepreneuriat Rogers — J.-A. Bombardier.

Filion, L.J. (2000b). « Le travail autonome : des volontaires et des involontaires – vers de nouvelles formes de pratiques entrepreneuriales », *Revue internationale de Gestion,* Hiver 2000, vol. 24, n°4, p. 48-56.

Lavoie, D. (1988). « Créativité, innovation, invention, entrepreneurship, intrapreneurship – où est la différence ? », *Revue internationale de Gestion,* vol. 13, n° 3, septembre, p. 64-70.

Chapitre 3

L'identification d'occasions d'affaires

par Louis Jacques Filion

3.1 INTRODUCTION

Plus on évolue, plus nombreux sont les changements et plus nombreuses semblent se présenter les occasions d'affaires. La recherche d'occasions d'affaires constitue le cœur de l'activité de l'entrepreneur. C'est lorsqu'une occasion d'affaires est reconnue que se construisent la vision puis le projet d'entreprise. Même s'il s'agit d'une activité que plus d'un entrepreneur d'expérience maîtrise avec brio, elle demeure difficile à apprendre et à pratiquer. Elle nécessite généralement une bonne connaissance du secteur et des éléments en cause : avant de déceler un créneau, il faut bien connaître le secteur. Elle comporte aussi une dimension de risque. Nous traitons plus loin de ce sujet central.

Le chapitre qui suit suggère d'abord à l'entrepreneur de se donner un cadre de pensée, puis il définit ce qu'est une occasion d'affaires. Il clarifie le sujet en abordant les thèmes suivants : la différence entre l'idée et l'occasion d'affaires, les problèmes et les occasions d'affaires, les besoins et les occasions d'affaires, les tendances et les occasions d'affaires, les tendances de l'environnement, la

conception d'idées en vue de découvrir des occasions d'affaires et enfin l'évaluation des occasions d'affaires au moyen de l'étude des points suivants :

- La méthode MOFF

- Les 15 points d'interrogation

- Les pièges

Finalement, afin de faciliter l'étude de ce sujet, nous suggérons un plan de
travail, comprenant un exercice pratique. Nous présentons le texte de façon à
rendre le sujet facile d'accès, à l'aide d'une approche facile d'application.
Voyons maintenant de quelle façon chacun de nous peut s'y prendre pour
déceler des occasions d'affaires.

3.2 LA PENSÉE VISIONNAIRE ET INTUITIVE

Avant toute démarche active, l'entrepreneur a avantage à se doter d'une
structure de pensée systémique et visionnaire (Filion, 1990 ; 1991). À partir
de celle-ci, il peut se fixer des cibles, puis mettre en place un fil conducteur et
des frontières afin de les atteindre. S'il ne procède pas de la sorte, il risque de
se perdre en chemin. Prenons, par exemple, le cas d'un entrepreneur qui
décide d'œuvrer dans le marché des voitures d'occasion. À partir de ce
moment, il garde l'œil ouvert sur ce domaine. Désormais, plus rien n'est neutre
pour lui dans ce secteur. Tout ce qu'il y voit et entend devient sujet à interprétation et peut représenter autant une menace qu'une occasion d'affaires. Cela
lui facilite le tamisage du flot d'information qui circule. C'est le point de
référence qui lui permet d'établir une distinction entre l'information circulante
et l'information structurante (Julien et Marchesnay, 1996). Ceux dans son
entourage qui connaissent son intérêt lui donneront de l'information. Ils diront :
« As-tu lu tel article dans telle revue ? » Ou encore : « Connais-tu telle personne
qui cherche une voiture et qui pourrait devenir une cliente pour toi ? »

Pour faciliter la découverte d'occasions d'affaires, il est bon aussi de cultiver une pensée intuitive, positive et créative (Cossette, 1990). Lorsqu'on
repère un secteur, les questions à se poser peuvent être de la nature suivante :
« Qu'est-ce que le consommateur aimerait d'autre dans ce secteur ? » Ou
encore, en renversant la perspective : « Qu'est-ce que j'aimerais faire de plus

ou de différent de ce qui se fait déjà ? » Il faut pratiquer la souplesse mentale et ne pas avoir peur de sortir des sentiers battus.

3.3 LA DÉFINITION D'UNE OCCASION D'AFFAIRES

Il existe un avantage à établir une distinction entre idée et occasion d'affaires. Une occasion d'affaires revêt à la fois un pouvoir d'attraction et une possibilité de durabilité. Elle correspond à un besoin. Elle arrive sur le marché à un moment propice. Elle s'applique à un produit ou à un service de telle sorte qu'elle représente une valeur additionnelle pour le consommateur.

La recherche d'occasions d'affaires relève du processus de génération des idées, bien sûr. Toutefois, c'est une activité qui appartient à la démarche entrepreneuriale et qui aboutit à la pratique. Elle doit donc être susceptible de se concrétiser par la mise en place d'un produit ou d'un service ou d'une amélioration à ce qui existe déjà.

3.4 LA DIFFÉRENCE ENTRE UNE IDÉE ET UNE OCCASION D'AFFAIRES

Pour qu'une idée soit considérée comme une occasion d'affaires et qu'elle puisse donner naissance à une entreprise, il faut qu'elle représente quelque chose de nouveau ou de différent. Elle doit aussi correspondre à un besoin non encore satisfait par le marché. Certaines personnes ont beaucoup d'idées, mais n'arrivent pas à déceler des occasions d'affaires. D'autres n'ont pas beaucoup d'idées, mais dénichent des occasions d'affaires fabuleuses. Les occasions d'affaires se différencient des idées en ce sens qu'elles offrent la possibilité d'occuper un créneau dans le marché. Elles ouvrent des espaces inoccupés jusque-là. Les idées sont souvent générales et abstraites, alors que les occasions d'affaires représentent une possibilité concrète, qui peut être réalisée dans la pratique. Très souvent la découverte d'une occasion d'affaires naît d'une ou de quelques idées, qu'on précise en tentant de les appliquer concrètement dans la réalité du marché.

3.5 LES PROBLÈMES ET LES OCCASIONS D'AFFAIRES

Pour une personne créative, un problème devient une occasion d'affaires. Très souvent, une occasion d'affaires tire son origine du repérage d'un problème subi par une entreprise, un consommateur ou une personne. Dans toute activité humaine, l'organisation d'une cuisine, d'une chambre à coucher, d'un bureau ou d'un garage par exemple, on peut déceler un certain nombre de problèmes que la création de nouveaux produits ou services pourrait résoudre.

3.6 LES BESOINS ET LES OCCASIONS D'AFFAIRES

Une autre façon d'identifier des occasions d'affaires consiste à énumérer des besoins. Il est reconnu que le consommateur achète des produits pour combler des besoins. Ces produits peuvent aussi procurer des avantages esthétiques, techniques ou autres. D'ailleurs, les produits qui se vendent le plus sont indiscutablement ceux qui correspondent à un besoin. Ce besoin peut être physique ou psychologique.

Une des façons de connaître les besoins de l'être humain consiste à adopter un modèle. Abraham Maslow a répertorié une série de besoins humains qu'il a présentés de façon hiérarchisée en cinq niveaux.

Tableau 3.1 LA HIÉRARCHIE DES BESOINS SELON MASLOW

Niveau 5

Besoins d'accomplissement,
besoins de réalisation de soi
(besoin d'exprimer et de développer
ses habiletés propres)

Niveau 4

Besoins d'estime, besoins de confiance
en soi (besoin de reconnaissance)

Niveau 3

Besoins sociaux, besoins
d'appartenance
(besoin de faire partie,
d'avoir un groupe de référence)

Niveau 2

Besoins de sécurité, besoins d'assurance pour l'avenir
(assurance d'un emploi)

Niveau 1

Besoins physiologiques, besoins de nourriture, d'eau,
de vêtements, d'un logis, de sexe (besoins primaires)

Généralement, plus bas se situe le besoin dans la hiérarchie, plus il est fréquent : la faim, par exemple. D'autre part, plus le besoin est élevé dans la hiérarchie, plus il est généralement difficile à satisfaire. Il est intéressant d'utiliser cette grille, car elle offre une méthode de travail pour repérer des occasions d'affaires. Par exemple :

Besoins physiologiques :   produits alimentaires

Besoins de sécurité :   extincteur chimique

Besoins sociaux :   parfum, désodorisant, macaron

Besoins de reconnaissance :   bijoux, plume et stylo de luxe

Besoins d'accomplissement :   ordinateur personnel

On remarquera que certains produits peuvent combler des besoins à différents niveaux à la fois. Par exemple, un stylo de luxe ou un ordinateur peut
satisfaire les besoins à tous les niveaux. Une tablette de chocolat peut satisfaire des besoins à plusieurs niveaux : besoin primaire pour la nourriture,
besoins sociaux reliés à l'identification à un groupe, besoin de reconnaissance
s'il s'agit, par exemple, de chocolat fin.

Un grand nombre d'occasions d'affaires pourront être décelées à partir de la
reconnaissance des besoins humains. Cette méthode offre des repères à partir
desquels il est relativement facile de manœuvrer.

3.7 LES TENDANCES ET LES OCCASIONS D'AFFAIRES

En observant les tendances de l'environnement, on peut arriver à prévoir un
certain nombre de besoins et à élaborer une vision de produits et de services à
venir. Les tendances de l'environnement se divisent en deux grandes catégories :
les tendances générales et les tendances spécifiques au milieu dans lequel on vit.

3.8 LES TENDANCES DE L'ENVIRONNEMENT

Avec les années, chacun peut arriver à élaborer ses propres grilles d'analyse
et d'interprétation de son environnement général et sectoriel. Les débutants
auraient avantage à s'inspirer de grilles déjà existantes, telles celles d'Alvin
Tofler, de John Naisbitt, de Neil Howe, de Suzan Hayward, de Pierrette Gagné
et de Michel Lefèvre ou d'autres. Nous reproduisons à la fin de ce chapitre les
éléments principaux des approches de trois auteurs qui ont établi des repères
auxquels il est souvent fait référence ces dernières années : Faith Popcorn
(1994 et 1996) (annexe 1), Nuala Beck (1994) (annexe 2) et David Foot
(1996) (annexe 3).

Évidemment, chacune de ces grilles présente des avantages et des inconvénients. Elles tirent leur origine de disciplines fort diverses. Faith Popcorn est une consultante en planification stratégique pour les PME. Nuala Beck est économiste et écrit surtout pour les investisseurs, conseillers en placements et firmes de courtage en valeurs mobilières. David Foot est démographe. Il considère que les deux tiers des événements qui surviennent s'expliquent par la démographie.

Chaque année, depuis deux décennies, bon nombre de nos étudiants procèdent à des analyses de l'environnement. Nous suggérons ci-dessous quelques constantes qui persistent d'année en année et qu'on aura avantage à considérer.

3.8.1 Le vieillissement de la population

En Amérique du Nord, la courbe démographique met en évidence le fait que le consommateur vieillit. Les conséquences de cet état de fait, en ce qui concerne les occasions d'affaires, touchent, par exemple, l'habitation (on a besoin de logis plus petits et de services à domicile) ou l'alimentation (on a besoin de portions plus petites).

3.8.2 Une meilleure forme physique

Les gens tendent à améliorer leur condition physique. Cela crée toutes sortes d'occasions d'affaires dans le domaine des sports et des exercices.

3.8.3 Le besoin de connaissances toujours plus grand

Le niveau général d'éducation de la population étant plus élevé, on remarque une demande accrue pour des publications spécialisées, des méthodes pour obtenir de l'information ou pour le développement personnel. Cédéroms et Internet sont de plus en plus présents.

3.8.4 L'augmentation du revenu par famille

On remarque que, dans un nombre de plus en plus grand de familles, l'homme et la femme travaillent, ce qui a pour conséquence de faire entrer deux salaires à la maison. La gestion du temps prend plus d'importance, ce qui crée toutes sortes d'occasions pour des services à domicile : nettoyage, préparation des repas, etc. Les gens ont besoin de détente, mais n'accordent pas nécessairement plus de temps aux loisirs.

3.8.5 L'interdépendance des économies

Avec le libre-échange, l'interdépendance entre les économies augmente. On se dirige vers un marché global entre les pays de l'Amérique. Cela crée beaucoup d'occasions d'affaires pour l'exportation.

3.8.6 L'augmentation de la productivité

On remarque une augmentation de la productivité dans presque tous les pays. Cette situation engendre une multitude de conséquences, dont la perte de nombreux emplois à la suite de l'automatisation ou de la reconversion des entreprises. Ces bouleversements suscitent des occasions d'affaires en matière de services. Ces bouleversements représentent aussi un potentiel pour l'importation de certains produits fabriqués à moindre coût, en Asie ou en Europe de l'Est.

3.8.7 L'augmentation des familles monoparentales et des célibataires

Cette caractéristique de la société actuelle ouvre la voie à toutes sortes d'occasions d'affaires en ce qui concerne le temps dont ces populations disposent, leurs loisirs ou leurs besoins particuliers.

3.8.8 Le tourisme

Activités de toute nature reliées au tourisme. Par exemple, dans bon nombre de pays, des gens ont créé des entreprises lucratives en offrant des visites guidées aux touristes. Certains ont acquis des minibus qui font le tour des terrains de camping le matin et amènent les touristes visiter des endroits susceptibles de les intéresser. D'autres offrent un service semblable à des hôtels durant toute l'année. Les propriétaires des hôtels et des terrains de camping reçoivent 10 % du prix des billets qu'ils vendent.

3.8.9 Les centres de congrès

Services aux congressistes, cartes d'identité, pochettes pour le matériel, visites et voyages touristiques.

3.8.10 Les produits à l'ancienne

Il existe presque partout dans le monde un engouement pour les produits anciens. On ne fait pas référence ici uniquement aux produits d'artisanat, mais aussi à l'alimentation. Les confitures à l'ancienne, les menus à l'ancienne sont en demande plus que jamais.

L'observation, au cours de voyages ou de visites d'expositions industrielles, peut être très féconde. Elle peut mener à repérer d'autres tendances en émergence.

3.9 LES IDÉES QUI MÈNENT À LA DÉCOUVERTE D'OCCASIONS D'AFFAIRES

La visite des acheteurs ou des responsables des achats des entreprises, en particulier ceux des grandes entreprises et des PME du secteur où l'on habite, pourra aboutir à plusieurs occasions d'affaires. On y découvrira certains produits et services qui ont été achetés ailleurs et qui pourraient être offerts et achetés localement. On trouvera ci-dessous un pot-pourri d'idées qui peuvent mener à déceler des occasions d'affaires :

- Emprunter une idée remarquée dans une autre région, dans un autre pays et l'appliquer chez soi en l'améliorant, en la modifiant et en l'adaptant.

- Poser des questions aux gens pour s'informer des besoins dans un secteur. Les interroger à partir d'un court sondage, comprenant 5 à 10 questions, qui pourrait avoir lieu dans l'entrée d'un centre commercial, par exemple.

Un événement, quel qu'il soit, crée toujours des occasions d'affaires. Pensons à toutes les personnes qui ont mis sur le marché de petits produits, souvenirs, jeux ou autres à la suite d'un événement spécial ! Rien ne se passe aux États-Unis sans qu'un t-shirt commémoratif soit mis en vente. Le marché de la carte postale au Québec demeure très peu exploité comparativement à la plupart des pays développés.

Il existe de plus en plus de possibilités pour la sous-traitance, le recyclage des produits, l'offre de services divers aux entreprises.

Pourquoi les week-ends « meurtre et mystère », organisés dans les hôtels en Angleterre et un peu partout ailleurs dans le monde, n'ont-ils pas encore connu de succès au Québec ? Pourquoi ne crée-t-on pas de jeux de fin de semaine pour les gens qui aimeraient vivre une expérience divertissante et enrichissante en groupe dans un hôtel ou un centre de ressourcement ?

De nombreuses occasions d'affaires sont possibles dans la mise en marché de produits semblables à ceux qui existent déjà lorsqu'on y apporte des modifications (qualité supérieure, qualité inférieure, etc.). Il est excellent de vérifier ce qui est importé. Il existe beaucoup d'occasions d'affaires dans la fabrication locale de produits qui sont actuellement importés, en particulier les produits frais dans le domaine de l'alimentation.

Il existe par ailleurs un très bon marché pour des importations, dans presque tous les domaines. Le service après-vente dans un grand nombre de secteurs est également un créneau très intéressant. On trouve des situations prometteuses dans l'achat et la revente de produits usagés, dans le domaine du vêtement entre autres. De bonnes occasions d'affaires sont possibles dans la création, pour les entreprises, de services de formation, de traduction, de révision de textes, d'informatique, de traitement de texte, de gestion de la documentation.

Nous vous invitons à approfondir ce sujet en consultant des magazines qui s'adressent aux gens d'affaires et à y parcourir les chroniques intitulées « Occasions d'affaires » dans les annonces classées. On pourra aussi se référer aux auteurs suivants : Bégin et L'Heureux (1995), Hall (1995), Kahn (1992) (voir références à la fin du chapitre).

3.10 L'ÉVALUATION DES OCCASIONS D'AFFAIRES

Une fois qu'on a repéré un certain nombre d'occasions d'affaires, il importe de se donner un cadre pour pouvoir les évaluer. Quelques questions simples peuvent être posées. On suggère de commencer par la bonne vieille méthode MOFF.

3.10.1 La méthode MOFF

La méthode MOFF consiste à procéder à l'analyse d'occasions d'affaires en tenant compte des éléments suivants :

M = menaces

O = occasions d'affaires

F = forces

F = faiblesses

Cette méthode incite l'entrepreneur à évaluer ses forces et ses faiblesses, ainsi que les menaces ou les occasions d'affaires que représente pour lui l'environnement. L'entrepreneur doit concilier ses forces, ses intérêts, ses besoins et son expertise particulière afin de les appliquer de façon productive à son environnement, soit en ciblant les occasions d'affaires les plus propices à sa personnalité, soit en intervenant directement pour faire face aux menaces de l'environnement qui entravent le plein exercice de ses qualités. Lorsque cet exercice d'introspection est terminé, il peut évaluer objectivement les occasions d'affaires qu'il a ciblées à la lumière des questions suggérées dans la section suivante.

3.10.2 Les 15 points d'interrogation

De nombreuses questions peuvent être posées pour juger de la pertinence d'une occasion d'affaires. Nous en avons répertorié 15 qui nous paraissent parmi les plus efficaces.

1. Existe-t-il vraiment un besoin chez le consommateur pour ce produit ? Que cela apporte-t-il de plus au client (la valeur ajoutée) ? Ce produit ou service sera-t-il compétitif sur le marché ?

2. Ce produit peut-il être mis en marché de façon rentable et profitable ? Financièrement, le retour sur l'investissement initial est-il intéressant ?

Les marges sont-elles plus élevées que ce qu'on connaît des produits semblables dans ce secteur ?

3. Le marché actuel offre de bonnes occasions simplement par la modification à la hausse ou à la baisse de la qualité des produits existants. Nous sommes à l'ère de l'hypersegmentation. Ainsi, de plus en plus de segments de marché offrent un potentiel intéressant pour des produits de luxe ou haut de gamme pour lesquels un nombre grandissant de consommateurs sont prêts à payer. L'inverse est aussi vrai. Est-il préférable de modifier le degré de la qualité de son produit – vers le bas ou vers le haut – pour qu'il soit encore plus rentable ?

4. Ai-je des avantages compétitifs pour fabriquer, distribuer, mettre en marché, exporter ce produit ? Quels sont-ils ? Devrais-je me concentrer sur l'une ou l'autre de ces activités ? Laquelle ? Serait-il plus profitable pour moi de sous-traiter la fabrication et de me concentrer sur la mise en marché ? Ce produit gagnerait-il à être fabriqué ou vendu en plus petites quantités ?

5. Est-ce le moment propice pour lancer ce produit ou ce service ? Quels sont les cycles de consommation ?

6. Cela m'intéresse-t-il vraiment ? En ai-je vraiment le goût ? Veux-je vivre le style de vie qu'implique ce type d'activité ? Ai-je les connaissances, les habiletés, l'expérience requises pour ce genre d'activité ? Ai-je le temps, l'intérêt, les aptitudes qu'il faut pour apprendre ce qui doit être appris afin de réaliser cette occasion d'affaires ? Est-ce quelque chose d'agréable, de plaisant, que je pourrai accomplir de façon détendue ?

7. Cela m'intéresse-t-il vraiment d'y travailler à temps plein ou d'y travailler à temps partiel ?

8. Cette occasion d'affaires présente-t-elle le potentiel qu'il faut pour satisfaire mes objectifs de revenus et de profits ?

9. Cela en vaut-il vraiment la peine, cela vaut-il vraiment l'effort que je devrai y mettre ?

10. Est-ce légal ? Cela est-il conforme à mon code d'éthique ? À mes valeurs morales ?

11. Est-ce compatible avec ce que je suis ? Cela me permet-il de me réaliser ? De me développer et de m'améliorer sur le plan personnel ?

12. Veux-je travailler avec le genre de personnes que ce type d'occasion d'affaires implique ? Comment suis-je situé par rapport à la culture de ce secteur ? Par rapport à la culture des gens de ce secteur ?

13. L'occasion repérée correspond-elle à quelque chose qui est prioritaire dans la liste des domaines qui m'intéressent ?

14. Où suis-je situé par rapport à la concurrence dans ce domaine ? Quels sont mes avantages concurrentiels ? Ai-je bien étudié le marché de ce secteur ? Mes connaissances du marché, des clients, des fournisseurs sont-elles suffisantes pour bien gérer ce type d'activité ?

15. Mes capacités financières sont-elles adéquates ? Puis-je avoir accès à des ressources financières suffisantes pour que l'occasion soit intéressante sans entraîner trop de risques pour moi ?

3.11 LES PIÈGES

Dans sa recherche d'occasions d'affaires, il faut se méfier de ce qu'on appelle les pièges. Les pièges, ce sont les choses à la mode qui ne durent pas. Les pièges surgissent comme une occasion fantastique. Pour en profiter, on investit une grande somme d'argent, mais ils ne sont que des feux de paille et ne rapportent que sur une très courte période. La prudence est de rigueur.

L'entrepreneur doit aussi éviter l'occasion mirobolante qui se situe dans un domaine qui ne l'a jamais intéressé ou pour lequel il n'est pas préparé. S'il n'aime pas ce secteur, il ne pourra pas s'y réaliser, il n'apprendra pas ce dont il a besoin et il ne réussira pas, quel que soit le potentiel du marché. Les gens qui œuvrent dans des secteurs traditionnels qu'ils aiment réussissent mieux que ceux qui se lancent dans des secteurs de pointe sans en avoir vraiment l'intérêt ou sans être suffisamment préparés.

3.12 CONCLUSION

Lorsque l'on a ciblé une occasion d'affaires, il importe de faire une bonne étude de marché. La première étape que l'on recommande consiste à interroger de 20 à 50 clients potentiels ou, le cas échéant, de procéder à une analyse du produit auprès d'un groupe témoin de huit à 12 personnes réunies pour une durée de trois à quatre heures, préférablement en soirée. Si cette étape est concluante, on procédera à une étude de faisabilité, qui consiste à calculer les coûts de fabrication et de mise en marché et à préciser les marges, bref tout ce qui est nécessaire pour évaluer le risque et pour décider si on lance ou non le produit ou le service. L'étape suivante consiste en la préparation d'un plan d'affaires. Plus on a d'expérience dans le secteur, plus on a de chance de viser juste. En fait, on peut parler de degrés d'entrepreneuriabilité. La méthode graduelle, celle des petits pas où l'on avance constamment mais prudemment, demeure celle de la réussite. Un succès en appelle un autre.

3.13 LE PLAN DE TRAVAIL

L'entrepreneur a avantage à établir un plan de travail pour déceler des occasions d'affaires en tenant compte des domaines qui l'intéressent. Inutile d'essayer de découvrir des occasions d'affaires mirobolantes si l'on n'a pas d'affinités avec ce type d'activité. Il est préférable qu'une personne choisisse un domaine très traditionnel qu'elle aime, plutôt qu'un domaine qui présente beaucoup de potentiel pour l'avenir, mais qui ne lui plaît pas vraiment. Pour qu'une occasion d'affaires soit productive, elle doit répondre non seulement à un besoin du marché, mais également à celui de l'entrepreneur. Celui-ci doit travailler avec plaisir et se réaliser pleinement dans le choix d'entreprise qu'il a fait. La logique qui régit le choix du domaine d'activités est claire : il faut être passionné pour ce qu'on fait si on veut maintenir sa flamme, continuer à y apprendre et réussir.

Exercice 3.1 DÉCOUVRIR DES OCCASIONS D'AFFAIRES

1. Les gens ont de moins en moins d'enfants et les couples attendent d'être dans la trentaine pour fonder une famille.
   - Précisez trois conséquences de cette situation sur le marché.
   - Repérez trois occasions d'affaires que permet cette situation.
   - Nommez trois produits qui peuvent être créés en relation avec chacune des occasions produites par la situation décrite ci-dessus.

2. La population vieillit de plus en plus. Toutefois, cette population a des moyens financiers que les générations précédentes n'avaient pas.
   - Trouvez 10 occasions d'affaires qui peuvent résulter de cette situation.

3. Les gens désirent pratiquer des sports et faire de l'exercice, mais manquent souvent de temps. Formulez 10 occasions d'affaires que cela peut engendrer.

4. Faith Popcorn parle des petites « indulgences », ces petits cadeaux – généralement en dessous de 20 $ – que les gens s'offrent pour se récompenser. Suggérez au moins 10 occasions d'affaires potentielles qui découlent de cette tendance importante de l'environnement.

5. Répertoriez cinq tendances majeures de l'environnement. Indiquez trois occasions d'affaires pour chacune des tendances décrites.

6. Les habitudes alimentaires des gens changent. On mange moins de viande et de plus en plus de produits naturels. Énumérez cinq occasions d'affaires que cela suscite.

7. David Foot insiste sur l'importance des baby-boomers, ces gens nés entre 1947 et 1966. Ils constituent 30 % de la population. Indiquez cinq occasions d'affaires qu'entraînera ce phénomène au cours des 10 prochaines années.

8. Nommez au moins trois de vos champs d'intérêt privilégiés pour vous lancer en affaires. Expliquez pourquoi vous les avez choisis et décrivez brièvement chacun.

9. Pour chacun des champs d'intérêt décrits, choisissez cinq occasions d'affaires possibles (qui peuvent figurer parmi celles que vous avez énumérées dans vos réponses aux questions précédentes).

10. Établissez un ordre de préférence dans les occasions d'affaires mentionnées ci-dessus et précisez sur quels critères vous vous êtes basé pour faire vos choix. Indiquez si ces choix ont été faits en fonction du potentiel de l'occasion d'affaires ou en fonction de votre attirance pour le domaine.

3.14 BIBLIOGRAPHIE

Beck, N. (1994). *La nouvelle économie.* Montréal: Les Éditions Transcontinental. Édition originale: (1992). *Shifting Gears: Thriving in the New Economy.* Toronto: Harper Collins.

Bégin, J.-P. et D. L'Heureux (1995). *Des occasions d'affaires.* Montréal et Charlesbourg: Les Éditions Transcontinental et Fondation de l'entrepreneurship.

Cossette, C. (1990). *La créativité, une nouvelle façon d'entreprendre.* Montréal: Les Éditions Transcontinental.

De Bono, E. (1978). *Opportunities.* London: Penguin Books Ltd.

Filion, L. J. (1990). *Les entrepreneurs parlent.* Montréal: Éditions de l'entrepreneur.

Filion, L. J. (1991). *Vision et relations: clefs du succès de l'entrepreneur.* Montréal: Éditions de l'Entrepreneur.

Foot, D. K. (en collaboration avec D. Stoffman) (1996). *Entre le Boom et l'Écho.* Montréal: Boréal. Édition originale: (1996). *Boom, Bust & Echo.* Toronto: Macfarlane Walter and Ross.

Gagné, P. et M. Lefèvre (1995). *Le futur présent.* Montréal: Publi-Relais.

Hall, D. A. (1995). *1101 Businesses You Can Start From Home.* New York: Wiley.

Julien, P.-A. et M. Marchesnay (1996). *L'Entrepreneuriat.* Coll. gestion/poche. Paris: Economica.

Kahn, S., The Philip Lief Group (1988). *101 Best Businesses to Start.* New York: Doubleday.

Naisbitt, J. (1982). *Megatrends : Ten New Directions Transforming Our Lives.* New York : Warner Books.

Popcorn, F. (1994). *Le rapport Popcorn.* Montréal : Les Éditions de l'Homme. Édition originale : (1991). *The Popcorn Report.* New York : Currency Book (Bantam Doubleday).

Popcorn, F. (en collaboration avec Lys Marigold) (1996). *Clicking.* Montréal : Les Éditions de l'Homme. Édition originale : (1996). *Clicking.* Harper Collins.

Annexe 1

Le rapport Popcorn

TENDANCES 2000-2010

Le livre de Faith Popcorn s'adresse aux péemmistes qui veulent mieux comprendre les tendances de l'environnement en vue d'y déceler des occasions d'affaires. Les 10 principales tendances qu'elle a répertoriées sont reproduites ci-dessous. Le fait de les connaître et d'en tenir compte peut faciliter grandement les choix stratégiques qu'on sera amené à faire.

1. Le cocooning

Le cocon armé

Le cocon qui se promène

Le cocon socialisateur

Plus l'endroit de travail ressemble à un cocon, plus heureux et plus productifs sont les travailleurs.

2. Les aventures fantaisistes

Exemples: des vacances en traîneau à chiens dans le Grand Nord; la descente de l'Amazone.

3. Les petites « indulgences »

Ce sont les petites récompenses qu'on se donne pour avoir accompli quelque chose. Elles constituent un marché de plus en plus important pour des objets valant entre 15 $ et 20 $.

4. L'égonomie

Le « fait sur mesure », le « I did it my way ».

5. La vie

ÊTRE prend le pas sur AVOIR.

6. Rester jeune

7. Demeurer actif

8. Être un consommateur vigilant

9. Les 99 vies

10. SOS (Sauvons notre société)

Tiré de : Popcorn, F. (1994). *Le rapport Popcorn*. Montréal : Les Éditions de l'Homme. Édition originale : (1991). *The Popcorn Report*. New York : Currency Book (Bantam Doubleday).

LA CRITIQUE DU LIVRE DE FAITH POPCORN

Une des grandes forces du livre réside dans sa facilité d'accès. C'est un livre qui se lit vite et bien. C'est un livre conçu pour le grand public. Une de ses faiblesses cependant réside dans sa référence très américaine. Les caractéristiques de l'environnement dont on fait état sont tirées des observations de Mme Popcorn aux États-Unis. Par exemple, le cocooning est un phénomène très américain qu'on retrouve certes ailleurs, mais sans doute pas avec la même ampleur qu'aux États-Unis. De même, la violence et le vol ne sévissent pas encore dans les mêmes proportions au Québec et au Canada qu'aux États-Unis. Quant aux autres caractéristiques, elles se retrouvent presque toutes dans l'ensemble de l'Amérique du Nord et un peu partout dans le monde. Le livre est aussi amusant qu'instructif. À lire avec humour.

Annexe 2

La nouvelle économie

Nuala Beck est une économiste qui s'est penchée sur les structures industrielles en vue de dégager un cadre d'analyse qui permette de mieux comprendre les mutations économiques. Elle a considéré ces mutations à partir des
repères suivants : facteurs clés dans l'approvisionnement, éléments moteurs de
l'économie, infrastructures requises. Puis, elle a repéré des périodes types.
Pour chaque période, elle a fait ressortir des indicateurs économiques. Les
principaux éléments pour chaque période sont présentés ci-dessous.

Une économie axée sur le traitement des marchandises

Époque : de la Révolution industrielle jusqu'à 1918 environ

Facteur clé : acier à bas prix

Quatre motrices : textile, charbon, acier, chemin de fer

Infrastructures : transport ferroviaire et maritime, télégraphie

Principaux indicateurs économiques :

- Production de lingots de fonte
- Bénéfice d'exploitation des chemins de fer
- Production de chambres à air
- Production de charbon et de coke
- Production de filature
- Consommation de coton

Une économie axée sur la fabrication en série

Époque : de 1918 jusque vers 1981

Facteur clé : sources énergétiques bon marché, pétrole surtout

Quatre motrices : autos, machines-outils, immobilier résidentiel, ventes au détail

Infrastructures : routes, aéroports, téléphones

Principaux indicateurs économiques :

- Production industrielle
- Utilisation des capacités
- Commandes de machines-outils
- Ventes au détail
- Mises en chantier dans le secteur résidentiel
- Ventes d'automobiles

Une économie axée sur la technologie

Époque : de 1981 à ?

Facteur clé : micropuces à prix abordables

Quatre motrices : ordinateurs et semi-conducteurs, santé et services médicaux, communications et téléphonie, instrumentation

Infrastructures : satellites de télécommunications, fibres optiques, réseaux informatiques, fréquences radio

Principaux indicateurs économiques :

- Production d'ordinateurs
- Production d'éléments électroniques

- Ventes d'instruments

- Balance commerciale en haute technologie

- Croissance de l'emploi axé sur les connaissances intellectuelles

- Mises en chantier : immobilier médical

Tiré de : Beck, Nuala (1994). *La nouvelle économie.* Montréal : Les Éditions Transcontinental. Édition originale : (1992) *Shifting Gears : Thriving in the New Economy.* Toronto : Harper Collins.

LA CRITIQUE DU LIVRE DE NUALA BECK

Le livre de Nuala Beck s'adresse d'abord à des investisseurs. Les indicateurs auxquels elle fait référence permettent d'évaluer si le secteur économique auquel on s'intéresse est plus ancien ou plus récent. Elle permet aux entrepreneurs de reconnaître clairement les secteurs prometteurs qui présentent le plus de potentiel et qui ont le plus de chance d'être profitables dans l'avenir. Il s'agit d'une des approches les mieux structurées pour procéder à l'analyse de l'environnement.

ANNEXE 3

Entre le boom et l'écho

Selon David Foot, la démographie est l'outil le plus efficace pour comprendre le passé, la société dans laquelle nous vivons et pour prédire l'avenir. « En 1985, nous dit-il, le tennis faisait fureur au Canada. Les clubs tenaient des listes d'attente, les courts étaient bondés. En 1995, ces listes ont disparu. On doit maintenant faire une chose impensable dix ans plus tôt : de la publicité pour attirer de nouveaux membres. Les promoteurs de ce sport en sont abasourdis. » Selon Foot, ils ne devraient pas l'être, car ce qui est arrivé au tennis était non seulement prévisible, mais inévitable.

Voici son explication : « La vogue du tennis a commencé au début des années 1970 quand la majorité des enfants du baby-boom, qui constituent le tiers de la population canadienne, étaient encore adolescents ou n'avaient qu'une vingtaine d'années. C'est à cet âge qu'on joue au tennis. Au milieu des années 1990, les enfants du baby-boom ont atteint la trentaine et la quarantaine, tandis que les plus âgés frôlaient la cinquantaine. C'est là qu'une bonne partie des gens cessent de jouer régulièrement au tennis. » Selon Foot, la démographie explique les deux tiers de tous les phénomènes sociaux. Il nous présente la structure démographique du siècle sous la forme de 9 cohortes (types de population). On peut expliquer le comportement de chacune, tant à partir du nombre de sa population que des événements historiques qui ont influé sur elle.

Avant la Grande Guerre : nés en 1914 et avant

Les femmes vivent six ans de plus que les hommes. Cohorte où l'on retrouve de plus en plus de femmes. Les femmes des autres cohortes auront à s'occuper de leur mère.

La Première Guerre mondiale : de 1915 à 1919

Groupe plus petit, donc privilégié : moins de compétition, plus de chance. Ces gens ont mieux réussi que ceux de la cohorte précédente.

Les Années folles : de 1920 à 1929

La guerre 14-18 a éliminé un bon nombre de la population, ce qui a réduit la compétition pour les gens de cette cohorte.

Les bébés de la Crise : de 1930 à 1939

Peu d'entre eux se rendent compte à quel point ils doivent leur réussite au fait d'appartenir à une petite cohorte qui s'est toujours trouvée au bon endroit au bon moment.

La Deuxième Guerre mondiale : de 1940 à 1946

Les enfants de la guerre n'ont pas eu à vivre la compétition de la part de leurs pairs autant que ceux qui sont nés au cours de la décennie suivante. Ils ont presque aussi bien réussi que les enfants de la crise.

Le baby-boom : de 1947 à 1966

Les membres de cette cohorte entretiennent une assez haute opinion d'eux-mêmes. Ils forment 33 % de la population canadienne. Le Canada, suivi des États-Unis, de l'Australie et de la Nouvelle-Zélande, est le pays qui a connu le baby-boom le plus fort du monde industrialisé. Quand cette génération tousse, tout le Canada s'enrhume. Toutefois, les gens nés entre 1960 et 1966, qu'on appelle la génération X, gagnent 10 % de moins que leur père au même âge.

L'effondrement de la natalité ou le baby-bust : de 1967 à 1979

L'arrivée de la pilule contraceptive en 1961 et la participation croissante des femmes au marché du travail ont entraîné une baisse de la natalité. Arrivée sur le marché du travail dans une période économique difficile.

L'écho du baby-boom : de 1980 à 1995

Il s'agit des enfants des baby-boomers. Les baby-boomers n'ont jamais égalé les prouesses de leurs parents. À son apogée, en 1990, l'écho du baby-boom a produit 406 000 bébés pour une population de 27,7 millions contre 479 000 bébés pour une population de 17,5 millions en 1959. Ils arrivent à la suite d'une vaste cohorte. Mais leur situation devrait être meilleure que celle de la génération X.

L'avenir : de 1995 à 2010

Cohorte qui devrait être favorisée.

Tiré de : Foot, D. K. (en collaboration avec David Stoffman) (1996). *Entre le Boom et l'Écho – Comment mettre à profit la réalité démographique*. Montréal : Boréal. Édition originale : *Boom, Bust & Echo – How to Profit from the Coming Demographic Shift*. Toronto : Macfarlane Walter and Ross.

CRITIQUE DU LIVRE DE DAVID FOOT

En somme, ce que David Foot dit, c'est que plus une cohorte est grande, plus difficile sera la vie des personnes qui la composent. À l'inverse, si une cohorte est plus petite que celle qui précède, plus la vie sera facile pour les gens de cette cohorte. Ils seront moins nombreux à l'école, il y aura plus de place pour eux lorsqu'ils accéderont au marché du travail, le coût des propriétés sera plus bas car la demande sera moins forte, etc. Cette approche est évidemment intéressante, mais présente des limites. Elle explique d'autant plus de choses qu'on évolue dans un système relativement fermé. Toutefois, l'immigration peut venir changer bien des données dans la configuration de l'une ou l'autre des cohortes. L'auteur mentionne ce phénomène, mais il n'en reconnaît pas l'importance à sa juste valeur. Nous pensons par exemple aux pays à forte immigration comme le Brésil. À propos de Vancouver, David Foot note l'importance de l'immigration, mais lorsque vient le moment d'expliquer la croissance de la Colombie-Britannique, il n'en tient pas compte.

De plus, son point de vue sur l'évolution de chaque cohorte repose sur le postulat que la société est un système relativement stable et que l'ensemble des richesses collectives est limité et doit être partagé. Qu'en est-il d'une société entrepreneuriale où l'on crée un grand nombre d'entreprises et où l'on considère que les ressources ne sont pas limitées, mais qu'au contraire la création de la richesse est une possibilité que doivent réaliser tant les individus que la collectivité? L'auteur se limite aux données démographiques et ne reconnaît pas que l'évolution des sociétés et le changement sont également les résultantes des valeurs individuelles et collectives.

Chapitre 4

La créativité et l'idéation en contexte de création d'entreprise

par Jacques Baronet, consultant

«Lui, c'est un excentrique, une vraie machine à idées! Il n'arrête pas de songer à de nouveaux produits, à de nouvelles méthodes de fabrication». «Les idées, ça lui vient à n'importe quel moment, sans effort!» Voilà quelques expressions qu'on entend souvent à propos des entrepreneurs. Un entrepreneur dira même: «J'ai tellement d'idées que je n'arrive pas à toutes les exploiter, ni même à les étudier et encore moins à les mettre en pratique.»

Ces débordements d'idées qu'on attribue aux entrepreneurs montrent assez bien que ceux-ci sont d'abord des créateurs: des créateurs de nouveaux produits, de nouveaux marchés, de nouvelles façons de fabriquer ou d'exploiter une entreprise, etc. De même, l'entrepreneurship est un exemple, une application dans le domaine de l'exploitation des occasions d'affaires, d'un phénomène plus vaste: la créativité. C'est ce lien essentiel entre la créativité et l'entrepreneurship que nous avons étudié au cours des dernières années (Baronet et Pitcher, 1995, et Baronet, 1996).

Ces expressions laissent aussi entendre qu'avoir des idées originales est facile en toutes circonstances et « qu'il suffit d'y penser pour que ça vienne et hop ! nous voilà avec une idée qui nous différencie des concurrents ». Nous constaterons dans ce chapitre que ce n'est pas nécessairement le cas et, en conséquence, nous verrons ce qu'on peut faire pour favoriser sa propre créativité, pour l'exploiter comme un élément distinctif de sa personnalité, pour se différencier.

Nous allons d'abord donner une définition opérationnelle de la créativité et des principaux éléments qui la composent. Nous verrons ensuite comment cette créativité peut s'appliquer dans un contexte de plan d'affaires, plus particulièrement en ce qui concerne la manière de se différencier des autres. Enfin, nous aborderons quelques moyens concrets d'être créatif et de le demeurer.

4.1 UNE DÉFINITION DE LA CRÉATIVITÉ

Dans sa plus simple expression, certains définissent la créativité comme **la capacité d'apporter quelque chose de nouveau.** Cette définition soulève quelques questions, entre autres, sur cet aspect de nouveauté. Ainsi, on peut se demander pour qui ou pour quoi ou dans quelles circonstances ce « quelque chose de nouveau » est vraiment nouveau. On pose ici en fait le problème clé de la reconnaissance de la nouveauté, et donc de la créativité, par d'autres individus que le créateur lui-même.

En même temps, cela nous amène à poser le problème du degré de nouveauté. En effet, même si tous ces exemples relèvent d'une façon générale de la créativité, peut-on vraiment mettre sur un pied d'égalité, d'une part, une solution relativement originale pour un individu qui fait face à un problème domestique, et, d'autre part, les œuvres célèbres d'artistes du patrimoine mondial, les grandes découvertes scientifiques ou la création de produits nouveaux, de marchés non encore développés, de nouvelles entreprises en croissance et employant aujourd'hui des milliers de personnes ? À notre avis, non, et c'est pourquoi il y aurait aussi une question de degré dans la créativité.

Enfin, il faut aussi constater que la créativité peut s'exprimer également par une forme d'imitation. Un entrepreneur peut, par exemple, découvrir une nouvelle utilisation pour un produit créé par quelqu'un d'autre, ou lui trouver un marché inexploité, ou encore trouver une façon de le fabriquer qui rend le produit enfin rentable. De même, quelqu'un qui achète une entreprise existante, la transforme et la fait croître, serait aussi un créateur.

Une définition plus précise de la créativité que nous utiliserons dorénavant est donc la suivante :

« La capacité de trouver **régulièrement** des solutions à des problèmes, de construire de nouveaux produits, de définir de nouvelles questions dans un domaine donné d'une manière qui est, au moins initialement, considérée comme étant **nouvelle ou originale**, mais qui est ultimement **acceptée et reconnue** et même parfois récompensée à l'intérieur d'un cadre culturel donné. »

On retrouve ici les trois composantes généralement reconnues à la créativité :

- La **régularité**

- La **nouveauté**

- **L'acceptation** ou la **reconnaissance**

Ces trois éléments sont en effet indispensables pour qu'on puisse véritablement parler de créativité. Ils sont, de plus, interreliées, comme l'illustre la figure 4.1 plus bas.

Figure 4.1 LES ÉLÉMENTS DE LA DÉFINITION DE LA CRÉATIVITÉ

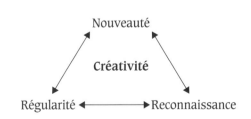

La composante de la nouveauté est celle qui est habituellement reconnue à la créativité. En effet, qui dit création dit nécessairement qu'il y a présence d'un élément de nouveauté, de quelque chose qui est maintenant là et qui n'y était pas auparavant. C'est d'ailleurs en ce sens qu'on peut dire que la création naît d'un processus discontinu, non automatique, imprévisible, même s'il s'appuie nécessairement sur la personnalité de l'individu créatif et, la plupart du temps, sur une expérience ou une formation poussée. En ce sens, la création est décrite par certains auteurs comme un « saut quantique » (Bygrave, 1989), un saut dans l'inconnu.

La régularité renvoie ici à la personne qui est créative. Cette dernière démontre ainsi de façon régulière de la créativité dans son domaine d'activité (art, science, profession, gestion, leadership, entrepreneurship, etc.). De plus, sa créativité ne se limite pas à un unique trait de génie dans sa vie, mais plutôt à une manière constante de sentir, de penser, de faire face aux problèmes, de trouver des solutions et, même si elle le fait surtout dans un domaine d'activité bien spécifique, la personne créative peut aussi très souvent exercer sa créativité dans d'autres domaines, par exemple, dans ses loisirs. Enfin, cela ne l'empêche pas d'avoir aussi de ces traits de génie que les autres reconnaissent.

En effet, une composante importante de la créativité trop souvent oubliée est la reconnaissance par d'autres. Ici, l'élément de nouveauté est imbriqué dans l'acceptation, la reconnaissance ou la valeur qu'un milieu voudra subjectivement donner à cette nouveauté. C'est le lien social entre un créateur et son public. Ainsi, est-ce que l'œuvre sera acceptée pour être admirée et vendue ? Est-ce que les investisseurs vont percevoir la même occasion (et la valeur de celle-ci) que perçoit l'entrepreneur ? Celui-ci sera-t-il capable d'expliquer son idée, de la communiquer, de la vendre ?

Cette acceptation peut parfois prendre beaucoup de temps à venir, comme elle peut aussi être presque immédiate ou même ne jamais venir. L'acceptation dépend en fait de la capacité de l'individu créatif à discerner ce qui est acceptable dans un milieu donné, ou dans une culture donnée, à un moment donné. Si le créateur ne possède pas cette capacité, il court le risque « d'être un autre génie incompris et reconnu seulement après sa mort ». En effet, si la création est trop marginale, trop incohérente, trop « en dehors des normes », elle sera seulement perçue comme « une folie d'aucune utilité ou l'expression d'un narcissisme exacerbé » (Anzieu, 1974, 1981, Routier, 1983) et sera ignorée.

Il faut donc que l'individu créatif sache comment aller plus loin que les limites existantes sans trop les dépasser, comment être original **et** acceptable ou, comme l'a dit Talleyrand, il faut savoir jusqu'où on peut se permettre d'aller trop loin. Le créateur doit donc posséder une force intérieure assez grande pour endurer la résistance que peut opposer le milieu au rôle de *challenger* que prend nécessairement le créateur. Il doit, en outre, posséder une habileté de négociateur (de vendeur) pour éventuellement faire accepter son idée originale (qui peut apparaître comme révolutionnaire). D'ailleurs, le créateur qui a bien intégré en soi les critères de jugement d'un milieu sur ce qui est acceptable pourra continuer de façon régulière à être créateur, sans avoir à subir constamment l'insécurité et l'angoisse de l'attente des jugements venant des autres, et ce, dans tous les domaines de la créativité.

Cette composante de la reconnaissance de ce qui est acceptable dans un milieu est aussi liée au processus créateur que nous verrons plus loin. Bien sûr, les normes de chaque domaine diffèrent quant à ce qui est acceptable en même temps que nouveau : esthétique dans les arts, réponse à des problèmes en science, reconnaissance d'occasions d'affaires et création de nouvelles entreprises en entrepreneurship, etc. Le rôle du créateur est ici de savoir jusqu'où aller pour dépasser les normes sans trop les dépasser.

4.2 LE MODÈLE ET LE PROCESSUS DE LA CRÉATIVITÉ

À partir d'une revue de la documentation sur la créativité et en particulier de différentes perspectives qui étudient ce phénomène de différents points de vue, nous avons élaboré (Baronet et Pitcher, 1995, et Baronet, 1996) un modèle de la créativité fait de trois éléments principaux :

1. Un individu créatif qui a des caractéristiques et une personnalité bien particulières, héritées en grande partie de sa famille et principalement de ses parents.

2. Un processus créateur.

3. L'appartenance de l'individu créatif à un domaine et à un réseau.

Ce modèle est illustré par la figure 4.2.

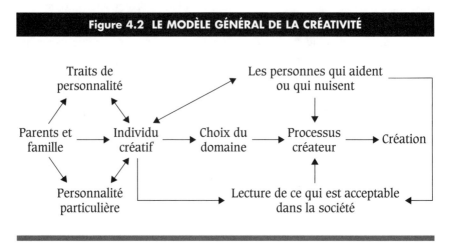

Figure 4.2 LE MODÈLE GÉNÉRAL DE LA CRÉATIVITÉ

En résumé, ce modèle décrit comment un individu qui a une personnalité créative et qui a des intérêts dans un domaine d'activité et des relations avec un réseau d'entraide entreprend un processus créateur pour aboutir à une création. Et cette création est reconnue et acceptée par le milieu dans lequel évolue cet individu créateur. Pour les détails du modèle, particulièrement en ce qui concerne la personnalité du créateur, on peut lire les deux textes mentionnés dans le paragraphe précédent.

Nous nous attacherons plus précisément ici au processus de la créativité. Même si bon nombre d'auteurs divisent celui-ci en plusieurs étapes, on trouve essentiellement deux types d'opérations, deux « trajets », dans le processus de la créativité :

- Une plongée profonde en soi qui fait découvrir l'idée originale, nouvelle ou la solution recherchée.

- Une remontée vers l'extérieur qui parachève l'idée, la façonne dans un matériau, la concrétise et la rend acceptable.

C'est la première opération, appelée par certains « incubation », qui demeure encore aujourd'hui la plus mystérieuse, entre autres, parce qu'elle est essentiellement inconsciente. On peut être relativement conscient du stimulus qui nous pousse à la création, mais l'ensemble des connexions mentales, des relations entre éléments en apparence contradictoires ou sans lien évident imaginées par un individu créatif demeure inconscient chez le créateur même. Et ce sont justement ces connexions mentales, cette capacité de faire des liens entre des choses en apparence contradictoires ou sans lien apparent qui forment la créativité.

Ce que nous avons découvert sur cette opération, sur cette étape du trajet est de deux ordres.

D'une part, nous avons constaté qu'il y a des liens de nature affective ou émotionnelle entre la personnalité du créateur, plus particulièrement ses insatisfactions et ses contrariétés, et les solutions recherchées, les créations. C'est en ce sens que Routier (1983) dit que « les personnes satisfaites ne créent rien », car, quand on est satisfait, on ne sent pas le besoin de créer. Arthur Koestler (1964) dit pour sa part que « l'acte créatif agit comme une soupape pour le surplus d'énergie émotive ».

D'autre part, l'action première de la créativité est faite essentiellement d'une régression psychologique, d'une plongée profonde en soi. D'un côté, les éléments externes liés au problème à l'étude ou au domaine d'activité et les connaissances d'un domaine intégrées par le créateur sont mélangés avec, d'un autre côté, les éléments de sa personnalité, des images archaïques, des émotions, des fantasmes enfouis chez le créateur et la plupart du temps très dérangeants. En fait, on pourrait dire que la création naît d'un mariage entre ces savoirs et connaissances et les émotions enfouies dans l'individu. De plus, l'individu créateur, déjà plus ouvert que la moyenne des gens à l'expérience émotionnelle, est aussi capable de décoder les associations nouvelles qui naissent de ce mélange qui forment l'idée originale, différente, distinctive et de les mettre en images ou en mots.

Dans la deuxième opération, le créateur transpose ce qu'il a saisi, son idée originale, selon les codes, les concepts, les matériaux en vigueur dans un domaine donné et parachève son idée pour la matérialiser. Il concrétise ainsi l'idée originale. Plus cette concrétisation aura été faite, plus l'idée originale sera facile à expliquer et à comprendre.

C'est dans cette transformation de l'idée originale en idée concrète que la capacité du créateur à reconnaître ce qui est acceptable entre en jeu ; c'est ici qu'il crée les liens entre l'idée et un public, un marché, par exemple. C'est aussi dans cette action qu'on voit si le créateur a la pulsion fondamentale nécessaire, la force de caractère et les aptitudes de persuasion pour réaliser son idée. Ces deux actions de la créativité sont illustrées dans la figure 4.3.

Figure 4.3 LA CRÉATION D'UNE IDÉE ORIGINALE

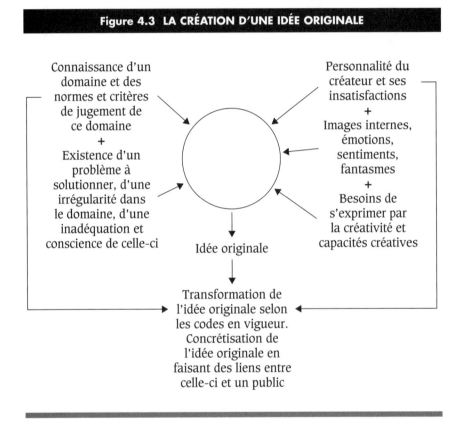

La capacité de l'individu créatif de trouver telle occasion d'affaires vient, entre autres, de sa connaissance formelle, à la fois assez profonde et vaste, mais surtout intuitive, d'un domaine, d'un secteur, d'une industrie et plus particulièrement de ce que Gardner et Wolf (1988) appellent les « asynchronies » qui s'y trouvent. Ces asynchronies réfèrent à des irrégularités, un « manque de fit », un ajustement incomplet, des modèles inusités, des contraintes, des questions laissées sans réponses, bref à une tension dans un système, dans un domaine ou dans une industrie. Cette tension existe bel et bien, mais n'est pas nécessairement perçue et reconnue comme telle ou dans toutes ses dimensions par toutes les personnes de ce domaine ou de cette industrie. C'est là que le créateur a un avantage puisqu'il est l'un des seuls et probablement le premier à vraiment saisir cette tension, cette asynchronie, et à voir la possibilité d'une solution de celle-ci.

Par exemple, le besoin d'avoir accès immédiatement aux photos prises au cours de vacances a déclenché, en 1942, chez le chimiste Edwin Land, le processus qui a conduit à la création de Polaroid dans l'industrie de la photographie. De même, la grève à *La Presse* en 1964, créant le besoin inassouvi de nouvelles fournies par un quotidien important, a permis à Pierre Péladeau de lancer *Le Journal de Montréal,* un nouveau joueur efficace dans l'industrie de la presse et des médias. Le besoin ressenti par Jean Coutu d'offrir des réductions à tous ses clients l'a amené à créer le concept des pharmacies à bas prix, ce qui a donné naissance au Groupe Jean Coutu. Aujourd'hui, l'industrie de la distribution de produits pharmaceutiques en Amérique du Nord est formée de grands groupes similaires.

Dans un contexte d'affaires, la créativité, et plus particulièrement la première action de plongée profonde en soi, se concrétise autour de la perception d'une occasion d'affaires :

- Nouveau produit
- Nouveau service
- Amélioration d'un produit ou d'un service existant
- Nouveau créneau
- Nouveau marché inexploité
- Nouveau procédé de fabrication (plus efficace ou moins onéreux)
- Innovation dans la structure et la culture d'une entreprise
- Innovation en recherche et développement
- Nouvelle source (moins coûteuse) de matières premières
- Nouveau réseau de distribution
- Nouveau type de financement
- Nouveau type de relations avec les gouvernements ou avec les communautés
- Etc.

Ce que nous savons, c'est que les individus créatifs, grâce à leur personnalité, non seulement supportent mieux ces asynchronies, les sentent et les perçoivent mieux que la moyenne des individus, mais, en plus, ils les recherchent constamment. Ils sont ainsi toujours à la recherche d'asynchronies ou d'occasions, et ils sont mieux à même de pouvoir les exploiter, et ce, dans tous les domaines où la créativité peut s'exprimer.

Par exemple, Bayles et Orland (1993) décrivent comment la valeur d'une œuvre artistique pour un artiste n'existe vraiment qu'en tant que « redéfinitrice » de l'esthétique dans son art et que « génitrice » de sa prochaine œuvre qui, à son tour, essaiera de redéfinir l'esthétique de son domaine. D'une façon similaire, le créateur scientifique est plus fasciné par les questions nouvelles de sa science que par les réponses toujours limitées apportées par une expérience ; ici, la réponse n'est vraiment intéressante que dans la mesure où elle amène de nouvelles questions à résoudre. De même, l'entrepreneur est souvent décrit comme opportuniste, comme étant toujours à la recherche d'« opportunités », d'occasions d'affaires.

4.3 LA CRÉATIVITÉ EN CONTEXTE DE PLAN D'AFFAIRES

Quand on pense habituellement à un plan d'affaires, on pense surtout à l'information financière et à l'information de type marketing qui doivent s'y trouver :

- Bilan et état des résultats *pro forma*
- Projections des besoins de liquidités
- Marché visé
- Projections des parts de marché
- Taille du marché
- Projections de croissance de l'entreprise
- Etc.

Cependant, il y a d'autres types d'information qui sont tout aussi, sinon plus, importants. En effet, Sahlman (1997) décrit quatre types interdépendants d'information que les bons plans d'affaires devraient contenir :

1. L'information sur les **personnes** qui veulent créer la nouvelle entreprise, plus particulièrement, leur expérience dans le domaine, leurs habiletés, leur capacité de gestion, leur créativité, etc.

2. L'information sur l'**occasion** et l'exploitation de celle-ci en vue de créer et de maintenir un avantage concurrentiel et donc une possibilité de croissance.

3. L'information sur le **contexte** ou sur la **situation** dans laquelle cette occasion d'affaires sera saisie et exploitée.

4. L'information sur le **risque** et sur les **récompenses**.

Ces quatre types d'information, surtout de nature non financière, forment en fait le cœur de la nouvelle entreprise et de son succès futur. L'importance de cette information non financière est même confirmée pour les grandes entreprises déjà établies en ce qui concerne la valeur de leurs actions (Low et Siesfeld, 1998).

Plus précisément, la personne qui a l'idée originale et les personnes dont elle s'entoure pour la concrétiser dans une nouvelle entreprise doivent démontrer leurs habiletés et leurs compétences pour la diriger. Parmi ces compétences, à notre avis, leur propre créativité, déjà démontrée par leurs réalisations passées (régularité), déjà acceptées par un milieu, une industrie, un marché de consommateurs, de clients ou d'anciens patrons (reconnaissance), ne peut que rendre le plan d'affaires plus attrayant pour les investisseurs éventuels, particulièrement dans sa dimension originale (nouveauté), dans ce qui fera sa différence et, par conséquent, son avantage distinctif. Ainsi le plan d'affaires devra répondre à des questions de ce type :

- Ces personnes ont-elles démontré une connaissance de leur domaine pour nous faire voir les asynchronies, les inadéquations à l'origine de l'idée originale, les occasions d'affaires qui en découlent ?
- Cette idée est-elle vraiment originale ? Ces personnes sont-elles vraiment des créateurs ?
- Ces personnes ont-elles les capacités, les habiletés et les compétences pour mener à bien une nouvelle entreprise ?

En même temps, les renseignements en ce qui concerne l'occasion d'affaires doivent permettre, selon Sahlman, de déterminer sa valeur et, en fait, de répondre à cette interrogation :

- Dans le contexte actuel de l'industrie, du marché et des conditions économiques et sociales, peut-on croire que cette occasion donnera un avantage concurrentiel tel que nous puissions espérer une croissance rapide et élevée et, par conséquent, des profits avantageux par rapport aux risques encourus ?

À notre avis, l'élément le plus important de cet avantage concurrentiel est la capacité de se différencier des autres à l'intérieur d'une industrie, d'un marché. Et cette capacité de se différencier réfère à l'idée originale (l'occasion) et à sa transformation en idée acceptable. Le produit ou le service qui réussira sera celui qui pourra se différencier, se distinguer des autres, être perçu comme étant unique par les consommateurs. Le produit qui réussira sera donc nouveau, mais en même temps pas trop nouveau : il faut, en effet, que les consommateurs puissent avoir une base pour juger les avantages concurrentiels du nouveau produit ou service. De plus, il faut également que le créateur comprenne qu'il doit adapter ses arguments de vente au domaine d'application de son idée.

4.4 COMMENT SE DIFFÉRENCIER ?

Cette question est très importante, car, comme nous l'avons vu auparavant, elle détermine la capacité entrepreneuriale à acquérir un avantage concurrentiel.

Cette faculté créative de différenciation est composée de deux capacités qui sont interdépendantes et qui influent l'une sur l'autre chez l'individu créatif :

- Une capacité interne, de nature intuitive, d'imaginer, de rêver, de percevoir.

- Une capacité externe, fondée sur des habiletés et une connaissance d'un domaine, qui permet de saisir les irrégularités et donc les occasions d'affaires qui s'y trouvent.

Pour réussir à se différencier, il faut donc encourager et former ces deux capacités. Aux tableaux 4.1 et 4.2, nous avons synthétisé les principales actions qu'on peut entreprendre pour encourager ces deux capacités. Il faut bien voir que ce sont des pistes à explorer et à cultiver par rapport à des façons d'être qu'on trouve chez les individus créatifs.

Tableau 4.1 COMMENT ENCOURAGER LE CÔTÉ INTERNE DE LA CRÉATIVITÉ

- Endurer la solitude
- Développer sa capacité à rêver, à jouer, à penser librement
- Inventer des métaphores verbales ou visuelles
- Établir un rituel et une discipline de créativité

Tableau 4.2 COMMENT ENCOURAGER LE CÔTÉ EXTERNE DE LA CRÉATIVITÉ

- Connaître un domaine d'activité ou une industrie
- Savoir observer et savoir écouter
- Savoir poser les bonnes questions de la bonne façon
- Élaborer un système d'évaluation des idées
- Développer sa capacité de communication

4.5 ENCOURAGER LE CÔTÉ INTERNE DE LA CRÉATIVITÉ

4.5.1 Endurer la solitude

Pour être créateur et se différencier des autres, il faut être capable d'endurer la solitude et même la rechercher. Cette affirmation va à l'encontre d'une pratique répandue, à laquelle s'abreuvent de nombreux universitaires et consultants, qui consiste à proposer, comme sources de solutions créatives, des activités de groupe un peu artificielles, comme le *brainstorming,* par exemple. Nous ne voulons pas ici minimiser l'effet positif, comme stimulus de la créativité, que peuvent avoir des rencontres et des échanges avec d'autres personnes. Un esprit créateur et déjà « branché » sur un problème, sinon obsédé par lui, ira toujours chercher dans ces rencontres et ces échanges des éléments qui stimuleront sa propre créativité, comme nous le verrons plus loin.

Cependant, tous les créateurs que nous avons rencontrés, de même que ceux dont nous avons lu les œuvres ou la biographie, confirment que la solitude est essentielle à la créativité. En effet, la première opération de la créativité, dite de régression psychologique, de descente profonde en soi, où les problèmes externes à l'étude sont mariés aux motivations, aux insatisfactions profondes, aux émotions plus ou moins inconscientes à l'intérieur de l'individu, ne peut s'accomplir que dans un certain isolement. En effet, seule la solitude peut permettre à l'individu de reléguer pour un temps donné la défense psychologique habituelle de protection de l'ego que l'on garde lorsque nous sommes en société ; sans l'isolement physique et psychologique, nous ne pourrions pas réussir à faire cette plongée en nous-mêmes, d'autant plus que nous sommes particulièrement fragiles au cours de celle-ci.

Donc, endurer, rechercher et même aimer les périodes de solitude ne pourra qu'encourager la créativité chez un individu. De plus, la solitude permet aussi d'utiliser les autres moyens encourageant la créativité et la différenciation, en particulier la capacité de rêver et de penser librement.

4.5.2 Développer sa capacité à rêver, à jouer, à rire et à penser librement

Beaucoup de créateurs ont noté que le moment le plus fertile pour la créativité est le moment qui précède le sommeil, car à ce moment-là notre esprit est justement plus disposé à laisser tomber les barrières rationnelles et à imaginer, tout en étant relativement éveillé et donc assez conscient pour noter les pensées et les fantasmes qui viennent à l'esprit. Une bonne discipline à établir est donc de garder sur sa table de nuit de quoi noter les idées, les visions, les concepts qui viennent quand on est sur le point de s'endormir.

De même, pour pouvoir penser librement et rêver, on doit développer un esprit à la fois critique et accueillant ou tolérant. On mentionne souvent que les créateurs sont tolérants devant l'ambiguïté ; c'est ce qui leur permet de saisir la complexité d'une situation et les éléments contradictoires de celle-ci, sans se sentir inconfortables lorsqu'il n'y a pas de solution immédiatement possible. Ainsi, de trouver du plaisir dans des situations complexes sans solutions apparentes est un bon moyen d'encourager la créativité. En même temps, de conserver un esprit critique qui n'accepte pas le statu quo, simplement parce que «ça a toujours été comme ça», donc un esprit constamment à la recherche de solution, est aussi un bon moyen d'encourager la différence.

Enfin, on sait que les créateurs conservent dans leur esprit d'adulte un «enfant très vif et curieux», donc un besoin constant de jouer et de s'amuser. En fait, on sait que chez les créateurs, les jeux de l'enfance sont transformés en activités de travail créateur. Ainsi, de conserver un tel esprit de jeu est un élément important de la créativité. De même, Freud (1908) a bien démontré les liens qui existent entre la créativité et l'humour en général.

Voici enfin quelques trucs qui peuvent mener sur la route du rêve, de l'imagination, de l'humour, du jeu et de la pensée libre:

- Écrire la première idée qui vient à l'esprit sans la changer ou la critiquer.
- Noter ses réflexions.
- Noter les liens qu'on fait entre les pensées.
- Prendre un chemin différent de celui qu'on prend habituellement pour se rendre au travail ou chez soi.
- Se perdre un peu.
- Aller dans des environnements qu'on ne fréquente pas habituellement.
- Rencontrer des gens qu'on ne connaît pas.
- Faire quelque chose qu'on n'a jamais fait auparavant.
- Ne pas s'autocensurer.

Ce dernier point est important. Il n'est pas souhaitable, surtout au début du processus, alors qu'on essaie de dégager le plus d'idées originales possible, d'encourager le critique sévère à l'intérieur de nous tous ou même de viser la perfection, car le perfectionnisme est trop souvent l'ennemi de la créativité. On peut toujours éliminer les erreurs plus tard, mais si toutes les idées originales sont tuées dans l'œuf, il n'y a pas d'erreurs à corriger. Il n'y a tout simplement pas d'idée.

4.5.3 Inventer des métaphores verbales ou visuelles

Une suite logique de la libre pensée et de l'imagination serait la métaphore. On sait que la métaphore est une représentation verbale d'une association entre deux concepts. Or, nous avons vu que la créativité et la différenciation se situent justement dans l'association d'éléments en apparence sans aucun lien. Le fait d'établir des liens verbaux ou visuels selon les talents naturels qu'on possède ne peut donc que nous aider à trouver des choses qui sauront être différentes.

Gruber (1987) mentionne quelques fonctions qu'ont les métaphores. Entre autres, les métaphores servent à organiser nos connaissances et à nommer les choses et les concepts. Elles peuvent également servir d'échafaudages temporaires dans nos réflexions, de guides pour nos analyses, d'étalons pour modifier nos intuitions. En fait, une certaine facilité à faire des métaphores ne peut qu'être une aide précieuse dans la découverte des asymétries d'un domaine.

4.5.4 Établir un rituel et une discipline

Même quand on est un créateur et que, par conséquent, « les idées viennent facilement », on peut se laisser facilement déranger par toutes sortes d'activités quotidiennes qui empêchent d'être créateurs. Par exemple, les artistes qui sont reconnus et qui connaissent la gloire peuvent se laisser aller à jouir de leur gloire et passer tout leur temps en réceptions, invitations, *talk shows*, etc., et en oublier de continuer à créer. Les scientifiques qui ont du succès peuvent être amenés à participer à nombreux comités et jurys de bourses et de prix scientifiques au point de délaisser leur propre recherche. Les entrepreneurs qui, on le sait, aiment conserver la maîtrise opérationnelle de leur entreprise, peuvent se laisser complètement absorber par les problèmes quotidiens d'une entreprise, surtout à ses débuts.

Il faut donc ici faire quelques compromis. Par exemple, un entrepreneur pourrait déléguer à de bons opérateurs, de bons artisans, toutes les activités administratives qu'il ne peut régler en moins de 20 heures par semaine. Une telle option lui permettrait d'avoir du temps pour réfléchir à l'avenir de l'entreprise, à la stratégie, à créer de nouveaux produits, etc. Greco (1998) donne ainsi l'exemple d'un entrepreneur qui conserve un espace de liberté dans son agenda pour sortir de son entreprise et aller « jouer dans des activités qui stimulent sa créativité ».

On doit ajouter ici qu'il est important en période de créativité de ne pas s'arrêter en route. On doit aller à fond de train pour sortir toutes les idées, toutes les associations, tous les liens que l'on imagine, car les meilleures idées arrivent souvent à la fin des périodes de créativité. On doit adopter une discipline de créativité jusqu'au bout.

4.6 ENCOURAGER LE CÔTÉ EXTERNE DE LA CRÉATIVITÉ

4.6.1 Connaître un domaine d'activité, une industrie, un marché

Même si les individus créateurs peuvent l'être dans différents aspects de leur vie, ils ne réalisent vraiment leur potentiel créateur que dans un domaine qu'ils connaissent bien. Deux raisons principales confirment ce fait. Premièrement, nous avons vu que pour qu'il y ait créativité, il faut qu'il y ait reconnaissance de celle-ci. Or, cette reconnaissance est de deux ordres :

1. Les personnes qui participent au domaine sont celles qui, en fin de compte, vont approuver la nouveauté, l'originalité, la nouvelle idée même si, au départ, elles ne la voient pas.

2. Nous avons aussi vu que pour rendre la nouveauté acceptable, le créateur doit (re)connaître ce qui est acceptable dans le domaine ou être capable de trouver les arguments pour vendre sa nouvelle idée.

Deuxièmement, nous savons que la vraie nouveauté dans un domaine donné se trouve dans les asynchronies, les irrégularités, les tensions qu'on y trouve. Il est donc nécessaire pour découvrir ces irrégularités de bien connaître à fond le domaine.

Cependant, il faut faire attention à ne pas élaborer uniquement une connaissance profonde et très spécialisée, à devenir un expert, car une connaissance trop poussée peut même freiner la créativité : on ne favorise alors que les recettes bien connues qui ont eu du succès dans le passé. On doit aussi acquérir une diversité de connaissances sur différents aspects du domaine, sur des domaines complémentaires et même sur des domaines éloignés. C'est cette connaissance diversifiée qui aide, entre autres, à voir les liens qui existent et à faire les liens qui forment l'essence de la créativité.

Comment bien connaître un domaine ? D'une part, en lisant toute l'information qui existe et en essayant d'acquérir l'expérience la plus complète et la plus diversifiée possible dans ce domaine et, d'autre part, en développant une « curiosité d'enfant » sur tout ce qui s'y passe, sur tous les détails, et ce, de façon égale.

Comment pouvons-nous développer et aiguiser notre curiosité ?

4.6.2 Savoir observer et savoir écouter

Un proverbe dit que « l'appétit vient en mangeant ». Cette constatation révèle en fait une causalité circulaire et mutuelle entre l'appétit et les aliments chez les humains. Plus on a faim et plus on mange et plus les aliments nous paraissent appétissants et donc... D'une façon similaire, la curiosité naturelle du créateur s'aiguise à travers sa manière d'observer le monde et d'écouter ceux qui l'entourent, ce qui lui apporte des réponses à sa curiosité et en même temps une sorte de plaisir de la connaissance, et donc favorise encore plus sa curiosité...

La meilleure façon d'observer et d'écouter est caractérisée par une approche dite empathique (Routier, 1990). Qu'est-ce que l'empathie ? C'est la capacité de se mettre à la place de l'autre, de voir ce qu'il voit, de se représenter les images qu'il a en lui, de sentir ce qu'il ressent, ses désirs, ses contrariétés, ses émotions, etc. On voit tout de suite les liens entre cette habileté et ce que nous avons décrit plus haut en ce qui concerne la capacité de rêver, d'imaginer, de visualiser.

Routier (1990) mentionne quelques habiletés reliées à l'empathie. Parmi celles-ci, notons d'abord l'écoute active et l'absence de censure. Ainsi, on aura bien écouté quelqu'un lorsqu'on n'aura pas projeté sur lui ses propres sentiments et ses connaissances *a priori* et lorsqu'on n'aura pas censuré ce que l'autre dit, c'est-à-dire qu'on aura accepté le contenu qu'il livre et la manière avec laquelle il le donne. Ces habiletés requièrent, on le voit, une certaine conscience de ses propres sentiments et émotions, d'une part, pour ne pas les projeter sur ce qu'apporte l'autre et ainsi s'empêcher de vraiment le saisir et, d'autre part, pour mieux discerner les images internes que provoque ce que l'autre dit.

À cela s'ajoute une autre habileté qui aide à être plus empathique : l'attention flottante. Celle-ci, au contraire de l'attention volontaire, n'est pas focalisée sur un point en particulier. On regarde plutôt un vaste secteur et on se laisse alors imprégner de l'ensemble de tout ce qui est dit et même non dit (Reik, 1948). Ce résultat est plus facilement atteint si on utilise un certain type de questions.

4.6.3 Savoir poser les bonnes questions de la bonne façon

L'idée ici n'est pas de « griller » la personne avec qui on discute d'une multitude de questions rapides qui requièrent des réponses rapides (le type du sondage d'opinion). En fait, on doit plutôt laisser le dialogue se poursuivre et même dériver. C'est justement dans cette « dérive » qu'on en apprend le plus sur ce que vit et ressent, par exemple, ce gestionnaire devant un problème stratégique ou opérationnel dans son entreprise ou son industrie, ou ce client devant le produit qu'il utilise...

Les questions qui favoriseront la créativité sont donc des questions ouvertes. Ce sont celles qui permettent à l'interlocuteur de s'exprimer librement sur un sujet, de laisser libre cours non seulement à ses pensées plus rationnelles sur les problèmes qu'il vit, mais aussi et, nous dirions même surtout, à ses émotions, à ses insatisfactions et contrariétés devant ces problèmes, devant son entreprise, devant l'industrie dans laquelle elle œuvre, devant le marché, etc. Et nous avons justement vu plus haut que les contrariétés et les insatisfactions sont le moteur de la créativité ; dans ce cas-ci, elles peuvent servir de « détecteurs » d'asynchronies, de sources à l'idée originale qui amènera une différenciation véritable.

De plus, une telle approche est commode et très productive auprès des groupes et des collectivités et également pour les entreprises existantes. En effet, la communication collective (Routier, 1990) permet d'aller chercher auprès d'une collectivité de personnes (clients, employés, communauté) les grands facteurs de fidélisation de la clientèle, de collaboration mutuelle, par exemple, qui assurent le succès des entreprises, surtout lorsque la compétition est féroce.

4.6.4 Mettre au point un système pour évaluer les idées

On rejoint ici ce que nous avons présenté plus haut sur la deuxième opération de la créativité, soit le retour vers l'extérieur et l'adaptation de l'idée de départ aux besoins d'un domaine, d'une industrie, d'un marché. En effet, si on fait tout ce qui est nécessaire pour développer la créativité et la différenciation, il est fort possible que de nombreuses idées jaillissent. Étant donné que les ressources en temps, en personnes et en argent sont toujours limitées, il faut donc une sorte de système pour voir assez rapidement quelles idées doivent être poursuivies et lesquelles doivent être abandonnées. On a ici besoin d'une sorte d'indicateur de faisabilité.

Par exemple, on peut répondre à une série de questions de ce type :

- Si on veut mettre au point cette nouvelle idée, de quel type de ressources a-t-on besoin ? En ce qui concerne la recherche et le développement ? Les personnes affectées à la création du produit ou du marché ? Les ressources financières ? La recherche commerciale ? Etc.
- Est-ce que la nouvelle idée requiert une technologie complexe ? Celle-ci est-elle accessible ? Peut-on la mettre au point facilement et rapidement ?
- Est-ce que la nouvelle idée peut améliorer nos façons de faire ? augmenter notre part de marché ?
- Pourrons-nous en tirer un avantage concurrentiel valable ?
- Ferons-nous des profits avec cette idée ?
- Y a-t-il des questions légales à régler avant de réaliser cette idée ?
- Etc.

Les réponses à ces questions peuvent aider à ramener l'idée originale sur terre, la rendre plus concrète et faciliter son acceptation par les gens d'un domaine ou d'une industrie et répondre aux questions soulevées par Sahlman dans la partie précédente.

4.6.5 Développer sa capacité de communication

Nous avons vu plus haut que la réussite d'une idée originale dépend en fin de compte de son acceptation dans un domaine donné et que cela dépend en bonne partie de la reconnaissance que le créateur a de ce qui est acceptable dans ce domaine. De plus, il faut bien voir que, même si l'idée originale est brillante et répond à un besoin dans le domaine, l'industrie ou le marché, de nombreuses résistances peuvent survenir et empêcher la réalisation de la nouvelle idée.

D'une part, il faut donc apprendre à reconnaître les craintes, les résistances et les incertitudes des personnes qu'on doit convaincre. D'autre part, on doit pouvoir leur présenter cette nouvelle idée en des termes qui réduisent leurs incertitudes et leur permettent d'analyser cette nouvelle idée dans leurs propres schèmes de référence, de là aussi la nécessité décrite plus haut de les laisser parler dans leurs mots propres des problèmes qu'ils vivent et de leurs désirs.

4.7 CONCLUSION

Dans ce chapitre, nous avons d'abord vu comment pourrait-on définir la créativité par ses aspects de nouveauté, de régularité et d'acceptation. Nous avons aussi vu les deux principales opérations qu'implique le processus créateur, soit une descente psychologique accomplie par l'individu créateur en lui-même et une remontée où l'idée originale trouvée en lui est transformée et concrétisée pour devenir acceptable dans un domaine, dans une industrie, dans un marché.

Ensuite, nous avons constaté que les idées créatives tiraient en partie leur origine des irrégularités et inadéquations existant dans un domaine et que le créateur devait donc être capable de les saisir. Nous avons alors fait le lien avec certains éléments des plans d'affaires, en particulier les besoins d'information sur les personnes à l'origine de la nouvelle idée, de la nouvelle entreprise et sur l'occasion d'affaires.

Enfin, nous avons présenté quelques moyens d'être créatif et de se différencier dans un contexte de création d'entreprise.

4.8 BIBLIOGRAPHIE

Anzieu, Didier (1974). « Vers une métapsychologie de la création », *in* Didier Anzieu et al., *Psychanalyse du génie créateur*. Paris : Dunod.

Anzieu, Didier (1981). *Le corps de l'œuvre*. Paris : Gallimard.

Baronet, Jacques (1996). « La créativité des entrepreneurs en action », p. 13-27, *Actes du colloque,* Conseil canadien de la PME et de l'entrepreneuriat.

Baronet, Jacques et Patricia Pitcher (1995). « Créativité, leadership et entrepreneurship. Trois facettes d'une même réalité », *Cahier de recherche no 95-05,* Direction de la recherche, École des hautes études commerciales.

Bayles, David et Ted Orland (1993). *Art and Fear. Observations on the Perils (and Rewards) of Artmaking.* Santa Barbara, CA : Capra Press.

Bygrave, William D. «The Entrepreneurship Paradigm (I) : A Philosophical Look at Its Research Methodologies», *Entrepreneurship Theory and Practice, 14 (2),* automne 1989, p. 7-26.

Gardner, Howard et C. Wolf. «The Fruits of Asynchrony : Creativity from a Psychological Point of View», *Adolescent Psychiatry, 15,* 1988, p. 106-123.

Greco, Susan. «Where Great Ideas Come From», *Inc.*, avril 1998, p. 76-86.

Gruber, Howard E. «Ensembles of Metaphors in Creative Scientific Thinking», *Cahiers de la Fondation Archives Jean Piaget, 8,* 1987, p. 235-254.

Koestler, Arthur (1964). *The Act of Creation.* New York : Macmillan.

Low, Jonathan et Tony Siesfeld. «Measures That Matter : Wall Street Considers Non-Financial Performance More than you Think», *Strategy and Leadership,* mars-avril 1998, p. 24-30.

Reik, Theodor (1948). *Listening with the Third Ear.* New York : Farrar, Strauss & Giroux.

Routier, Jean (1983). «Pour un processus créateur socialement acceptable», *in L'approche contemporaine de la gestion et des communications.* Sillery : Éditions J.R.C.

Routier, Jean (1990). *L'approche empathique.* Sillery : Éditions J.R.C.

Routier, Jean (1990). *La communication collective.* Sillery : Éditions J.R.C.

Sahlman, William A. «How to Write a Great Business Plan», *Harvard Business Review, vol. 26, no 2,* juillet-août 1997, p. 98-108.

Chapitre 5

La bonne connaissance de son secteur et de sa clientèle

par Normand Turgeon

5.1 INTRODUCTION

Vous croyez avoir identifié une occasion d'affaires. Vous estimez être en mesure de mieux satisfaire une cible de marché en offrant soit un nouveau service ou un nouveau produit, soit une amélioration modérée ou marquée de ce qui est déjà offert sur le marché. Selon vous, vous offrirez quelque chose d'unique à un groupe de consommateurs bien défini. Toutefois, serez-vous la seule entreprise à offrir ce produit ou service ? Et même si vous êtes la seule entreprise, ne serait-il pas mieux de vous assurer à l'avance que votre offre plaira effectivement aux consommateurs visés, à vos futurs clients ?

Connaître son secteur et sa clientèle, c'est d'abord et avant tout savoir si la « nouveauté », produit ou service, répond à un besoin particulier du consommateur et s'il y a un marché. Et si la réponse est positive, êtes-vous capable de définir les caractéristiques des acheteurs qui composent votre marché potentiel ?

Avant de se lancer en affaires tête baissée, il faut suivre deux règles primordiales : étudier le secteur d'activité et connaître la clientèle. Cette étape, dans l'élaboration d'un plan d'affaires, est la plus importante, car elle déterminera s'il y a ou non un potentiel de vente pour ce produit ou service. Cette étape constitue le cadre commercial de votre plan d'affaires et vous aidera à rédiger « le plan marketing ».

Ainsi, avant d'entreprendre les projections financières et de production, il faut répondre aux questions suivantes :

- À qui vais-je vendre ?
- Combien vais-je en vendre ?
- Qui d'autre vend un produit similaire ?
- Combien le consommateur est-il prêt à payer ?
- Y a-t-il des lois ou des règlements qui m'empêcheraient d'offrir mon produit ou mon service ?
- Où vais-je offrir ou distribuer mes produits ou mes services ?

Nous commencerons donc cette étape en analysant le secteur d'activité à l'aide des éléments suivants :

- Le marché
- L'environnement concurrentiel
- L'environnement général

Par la suite, nous traiterons plus précisément de la clientèle, des endroits où trouver de l'information pour finalement terminer avec un tableau récapitulatif de la démarche d'élaboration du « contexte commercial et d'affaires ».

5.2 LE SECTEUR D'ACTIVITÉ

Le promoteur décidera avant toute chose du secteur d'activité dans lequel il voudra évoluer. Il pourra alors décider de travailler dans le secteur tertiaire (par exemple, conseil et formation en marketing, la vente au détail de vêtements), dans le secteur secondaire ou manufacturier (par exemple, la fabrication de produits ménagers, la fabrication de vêtements), ou bien dans le secteur primaire (par exemple, l'extraction de minerai, une entreprise agricole). Définir son secteur d'activité, c'est choisir le terrain de jeu où se jouera la partie. Il faut donc déterminer si l'on trouve dans ce secteur d'activité un marché ou un segment de marché qui justifiera le temps et l'argent que l'on y investira. Le promoteur devra décrire ce secteur de façon générale. N'oubliez pas que la personne à qui vous adressez ce plan d'affaires n'a peut-être pas les connaissances que vous avez de ce secteur d'activité.

5.2.1 Qu'est-ce qu'un marché ?

Un marché est un lieu d'échange potentiel. Traditionnellement, on définit un marché comme un lieu ou une zone géographique où acheteurs et vendeurs se rencontrent pour échanger des choses (la ville de Québec, la province de l'Ontario, l'Europe). On peut également désigner un marché par le type de consommateurs auxquels il s'adresse (le marché des gens d'affaires, le marché des conducteurs automobiles). Un autre type de dénomination est la catégorie des intermédiaires (le marché des grossistes en alimentation, le marché des distributeurs de boissons gazeuses). Finalement, on peut caractériser un marché par le genre de produits ou de services qu'il offre (le marché de la bière, le marché du voyage). Toutefois, bon nombre d'auteurs ont clairement répertorié cinq types de marchés :

- Le marché de la consommation (pour l'usage personnel du consommateur final)
- Le marché industriel (pour produire un autre bien ou service)
- Le marché de la distribution (pour la revente)
- Le marché de l'État (pour accomplir une fonction ou une tâche publique)
- Le marché international (l'activité s'exerce à l'extérieur du pays)

Ces marchés se différencient essentiellement par leur rôle respectif et par les besoins de l'acheteur plutôt que par les caractéristiques des produits.

5.2.2 L'analyse du marché

L'entreprise qui s'intéresse à offrir un nouveau produit ou service doit connaître la dimension de son marché et, il va sans dire, le potentiel qu'il peut représenter pour elle. On peut mesurer la dimension du marché :

- en nombre de consommateurs ;
- en quantité (volume physique des ventes) ;
- pour une période donnée et pour un territoire donné.

De plus, on complétera cette information avec des données sur (les exemples sont choisis dans le secteur de l'automobile) :

- les tendances du marché (la mode est maintenant aux *hatchback* et aux familiales ;
- l'évolution du marché (les femmes comme acheteuses principales d'un véhicule) ;
- le cycle de vie du produit (introduction, croissance, maturité, déclin : le véhicule sport-utilitaire (SUV) est en phase de maturité) ;
- la répartition des ventes entre les différents intervenants (Daimler-Chrysler domine le segment de la fourgonnette et Volvo, celui de la familiale de luxe) ;
- la saturation du marché (l'automobile avec le moteur à explosion (essence et diesel) est à son apogée dans le marché nord-américain, alors que celui de l'automobile électrique en est à ses débuts).

5.2.3 La segmentation du marché

Il est fort probable que le promoteur ou la nouvelle entreprise ne puisse déployer ses efforts sur l'ensemble du marché en raison d'un manque de ressources financières, humaines ou autres. Il pourra alors s'adresser à un marché plus petit ou à un segment de marché. La segmentation du marché est une occasion pour l'entrepreneur de cerner les groupes de consommateurs du marché global avec lesquels il croit avoir de meilleures chances de succès. La segmentation consiste à « découper » le marché potentiel total en un certain nombre de sous-ensembles aussi homogènes que possible afin de permettre une meilleure adaptation de sa stratégie commerciale. Par exemple, un manufacturier de vêtements pour femmes pourrait orienter ses efforts de marketing (et ainsi sa production) vers le segment des jeunes femmes d'affaires de 25-35 ans, taille forte.

Pourquoi segmenter ?

- Pour refléter plus adéquatement les besoins des consommateurs.
- Pour mieux se défendre contre les concurrents.
- Pour assurer la couverture complète du marché.
- Pour découvrir les occasions.
- Pour faire converger les ressources.
- Pour perfectionner sa compréhension du marché.
- Pour allouer les ressources aux segments potentiels les plus rentables.

Les principaux critères de segmentation

Il existe trois principaux critères de segmentation : géographique, démographique et psychographique.

La segmentation géographique : province, ville ou village, quartier.

La segmentation démographique par type de personnes ou ménages : sexe (masculin, féminin), âge, état civil (marié, célibataire, divorcé), taille du ménage (une, deux, trois personnes ou plus), revenus, situation d'emploi (chômage, temps plein, mi-temps, à la pige), degré d'éducation (primaire, secondaire, collégial, universitaire), nationalité (canadienne, italienne, chinoise, argentine), langue maternelle (française, anglaise, espagnole, arabe), classe sociale (pauvre, moyenne, supérieure), religion (catholique, protestante, autre).

La segmentation psychographique : style de vie (jeune cadre, étudiant, femme ou homme au foyer, artiste, etc.), personnalité (introvertie, extravertie, autoritaire, etc.), motivation d'achat (économie, commodité, prestige, etc.), taux d'utilisation (petit utilisateur, utilisateur moyen, grand utilisateur), fidélité à la marque (faible, moyenne, forte), sensibilité aux efforts de marketing (qualité, prix, service, publicité, promotion et distribution).

L'important n'est pas d'utiliser plusieurs critères de segmentation, mais d'être en mesure de déterminer le ou les critères qui font que les consommateurs diffèrent d'un segment à l'autre.

Il sera essentiel, à cette étape, de décrire chaque segment de marché en fonction des mêmes critères que le marché total, soit :

- la demande actuelle et la demande potentielle ;
- le nombre et la valeur des transactions (les ventes) ;
- les tendances (les nouveaux besoins des acheteurs potentiels) ;
- l'évolution du segment (augmentation du nombre de consommateurs) ;
- le territoire du segment (la couverture géographique) ;
- le nombre d'intervenants (la concurrence) ;
- le cycle de vie du produit (les quatre étapes : introduction, croissance, maturité, déclin) pour ce segment ;
- la saturation du segment (les occasions d'affaires encore possibles).

Cette étude du marché et des segments de marché aidera le promoteur à établir ses prévisions des ventes et sa part de marché. La part de marché est la partie des ventes que pense obtenir une entreprise par rapport à l'ensemble du potentiel de ventes du marché ou d'un segment de marché. Ces ventes potentielles devront représenter les efforts de marketing qu'investira le promoteur dans ce marché (segment de marché) et les parts de marché des concurrents. La part de marché est généralement considérée comme l'un des objectifs de marketing les plus couramment utilisés pour mesurer le rendement d'une entreprise. Il ne faut pas oublier que plus vos données seront précises en ce qui concerne les ventes et les parts de marché, plus les banquiers accueilleront favorablement vos projets. N'oubliez pas non plus de fournir toutes les preuves empiriques et vérifiables de vos allégations en ce qui a trait au marché, aux parts de marché et aux ventes potentielles.

Un exemple de marché et de segments de marché

Marché : Vêtements à Montréal

- Premier niveau de segmentation (âge) : Adultes/Adolescents/Enfants.

- Deuxième niveau de segmentation (âge et sexe) : Hommes/18 à 35 ans.

- Troisième niveau de segmentation (âge, sexe et taille) : Hommes/18 à 35 ans/taille régulière.

- Quatrième niveau de segmentation (âge, sexe, taille, occasion) : Hommes/18 à 35 ans/taille régulière/«casual-weekend».

- Cinquième niveau de segmentation (âge, sexe, taille, occasion, revenu) : Hommes/18 à 35 ans/taille régulière/«casual-weekend»/revenu moyen)

- Sixième niveau de segmentation (âge, sexe, taille, occasion, revenu, secteur géographique) : Hommes/18 à 35 ans/taille régulière/«casual-weekend»/revenu moyen/Montréal-Est)

- Vous décidez donc d'ouvrir une boutique aux Galeries d'Anjou pour le segment de marché défini.

5.2.4 L'environnement concurrentiel

Faire face à la concurrence constitue une préoccupation primordiale pour les entreprises actuelles. L'environnement concurrentiel dans son ensemble exige du promoteur qu'il évalue si ce marché est en situation de monopole (une seule entreprise dominant le marché telle Hydro-Québec pour la vente d'électricité pour la région de Montréal), d'oligopole (un groupe restreint d'entreprises dominant le marché comme les pétrolières au Québec) ou de concurrence parfaite (un nombre illimité d'entreprises se partageant le marché, par exemple les restaurants sur la rue Saint-Laurent à Montréal, ou la rue principale de votre patelin).

Cette section nécessitera également, de la part du promoteur, l'élargissement de sa vision en ce qui a trait à la concurrence. L'expérience démontre souvent que le promoteur et même les commerçants bien établis souffrent de myopie lorsqu'il est question de concurrence. Pour beaucoup d'entrepreneurs, le réflexe est d'affirmer : « Je n'ai pas de concurrents, j'offre un bien ou un service unique. » Il ne semble pas y avoir de concurrence directe, mais de la concurrence indirecte, il y en a peut-être !

La concurrence directe

La concurrence directe est constituée d'entreprises qui proposent des produits ou des services semblables et qui répondent aux mêmes besoins des consommateurs. Par exemple, une personne reconnaît un besoin, elle a faim. Elle décide alors d'aller au restaurant. Elle se trouve devant trois restaurants, dont un de type « service aux tables », un de type « cafétéria » et un autre de type *fast food*. Elle aura donc à choisir entre trois restaurants en concurrence directe, même si ces derniers n'offrent pas le même genre de service.

La concurrence indirecte

Les entreprises qui proposent des produits ou des services différents, mais qui répondent aux mêmes besoins des consommateurs, sont en situation de concurrence indirecte. Poursuivons notre exemple d'une personne qui a faim. Cette dernière se trouve devant un restaurant et un magasin d'alimentation. La personne décide d'acheter ce dont elle a besoin à l'épicerie et de cuisiner elle-même son repas. Elle comble le même besoin, la faim, mais les produits offerts par les deux entreprises sont différents. Nous sommes ici devant la concurrence indirecte.

Il faut donc, dans cette analyse de la concurrence, définir cette dernière et la diviser en concurrence directe et indirecte. Par la suite, il faudra, pour chacun des concurrents, réunir les données suivantes :

- La concurrence locale, régionale, provinciale ou internationale
- Le nombre de concurrents
- Les types de produits ou services offerts
- Les fournisseurs
- Les prix
- La situation financière
- La clientèle
- Le nombre d'employés
- Le budget de publicité et de promotion (ou l'investissement dans ses activités de marketing)
- Les lieux physiques
- La localisation
- Le pouvoir d'attraction
- Les forces et les faiblesses

Il est utile de terminer l'analyse de la concurrence en décrivant comment vous comptez rivaliser avec eux et comment, selon vous, ils réagiront devant votre arrivée sur le marché et votre programme de marketing.

5.2.5 L'analyse de l'environnement

L'entreprise n'est pas seule au monde : elle est entourée d'autres entreprises, elle évolue dans une ville qui est caractérisée par ses habitants, par sa situation économique et par ses habitudes de vie. Cela constitue l'environnement. L'entreprise ne peut maîtriser les variables de l'environnement, cependant ces dernières influent beaucoup sur elle. Pour analyser l'environnement de manière plus facile, un promoteur peut, par exemple, ne s'informer que sur une région en particulier, soit celle où il désire s'implanter. Ce dernier devra également déterminer tous les endroits où il souhaite faire affaire dans l'avenir et amasser de l'information pertinente sur leurs environnements. Il peut également faire ressortir chacun des éléments qui auront un effet direct sur son projet. Voici les dimensions de l'environnement que vous aurez à examiner dans l'élaboration de votre plan d'affaires :

- L'environnement économique
- L'environnement socioculturel
- L'environnement politique
- L'environnement juridique
- L'environnement technologique
- L'environnement écologique

L'environnement économique

L'environnement économique est certainement celui qui touche le plus l'entreprise et la société en général. Annonce-t-on une hausse des taxes qu'aussitôt les consommateurs diminuent leurs achats. Les taux hypothécaires baissent et on remarque une hausse de mises en chantier, et ainsi de suite. La conjoncture économique influe donc énormément sur le comportement des marchés et sur les activités de la future entreprise. Il faut alors s'interroger sur les aspects économiques suivants :

- Le PNB (produit national brut)
- Les phases du cycle économique (récession, crise, reprise, prospérité)

- Le taux d'inflation
- Les taux d'intérêt, les taux hypothécaires
- Le taux de chômage
- Les facilités de crédit
- L'endettement des particuliers, des entreprises et des gouvernements
- Les politiques fiscales et monétaires des gouvernements

L'environnement socioculturel

On définit généralement l'environnement socioculturel par les relations qu'entretient l'entreprise avec la société en général. Au cours de l'élaboration de son plan d'affaires, le promoteur ne peut ignorer l'effet de l'environnement socioculturel sur ses décisions. La planification et la gestion des activités exigent qu'il prenne en considération l'influence exercée sur le comportement du consommateur par les classes sociales (répartition de la population), la famille et les groupes sociaux auxquels les personnes appartiennent, les groupes de référence (ex. : yuppies, environnementalistes, etc.) auxquels elles s'identifient, de même que la culture et les sous-cultures (système de valeurs, attitudes, mœurs).

Par exemple, toute entreprise anglophone s'installant dans la province de Québec devra considérer, dans ses stratégies, la question linguistique. Il en sera de même pour une entreprise exportatrice qui voudra vendre ses produits en Chine ou au Maroc : elle devra tenir compte des différences culturelles.

L'environnement politique et juridique

Des règlements, des règlements et encore des règlements! Avant de jouer à un jeu, il faut en connaître les règles. Trois ordres de gouvernement régissent les activités d'une entreprise au Québec. Il y a les gouvernements fédéral, provincial et municipal. Toute entreprise doit s'assurer de respecter l'ensemble des lois et des règlements qui concernent l'activité commerciale. L'une des premières décisions de l'entreprise sera, par exemple, de déterminer sa forme juridique. Votre entreprise sera-t-elle un organisme sans but lucratif, donc qui ne désire pas faire de profit à la fin de l'année et qui a des visées sociales, ou opterez-vous pour l'incorporation ? Ensuite, il faut être informé de toutes les lois qui pourraient avoir une incidence sur votre entreprise. Par exemple, une entreprise exportatrice se doit de connaître les lois régissant le commerce international, ainsi que toute entente réglementant le commerce extérieur tels le libre-échange et l'ALENA (voir le livre de Michel Solis dans la collection Entreprendre). Voici certaines lois et certains règlements qui pourront toucher votre entreprise :

Au Québec :

- La Loi sur les taxes à la consommation
- La Loi sur la protection du consommateur (L.R.Q., c. P-40.1)
- La Loi sur les compagnies du Québec (L.C.Q.)
- La Loi sur les normes du travail (L.R.Q., c. N-11)

Au Canada :

- La Loi sur la faillite et l'insolvabilité
- La Loi de l'impôt sur le revenu
- La Loi sur les droits d'auteur (L.R.C., c. C-42)

L'environnement démographique

Il peut se révéler important pour l'entrepreneur d'amasser un ensemble de données en ce qui a trait à la répartition de la population en fonction de l'âge, du sexe, des régions (rurales ou urbaines), des provinces, de la taille des ménages, des salaires des familles, etc. Il est également utile de trouver des renseignements qui permettent de prévoir l'évolution de la population en ce qui concerne la natalité, l'immigration et le vieillissement. Par exemple, nous observons actuellement au Québec le déclin de certains villages au profit de villes-centres. Ainsi, un village perdant annuellement de 1 % à 2 % de sa population verra un jour quelques-unes de ses épiceries disparaître, alors que les épiciers de la ville verront leur chiffre d'affaires augmenter.

L'environnement technologique

En cette ère d'informatique, d'Internet, de cédéroms, de production robotisée, de matériaux composites de plus en plus puissants, tout promoteur, qu'il soit dans la conception, la fabrication, la distribution ou la diffusion de biens ou de services, doit être en mesure de cerner les enjeux technologiques. Le promoteur connaît-il les dernières techniques ou les derniers procédés de fabrication utilisables dans son champ d'activité ? Quelles sont les nouvelles technologies qui risquent d'entraîner, à court, moyen et long termes, l'obsolescence de son produit ? L'industrie de l'informatique en est le plus bel exemple. Lance-t-on une nouvelle puce 32 bits qu'un concurrent annonce la création d'une puce 64 bits. Il faut donc, dans le cas où la technologie aura une grande influence sur son entreprise, se poser les questions suivantes :

- Quelle est l'évolution des technologies actuelles ?
- Quelle est la vitesse de l'évolution ?
- Combien de fonds sont investis en R&D (recherche et développement) ?
- Quel est le temps requis avant l'atteinte de l'obsolescence ?
- Quelles sont les ressources financières à cet égard ? Permettent-elles de devancer ou de suivre, de survivre ou de disparaître ?

L'environnement écologique

L'environnement écologique peut influer sur notre projet de deux manières. Premièrement, nous devons considérer l'influence du climat, de Mère Nature sur nos activités. La principale question est de savoir si le mauvais temps (ou mieux, le beau temps !) aura une répercussion sur nos ventes. Par exemple, un été froid et pluvieux sera néfaste pour les ventes d'un commerce de crème glacée mais excellent pour un club vidéo. Ainsi, l'industrie touristique est tributaire dans une bonne mesure de l'environnement écologique.

Deuxièmement, nous devons nous soucier des effets des activités de notre entreprise sur «l'environnement» (la nature). En effet, s'engager dans une industrie polluante, telle celle des pâtes et papiers, exige de la part des promoteurs la connaissance des lois sur l'environnement et des différents organismes et groupes de pression qui peuvent intervenir sur le plan tant juridique que social.

Le promoteur devra donc analyser l'environnement et déterminer tous les éléments qui auront à court, moyen et long termes, une influence sur son entreprise.

5.3 LA CLIENTÈLE

Nous l'avons vu précédemment, il y a bien des façons de segmenter les con-sommateurs ou les clients. Nous avons étudié le marché dans son ensemble, puis nous avons segmenté ce marché pour concentrer les efforts sur une clien-tèle visée qui, nous l'espérons, achètera nos produits ou nos services. Mais individuellement, à quoi ressemble réellement notre clientèle cible ? Les trois critères de segmentation, géographique, démographique et psychographique, s'ils sont définis efficacement, donneront un portrait assez fidèle du consom-mateur susceptible d'acheter notre produit ou de faire appel à un service dans un marché ou un segment de marché donné.

En réalité, il faut savoir « où », « quand », « comment » et « pourquoi » un con-sommateur achète un produit ou se prévaut d'un service plutôt que d'un autre. En trouvant les réponses à ces questions, le promoteur pourra mieux adapter son programme de marketing :

- Stratégie de produits ou services
- Stratégie de prix, de tarifs ou d'honoraires
- Stratégie de distribution ou de localisation
- Stratégie de communication

Il pourra même réévaluer la pertinence du choix d'un segment de marché particulier.

5.3.1 Les questions qu'il faut se poser

- À quel besoin répond le produit ?
- Qu'attend le client du produit : qu'il soit durable, fiable ou jetable ?
- Quel prix est-il prêt à payer ?
- Où achète-t-il ce type de produits et pourquoi ?
- Qu'est-ce qui l'incite à acheter ce produit ?
- Y a-t-il des périodes où il en consomme plus ?
- Est-il fidèle à une marque, à un détaillant ?
- Est-il influencé par la publicité, les rabais ?
- Achète-t-il ce produit ou service d'une façon impulsive ou réfléchie ?
- Qui influe sur sa décision d'achat : la famille, les amis, les collègues de travail ?

Attention! Il ne suffit pas de poser les questions ; nous ne pourrions jamais trop insister sur la qualité des réponses à trouver.

5.3.2 Les « prétests » et les autres démarches préliminaires

Nous cherchons donc à déterminer, pour un marché ou un segment de marché, le comportement du consommateur. Il est évident qu'une multinationale qui possède des moyens financiers importants fera subir à son nouveau produit ou service une procédure complète de mise au point du nouveau produit incluant une étude ou un test de marché.

Toutefois, peu de nouvelles entreprises possèdent les moyens financiers et les techniques pour « prétester » un nouveau produit ou service auprès du consommateur. Voilà pourquoi, à défaut de faire des études de marché ou des tests précis (sources de données primaires) pouvant déterminer exactement les besoins, les désirs et les réactions du consommateur envers notre « nouveauté », nous utiliserons les données sur notre future clientèle (données secondaires) déjà mises à notre disposition.

Nous verrons dans la section intitulée « Où trouver de l'information » qu'il existe bon nombre d'études décrivant les habitudes des consommateurs. Ces dernières peuvent être plus ou moins récentes et précises, mais représentent un excellent moyen d'obtenir, à peu de frais, de l'information sur notre clientèle cible. Par exemple, une entreprise qui veut offrir des enceintes acoustiques sera intéressée d'apprendre qu'il existe le « Audioscene Canada Hi-fi Equipment Brand Preference Studies, Audioscene Canada (Maclean Hunter) ». Cette étude peut renseigner le promoteur sur certains aspects de sa clientèle. Vous trouverez en annexe à ce chapitre la reproduction d'un article du journal *Les Affaires* pouvant vous aider dans l'analyse de votre clientèle.

Si vous voulez procéder à une étude de marché, deux options vous sont offertes : la faire vous-même ou la faire exécuter par une firme spécialisée. Le budget à investir devient votre seul obstacle. Il faut toutefois convenir qu'une étude de marché réalisée par une firme indépendante ajoutera de la crédibilité à votre plan d'affaires.

5.4 OÙ TROUVER DE L'INFORMATION

Nous venons de le mentionner sans l'aborder d'une façon précise. Où peut-on se procurer de l'information fiable sur le secteur d'activité, sur le marché, sur l'environnement et sur la clientèle ? Vous ne serez certainement pas surpris d'apprendre que de nombreuses bibliothèques universitaires et publiques regorgent de toute une gamme de documents publiés périodiquement et renferment des renseignements et des données statistiques sur la plupart des industries.

D'abord, il faut toujours consulter les sources gouvernementales et para-gouvernementales : Statistique Canada, l'Institut de la statistique du Québec, la Banque de développement du Canada. Les différentes associations d'affaires, qui regroupent plusieurs membres d'un même secteur, et les chambres de commerce représentent également une excellente source de données secondaires.

De plus, consultez les journaux d'affaires et les sections « Économie » des grands quotidiens, car ces derniers publient fréquemment les résultats de sondages et d'études sur certaines industries (voir article en annexe). Il ne faut pas oublier que tous les articles de l'ensemble des journaux sont maintenant répertoriés sur cédéroms et sont accessibles dans les bibliothèques et parfois même dans Internet.

Plusieurs entreprises indépendantes telles que Maclean Hunter, A. C. Nielson et autres publient régulièrement les résultats de sondages.

En fait, avec de la patience et beaucoup de recherches en bibliothèque, vous pourrez étoffer vos allégations en ce qui concerne le secteur, le marché, la part du marché et le comportement du consommateur. Il suffit de chercher, car l'information, même la plus superflue, est souvent déjà à votre disposition.

5.5 INTERNET ET LE WEB

Oui, le réseau Internet est une ressource qu'il faut exploiter. Il vous permettra de communiquer rapidement et à un coût très minime avec les différents interlocuteurs impliqués dans votre projet.

Le Web (WWW – World Wide Web) est également un outil précieux. Il regorge d'informations de toutes sortes. À cet égard, nous fournissons, à la fin de ce chapitre, une liste d'adresses utiles à l'entrepreneur. De cette liste, vous pourrez fureter vers d'autres sites Web qui sauront enrichir votre plan d'affaires.

Le Web pourra vous être également utile pour annoncer (site information-nel) et même vendre (site transactionnel) vos produits et services. De nou-veau, vous trouverez, à la section bibliographie à la fin de ce chapitre, quelques références qui pourront vous être utiles.

5.5.1 Quelques adresses Internet utiles

OUTILS (MOTEURS) DE RECHERCHE

Outils québécois

Francité.com – http ://www.i3d.qc.ca

La Toile du Québec – http ://www.toile.qc.ca

Outils francophones

Google – http ://www.google.com/intl/fr/

Lokace – http ://www.lokace.com/

Voilà – http ://www.voila.fr/

www.trouvez.com – http ://www.trouvez.com

Outils anglophones

Altavista – http ://altavista.digital.com/

Dogpile – http ://www.dogpile.com

Go.com – http ://www.go.com

Ixquick – http ://www.ixquick.com

Metacrawler – http ://www.metacrawler.com

Wwwvirtual Library – http ://www.vlibrary/overview/html

Webcraler – http ://www.webcrawler.com

Sites d'organisation

Information sur l'exportation – http ://www.infoexport.gc.ca

École des HEC – http ://www.hec.ca

Strategis (Gouv. du Canada) – www.strategis.ic.qc.ca

Gouv. du Québec – www.gouv.qc.ca

Institut de la statistique du Québec : http ://www.stat.gouv.qc.ca

5.6 EN RÉSUMÉ

En résumé, voici les données requises pour remplir la section intitulée « Le contexte commercial ou d'affaires » dans votre plan d'affaires.

Le secteur

• La description du secteur d'activité

Le marché global

• Le choix du marché : consommation, industriel, distribution, État, international
• La description et l'analyse générale
• La taille (volume des ventes en dollars et en unité)
• L'évolution
• Les tendances
• Le cycle de vie du produit
• Les données statistiques étoffant vos allégations

Les segments de marché

• Le choix du ou des segments de marché visés
• La description et l'analyse générale
• La taille (volume des ventes en dollars et en unité)
• L'évolution

- Les tendances
- Le cycle de vie du produit
- Les données statistiques étoffant vos allégations

Le détail du calcul des parts du marché pour le marché global et les différents segments de marché

- Le scénario optimiste
- Le scénario réaliste
- Le scénario pessimiste
- Les données statistiques étoffant vos allégations

La concurrence

- La description et l'analyse de la concurrence en général (monopole, oligopole, parfaite, locale, régionale, internationale, etc.)
- La concurrence directe : le nombre, la taille, la part du marché ou le volume des ventes, la localisation, la clientèle, les forces et les faiblesses, le programme de marketing, etc.
- La concurrence indirecte : le nombre, la taille, la part du marché ou le volume des ventes, la localisation, la clientèle, les forces et les faiblesses, le programme de marketing, etc.
- Y a-t-il des segments non touchés par la concurrence ?
- La réaction de la concurrence devant notre arrivée sur le marché

L'environnement

- L'environnement économique
- L'environnement socioculturel
- L'environnement politique
- L'environnement juridique
- L'environnement technologique
- L'environnement écologique

La clientèle

- Les besoins
- Le comportement d'achat
- Les préférences actuelles
- Les prix minimum et maximum

- Les lieux d'achat
- L'étude des données secondaires (les études et les recherches existant déjà et pouvant appuyer vos démarches)
- L'étude des données primaires (l'étude de marché effectuées spécialement pour votre projet)

Exercice 5.1 MIEUX SE CONNAÎTRE EN CONNAISSANT MIEUX LE MARCHÉ

1. Évaluer la viabilité de son projet à partir d'un calcul de l'offre et d'une estimation de la demande pour son produit ou service.

2. Déterminer quelle est sa part de marché potentielle.

3. Prévoir les réactions de la concurrence à son entrée dans le marché.

Exercice

1. Faites une description de votre occasion d'affaires et du secteur d'activités dans lequel elle se situe.

2. Décrivez votre produit ou service en mentionnant en quoi il est unique ou différent de celui de la concurrence. Précisez quel(s) avantage(s) ou bénéfice(s) vous offrez au client par le truchement de ce produit.

3. Estimez la dimension de votre marché (le type de produit, le territoire couvert, le genre de produits ou de services qui y sont offerts, le volume des ventes, le nombre de consommateurs, le nombre de concurrents, les tendances, l'évolution, etc.) et dites lesquels des facteurs seront déterminants pour la réussite de votre entreprise. Quelle évolution en particulier prévoyez-vous pour ces facteurs et comment comptez-vous les maîtriser à l'avenir ?

4. Combien de groupes homogènes de consommateurs pouvez-vous identifier dans ce marché en ce qui concerne votre produit ou votre service ? Nommez-les et faites-en une description (un profil). Mentionnez les critères que vous utilisez pour faire une telle segmentation.

5. Existe-t-il une concurrence pour votre produit ou votre service ? Dressez un portrait de la concurrence dans votre secteur d'activité (les principaux concurrents, les forces et les faiblesses, etc.).

6. Quelle estimation faites-vous du volume de la demande pour votre produit ou votre service ? Justifiez votre réponse.

7. Quelle estimation faites-vous du volume de l'offre (actuelle et potentielle) pour votre produit ou votre service ?

Questions de réflexion

1. Quel(s) besoin(s) votre produit et/ou votre service comblera-t-il ? Est-ce que les consommateurs ont déjà accès à un produit et/ou à un service pour satisfaire ce besoin ?

2. Votre produit et/ou service sera-t-il meilleur que ce que la concurrence offre sur le marché ? Si oui, en quoi ? Si non, pourquoi voulez-vous tenter cette aventure quand même ?

3. Pouvez-vous identifier vos concurrents et analyser leurs stratégies de marketing ?

4. Quel prix allez-vous demander pour votre produit ou service ? Est-ce meilleure que la concurrence ? Quel est le profit réalisé ?

5. Êtes-vous capable de produire une stratégie de communication pour votre nouveau produit ou service ? Si non, avez-vous les ressources financières et humaines pour faire concevoir votre campagne de communication ?

6. Comment allez-vous distribuer votre produit si tel est le cas ? Si c'est un service, où votre commerce sera-t-il implanté ?

7. Avez-vous un bon plan de marketing pour vous appuyer dans votre démarche ?

5.7 BIBLIOGRAPHIE

Borel-Clayeux, Françoise et Anne Benoît (1999). *Le Guide du webmarketing,* Dunod.

Dupont, Luc (1990). *1001 trucs publicitaires.* Montréal: Les Éditions Transcontinental.

Filiatrault, Pierre (1997). *Comment faire un plan de marketing stratégique.* Les Éditions Transcontinental et Fondation de l'entrepreneurship.

Lambin, Jean-Jacques (1998). *Le marketing stratégique,* 4e édition. Édiscience International.

Lhermie, Christian (1981). *Études de marché.* Paris: Éditions Sirey.

Ministère de l'Industrie et du Commerce (1998). *Le marketing.* Les Éditions Transcontinental et Fondation de l'entrepreneurship.

Paquin, Benoît et Normand Turgeon (1998). *Les entreprises de services – Une approche client gagnante.* Les Éditions Transcontinental.

Pettigrew, Denis et Normand Turgeon (2000). *Marketing,* 4e édition. Chenelière/McGraw-Hill.

ANNEXE

LE CONSOMMATEUR DE L'AN 2000

par Michel Cartier (professeur à l'UQAM)

L'un des défis les plus intéressants en ce qui concerne les inforoutes est l'analyse des générations futures de consommateurs, car cette analyse pourrait nous aider à mieux cerner les demandes éventuelles. Plusieurs recherches, réalisées à partir de l'analyse de l'évolution démographique, ont étudié ce problème[1]. Elles voient un changement de comportement important entre les adultes actuels et ceux de demain, c'est-à-dire les adolescents d'aujourd'hui. Les termes anglais ci-dessous sont empruntés aux analyses américaines.

La GI Generation (personnes nées entre 1901 et 1924)

Une génération travaillant à long terme, des optimistes développant les grandes institutions comme les banques et les universités. Ce sont des gens disciplinés capables de gérer de grands projets en s'appuyant sur les cadres institutionnels et les technologies (exemples américains : Ronald Reagan et George Bush).

La Silent Generation (personnes nées entre 1925 et 1942)

Une génération d'experts intéressés par l'analyse des processus complexes, s'adaptant aux grands changements sociétaux et politiques par l'utilisation des analyses des besoins, des sondages et des comités. Ce sont les enfants des « années folles », de la Crise et de la Deuxième Guerre mondiale, marqués par la radio (exemples américains : Jesse Jackson et Ted Kennedy).

La Boomer Generation (personnes nées entre 1943 et 1960)

Une génération d'idéalistes, aimant relever les défis au moyen de l'analyse de leurs valeurs. Actuellement, ils détiennent les rênes des partis politiques, des médias, du mouvement syndical, etc. Préoccupés par la génération suivante, ils sont enclins à élaborer les systèmes scolaires, politiques et de santé, même si les changements feront mal. Ce sont les enfants de l'après-guerre, du rock'n roll et des mass media. Leur culture est nourrie par ce qui leur semble bien ou mal. Ils sont aux prises avec de grandes difficultés économiques qui ressurgissent et qu'ils sont incapables de maîtriser (exemples américains : Bill Clinton et Al Gore).

La Thirteenth Generation (personnes nées après 1960)

Parce que les boomers ont fait très peu d'enfants, y voyant un frein à leur épanouissement ou un obstacle à leur confort matériel, la génération X n'a pas le poids démographique de la précédente : aux États-Unis, ils ne sont que 48 millions comparativement aux 80 millions de boomers. Mais les teens (les 13-19 ans, au nombre de 25 millions actuellement) seront deux fois plus nombreux en 2005 ou 2007, plus, en tous cas, que les boomers actuels. Ils occuperont le devant de la scène et transformeront la culture et l'économie selon leurs valeurs.

La question est la suivante : et si les jeunes d'aujourd'hui devenaient dans cinq ans des consommateurs différents des consommateurs actuels ? Quelques chiffres indiquent l'importance de cette question :

• les adolescents de 15 ans auront 20 ans en l'an 2000, ils sont la prochaine vague de consommateurs. Cette génération, qui s'est familiarisée avec les claviers et les écrans dès la petite enfance, entrera alors dans la vie active, formant une masse critique importante de plusieurs millions de personnes[2] ;

• dans 48 % des maisons équipées d'un deuxième téléviseur, celui-ci est généralement placé dans la chambre des jeunes ;

• 50 % des adolescents américains ont un micro-ordinateur chez eux ;

• 60 % des jeunes de moins de 16 ans possèdent une console de jeux ; en 1990, Mario devient aussi connu que Mickey Mouse ;

• plus de 33 % des produits dérivés (T-shirts, épinglettes, etc.) sont achetés par les jeunes ;

• la moyenne d'âge des 30 millions d'utilisateurs d'Internet se situe autour de 27 ans, etc.

---

[1] Les études de l'Américain Neil Howe, auteur de *Generation*, de l'économiste torontois David Foot, et de Suzan Hayward, consultante new-yorkaise en marketing.

[2] Les Apple Kids, la Mac Generation, les Wizz Kids, les Nerds, etc.

Chapitre 6

La réalisation du bon produit au bon moment

par Marie-Hélène Jobin et Claude R. Duguay

6.1 INTRODUCTION

La réussite du projet d'entreprise dépend d'abord du succès du produit (ou du service) qu'elle offre sur le marché. Ce succès repose aussi sur sa capacité de livrer avantageusement ce qu'elle a promis à son client. Il se matérialise par des commandes de clients qui sont livrées à temps et à leur satisfaction, dans des conditions avantageuses pour l'entreprise. Il faut donc non seulement imaginer quelque chose d'unique qui plaît au consommateur, mais aussi trouver une façon de le réaliser que les concurrents auront de la difficulté à imiter. Dans ce chapitre, nous considérons les activités de production. Que celles-ci soient effectuées à l'interne ou en collaboration avec des partenaires, elles sont toujours en étroite coordination avec les choix stratégiques que fait l'entreprise pour affronter la concurrence.

Vous avez défini une occasion d'affaires à partir d'une idée originale d'un nouveau produit ou d'un nouveau service[1]. Vous avez identifié un segment de marché constitué de consommateurs qui verront dans votre produit une façon de répondre à leur besoin particulier d'une façon plus intéressante pour eux que ce qu'ils peuvent obtenir des autres produits offerts actuellement sur le marché par les entreprises concurrentes de ce secteur : votre idée présente quelque chose d'assez nouveau pour vous donner un avantage compétitif durable. Ces consommateurs ont les moyens d'acheter votre produit (ou service) au prix que vous envisagez de proposer : ce sont des clients potentiels.

Votre réponse aux principales questions que vous vous êtes posées sur la clientèle de votre segment de marché vous a amené à définir les principaux traits de votre positionnement concurrentiel : quel prix demander, comment distribuer le produit, etc. Il s'agit maintenant de considérer les activités qui permettront de mettre au point votre produit de façon à concrétiser les avantages qu'il semble offrir. En somme, vous verrez comment vous vous y prendrez pour « livrer le bon produit au bon moment dans des conditions qui vous permettront de rester compétitif ». Dans la section suivante, nous présentons une vue synoptique du cycle de création et de réalisation d'un produit de qualité qui fournit un cadre de référence global pour situer les multiples interventions nécessaires pour réaliser un succès commercial. Nous reprendrons par la suite certaines de ces activités de façon plus détaillée.

6.2 LE CYCLE DE CRÉATION D'UN PRODUIT

« Quel produit fabriquer ? Comment le concrétiser ? » Voilà deux questions au cœur du fonctionnement de toute entreprise travaillant dans un marché concurrentiel. Elles donnent lieu à une multitude d'activités qui font appel à de nombreux spécialistes et qui doivent être étroitement coordonnées entre elles. La **boucle de la qualité**[2], proposée par l'Organisation internationale de normalisation (ISO), constitue un cadre de référence global qui facilite une telle coordination. La boucle de la qualité permet de rattacher les activités de marketing — examinées dans les chapitres précédents — aux activités de conception et de réalisation du produit ainsi qu'au service après-vente.

Figure 6.1 LA BOUCLE DE LA QUALITÉ COMME SYSTÈME

Tiré de J. Kélada (1992[3])

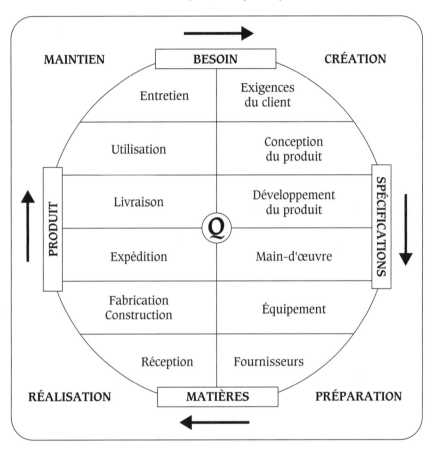

Pour les grandes entreprises industrielles, un tel outil est indispensable pour relever avec succès le défi de planifier ces activités avec cohérence et de les réaliser avec cohésion. Cet outil leur permet de structurer ces activités dans des processus de création du produit ou de la qualité qui fournissent aux différents intervenants un cadre général de référence fort utile pour se situer les uns par rapport aux autres et pour planifier les étapes clés à franchir afin d'éviter des erreurs catastrophiques. Pour une PME, la cohérence et la cohésion sont assurées directement par l'entrepreneur. Celui-ci a intérêt, par contre, à s'inspirer des processus mis au point par les grandes entreprises pour être sûr de ne pas oublier un aspect critique du projet et pour procéder systématiquement.

L'Organisation internationale des standards (ISO) désigne par le terme « boucle de la qualité » la démarche qu'elle propose à cet égard. Comme le présente Kélada (1992), on trouve dans cette démarche quatre grandes étapes, soit la création du produit, la préparation du système de production, la réalisation du produit comme telle et finalement les activités d'après-vente (distribution, entretien, service). Toutes ces phases sont en interaction quand l'entreprise fonctionne déjà et elles doivent donc être considérées dans leur ensemble. Toutefois, au stade du démarrage d'une entreprise, les deux premières phases demandent plus d'attention.

La première phase, celle de la *création* du produit, commence par l'identification de la clientèle, la détermination de ses besoins, de ses attentes ou de ses exigences ; ces activités ont déjà été évoquées précédemment et relèvent de la fonction marketing. La phase de la création se poursuit avec la conception et le développement du produit, puis par l'élaboration de ses spécifications et des limites à respecter ; ces activités ont déjà été décrites au chapitre 5. On inclut également, dans cette phase, le choix des processus de production et des matières à utiliser pour réaliser ce dernier. Ces activités impliquent à des degrés différents ceux qui connaissent bien le marché et ceux qui maîtrisent les techniques de production ainsi que les responsables financiers.

La deuxième phase est celle de la *préparation* du système de production. Elle concerne le choix de l'équipement et des méthodes de travail qui constitueront l'appareil de production nécessaire pour réaliser le produit de façon à répondre à la demande de façon compétitive. Elle concerne aussi la sélection et la formation de la main-d'œuvre, le choix des fournisseurs et l'élaboration des politiques d'approvisionnement. Selon le type de processus retenu, on peut avoir recours à une main-d'œuvre spécialisée ou généraliste, à un équipement relativement coûteux ou non, etc. Ces questions sont reprises dans la section 6.5.

La phase de préparation du système de production soulève parfois la question de l'impartition, une question de grande importance pour l'entrepreneur. Celui-ci a-t-il avantage à impartir, c'est-à-dire à sous-traiter en bloc, dès le départ, les activités de production en réalisant une alliance avec un partenaire déjà expérimenté dans ce domaine ou mieux doté en ressources ? Les expériences d'entreprises comme le distributeur d'ordinateurs Dell, le concepteur et distributeur de chaussures de sport Nike ou d'autres producteurs d'articles de sports ou de vêtements comme DBG inc. - Orage de Longueuil, illustrent éloquemment cette possibilité. La sous-traitance d'une partie importante des activités de production permet à l'entrepreneur de consacrer davantage son énergie à d'autres aspects de son projet. Cette décision de caractère stratégique nous paraît assez importante pour que nous la reprenions dans la section 6.4, consacrée à l'impartition.

La troisième phase est celle de la *réalisation* du produit. Elle concerne le pilotage du système de production, soit les activités allant de la réception des matières premières jusqu'à la livraison des produits finis aux clients, en incluant la planification de la production, l'entretien de l'équipement et le contrôle de la qualité. Toutes ces activités ont une répercussion directe soit sur le respect des délais de livraison, soit sur le coût de production. Elles ont donc une influence considérable sur la compétitivité de l'entreprise et sur sa rentabilité.

La quatrième phase est celle du *maintien* de la qualité après la vente proprement dite. Le produit vendu peut devoir être installé par son fabricant ou un sous-traitant de celui-ci, comme dans le cas de piscines creusées ou d'armoires de cuisine. En ce qui concerne des biens durables, les activités d'entretien ou de réparation de ces équipements peuvent constituer une dimension où s'exerce la concurrence. Le soin apporté à la réalisation de ces différentes activités et à leur coordination constitue un facteur important pour le succès de l'entreprise. La coopération entre le marketing et les gestionnaires de la production est une condition nécessaire de succès à laquelle nous consacrons la prochaine section.

6.3 LES OBJECTIFS COMPLÉMENTAIRES DE LA PRODUCTION ET DU MARKETING

Dans une approche traditionnelle de la gestion, la division du travail entre le marketing et la production est tellement poussée qu'elle donne lieu à certaines tensions qui peuvent s'avérer nuisibles pour l'entreprise. Par exemple, sur le plan de l'introduction de nouveaux produits, les responsables du marketing peuvent vouloir introduire les nouveaux produits tellement rapidement que le système de production n'arrive pas à suivre tout en maintenant le minimum d'efficacité nécessaire pour assurer la rentabilité. De même, les responsables de la production peuvent vouloir limiter l'éventail des modèles offerts pour pouvoir bénéficier de longues courses de production et ainsi réduire les temps de réglage de l'équipement. Une telle politique permet d'abaisser le coût de production, mais elle peut faire rater certaines ventes à l'entreprise.

Une autre tension de ce genre peut survenir dans le cas des commandes demandant de courts délais de livraison. Le responsable de la production sera intéressé soit à laisser de côté ces demandes — pour éviter des mises en course supplémentaires —, soit à les remettre à plus tard — pour se donner le temps d'acheter des matières premières ou des composants à un juste prix. Il cherchera à éviter le recours à des fournisseurs qui, parce que leurs délais de livraison sont très courts, se permettent d'exiger des prix plus élevés. On résume parfois ces tensions par la question suivante : vaut-il mieux vendre ce qu'on produit ou produire ce qu'on vend ?

De telles tensions sont inhérentes au partage des tâches entre les différentes fonctions de l'entreprise. Elles peuvent être augmentées par des systèmes d'évaluation de la performance appliqués sans discernement ou par des différences de culture ou de tempérament chez les principales personnes impliquées dans ces activités. Ces différences sont résolues en revenant à une vision systémique de l'entreprise grâce à laquelle tous se rendent compte de l'importance vitale pour l'entreprise de mieux satisfaire ses clients que ses concurrents, et de la nécessité de coordonner leurs efforts.

La recherche d'un équilibre entre les deux extrêmes évoqués ci-dessus se traduit par un ensemble de politiques établies à partir d'une stratégie des opérations qui sert de fil conducteur aux multiples décisions prises en regard des activités de production. Pour l'entrepreneur qui démarre son entreprise, de telles tensions ne se manifesteront pas au départ ; elles pourraient surgir par la suite s'il n'a pas choisi des collaborateurs dotés d'un bon esprit d'équipe et ayant acquis assez de recul pour avoir une vision d'ensemble de l'entreprise et de la place de la production dans celle-ci.

C'est aussi avec ses partenaires d'affaires — fournisseurs, distributeurs et partenaires stratégiques — que le partage d'une vision d'ensemble devra s'opérer. Dans le contexte de mouvance de l'économie et de l'importance des alliances et des réseaux, la réussite de la PME repose de plus en plus sur sa capacité à créer de la valeur en synergie avec son milieu.

6.4 FAIRE OU FAIRE FAIRE : SOUS-TRAITANCE ET IMPARTITION

6.4.1 L'impartition : une définition

La problématique d'impartition constitue l'un des types de décisions les plus fondamentales auxquelles devra se mesurer l'entrepreneur ou l'équipe de gestion. En effet, avant même de savoir comment une tâche sera effectuée ou qui la réalisera, il faut déterminer si cette activité sera effectuée à l'interne ou si elle sera confiée à un partenaire. C'est aussi décider de l'étendue des activités et du rôle que l'entreprise entend jouer dans son industrie.

Même si le phénomène de la sous-traitance a été observé depuis les débuts de l'ère industrielle, le terme impartition est un néologisme. En fait, à l'origine de l'impartition, on trouve la sous-traitance. L'impartition diffère de la sous-traitance dans la mesure où elle revêt une dimension stratégique, qui est secondaire ou absente dans le cas de la sous-traitance.

Il y a impartition lorsqu'une partie des activités est confiée à un partenaire, c'est-à-dire lorsqu'on se procure un bien ou un service de source externe à l'entreprise au lieu de tout faire soi-même. L'impartition va plus loin que la sous-traitance non pas simplement par sa dimension stratégique, mais aussi par la qualité des rapports entre les partenaires. En effet, dans une relation d'impartition, la confiance préside aux rapports entre donneur et receveur d'ordres. On peut considérer l'impartition comme étant l'antonyme du concept d'intégration.

Historiquement, les entreprises ont sous-traité des activités perçues comme des « commodités », en particulier la prestation de services tels que le gardiennage, la sécurité, les services alimentaires, le service de la paie, les services postaux ou des systèmes de messageries, de comptabilité, d'entretien et de réparation de l'équipement. Ces services sont impartis parce que les dirigeants de ces organisations ne considèrent pas ces activités parmi leurs « compétences distinctives », même si elles peuvent l'être pour d'autres entreprises du même secteur.

Dans le cas de la production des biens, la sous-traitance des activités manufacturières a existé depuis les débuts de l'industrialisation. Jusqu'à tout récemment, toutefois, les activités imparties étaient généralement des composantes simples ou des pièces achetées en grand nombre grâce à un processus d'acquisition favorisant la concurrence entre plusieurs fournisseurs. La tendance observée actuellement révèle que la nature des activités de production imparties est beaucoup plus variée et davantage enracinée au cœur des activités manufacturières. La fabrication de composantes de plus en plus complexes est confiée à des fournisseurs stables.

Toutes les entreprises ont recours, sur une plus ou moins grande échelle, aux services de partenaires externes pour réaliser des activités qu'elles ne désirent pas faire à l'interne. Mais, pour la PME, l'impartition est une réalité aux multiples facettes, car elle peut devenir une occasion soit d'offrir ses services, soit de solliciter l'appui de partenaires.

6.4.2 L'impartition : une occasion d'affaires

Si l'on considère l'impartition non pas de la perspective du donneur d'ordres mais de celle du receveur d'ordres, il est fort probable que l'entreprise en démarrage ou de petite taille soit sollicitée ou identifie une occasion d'affaires pour devenir l'hôte d'un service ou d'une production impartie. D'un point de vue pratique, chaque fois qu'une firme impartit un service ou une activité, il y a une entreprise qui recevra le mandat de réaliser ces activités. La PME est souvent aux premières loges des entreprises appelées par ce second rôle.

L'entrepreneur peut essentiellement définir son créneau de marché en fonction des occasions d'affaires qu'il identifie en constatant les besoins des entreprises en matière de services spécialisés. La petite taille, la flexibilité et la focalisation propres aux entreprises naissantes sont des atouts recherchés par les grandes entreprises donneurs d'ordres qui auront, bien souvent, recours aux services d'un partenaire de plus petite taille pour pallier leur propre manque de flexibilité.

Le recours à l'impartition n'est toutefois pas l'apanage des grandes organisations. Les PME aussi peuvent grandement bénéficier de ce type d'organisation du travail souple.

6.4.3 L'impartition : une solution pratique

Dans le contexte de la PME, les ressources sont souvent limitées et le recours à un partenaire stable est une solution qui s'impose d'office. Pour l'entreprise en démarrage, le recours au soutien de tiers ou de partenaires est pratiquement indispensable. Dans bien des cas, les ressources sont insuffisantes pour penser à une fabrication intégrée où tout serait fait au sein même de l'entreprise. Bien que les entreprises de plus grande maturité disposent d'un éventail de solutions plus large, elles ont aussi de nombreuses raisons de prendre la décision de faire faire.

À la base, presque toutes les entreprises ont recours à l'impartition et cela se justifie de multiples façons. On peut impartir une activité parce qu'un fournisseur peut réaliser cette activité à moindre coût ou parce qu'il est en mesure d'offrir un produit de meilleure qualité. On peut motiver cette décision par le fait qu'un concurrent possède une technologie plus avancée ou qu'il dispose d'un brevet sur un produit donné. Dans d'autres cas, la rapidité des délais ou la flexibilité du fournisseur seront des atouts de taille dans le choix d'impartir.

Lorsqu'on se lance en affaires, tout est à décider : l'achat d'équipement, l'aménagement, l'embauche et la formation du personnel, et ainsi de suite. Les volumes ne justifient pas toujours des investissements massifs qui viendraient hypothéquer la santé financière de l'entreprise. Au début, les demandes prévues sont souvent insuffisantes pour justifier l'acquisition d'équipement coûteux. L'impartition peut alors s'offrir comme une solution pratique. Dans d'autres cas, la demande peut être au rendez-vous, mais se présenter sous forme cyclique. Les problèmes de flux de trésorerie peuvent alors poser un casse-tête insoluble à l'entrepreneur qui envisage d'investir massivement dans l'achat d'une technologie ou de machinerie. Dans de tels cas, l'impartition peut être une solution à considérer.

6.4.4 L'impartition : un partage des risques

Il ne faut pas négliger que l'impartition permet aussi une certaine forme de partage des risques. En effet, en cas d'échec, tous les investissements n'auront pas à être supportés par l'entrepreneur. L'impartition permet de partager les risques associés à l'acquisition de ressources technologiques ; en effet, les coûts de recherche et de développement, dont les résultats sont souvent aléatoires, sont inabordables pour une PME.

En cas d'insuccès, l'entreprise peut relever ses manches et plus facilement se tourner vers d'autres solutions en y laissant « quelques plumes mais pas la peau ». L'envers de la médaille est aussi vrai. Advenant un succès inespéré, la solution de tout faire soi-même aurait probablement été plus lucrative...

6.4.5 L'impartition : une décision stratégique

Avant tout, l'impartition se distingue de la simple sous-traitance par sa portée stratégique. C'est justement par cet aspect que la PME peut atteindre le statut d'entreprise de classe mondiale sans pour autant posséder toutes les ressources nécessaires à la prestation des services offerts et à la réalisation de biens. Mais une question fondamentale demeure : quelles sont les activités qu'il est possible, voire souhaitable, de sous-traiter et quelles sont celles dont on devrait conserver la réalisation à l'interne ?

Succinctement, disons que seules les activités que l'entreprise peut réaliser avec efficacité, plus vite ou moins cher, devraient être conservées à l'interne. Les activités conservées à l'interne devraient représenter pour l'entreprise une compétence distinctive (Vankatesan, 1993), un savoir-faire qui lui permette de rehausser la valeur du produit ou du service offert ou encore d'atteindre une plus grande efficacité dans la réalisation de ce bien ou dans la prestation du service.

Il ne s'agit pas simplement d'étudier la rentabilité d'une activité avant de décider si elle doit être conservée, mais bien d'analyser, dans une perspective plus large, la contribution de cette activité à la chaîne de la création de valeur de l'entreprise à long terme. La décision de l'impartition se prend donc à la lumière des choix stratégiques de l'entreprise et des aspects concurrentiels sous lesquels elle entend concurrencer.

Tout l'art d'une stratégie d'impartition réside dans la détermination des activités, des ressources ou des pratiques qui contribuent, ou pourraient contribuer dans l'avenir, à créer des compétences distinctives. En premier lieu, les compétences distinctives ne devraient pas se baser sur des produits ou sur des fonctions, mais sur la connaissance ou le savoir-faire (Quinn et Hilmer, 1994). Les produits sont imitables, les machines peuvent être achetées et les structures copiées, mais la synergie d'une équipe de travail, la culture d'une organisation ou les méthodes d'approche de la résolution de problèmes sont difficiles à copier. Les activités conservées devraient aussi procurer un avantage à long terme à l'entreprise offrant des perspectives de développement dans l'avenir. Comme le soulignent Quinn et Hilmer, trop d'entreprises concentrent leur énergie sur des activités dans lesquelles elles excellent présentement. Nombre de ces activités constituent des avantages à court terme. Ce n'est qu'une question de temps pour que les entreprises concurrentes se dotent d'une technologie similaire ou imitent les avantages distinctifs.

Les avantages compétitifs sur lesquels l'entreprise doit savoir miser sont également limités en nombre. En effet, des efforts pour favoriser et maintenir l'excellence éparpillés sur un trop grand nombre d'activités au sein de la chaîne de valeur de l'entreprise exposent celle-ci à l'érosion de ses avantages concurrentiels au profit des concurrents plus focalisés sur des aspects ciblés.

L'avantage concurrentiel durable repose aussi sur l'acquisition de compétences distinctives étroitement tissées par les ressources humaines et les systèmes de pilotage de l'entreprise. En effet, si le succès d'une entreprise repose sur une personne, il n'est pas impossible que cette personne parte, laissant ainsi l'entreprise vulnérable aux attaques des concurrents. La transmission du savoir et surtout du savoir-faire à un maximum d'employés, par le biais de la formation, de la mise en place de procédures et de l'élaboration de systèmes de pilotage, est donc essentielle pour développer des avantages concurrentiels durables.

La stratégie d'impartition est donc élaborée à la lumière du potentiel compétitif des activités qui jalonnent le processus de création de valeur de l'entreprise. Les activités jugées stratégiques dans la création d'un avantage compétitif sont conservées. À l'inverse, les activités qui sont facilement imitables, basées sur des technologies vouées à la désuétude à moyen ou à long terme ou qui ne reposent pas sur un savoir-faire intimement lié à la culture et aux ressources humaines de l'entreprise devraient faire l'objet d'une analyse d'impartition. Ces activités ne sont que diversion dans la poursuite et le développement d'avantages concurrentiels durables pour l'entreprise.

La décision d'impartition n'est toutefois pas limitée à décider de conserver une activité ou d'en céder la réalisation à un partenaire sur la base d'une analyse des compétences distinctives. Certaines activités, après analyse, ne se rangent pas naturellement dans une ou l'autre des catégories. Bon nombre d'organisations conserveront la prestation d'un service ou la fabrication d'une composante ou d'un bien, faute de pouvoir déterminer avec précision à quelle catégorie cette activité appartient.

Dans de nombreux cas, la solution retenue donnera naissance à un partenariat à l'architecture unique où les compétences du fournisseur, ou d'un ensemble de fournisseurs, viendront s'imbriquer dans les activités de l'entreprise. Ces partenariats doivent fréquemment être réévalués et la participation de chacun fait alors l'objet d'un réaménagement. Cette forme de partenariat à géométrie variable, que Nollet et Leenders (1984) ont appelé la zone grise, ouvre la porte à de nouvelles perspectives créatrices de valeur.

La décision de faire ou de faire faire constitue la décision la plus fondamentale de la stratégie d'opérations et l'une des plus importantes pour l'organisation, car elle définit en quelque sorte le type d'entreprise que la direction désire avoir et gérer. Intimement liée à la notion de la chaîne de valeur (Porter,1986), l'impartition permet de modeler l'entreprise afin de tirer le maximum de valeur des ressources déployées pour le client et l'actionnaire. En analysant la contribution à la création de valeur de chacune des activités mises en place afin de réaliser un bien ou un service, l'entreprise est à même de mettre en question sa participation à certains processus. Il est alors possible soit de travailler à l'amélioration de ces activités, soit de considérer la cession à un partenaire qui permettra d'améliorer l'efficacité du processus ou d'en améliorer la valeur mieux que l'entreprise pourrait le faire elle-même.

Chaque processus de l'entreprise doit être sondé afin de reconnaître quelles sont les activités qui contribuent à créer un avantage compétitif pour l'entreprise. Analysées à la lumière des orientations stratégiques de l'entreprise, les activités peuvent se diviser en deux grandes catégories :

1. Celles qui sont importantes dans l'atteinte des objectifs stratégiques de l'entreprise.

2. Celles qui ne le sont pas.

Les activités appartenant à la première catégorie feront l'objet d'une analyse sérieuse qui assurera que la priorité, en ce qui concerne l'allocation de ressources et d'efforts, sera accordée à ces secteurs. Ces actions visent à renforcer les compétences distinctives et à en créer d'autres en harmonie avec les objectifs stratégiques de l'entreprise.

Dans certains cas, on peut conclure que l'investissement nécessaire à équilibrer les activités stratégiques est trop important ou impossible, en particulier pour une PME. L'entreprise sera alors contrainte d'impartir et de créer un partenariat avec un fournisseur qui saura lui assurer l'avantage concurrentiel qu'il recherche.

Quant aux activités du second groupe, l'entrepreneur n'a ni le temps ni les ressources pour s'y consacrer sans compromettre la poursuite de sa mission. À court ou à long terme, ses efforts devront s'orienter vers les activités du premier groupe et délaisser, au profit de partenaires stables, la prestation des services ou la réalisation des activités non stratégiques.

L'impartition n'est tout de même pas une panacée à tous les maux. La décision d'impartir doit être prise en considérant toutes les facettes de la situation et pas simplement le coût. La décision d'impartition fait trop souvent suite au constat d'une productivité déficiente ou d'un coût jugé trop élevé. Des problèmes de qualité ou de flexibilité ont aussi mené des entreprises à impartir des activités. Même si certaines de ces décisions ont pu être fondées et sages, dans plusieurs cas, l'impartition n'a été qu'un moyen rapide pour tenter de se débarrasser d'un problème.

Cependant, ces différents problèmes qu'on essaie de régler par l'impartition d'activités prennent souvent leur source dans des erreurs commises en matière de conception de système de production ou en matière de pilotage des opérations. Il est donc important que l'entreprise voit à rendre les plus efficaces et les plus efficientes possibles les activités conservées à l'interne.

6.5 LA CONCEPTION DU PROCESSUS DE PRODUCTION

Le principal défi que les entrepreneurs talentueux auront à relever est celui de la croissance. Nombreuses sont les entreprises qui ne survivront pas malgré des bilans positifs, car elle n'auont pas su gérer les problèmes de financement liés à leur croissance. Le décalage naturel entre les entrées et les sorties de fonds, typique des entreprises en croissance, peut être exacerbé par une mauvaise gestion des actifs de production ou par de mauvaises pratiques de pilotage des opérations. Entre autres, des décisions stratégiques, qui ont trait à la conception du système opérationnel, sont à prendre dans la phase de démarrage.

Lorsqu'une entreprise au stade du démarrage veut assumer elle-même la majeure partie de la conception des produits qu'elle offre sur le marché, elle a avantage à se doter d'un système de production assez flexible pour s'adapter aux multiples imprévus, soit sur le plan commercial, soit sur le plan technique. Cela lui permettra d'ajuster rapidement certains traits de son produit à des demandes particulières de clients intéressants ou d'y apporter certaines améliorations jugées nécessaires après l'usage de celui-ci.

Généralement, on démarre en recourant à un processus manuel ou relativement peu automatisé. On parle alors d'un processus de production de type atelier. Un tel processus engendre un coût unitaire plus élevé, mais l'entreprise peut s'adapter plus facilement aux changements dans la demande. Par ailleurs, les aménagements en atelier demandent un plus faible investissement initial. Ainsi, le groupe DBG inc.- Orage de Longueuil a démarré la production de sa première ligne de vêtements de ski à partir d'un atelier de confection où les méthodes étaient pratiquement artisanales (Dutrisac, 1994).

À mesure que le produit se fait connaître et que les ventes progressent, on automatise les opérations qui s'y prêtent le mieux. Quand la demande est bien définie et atteint un volume considérable, on recourt à un système de production de masse qui permettra d'obtenir des coûts unitaires plus bas, mais qui sera moins flexible. En effet, de façon générale, plus un système est spécialisé, plus l'investissement requis est considérable; celui-ci permet toutefois de produire à un coût unitaire de production plus bas. Au moment où la demande prendra vraiment son envol, un tel système sera plus avantageux, mais rarement dès le démarrage. Par ailleurs, si le marché se segmente entre plusieurs sous-ensembles de clients, on concervera des systèmes plus flexibles.

Tout au long de cette progression, des décisions cruciales sont à prendre. Quand et combien de capacité devons-nous ajouter ? Pour quelle technologie opter ? Où devrait-on installer notre nouvelle usine ? Comment aménager les espaces disponibles ? Bien que dans son désir le plus cher l'entrepreneur rêve de voir croître son entreprise, il néglige souvent de penser aux scénarios de croissance de ses installations et de son système de production. Par exemple, quand les locaux occupés par l'entreprise s'avèrent inappropriés, on doit penser à réaménager ou à prendre de l'expansion. C'est souvent à ce moment-là qu'on se rend compte que les installations initiales n'ont pas été pensées en vue de la croissance; il n'y a pas de possibilités d'agrandissement ou la structure du bâtiment ne permet pas l'adoption de machineries spécialisées. Il faut donc déménager ou effectuer des rénovations importantes qui augmentent les coûts et perturbent les activités de façon majeure.

C'est pourquoi, dès ses premiers pas, l'entreprise doit envisager divers scénarios de croissance. Notamment, les décisions qui ont trait à la localisation et à l'aménagement doivent tenir compte de l'expansion à venir. L'entrepreneur évitera ainsi d'avoir à subir de coûteux déménagements ou de se retrouver, après dix ans d'exploitation, avec une usine faite de rallonges ou d'installations disséminées sur un vaste territoire.

Si l'entrepreneur doit penser en fonction de la croissance, il doit aussi voir à justifier la rentabilité des investissements en capacité. Il cherchera donc à ajouter *au bon moment* les ressources nécessaires pour ne pas nuire à la productivité des opérations et pour bien servir les marchés ; il devra cependant veiller à ne pas procéder à des investissements prématurés qui fragiliseraient sa position financière.

6.6 LE PILOTAGE DU PROCESSUS DE PRODUCTION

Le meilleur processus de production ne fournira les avantages attendus que si on sait le faire fonctionner de façon efficace. Cela fait l'objet des activités de pilotage. Au moment de lancer une entreprise, cet aspect paraît assez lointain. Toutefois, ce n'est qu'au moyen de ces activités que la meilleure innovation commencera à apporter des revenus à l'entreprise.

À la clé du succès de l'entreprise en démarrage se trouve souvent la capacité de prévoir la demande et de planifier les activités en fonction de cette demande. L'estimation juste de la demande à venir permettra de disposer, au moment voulu, des ressources en qualité et en nombre suffisants pour maximiser les revenus de l'entreprise et effectuer les dépenses dans les conditions optimales que permet la planification. La planification de l'entrée du flux des matières dans le processus de production, de leur transformation en produits finis et de leur distribution vise à permettre à l'entreprise de livrer ses produits à temps, c'est-à-dire *au bon moment*. Elle constitue dans certains cas une activité qui peut permettre à l'entreprise de se faire reconnaître par ses clients comme un fournisseur fiable.

Tel est également le cas de la gestion de la qualité dont certains aspects doivent être abordés dès la conception du produit. Quant à d'autres activités de gestion de la qualité comme le contrôle et l'assurance qualité, ils constituent des aspects intimement liés à la capacité de l'entreprise de « livrer le bon produit », c'est-à-dire à la satisfaction des clients au moindre coût ; ils sont donc liés au succès de l'entreprise sur le marché par rapport à ses concurrents.

Exercice 6.1 QUESTIONS DE RÉVISION SUR LA PRODUCTION

1. Pourquoi les décisions reliées aux choix technologiques, à la gestion de la capacité, à la localisation et à l'aménagement sont-elles dites stratégiques?

2. Pourquoi dit-on qu'une gestion inappropriée des actifs de production affecte tout particulièrement la rentabilité de l'entreprise en démarrage?

3. Quels atouts les PME peuvent-elles présenter aux grands donneurs d'ordres lorsque ces derniers sont à la recherche de partenaires en vue d'impartir certaines de leurs activités?

4. Identifiez quatre bonnes raisons qui pourraient motiver un entrepreneur à impartir une activité particulière.

5. Illustrer à l'aide de deux exemples les conflits qui peuvent survenir entre les gens du marketing et ceux de la production. Faites ressortir les points de vue de chacun et les mobiles qui les poussent à agir ainsi.

6. Commentez l'affirmation suivante: «Dans une PME en démarrage, le directeur de la production doit surtout avoir une compétence technique considérable, les compétences en gestion de la production ne sont utiles que dans les entreprises qui ont atteint une taille significative.»

7. Pourquoi, la compréhension de la boucle de la qualité peut-elle être utile au responsable de la production dans une PME en démarrage?

8. Pourquoi les PME débutent-elles généralement avec un processus de production de type atelier? Quels sont les avantages de ce type de processus?

6.7 BIBLIOGRAPHIE

Dutrisac, Benoît. «Le Groupe Orage fait frissonner la concurrence», *Le Magazine Québec Entreprise*, février 1994.

Kélada, Joseph (1992). *Comprendre et réaliser la qualité totale*. Éditions Quafec, 2e édition.

Leenders, Michael et Jean Nollet. «The Gray Zone in Make or Buy», *International Journal of Purchasing and Materials Management*, automne 1984, p. 10-15.

Nollet, Jean, Joseph Kélada, Mattio Diorio et collaborateurs (1994). *La gestion des opérations : une approche systémique*, Gaëtan Morin Éditeur, 2ᵉ édition.

Organisation internationale de normalisation, *ISO-9000 : Normes internationales pour le management de la qualité*, 4ᵉ édition, 1994.

Porter, Michael (1986). *L'avantage concurrentiel*. Paris : InterÉditions.

Quinn, James Brian et Frederick G. Hilmer. «Strategic Outsourcing», *Sloan Management Review*, été 1994, p. 43-55.

Venkatesan, Ravi, «Faire ou faire faire, un choix stratégique», *Harvard L'Expansion*, n°.68, printemps 1993, p. 45-56.

NOTES

1 Afin d'alléger le texte, nous utiliserons le plus souvent le terme « produit » pour désigner ce que l'entreprise offre sur le marché, que ce soit un produit comme tel, un service ou une combinaison des deux.

2 *La norme ISO 9000* (ISO 9004-3 :1993 F p. 338-339).

3 Dans la figure présentée ici, chacune des grandes étapes est explicitée de manière à mieux faire ressortir la multitude des activités qui les constituent et la logique qui les lie dans le système de gestion de la production. Cette figure a été proposée sous le terme «cycle de la qualité» par Joseph Kélada dans son ouvrage *Comprendre et réaliser la qualité totale*, p.19, Éditions Quafec, 1992.

Chapitre 7

Les technologies de l'information et l'entreprise

par Benoit A. Aubert

7.1 LE RÔLE DES TI DANS L'ORGANISATION

Les technologies de l'information sont de plus en plus présentes dans les organisations. Elles servent de canaux de distribution pour les services, assurent le soutien des activités courantes, permettent de répondre aux questions de la clientèle 24 heures sur 24 et elles sont souvent le moteur de la création de nouvelles entreprises.

À l'ère de la globalisation des échanges, les technologies de l'information sont à la fois un moteur et un outil essentiel quant aux transformations actuelles de l'économie. Elles permettent de coordonner de manière très serrée les activités d'entreprises pourtant fort éloignées sur le plan géographique. Ces entreprises peuvent ainsi collaborer tout aussi efficacement que si elles étaient voisines. On peut maintenant parler de voisins virtuels. Pour les petites entreprises, les technologies de l'information ouvrent les marchés extérieurs. Il devient possible de trouver les fournisseurs de pièces et de composantes les plus efficaces où qu'ils soient, et de faire affaire avec eux sans problème. Un tel accès, sans contrainte géographique, était autrefois l'apanage des grandes entreprises.

Ce rôle accru des technologies de l'information est accentué par la tertiarisation de l'économie. Alors que le secteur primaire occupait plus des trois quarts de la main-d'œuvre active au moment de la révolution industrielle, c'est maintenant le secteur des services et du commerce qui mobilise plus de 70 % de la population active dans les économies développées. Comme le secteur des services traite et produit de l'information en quantité massive, les technologies de l'information deviennent essentielles à ces entreprises. On n'a qu'à penser au secteur bancaire, au secteur des agences de voyage, au domaine médical, au design, à l'architecture, à la production de matériel de formation, etc. Les transformations que subissent ces entreprises sont majeures et irréversibles.

7.1.1 L'évolution des technologies de l'information

Un système d'information peut être défini comme un système qui emmagasine, retrace, analyse et distribue l'information aux membres de l'organisation et à ses partenaires. Le système d'information utilise intensivement l'informatique pour remplir ce rôle. L'informatique et les télécommunications permettent de transformer des données à l'état brut en information utile pour le gestionnaire grâce aux différents logiciels, bases de données, réseaux et autres outils. Il ne faut cependant pas confondre système d'information et système informatique. Même si l'ordinateur et ses nombreuses composantes sont souvent à la base des systèmes d'information modernes, l'informatique n'est qu'un outil très utile permettant d'exploiter un système d'information.

Depuis les années 1960, l'informatique est fort utilisée dans les grandes entreprises. Celles-ci maintenaient de gros ordinateurs centraux (*mainframe*) qui traitaient leurs données à l'aide de logiciels complexes et peu flexibles. Grâce à la micro-informatique, on vit apparaître des systèmes peu coûteux, dotés de logiciels flexibles et faciles à utiliser pour les néophytes. On peut réellement parler de démocratisation de l'informatique depuis 10 ans. Ces systèmes sur micro-ordinateurs ont maintenant acquis leurs lettres de noblesse. En les reliant en réseau, ils peuvent effectuer le même travail (sinon plus) que les systèmes fonctionnant sur un ordinateur central.

De plus, on assiste présentement à la fusion de l'informatique et des télé-communications. Les téléphones deviennent des terminaux qui permettent d'accéder aux systèmes informatiques et de traiter des commandes ou autres transactions, et les systèmes informatiques se connectent aux réseaux de télé-communication et de téléphonie pour communiquer entre eux et pour donner accès aux systèmes de l'entreprise. Le Web et Internet sont un bel exemple des développements récents qui sont en train de changer complètement de nombreux secteurs de l'économie.

L'essor de l'informatique se fait à une vitesse sans précédent. À titre d'exemple, mentionnons que le coût de l'énergie générée à l'aide de la vapeur a pris plus de 50 ans pour être réduit de moitié, le coût réel de l'électricité diminue, depuis le début du siècle, de 2 % à 3 % par an, alors que des gains de productivité annuels de 20 % à 30 % sont la norme dans le domaine des technologies de l'information. Cette évolution accélérée se traduit par des applications accessibles à la très grande majorité des activités de l'entreprise, à un coût extrêmement bas. Cet essor rend également accessible aux entreprises en démarrage des outils qui correspondent directement à leurs besoins et qui leur permettent de faciliter leur mise en œuvre.

7.1.2 Les activités liées aux TI

Afin de bien cerner ce que peuvent offrir les technologies de l'information, il est important de mieux les comprendre. Cette section décrit sommairement les différentes composantes des services associés aux TI. Les services regroupent différentes activités effectuées par l'entreprise afin de mettre en place et d'utiliser ces technologies.

Les services informatiques se divisent en trois grandes catégories d'activités : la gestion des services, le développement ou l'acquisition des applications et les opérations.

Tableau 7.1 LES CATÉGORIES D'ACTIVITÉS INFORMATIQUES

Gestion des services	
• Planification de la fonction système d'information • Gestion des ressources humaines, matérielles et financières • Cadre et standards technologiques	

Développement ou acquisition	Opérations
• Analyse et design des systèmes • Achat des solutions informatiques • Implantation des systèmes • Entretien-réparation des logiciels	• Mises à jour • Entrées/sorties des données • Entretien-réparation du système d'exploitation • Entretien-réparation de l'équipement • Contrôle des erreurs

Les opérations sont les activités que l'on exécute constamment. Elles sont à la fois reliées au matériel physique et à l'exécution des logiciels. Beaucoup d'activités liées aux opérations sont standardisées, routinières et peu reliées au contenu informationnel traité. Les opérations comme la tenue de livre, les comptes fournisseurs ou les comptes clients, de même que l'impression de rapports, la prise des copies de sécurité, le contrôle du système d'exploitation sont autant d'activités totalement similaires d'un système à l'autre, d'une entreprise à l'autre, quelle que soit l'information traitée par le système.

Le développement ou l'acquisition d'applications présente une plus grande variété d'une firme à l'autre. On doit évaluer quels sont les besoins des usagers auxquels le système devra répondre, ce que la technologie peut offrir, de même que les contraintes qu'elle impose afin d'en tirer le meilleur système possible. Les systèmes développés sont toutefois rarement uniques. Même quand une firme développe un système qui lui fournit un avantage concurrentiel, elle peut décider de le rendre accessible aux autres firmes. Les firmes concurrentes peuvent généralement observer les principales fonctions de ce système. Elles peuvent donc le copier ou l'imiter, éliminant ainsi l'avantage concurrentiel initial. Dès lors, la firme bénéficiant d'un avantage concurrentiel grâce à un système d'information sait pertinemment que cet avantage est temporaire. Elle peut décider de récupérer son investissement en vendant ce système à ses concurrentes. Les firmes faisant l'acquisition de ces logiciels bénéficient d'un système plus rapidement que si elles le développaient. Elles sont aussi assurées d'un prix fixe. Elles évitent les efforts inhérents aux activités de développement et elles sont certaines d'avoir un système fonctionnel. À ce jeu, toutes les firmes y gagnent.

La fonction système d'information dans une entreprise est de plus en plus reliée aux considérations stratégiques de la firme. L'harmonisation des systèmes avec les objectifs de la firme est hautement spécifique. Cette activité demande une planification à long terme et une vision de l'avenir de la compagnie. Cette planification constitue la troisième catégorie d'activités. Les activités de planification et de gestion des TI assurent que l'évolution est faite en fonction des besoins de la firme et que les ressources investies en technologies de l'information le soient à bon escient. La planification des TI s'insère directement dans la planification globale de l'organisation.

7.1.3 Les applications informatiques

De plus en plus, les technologies de l'information soutiennent l'ensemble des fonctions de l'organisation. Pour chaque activité, il existe une composante informationnelle. On doit savoir si l'activité a été réalisée, en combien de temps, par qui, pour quel client, etc. Que ce soit en gestion de la production ou des ressources humaines, en comptabilité ou en marketing, chaque activité inclut un grand nombre de renseignements que l'entreprise veut conserver.

Les TI enregistrent l'information à chaque transaction (par exemple au moment d'une vente) et permettent de réutiliser l'information facilement (par exemple pour la production de la facture ou du compte client). Les TI diminuent grandement le travail répétitif. Par exemple, au moment des ventes, un répertoire informatisé des produits évite au vendeur d'inscrire le prix des produits chaque fois qu'il fait une vente. Le système trouve ce prix et l'inscrit sur la facture du client. De la même manière, au cours de la production des comptes clients, le système refait la même série d'opérations (l'addition des achats du mois) pour chaque client et produit les documents désirés. Cela dégage l'employé d'une série de tâche répétitives et évite d'avoir à ressaisir de l'information que l'on a déjà utilisée dans l'entreprise.

L'utilisation des TI permet également la standardisation des opérations. Par exemple, lorsque plusieurs personnes effectuent les mêmes tâches, l'utilisation d'un support informatique permet de s'assurer que l'information est toujours entrée de la même manière, et qu'une personne peut reprendre le travail d'une autre et assurer un suivi au client sans problème. Il est beaucoup plus facile de retracer un dossier client dans un système informatique que de le retrouver dans la pile de dossier d'un collègue et d'essayer ensuite de comprendre les gribouillis inscrits!

De plus, l'utilisation d'un système informatisé pour les activités d'une entreprise permet d'utiliser les données recueillies aux fins d'analyse. L'information est saisie pour différentes raisons (par exemple: faire une vente, faire une commande, produire la paie). Cette information peut avoir une utilité plus grande que la seule fin première pour laquelle elle a été saisie. On peut, par exemple, utiliser les données des ventes pour faire des analyses des profils de clients ou pour identifier les clients les plus fidèles. On peut également utiliser les données de la paie pour évaluer sa planification du travail, les heures supplémentaires payées, et prévoir les périodes de pointe afin de trouver le personnel surnuméraire nécessaire. Toutes les données recueillies peuvent trouver des utilisations multiples. Le fait d'avoir ces données accessibles, dans une base de données par exemple, permet de les réutiliser à loisir et d'améliorer la qualité des pratiques de gestion de l'organisation.

La comptabilité et la finance

L'informatique permet de traiter un très grand nombre de données, très rapidement, et de manière fiable. C'est sûrement la première caractéristique que les gestionnaires ont perçue. D'autre part, les activités comptables sont hautement structurées, répétitives et à très fort volume. Elles sont prévisibles et standardisées. La structure des activités comptables facilite grandement leur informatisation. Dès lors, ces activités ont été les premières candidates à l'informatisation dans les entreprises. De plus, les gains que l'on peut réaliser en automatisant des tâches répétitives sont importants.

Les activités comptables soutenues par les technologies de l'information sont très nombreuses: le grand livre, la gestion des comptes clients et fournisseurs, la gestion des commandes et des stocks, la paie, etc. Les systèmes comptables et financiers incluent même des modules permettant l'analyse de projets en calculant la VAN (valeur actuelle nette) et le suivi des activités d'un projet pour faire une comptabilité par activité.

Les logiciels comptables sont nombreux. Comme les normes comptables sont partagées par les entreprises, personne ne met au point une application comptable pour répondre à ses seuls besoins. Une multitude de produits existent sur le marché, allant de très simples logiciels à des systèmes hautement sophistiqués. À un extrême, on trouve des logiciels accessibles gratuitement dans le Web et d'autres qui sont offerts pour moins de 100 $ dans les boutiques d'informatique. Ces logiciels permettent de soutenir une petite entreprise ou un travailleur autonome en prenant en charge les fonctions comptables de base. Ces logiciels fonctionnent sur un micro-ordinateur et répondent facilement aux exigences d'une entreprise en démarrage.

À l'autre extrême, on trouve des logiciels hautement sophistiqués, prenant en charge beaucoup de filiales et de fonctions, et produisant l'intégration complète de l'information dans l'entreprise. Les logiciels comme *Financial Oracle*™, *PeopleSoft*™, ou *R/3*™ de *SAP* sont des exemples de ces types de logiciels intégrés. L'implantation de ces systèmes implique de nombreux mois de travail pour la personnalisation du logiciel aux besoins de l'entreprise... et plusieurs millions de dollars. Les possibilités de ces logiciels sont à la mesure des investissements requis.

Entre ces deux extrêmes, une myriade de possibilités s'offrent. Un logiciel comme *ACCPAC*™ par exemple peut soutenir les fonctions comptables des organisations et peut intégrer quelques filiales. Ce système peut être vu comme un exemple d'intermédiaire entre les solutions intégrées décrites dans le paragraphe précédent et les systèmes PC pour un seul utilisateur. Il permet notamment la tenue des livres, des comptes recevables et payables, de la paie, l'intégration d'une base de données standard et son utilisation par plusieurs utilisateurs simultanément.

Le marketing

Un second domaine d'application fortement candidat à l'informatisation est le marketing. Avec un simple site Web, on peut informer la planète sur nos produits et services. Une adresse électronique permet ensuite de recevoir les commandes. Les TI permettent également de faire le suivi des clients. À partir des données de ventes, on peut analyser le profil des clients (région de provenance, fréquence d'achat, acquisition de biens et services complémentaires, achats répétés, etc.). Il est alors possible d'offrir des produits ou services mieux adaptés à ses clients.

De nombreux outils existent également pour automatiser la force de vente. Un catalogue sur un ordinateur portable permet de prendre les commandes et de donner au client des renseignements très détaillées sur les produits, les inventaires et les services. Il suffit de se brancher à une prise téléphonique en fin de journée pour transmettre les commandes recueillies aux bureaux de l'entreprise.

On commence de plus en plus à voir des systèmes d'information géographiques. Ces systèmes, fonctionnant sur micro-ordinateurs, permettent de tracer un profil très précis de sa clientèle. On inclut premièrement les codes postaux des clients dans la base de données et on paire ensuite cette information avec des profils démographiques inclus dans la base. On peut ainsi connaître, pour sa clientèle type, les revenus moyens, l'âge, le statut marital, le nombre d'enfant, etc. Cette connaissance permet d'orienter les efforts marketing de manière beaucoup plus précise.

Les ressources humaines

Les ressources humaines ont été un domaine privilégié pour l'informatisation dans les dernières années. Certaines activités liées aux ressources humaines faisaient l'objet de systèmes de soutien par le biais des applications comptables. Par exemple, la paie a depuis longtemps été informatisée. On voit maintenant d'autres secteurs être pris en charge.

On crée des bases des données comprenant un inventaire des compétences des employés de l'organisation. Cet inventaire, constamment mis à jour, permet d'ajuster la rémunération en conséquence et de planifier adéquatement les différents programmes de formation. De plus, pour les organisations fonctionnant par projet, ces bases de données permettent d'assigner les employés les plus qualifiés pour chaque activité d'un projet donné. Ces applications permettent également de gérer les plans de carrière ou d'agencer les périodes de vacances des employés (en s'assurant que l'organisation ne subisse pas une carence d'un type de compétence donnée à cause de chevauchement des périodes de vacances des employés).

Ces systèmes deviennent fort utiles quand les entreprises sont syndiquées. En effet, la gestion des conventions collectives, avec les nombreuses normes qu'elles imposent, peut devenir très complexe. Ces systèmes permettent de s'assurer que les règles de rappel sont respectées, que les avantages sociaux sont accordés adéquatement et que les postes dévolus correspondent bien aux qualifications des employés. Les systèmes prenant en charge les conventions collectives sont très complexes, généralement coûteux et demandent beaucoup de temps à mettre en place.

La production

La production de biens a été un autre secteur où l'informatisation a fait de grands pas. Que ce soit des bases de données pour les pièces et composantes devant entrer dans la composition du produit, des systèmes de suivi de la production et des commandes ou des systèmes de gestion de projet, de nombreux éléments de la production sont soutenus par les TI. Les systèmes de conception et de fabrication assistées par ordinateur sont de plus en plus utilisés. Certains systèmes permettent, de plus, de faciliter la production de soumissions en conservant une forme de recette des produits, de leurs composantes, ainsi que des heures de production requises pour chaque type de produit. Au moment de l'élaboration d'une soumission, on peut ainsi produire très rapidement l'évaluation du coût et des efforts nécessaires à la production des biens et services demandés.

7.1.4 Les TI et les organisations de service

Les organisations de service sont un peu particulières. La plupart d'entre elles traitent de l'information et en produisent. Le client fournit certaines données et on lui livre de l'information comme produit final. Qu'elles soient des services de consultation ou des services bancaires, les organisations de service sont des usines d'information. Cette caractéristique en fait un terrain particulièrement propice pour les technologies de l'information.

Les technologies de l'information peuvent, en effet, permettre à un client de faire affaire avec une compagnie à distance, en échangeant de l'information par télécommunication. D'autre part, une organisation de service peut avoir de nombreux employés dispersés, travaillant d'un endroit éloigné ou carrément de la maison, et communiquant entre eux à l'aide d'Internet, du télécopieur et de l'ordinateur. Des logiciels gratuits de téléconférence vidéo existent maintenant et permettent à des employés partout sur la planète de travailler ensemble dans un environnement de qualité.

Ces technologies permettent également d'offrir un service accru aux clients. Par exemple, le service à la clientèle d'une entreprise peut être assuré durant de plus longues heures, en ayant deux personnes dans des fuseaux horaires différents qui prennent en charge les appels. On peut également, en faisant affaire avec un sous-traitant, lui donner l'information requise pour un service général à la clientèle (information dans une base de données) et ce sous-traitant peut offrir un service 24 heures sur 24 à la clientèle, même si on dirige une toute petite compagnie.

7.1.5 Les TI comme levier

Les paragraphes précédents mettent l'accent principalement sur les technologies de l'information comme soutien aux activités des entreprises. Ces mêmes technologies peuvent toutefois être un véritable levier et présenter des occasions d'affaires pour les entreprises en démarrage. Dans le domaine des services notamment, Internet et le Web permettent aux entreprises d'aller chercher une visibilité globale à un coût minime. Les services très spécialisés peuvent être décrits facilement, et les clients peuvent ainsi y être sensibilisés. De plus, les technologies permettent de changer radicalement le mode de distribution des produits et des services. Des entreprises ont été créées de toutes pièces. Ces firmes n'ont ni lieu d'implantation physique ni stock. Elles servent d'intermédiaires. Elles recueillent les commandes de manière électronique et distribuent ces commandes à des partenaires. La livraison des produits est assurée par des services existants (la poste, Federal Express, UPS, etc.). Ces entreprises réussissent à agréger une demande suffisante pour obtenir des prix intéressants des fournisseurs et conserver ainsi une marge de profit sur leurs ventes. De plus, comme ils ne maintiennent pas eux-mêmes de stocks, leurs frais et leurs risques sont réduits au minimum.

Les technologies de l'information peuvent servir de déclencheur pour remettre en cause les modes de fonctionnement d'une industrie. Les nouvelles technologies accessibles peuvent et doivent, dans certains cas, influer sur la conception même des nouvelles entreprises.

7.2 LA PLANIFICATION DES TECHNOLOGIES

7.2.1 Les choix

Si les technologies de l'information offrent de nombreuses possibilités, il faut toutefois être en mesure de choisir celles qui sont les plus appropriées pour l'entreprise. Les choix technologiques sont nombreux et difficiles. Une entreprise qui veut investir en TI se retrouve souvent devant de nombreuses possibilités mutuellement exclusives, devant des équipements incompatibles et devant des compromis difficiles. Ces choix sont cruciaux puisque de mauvaises décisions peuvent mettre en danger la compétitivité des organisations.

Une approche permettant de cerner rapidement quelles sont les options les plus rentables pour l'entreprise consiste à reconnaître les facteurs critiques de succès. En effet, on considère qu'il y a un nombre limité de facteurs qui sont réellement importants pour l'entreprise, facteurs qui font la différence entre un succès ou un échec cuisant. Ces facteurs peuvent être très variés. Par exemple, dans certains secteurs, la rapidité du service peut être critique ; dans d'autres, ce serait l'accessibilité des produits. Quels que soient ces facteurs, un effort d'informatisation devrait permettre de soutenir les processus reliés aux facteurs critiques de succès.

Pour bon nombre d'entreprises en démarrage, le suivi des comptes clients et fournisseurs, de même que la gestion des liquidités, est un facteur critique. Les systèmes comptables mentionnés plus tôt permettent de gérer ces éléments de manière très serrée. De la même manière, on voudra souvent connaître la qualité perçue de nos services auprès de nouveaux clients, afin de pouvoir réaligner le tir rapidement si jamais ceux-ci n'étaient pas pleinement contents de notre prestation. Un système de suivi des clients et de leurs types d'achats (uniques, répétés) permet cela. Pour d'autres entreprises, le premier facteur clé est de se faire connaître. Des investissements dans un site Web peuvent alors être les plus rentables, puisqu'ils permettent de diffuser rapidement et à peu de frais les services offerts par l'entreprise aux clients potentiels.

Cette méthode des facteurs critiques de succès permet de mettre l'accent sur les éléments qui génèrent le plus de gains pour l'entreprise, alors que ses ressources sont limitées. Elle évite d'éparpiller les efforts et les ressources sur des éléments qui seraient accessoires.

7.2.2 L'influence des partenaires

Les partenaires commerciaux influent grandement sur la planification des TI, surtout pour les petites entreprises. Une entreprise qui démarre son informatisation n'élaborera pas de technologies nouvelles pour ses besoins, elle optera plutôt pour un système sur le marché. Pour chaque industrie, des fournisseurs spécialisés existent. Un dirigeant d'entreprise doit donc analyser son marché, regarder ce que ses concurrents utilisent, avant de choisir un système donné.

Il est également important de vérifier ce que les clients et les fournisseurs utilisent. En effet, de plus en plus de compagnies demandent à leurs partenaires commerciaux de se brancher directement sur un système informatique. Généralement, ces connexions sont simples, il suffit d'avoir un micro-ordinateur avec le logiciel approprié. Ces branchements permettent de faire des soumissions électroniques ou simplement d'échanger des bons de commandes, des factures, etc. Même si ces branchements sont simples, il faut avoir le bon type de système, et idéalement avoir un système interne (comptable par exemple) qui soit compatible. Il est donc important de sonder ses partenaires avant de choisir une plate-forme technologique donnée.

7.2.3 TI et croissance de la PME

Au départ, une firme en démarrage investit généralement dans un système isolé, fonctionnant sur un micro-ordinateur. Ce mode de fonctionnement permet de mettre en place un système fonctionnel à très bas prix. Quand la firme grossit, on commence à sentir le besoin d'informatiser d'autres activités. Le plus souvent, on procédera alors à l'acquisition d'autres micro-ordinateurs. Par la suite, la mise en relation des données contenues dans chacun des micro-ordinateurs devient une préoccupation grandissante. On veut que l'information générée par le système des ventes permette à la production d'ajuster ses horaires de travail, par exemple. On procède alors à la mise en réseau des systèmes auparavant isolés. On utilise un serveur pour héberger les données de

l'entreprise. Ces données sont utilisées par les différents systèmes fonctionnant dans les micro-ordinateurs reliés au réseau.

Certaines firmes optent plutôt pour un système fonctionnant dans un mini-
ordinateur. Ces systèmes sont centralisés, c'est-à-dire qu'un seul ordinateur
fait le traitement pour d'autres utilisateurs qui emploient des terminaux. Les
avantages d'un système centralisé sont principalement liés au contrôle et à la
sécurité. Le choix entre un système de type réseau ou un système de mini-
ordinateur dépend à la fois des besoins de la firme et des logiciels accessibles
pour chaque type de configuration.

7.2.4 Les relations avec les clients et les fournisseurs

Nous avons parlé brièvement de l'importance de considérer les clients et les
fournisseurs dans le choix des solutions informatisées. Ces relations étroites,
renforcées par les systèmes interorganisationnels établis par les entreprises,
ne sont pas sans conséquence. En effet, on remarque que nombre d'entreprises tentent souvent de motiver leurs petits clients ou leurs fournisseurs à
utiliser un système informatique pour transiger avec elles. Comme les petits
partenaires commerciaux n'ont habituellement pas ou peu de pouvoir de négociation, ils acceptent généralement ces demandes.

Ces liens sont une arme à deux tranchants. Ils peuvent à la fois être une façon
de fidéliser un client ou un fournisseur, apportant ainsi des gains pour les deux
parties. Ils peuvent également être de sérieuses barrières à l'entrée ou à la sortie
et de ce fait diminuer les forces concurrentielles et priver un ou plusieurs partenaires de gains qui pourraient être réalisés sur un marché plus compétitif.

Par exemple, certains fournisseurs ayant investi dans un système EDI se
voient devenir prisonniers de leur client le plus important et se rendent compte
que ce client peut forcer les prix à la baisse à cause de son pouvoir d'achat.
Comme ces fournisseurs ont investi des sommes importantes dans le système les
reliant au client, ils peuvent difficilement sortir de cette relation peu profitable.
Ils peuvent difficilement fournir d'autres clients puisque leur horaire de production est configuré pour satisfaire les besoins de leur client le plus important.

Du point de vue positif, ces liens permettent beaucoup de choses. Pour un
fournisseur, le fait de relier son client avec un système de commandes automa-

tisé permet de s'assurer que les commandes seront systématiquement faites chez soi. En effet, ces systèmes permettent aux commandes de se faire de manière automatique, dès que le stock minimal du client est atteint. On s'assure ainsi de la fidélité de son client. L'avantage est également présent pour le client. En effet, celui-ci peut se permettre de garder des stocks très bas puisque son fournisseur est informé dès qu'une nouvelle livraison est requise. Ces systèmes transmettent l'horaire de production du client au fournisseur afin que celui-ci puisse ajuster ses livraisons de la manière la plus serrée possible.

Ce mode de fonctionnement permet au client de recevoir un service accru. On voit ainsi se développer des réseaux d'entreprises étroitement coordonnés. Ces réseaux permettent à de toutes petites entreprises de fonctionner de manière similaire à une grande entreprise (et ainsi de décrocher des contrats intéressants) tout en conservant la souplesse inhérente aux petites firmes. À ce titre, nombre d'exemples existent, notamment Flexcell et Virtual Corp.

Flexcell a démarré comme une alliance entre différentes compagnies pour faciliter la recherche et le développement. De petites firmes, n'ayant pas les moyens de poursuivre ces activités de R-D seules, se sont associées. Cette union a évolué jusqu'à représenter un réseau qui agit comme un fournisseur complètement intégré. Ce réseau délègue l'ensemble du travail à ses membres qui, eux, se concentrent sur leurs compétences distinctives. Toutes les firmes membres du réseau possèdent des systèmes de conception, de fabrication et de contrôle numérique assistés par ordinateur[1].

Virtual Corp. de Toronto est un autre exemple. Cette firme regroupe des professionnels et des consultants reliés par le système Lotus Notes. Ces consultants peuvent échanger de l'information et des idées, travailler ensemble à des projets, tout en restant autonomes. Ils peuvent profiter de la flexibilité de travailleurs autonomes tout en profitant des avantages d'une firme centralisée grâce à leur système d'information[2].

Ces aspects positif et négatif illustrent bien le caractère flexible des technologies de l'information. Ces dernières n'ont pas systématiquement des répercussions prévisibles (qu'elles soient bonnes ou mauvaises). Tout dépend de ce que les gestionnaires décident de faire avec ces technologies.

7.2.5 Les changements technologiques

Les technologies de l'information changent à un rythme ahurissant. Les ordinateurs, les services offerts, les possibilités des télécommunications, tout semble en éternelle transformation. Il devient très difficile pour les gestionnaires de planifier leurs investissements en technologie. Chaque fois que l'on fait la sélection d'un logiciel, une nouvelle version est annoncée. Chaque fois qu'on décide d'acheter un ordinateur, une version plus puissante et moins chère apparaît. Les gestionnaires semblent condamnés à faire des choix dépassés.

Cette impression est à la fois vraie et fausse. Elle est vraie dans la mesure où, effectivement, dès qu'un ordinateur ou un système a été acquis, il est déjà dépassé par une nouvelle version, un nouveau produit, un processeur plus rapide. Toutefois, cette impression peut être comparée à l'achat d'une automobile : dès qu'une automobile est achetée et conduite hors du garage du concessionnaire, elle subit une forte dépréciation. Elle vaut beaucoup moins qu'une automobile similaire encore invendue. Toutefois, cette automobile, même dépréciée, reste confortable et permet toujours de se rendre du point A au point B. Ce n'est que beaucoup plus tard, lorsque les problèmes mécaniques feront leur apparition de façon répétée, que l'on pensera à la changer. De la même manière, même si un système informatique acheté il y a six mois semble moins puissant que ce qui est présentement offert sur le marché, ce système satisfait encore aux objectifs pour lesquels l'achat a été fait.

De là l'importance pour un gestionnaire de bien cerner ses besoins et de définir exactement quelles seront les tâches que le système devra accomplir. Un processus de planification solide permet de choisir des technologies suffisamment efficaces, tout en faisant des choix réalistes.

7.3 LES PARTENAIRES ET LA TECHNOLOGIE

Les firmes de petite taille ne peuvent généralement pas avoir des équipes dédiées à l'élaboration et à l'entretien des technologies de l'information. Elles s'en remettent à différents partenaires qui se spécialisent dans la livraison de tels services. Ces partenaires sont nombreux et soutiennent l'ensemble des processus liés aux TI.

7.3.1 L'acquisition des TI

Les petites entreprises n'élaborent pas des systèmes sur mesure pour répondre à leurs besoins. Ce processus de développement est nettement trop coûteux. Ces firmes achètent des logiciels et les adaptent à leurs processus. Il est important de savoir ce qui est offert sur le marché et de reconnaître quel système correspond le mieux à nos besoins.

Lorsqu'on envisage d'acheter un nouveau système, la première étape est sans contredit l'évaluation de la faisabilité du projet et l'identification des besoins en information. Pour ce faire, on crée généralement un comité de projet afin de cerner tous les aspects de cette décision d'investissement. Généralement, le comité de projet est formé de personnes de provenances différentes, c'est-à-dire :

- un membre de la direction pour assurer la concordance du projet avec les objectifs de la firme ;
- un ou deux analystes pour fournir l'expertise technique, informer le comité des possibilités et des limites de la technologie et formaliser le contenu de l'analyse des besoins (ces analystes peuvent être des consultants externes) ;
- un ou deux employés assignés aux tâches qui seront visées par le projet afin de bien cerner les caractéristiques de l'environnement de travail dans lequel s'inscrira le nouveau système.

À ces personnes peuvent s'ajouter d'autres membres selon le type de système mis au point. Par exemple, lorsque le système affectera directement le client (parce que le client y aura accès), on demandera la collaboration de ce dernier afin de s'assurer que les efforts que l'on fera pour lui fournir un outil efficace ne seront pas faits en vain. De plus, surtout pour les projets les plus importants, un pilote de projet sera choisi. Souvent, ce pilote proviendra des services utilisateurs (qui vont utiliser le système), mais sera une personne de niveau hiérarchique supérieur. Ce pilote voit à ce que les ressources et l'engagement de l'entreprise soient toujours assurés et fait la promotion du système auprès des utilisateurs.

Comme nous l'avons mentionné, le premier rôle du comité sera de faire une analyse préliminaire de la faisabilité du projet. Cette analyse doit considérer tous les aspects de la faisabilité :

- La faisabilité financière : Est-ce que les solutions possibles sont abordables pour l'entreprise et est-ce que le projet est rentable ?
- La faisabilité technique : Est-ce que les solutions envisagées par la firme sont réalisables avec de la technologie existante, fiable et éprouvée ?
- La faisabilité organisationnelle : Est-ce que les solutions possibles peuvent être implantées dans l'organisation, compte tenu de sa culture, de ses ressources humaines et de son environnement ?

Cette évaluation est fondamentale. On ne veut pas passer beaucoup de temps pour définir un projet voué à l'échec. Une fois la faisabilité raisonnablement assurée, il est crucial d'établir l'ensemble des fonctions requises du système. C'est l'analyse des besoins en information. Nombre de techniques, de méthodes et d'outils existent pour faire cette analyse. Une revue de ces outils déborde largement le cadre de cet ouvrage (les lecteurs intéressés au développement des applications sont invités à consulter l'ouvrage de Rivard et Talbot (1992) mentionné dans la bibliographie). L'objectif est de s'assurer que toutes les tâches, fonctions et procédures que le système devra prendre en charge sont désignées et clairement décrites.

À partir de cette analyse des besoins, on pourra établir un cahier de charges, une description exhaustive du système qui peut être transmise aux fournisseurs potentiels. L'appel d'offres formel est obligatoire dans le secteur public. Pour une entreprise privée, l'exercice est coûteux et pas nécessairement efficace, surtout pour une petite firme. L'objectif de l'appel d'offres est de s'assurer que suffisamment de fournisseurs sont informés de ses besoins afin de recevoir des offres intéressantes, dans un environnement concurrentiel. On peut donc contacter directement les fournisseurs potentiellement intéressés, ou publier un appel d'offres limité, dans les revues spécialisées par exemple. Ces options sont plus rapides et nettement moins coûteuses que l'appel d'offres standard. On transmet alors le cahier des charges aux fournisseurs intéressés. Ce cahier doit spécifier, outre les besoins (tant sur les plans matériel et du logiciel que de la formation), une brève présentation de l'entreprise et de son contexte, un calendrier de réalisation détaillé, ainsi que les différentes règles et contraintes à respecter. La qualité des propositions dépend directement de la qualité du cahier des charges.

Une fois les propositions reçues, il s'agit de les évaluer. Pour ce faire, on établit une grille d'évaluation (voir figure 7.1) permettant de comparer les différentes propositions. Il est important de bien définir les critères requis aux fins de la comparaison. On peut alors évaluer les propositions et choisir la proposition offrant le meilleur rapport qualité/prix.

Figure 7.1 GRILLE D'ÉVALUATION DES FOURNISSEURS

Critères	Poids	Fournisseur 1		Fournisseur 2		Fournisseur 3	
		Note	Note pondérée	Note	Note pondérée	Note	Note pondérée
Matériel							
Fiabilité							
•••	•••	•••	•••	•••	•••	•••	•••
Mémoire							
Total **(matériel)**							
Logiciel							
Convivialité							
•••	•••	•••	•••	•••	•••	•••	•••
Réponse aux besoins							
Total (logiciel)							
Autres facteurs							
Entretien							
Formation							
•••	•••	•••	•••	•••	•••	•••	•••
Garantie							
Total (autres facteurs)							
Prix							
Total							

Figure inspirée de Aubert B. (1997). *Les technologies de l'information et l'organisation*, p. 95.

7.3.2 L'implantation des systèmes d'information

L'étape suivante est l'implantation. On doit mettre en place le système choisi. Nombre d'auteurs mentionnent que la portion technique est souvent la plus facile. Un fournisseur qualifié peut en effet mettre les éléments en place, s'assurer que les bases de données sont à jour et que les différentes composantes techniques sont accessibles au moment voulu. Il est souvent plus difficile de s'assurer que les utilisateurs sont formés, que les tâches des employés sont modifiées en conséquence et que nos processus d'affaires sont ajustés. Il est illusoire de penser qu'une informatisation peut régler tous les problèmes d'une entreprise. C'est un outil puissant, mais qui demande des efforts non négligeables de la part des membres de l'organisation.

Quand on implante un système qui en remplace un autre, il faut alors penser au basculement vers le nouveau système. Il faut migrer les données de l'ancien système vers le nouveau et changer les modes d'accès pour les employés. On peut alors décider de faire une implantation en parallèle, conservant l'ancien système (qui peut même être un système manuel/papier) durant une certaine période afin de s'assurer que le nouveau système est au point. C'est une solution coûteuse mais hautement prudente. Si un problème survient, on peut retomber sur ses pattes facilement. Cela demande toutefois aux employés de faire bon nombre de tâches en double (dans les deux systèmes). Très souvent, on utilisera une solution nettement moins coûteuse : l'implantation directe. On bascule directement vers le nouveau système. Il faut alors être certain que ce système a été testé adéquatement et que les employés sont prêts.

On parle souvent de résistance au changement quand on pense à l'implantation de nouvelles technologies. Très souvent, cette résistance vient d'une peur de l'inconnu. On se demande quelles seront les tâches, comment sera réorganisé le travail, etc. La formation des employés est essentielle. En expliquant ce que deviendra le travail, on démystifie grandement le nouveau système et on facilite son implantation. Il est aussi important de ne pas générer des attentes irréalistes chez les employés. Ceux-ci seraient alors déçus du système reçu.

Une fois l'implantation terminée, on doit mesurer les effets réels liés à l'utilisation de la technologie. Est-ce que les gains attendus se sont matérialisés ? Un bilan bien fait peut permettre de tirer des leçons de l'implantation et d'améliorer ses choix au moment de la prochaine acquisition d'une technologie.

7.3.3 L'entretien des systèmes

Les systèmes implantés ont une durée de vie limitée. On doit les entretenir afin de prolonger au maximum cette durée de vie. Les besoins de l'organisation changent. On modifie alors le système afin que celui-ci suive l'évolution de la firme. Ces modifications peuvent être très mineures : par exemple, on modifie la base de données en fonction des nouveaux produits offerts, ou des nouveaux salaires payés aux employés. Ils peuvent également être plus importants. Par exemple, au moment de l'introduction de la TPS[3] et de la TVQ[4], les systèmes effectuant différentes opérations reliées aux ventes ont dû être modifiés pour respecter les nouvelles règles régissant la perception de ces taxes. Quelquefois, les changements sont à ce point importants qu'on se demande si on ne devrait pas changer le système complètement. Les entreprises qui avaient des systèmes ne supportant pas les dates à quatre chiffres, pour l'an 2000, se sont trouvées devant un tel type de choix.

Ces besoins de modification des systèmes accroissent l'importance de la stabilité du fournisseur dans le choix d'un système. On veut, en effet, choisir un fournisseur qui pourra accompagner l'entreprise tout au long de son évolution. Ce fournisseur pourra alors modifier et adapter son système lorsque les besoins de l'entreprise évolueront. Évidemment, l'entreprise pourrait décider de faire affaire avec un autre fournisseur pour effectuer ces modifications. C'est toutefois une solution à déconseiller. En effet, il est beaucoup plus difficile pour un fournisseur peu familier avec un système de faire des modifications. On s'expose alors à un coût prohibitif ou à des modifications de piètre qualité. Souvent, les contrats de service offerts par les fournisseurs incluent certaines modifications ou améliorations génériques du système.

7.4 CONCLUSION

Il ne fait plus aucun doute que les technologies de l'information ont modifié radicalement le paysage économique des pays industrialisés. Les technologies sont utilisées partout et deviennent de plus en plus présentes dans la vie quotidienne, sous des formes de plus en plus faciles à utiliser.

Pour une petite entreprise, ou une entreprise en démarrage, les technologies de l'information offrent de nombreux outils extrêmement utiles. Elles permettent, à un coût très bas, de structurer l'information essentielle à la nouvelle entreprise. Elles font aussi un pont entre l'entreprise et ses partenaires commerciaux. Finalement, les TI prennent en charge une série de tâches et de processus souvent fastidieux en les automatisant.

Il importe donc de faire un choix éclairé entre les multiples possibilités qui s'offrent au gestionnaire. Ces choix peuvent permettre un fonctionnement en douceur de l'entreprise et même s'avérer un puissant levier pour le développement de la compagnie.

7.5 BIBLIOGRAPHIE

Aubert, Benoit A. (1997). *Les technologies de l'information et l'organisation.* Boucherville : Gaëtan Morin éditeur.

Bergeron, François, Louis Raymond et Robert Reix (1992). *Informatiser son entreprise.* Boucherville : Gaëtan Morin éditeur.

Rivard, Suzanne et Jean Talbot (1992). *Le développement de systèmes d'information : méthodes et outils.* Presses HEC.

NOTES

1 Landay, William (1996). *Rediscovering Strenght in Numbers, Extended Enterprises Spell Success, ER* (Mai), 4 p., http://www.reengineering.com/articles/may96/exten-ter.html/

2 Buckler, Grant (1993). *Building an office without walls, IT Magazine*, vol. 25, no 2, p. 16-20.

3 Taxe sur les produits et services.

4 Taxe de vente du Québec.

Introduction
aux chapitres 8, 9 et 10

Les notions de base en comptabilité essentielles au démarrage d'une entreprise

Vous décidez de vous lancer en affaires. Que vous fondiez une société en nom collectif avec quelques autres associés ou une société par actions à responsabilité limitée à votre mise de fonds, que votre entreprise soit une entreprise de services, un commerce de détail ou une entreprise manufacturière, les mêmes notions de base en comptabilité s'appliquent à la collecte des données financières, à la préparation des états financiers et à leur analyse. Cependant, la comptabilité d'une entreprise manufacturière est plus complète, car elle doit couvrir les activités de production qui n'existent pas dans une entreprise de services ou dans un commerce de détail. Afin de traiter un éventail plus large d'activités d'exploitation, nous choisissons de présenter les notions de base en comptabilité dans le cadre d'une entreprise manufacturière. L'application de ces mêmes notions de base à une entreprise de services sera aussi présentée pour faire ressortir leur pertinence universelle.

Vous avez un produit en tête. Vous voulez fonder une entreprise pour l'exploiter. Pour cela, vous devez trouver des réponses à des questions aussi fondamentales que les suivantes :

- Quelle est la demande (potentielle et la plus probable à court terme) de votre produit pour chacune des politiques de prix envisagées ?
- Quel est le coût de fabrication de votre produit ?
- Quels sont les frais de vente et d'administration que vous devrez engager ?
- L'exploitation est-elle rentable ?
- Qu'est-ce qu'il vous faut en liquidités, en stock et en immobilisations (bâtiment et équipement) pour démarrer votre entreprise ?
- Comment allez-vous financer le démarrage de votre entreprise ?
- Les rentrées de fonds seront-elles suffisantes pour couvrir les dépenses d'exploitation et du service de la dette ?
- Quelle sera la situation financière de votre entreprise six mois ou un an après son démarrage ?
- Comment les changements dans le prix et dans le volume de vente, ainsi que les frais d'exploitation influeront-ils sur la rentabilité, sur la solvabilité et sur la situation financière de votre entreprise ?

Prévoir la demande, estimer les frais d'exploitation, choisir une politique de prix, une technologie de production et un plan de financement demandent des connaissances de base dans d'autres disciplines que la comptabilité. Cependant, grâce à sa formation générale en affaires et à sa pratique professionnelle, le comptable comprend les décisions de marketing ou de financement et y contribue par la préparation d'analyses et de rapports financiers. L'étude des principales méthodes d'analyses et des rapports financiers les plus importants fait l'objet des chapitres 8, 9, et 10. Ainsi, nous choisissons de vous montrer, comme notions de base en comptabilité, comment établir le coût de fabrication d'un produit et comment évaluer sa rentabilité, dans le chapitre 8 ; comment estimer et rapprocher les recettes et les déboursés aux fins de planification du financement, comment faire la projection de la situation financière de l'entreprise et comment expliquer son évolution au cours d'une période budgétaire, dans le chapitre 9 ; et, enfin, comment analyser l'effet des variations éventuelles du chiffre d'affaires et des charges d'exploitation sur le bénéfice, ainsi que comment interpréter les écarts entre les réalisations et les prévisions en vue des actions à entreprendre, dans le chapitre 10.

Le coût de revient et la rentabilité

par Van The Nhut

Ce chapitre est divisé en trois parties. Dans la première partie, nous verrons comment le coût de revient d'un produit est établi. Pour ce faire, on se familiarisera avec la classification et la nomination des frais de ressources consommées qui sont nécessaires à la préparation et à la compréhension du rapport comptable des activités de production appelé l'état de fabrication. Ensuite, le passage des comptes de coût tenus dans les différents centres de responsabilité au coût de fabrication d'un produit sera examiné au moment de la présentation de systèmes et de méthodes de coût de revient. Dans la deuxième partie, l'évaluation de la rentabilité d'un produit sera vue en étudiant le contenu d'un autre rapport comptable, l'état des résultats. Enfin, l'adaptation de la démarche au contexte d'une entreprise de services sera présentée dans la troisième partie.

8.1 L'ÉTABLISSEMENT DU COÛT DE FABRICATION D'UN PRODUIT

8.1.1 La classification des coûts

L'entreprise manufacturière achète les matières premières, les transforme en produits finis et vend ces derniers directement aux consommateurs ou par l'intermédiaire de distributeurs. Ses activités d'approvisionnement, de production et de vente ne peuvent pas se dérouler de façon ordonnée en l'absence d'une administration minimale qui voit à la coordination et au suivi des plans d'action établis. Toutes ces activités consomment des ressources financières, matérielles et humaines. La comptabilité doit mesurer le coût des ressources consommées et les enregistrer dans des comptes distincts afin de fournir l'information dont les gestionnaires ont besoin pour prendre des décisions. Il existe de nombreuses façons de classifier les coûts des ressources consommées, chaque façon servant à une fin particulière.

La classification naturelle

La classification naturelle repose sur l'identification directe du coût engagé pour l'objet facturé, payé ou imputé. Par exemple, on parle du coût des matières premières utilisées, de la main-d'œuvre, de l'électricité, des fournitures d'usine, de la publicité, de la location d'immeuble, des assurances, etc. Cette classification permet de retracer les factures, les pièces justificatives et les fournisseurs de biens et de services avec qui l'entreprise fait affaire.

La classification fonctionnelle

La classification fonctionnelle regroupe les coûts enregistrés selon la classification naturelle aux fins de présentation des états financiers traditionnels. On distingue ainsi le coût de fabrication, les frais de vente et les frais d'administration. Le coût de fabrication comprend les matières premières utilisées, la main-d'œuvre directe et les frais généraux de fabrication tels que la supervision de la production, le coût d'exploitation de l'usine et des machines ainsi que la manutention et le contrôle de la qualité. Quant aux frais de vente, on y retrouve la rémunération du personnel de vente, les frais de publicité, de promotion et de représentation, les frais d'expédition et de livraison, et tous les autres frais occasionnés par les activités de marketing et de distribution. Enfin, dans les frais d'administration sont regroupés la rémunération du personnel et le coût d'exploitation des fonctions de l'entreprise autres que la production et la vente, comme la comptabilité, la finance et les ressources humaines.

La classification sectorielle

Lorsque l'entreprise fabrique plus d'un produit, on procède à la classification sectorielle des coûts afin de déterminer le coût de revient de chacun des produits. On distingue les coûts spécifiques à un produit comme les matières premières des coûts communs comme le loyer de l'usine qui profite à l'ensemble des produits fabriqués. Les premiers sont souvent gérés par le directeur de produit, alors que les derniers relèvent d'une autorité supérieure.

La classification comportementale

La classification comportementale est fondée sur l'analyse de la variabilité des coûts selon le niveau d'activité. Cette classification est essentielle à l'estimation du coût de revient des produits et à la budgétisation des charges d'exploitation.

Les coûts variables sont ceux qui varient directement avec la sorte d'activité. À titre d'exemple, citons le coût des matières premières qui doit augmenter de façon proportionnelle avec le nombre d'unités fabriquées.

Les coûts fixes sont ceux qui sont insensibles à la variation du niveau d'activité à l'intérieur d'un intervalle donné, dit segment significatif. Par exemple, le loyer de l'usine est constant quel que soit le volume de production jusqu'au moment où l'augmentation du niveau d'activité nous oblige à louer une deuxième usine. Parmi les coûts fixes, on distingue les coûts fixes engagés des coûts fixes discrétionnaires. Les coûts fixes engagés sont les coûts fixes de structure ou de capacité qu'on ne peut pas réduire à court terme quand on manque de liquidités. Le loyer de l'usine est un coût fixe engagé parce que, d'une part, on a besoin de l'usine pour produire et que, d'autre part, on ne peut pas le modifier avant le renouvellement du bail. Les coûts fixes discrétionnaires sont les coûts que l'on peut éliminer ou réduire dans l'immédiat sans que le niveau d'activité en soit touché. À titre d'exemple, pensons au coût des programmes de recherche et de développement dont les compressions forcées par les circonstances n'ont pas d'effet immédiat sur le niveau d'activité.

Enfin, il y a les coûts semi-fixes ou semi-variables dont une partie est insensible à la variation du niveau d'activité et dont le reste suit sa variation. Par exemple, le loyer d'une machine est semi-fixe ou semi-variable lorsque le contrat de location prévoit un coût mensuel fixe jusqu'à un volume de production donné et un loyer variable par unité additionnelle par la suite.

Graphiquement, les coûts variables, fixes et semi-fixes ou semi-variables peuvent être représentés comme suit :

Graphique 8.1 LE COMPORTEMENT DES COÛTS

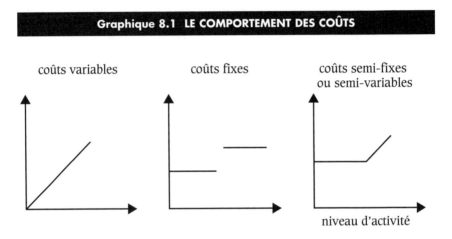

coûts variables   coûts fixes   coûts semi-fixes
                                          ou semi-variables

niveau d'activité

Lorsque le comportement d'un coût n'est pas facilement définissable comme dans les exemples précédents, on peut estimer ce coût à un niveau d'activité pessimiste et à un niveau d'activité optimiste et en déduire son comportement en supposant une relation linéaire avec le niveau d'activité. Par exemple, on estime que le coût d'entretien et de réparation serait de 60 000 $ pour un volume de production de 20 000 unités et de 50 000 $ pour 15 000 unités. Les parties variable et fixe du coût d'entretien et de réparation pourraient être établies comme suit :

Augmentation des coûts   = 60 000 $ - 50 000 $ = 10 000 $

Augmentation du niveau d'activité   = 20 000 – 15 000   = 5 000 unités

Coûts variables par unité   = 10 000 $ / 5 000   = 2 $

Coûts fixes calculés avec :

20 000 unités : 60 000 $ - 2 $ X 20 000   = 20 000 $ ou

15 000 unités : 50 000 $ - 2 $ X 15 000   = 20 000 $

On se rend compte qu'une information sur les coûts a peu d'utilité si l'on ignore leur nature, les activités qui entraînent leur engagement, les produits auxquels ils se rapportent et leur comportement.

8.1.2 L'état de fabrication

L'état de fabrication est le rapport comptable où sont regroupés les composants du coût de fabrication des unités de produits finis achevées au cours d'une période. Le premier composant est le coût des matières premières utilisées. Par matières premières, on entend tous les matériaux qui constituent un produit. Par exemple, le tissu, la dentelle et les boutons constituent les matières premières d'un vêtement. Le deuxième composant est le coût de la main-d'œuvre directe, c'est-à-dire la rémunération des ouvriers qui transforment les matières premières en produits finis. Enfin, le troisième composant est constitué de tous les autres frais reliés à la fabrication. Il s'agit de tous les coûts d'infrastructure organisationnelle de services et de personnes qui assurent une capacité de production.

Le tableau 8.1 est un exemple d'état de fabrication. Au total des coûts engagés (240 000 $), c'est-à-dire la somme des matières premières, de la main-d'œuvre directe et des frais généraux de fabrication, on ajoute le stock de produits en cours d'ouverture (2 975 $) et on soustrait le stock de produits en cours de fermeture (4 995 $) dans le but d'établir le coût de fabrication des unités de produits finis achevées au cours de la période (237 980 $). Le coût de fabrication du mois d'août 2000 comprend donc une partie des coûts de production de juillet 2000 attribuée au stock de produits en cours au 1er août 2000 et n'inclut pas les coûts de production d'août 2000 engagés dans le stock de produits en cours à la fin du mois. Quant au nombre d'unités de produits finis achevées en août 2000, il est égal au nombre d'unités en cours au début, soit 25 unités, augmenté du nombre d'unités commencées au cours du mois, soit 1 005 unités, et diminué du nombre d'unités en cours à la fin, soit 30 unités, c'est-à-dire en fin de compte 1 000 unités. Le coût de fabrication unitaire du mois d'août 2000 est égal alors à 237 980 $ / 1 000 = 237,98 $.

Lorsque le processus de fabrication est automatisé et que le coût de la main-d'œuvre directe devient négligeable, on peut le regrouper avec les frais généraux de fabrication pour constituer à côté des matières premières un nouveau composant, dit coût de transformation. De plus, on peut aussi abandonner la classification naturelle des frais généraux de fabrication au profit d'une classification selon les activités qui entraînent ces frais afin de faire ressortir les facteurs, autres que le volume de production, qui peuvent les faire varier. À la place des comptes d'éclairage, de fournitures, d'assurances, de taxes foncières et d'amortissement, on peut voir apparaître des comptes tels que mises en course, assemblage, inspection, emballage, etc.

Tableau 8.1   L'ÉTAT DE FABRICATION

Société Début inc.
État de fabrication pour la période du 1er au 31 août 2000

Matières premières			
Stock au 1er août 2000 (Note 1)		30 000 $	
Plus : Achats		108 000	
		138 000 $	
Moins : Stock au 31 août 2000		45 000	
Coût des matières premières utilisées			93 000 $
Main-d'œuvre directe			37 000
Frais généraux de fabrication			
Supervision		4 000 $	
Manutention		9 000	
Entretien et réparation		5 000	
Éclairage, chauffage et force motrice - Usine		3 000	
Fournitures d'usine		2 000	
Assurance - Usine		8 000	
Taxes foncières - Usine		22 000	
Amortissement - Usine (Note 2)		25 000	
Amortissement - Machinerie		32 000	110 000
Total des coûts engagés			240 000 $
Plus : Stock de produits en cours au 1er août 2000 (Note 3)			2 975
			242 975 $
Moins : Stock de produits en cours au 31 août 2000			4 995
Coût de fabrication			237 980 $

Note 1

Il existe beaucoup de méthodes d'évaluation du stock de matières premières comme l'épuisement successif ou le coût moyen, et les prix d'achat les plus récents en représentent une des plus populaires.

Note 2

L'amortissement est le coût d'utilisation d'une immobilisation pour une période donnée. Souvent, on le calcule en divisant le coût d'acquisition de l'immobilisation par sa durée de vie utile.

Note 3

Les produits en cours sont les matières premières dont la transformation en produits finis n'est pas achevée. Supposons que le coût de fabrication unitaire du mois de juillet 2000 soit de 235 $, dont 90 $ en matières premières, 40 $ en main-d'œuvre directe et 105 $ en frais généraux de fabrication. Au 1er août 2000, il y a 25 unités transformées à 20 %. Sachant que toutes les matières premières sont introduites au début du processus et que la main-d'œuvre directe et les frais généraux de fabrication sont engagés proportionnellement au degré de transformation, les coûts de production attribués au stock de produits en cours au 1er août 2000 sont calculés comme suit : 90 $ x 25 unités + (40 $ + 105 $) x 25 unités x 20 % = 2 975 $.

8.1.3 LA MÉTHODE DE COÛT DE REVIENT

Le système de production

Selon les caractéristiques des produits et la technologie utilisée, l'entreprise peut organiser son système de production par commande, de façon uniforme et continue ou par lots. Ainsi, l'installation des portes et des fenêtres ou l'impression de cartes professionnelles devrait se faire sur mesure et par commande, alors que la production des produits homogènes comme le ciment, le caoutchouc ou le verre peut être organisée de façon uniforme et continue pour le stock, en prévision de la demande. Lorsque le produit de base est standard, mais que le consommateur peut faire des choix quant à la couleur, à la finition ou à la forme, on le fabrique par lots selon les prévisions de la demande pour avoir en stock toutes les variétés offertes. Un système de production par lots est un système mixte dans le sens que chaque lot peut être considéré comme une commande, mais que le nombre d'unités homogènes fabriquées dans un lot et l'adaptation minime du processus de fabrication d'un lot à l'autre le rapprochent d'un système de fabrication uniforme et continue.

Le système de coût de revient

Le système de coût de revient a pour premier objectif d'établir le coût de fabrication d'une commande, d'un produit ou d'un lot. Les matières premières et la main-d'œuvre directe sont des coûts facilement repérables à chaque commande, produit ou lot. Elles ne posent aucune difficulté pour la détermination du coût de fabrication, que le système de production soit organisé par commande, de façon uniforme et continue ou par lots. Par contre, les frais généraux de fabrication sont des coûts d'infrastructure qui soutiennent une capacité de production et qui ne sont pas identifiables à une commande, à un produit ou à un lot en particulier. Plusieurs sont d'ailleurs fixes et engagés, quel que soit le niveau d'activité.

Le système de coût de revient accumule les frais généraux de fabrication selon les centres de responsabilité ou d'activité, tels qu'entretien et réparation, ingénierie de production, découpage, assemblage et finition. Certains frais peuvent être associés directement aux centres de responsabilité, alors que d'autres (par exemple, l'amortissement de l'usine) font l'objet d'une répartition plus ou moins rationnelle (par exemple, répartition de l'amortissement de l'usine en fonction de la superficie occupée). Une fois que les frais généraux de fabrication sont regroupés par centre de responsabilité, le système de coût de revient doit trouver un moyen de les imputer aux commandes, produits ou lots appropriés.

Traditionnellement, dans une usine, les centres de responsabilité ou d'activité sont divisés en deux catégories : les ateliers de production, où les matières premières sont transformées en produits finis, et les sections auxiliaires, dont le rôle est de fournir soutien et assistance aux ateliers de production. À titre d'exemple, l'usine d'une entreprise de fabrication de meubles peut être organisée en trois ateliers de production : découpage, assemblage et finition. Le bon fonctionnement de ces ateliers peut être assuré par deux sections auxiliaires : le service d'entretien-réparation et l'ingénierie de production. Afin d'imputer les frais généraux de fabrication accumulés dans ces cinq centres de responsabilité aux différents meubles que l'entreprise fabrique sur commande, par lots ou de façon uniforme et continue, on fait l'hypothèse qu'il y a une relation directe entre les coûts engagés et le niveau d'activité. Ensuite, on les impute à un meuble, à une commande ou à un lot selon une mesure de l'activité de production consacrée à chacun de ces objets de coût de revient.

Pour illustrer le fonctionnement d'un système traditionnel de coût de revient, supposons que les frais généraux de fabrication accumulés au cours d'une année dans chacun des cinq centres de responsabilité de l'exemple ci-dessus s'élèvent à 100 000 $ pour l'entretien-réparation, 150 000 $ pour l'ingénierie de production, 400 000 $ pour le découpage, 650 000 $ pour l'assemblage et 800 000 $ pour la finition. De plus, on choisit comme mesures du niveau d'activité le nombre d'entretiens et de réparations effectués pour le service d'entretien-réparation, les heures d'ingénieurs pour l'ingénierie de production et les heures de main-d'œuvre directe pour les trois ateliers de production. Supposons que les niveaux d'activité enregistrés soient de 500 entretiens-réparations au total, dont 200 effectués pour le découpage, 125 pour l'assemblage et 175 pour la finition ; 2 000 heures d'ingénieurs au total dont 400 heures consacrées au découpage, 1 000 heures à l'assemblage et 600 heures à la finition ; et finalement 9 400 heures, 25 000 heures et 22 000 heures de main-d'œuvre directe pour les ateliers de découpage, d'assemblage et de finition respectivement.

Comme les matières premières ne sont pas transformées en produits finis dans les sections auxiliaires, on répartit les coûts de ces centres aux ateliers de production selon le degré de services rendus. Dans notre exemple, les pourcentages de répartition des coûts d'entretien-réparation et d'ingénierie de production sont comme suit :

	Entretien et réparation		Ingénierie de production	
Découpage	200 transactions	(40 %)	400 h	(20 %)
Assemblage	125 transactions	(25 %)	1 000 h	(50 %)
Finition	175 transactions	(35 %)	600 h	(30 %)
	500 transactions	(100 %)	2 000 h	(100 %)

Ensuite, on divise les frais généraux de fabrication après répartition des coûts des sections auxiliaires par les niveaux d'activité afin d'obtenir les taux d'imputation des frais généraux de fabrication de chaque atelier de production. Ils sont de 50 $ par heure de main-d'œuvre directe pour l'atelier de découpage, de 30 $ par heure pour l'assemblage et de 40 $ par heure pour la finition (voir tableau 8.2).

Supposons maintenant que, d'après le fichier de coût de revient, la fabrication d'un modèle de table coûte 49 $ en matières premières et exige respectivement 12 minutes, 20 minutes et 30 minutes en main-d'œuvre directe de découpage, d'assemblage et de finition. Par ailleurs, le taux moyen de salaire de la main-d'œuvre directe est de 30 $ l'heure ou 0,50 $ la minute. Le coût de fabrication de la table en question sera établi comme suit :

Matières premières :			49 $
Main-d'œuvre directe :	0,50 $ x (12 + 20 + 30) =		31
Frais généraux de fabrication			
Découpage :	50 $ x (12 ÷ 60) =	10 $	
Assemblage :	30 $ x (20 ÷ 60) =	10	
Finition :	40 $ x (30 ÷ 60) =	20	40 $
Coût de fabrication			120 $

Tableau 8.2 LE FONCTIONNEMENT D'UN SYSTÈME TRADITIONNEL DE COÛT DE REVIENT

	Entretien et réparation	Ingénierie de production	Découpage	Assemblage	Finition
Frais généraux de fabrication de l'année 2000	100 000 $	150 000 $	400 000 $	650 000 $	800 000 $
Répartition des frais d'entretien et de réparation (40 % ; 25 % ; 35 %)	(100 000)		40 000	25 000	35 000
Répartition des coûts d'ingénierie de production (20 % ; 50 % ; 30 %)		(150 000)	30 000	75 000	45 000
Frais généraux de fabrication après répartition des coûts des sections auxiliaires	0	0	470 000 $	750 000 $	880 000 $
Heures de main-d'œuvre directe			9 400 h	25 000 h	22 000 h
Taux d'imputation			50 $/h	30 $/h	40 $/h

En résumé, les matières premières et la main-d'œuvre directe sont des coûts variables et directs. Ils peuvent être accumulés par objet de coût (produit, commande, lot, etc.) dans un système de coût de revient. Il est donc relativement facile de déterminer le coût de fabrication en matières premières et en main-d'œuvre directe d'un produit, d'une commande ou d'un lot sans risque de distorsions significatives. Par contre, les frais généraux de fabrication sont des coûts indirects qui soutiennent l'ensemble de la production pendant une période donnée. Ils sont accumulés par centres de responsabilité dans les systèmes de coût de revient parce qu'ils ne sont pas identifiables à un produit, à une commande ou à un lot. Par la suite, dans un système de coût de revient traditionnel, on procède à la répartition des coûts des sections auxiliaires aux ateliers de production et on établit des taux d'imputation dans le but d'attribuer les frais généraux de fabrication aux objets de coût de revient.

Il existe bon nombre de méthodes de répartition des coûts de sections auxiliaires. Certaines ignorent les services qu'elles peuvent se rendre réciproquement, d'autres en tiennent compte. Il en est de même pour les clés d'imputation des frais généraux de fabrication. Les heures de main-d'œuvre directe représentent la clé la plus populaire parce que la plupart des systèmes de coût de revient ont cette information dans leur base de données. Les heures de machine constituent une autre clé d'imputation très valable lorsque le processus de production est automatisé. Il est à remarquer que le coût de revient d'un produit varie souvent de façon significative d'une méthode de répartition ou d'imputation des frais généraux de fabrication à l'autre. Toutes ces méthodes traditionnelles ont pour faiblesse commune l'imputation globale des frais généraux de fabrication selon une seule clé, alors que ces derniers comprennent des composants dont le comportement n'est pas similaire. En effet, le coût de manutention varie davantage avec le nombre de pièces manipulées, celui des mises en course avec le nombre de lots mis en fabrication et le contrôle de qualité avec le nombre de tests effectués qu'avec les heures de main-d'œuvre directe. Cependant, la présentation de systèmes de coût de revient modernes plus sophistiqués dépasse l'objectif de ce chapitre.

Le coût de revient rationnel

Reprenons le coût de fabrication unitaire de la table que nous avons déterminé dans la section précédente à titre d'exemple.

Matières premières	49 $
Main-d'œuvre directe	31
Frais généraux de fabrication	40 $
Coût de fabrication	120 $

Ce coût de revient est historique parce qu'il est établi à partir des données réelles enregistrées dans le système comptable après une année d'exploitation. Or, l'entrepreneur ou le gestionnaire veut avoir une estimation du coût de fabrication de la table dès le début de l'année pour prendre des décisions telles que la fixation du prix de vente, l'acceptation ou le refus d'une commande. L'estimation du coût des matières premières et de la main-d'œuvre directe est relativement facile, car il est spécifique à la table. Il peut être connu avec précision après que quelques unités ont été fabriquées. Quant aux frais généraux de fabrication, l'entreprise est obligée de budgétiser les coûts d'exploitation et les niveaux d'activité de ses centres de responsabilité pour l'année en cours, et de choisir les méthodes de répartition et les clés d'imputation des frais afin d'obtenir des taux d'imputation préétablis des frais généraux de fabrication. En somme, on suit les procédures décrites dans la section précédente pour déterminer les frais généraux de fabrication imputés à la table. La différence entre un coût de revient historique et un coût de revient rationnel se trouve dans l'utilisation des données réelles dans le premier cas et des données prévisionnelles dans le deuxième cas.

Le coût de revient standard et estimatif

Les standards sont les normes ou les degrés d'efficacité et d'efficience visés. Si le coût de fabrication de la table au montant de 120 $ dans notre exemple est déterminé à partir des quantités et des prix d'achat standard de matières premières, des heures et des taux standard de main-d'œuvre directe ainsi que des taux d'imputation préétablis des frais généraux de fabrication, il est un coût de revient standard. L'entreprise peut conduire des études poussées pour se donner des standards fiables et réalistes, mais, d'une façon ou d'une autre, elle est obligée de faire des estimations pour connaître son coût de revient avant même que ne commence la fabrication.

Le coût de revient complet et variable

Sachant que le coût de fabrication unitaire de la table dans notre exemple est de 120 $, avons-nous raison de conclure que le coût de fabrication de 1 000 tables serait de 120 000 $? Non, puisque le montant de 120 $ comprend des frais généraux de fabrication fixes qui ne varient pas proportionnellement avec le nombre d'unités fabriquées. Pour faire ressortir ce point, calculons le coût de fabrication unitaire de la table et le coût de fabrication total en supposant que les frais généraux de fabrication variables soient de 16 $ par unité et que les frais généraux de fabrication fixes au montant de 19 200 $ demeurent constants pour un volume de production variant de 600 à 1 000 tables (voir tableau 8.3).

La méthode du coût de revient complet inclut tous les frais généraux de fabrication, fixes et variables, dans l'établissement du coût de fabrication d'un produit. Sa principale faiblesse, c'est d'aboutir à un coût de fabrication unitaire fluctuant et à un coût de fabrication total qui ne varie pas proportionnellement avec le niveau d'activité. La méthode du coût de revient variable exclut les frais généraux de fabrication fixes du calcul du coût de fabrication et les considère comme des charges d'exploitation de la période au même titre que les frais de vente et d'administration. Elle permet d'obtenir un coût de fabrication unitaire constant (96 $: voir tableau 8.3) et un coût de fabrication total variant proportionnellement avec le niveau d'activité. Ces caractéristiques sont essentielles à plusieurs analyses décisionnelles, dont l'analyse coût-volume-bénéfice que nous verrons au chapitre 10.

Tableau 8.3 LE CALCUL DU COÛT DE REVIENT COMPLET ET VARIABLE

	Volume de production		
	600 unités	800 unités	1000 unités
Coût de fabrication unitaire de la table			
Matières premières	49 $	49 $	49 $
Main-d'œuvre directe	31	31	31
Frais généraux de fabrication variables	16	16	16
Coût variable unitaire	96 $	96 $	96 $
Frais généraux de fabrication fixes			
19 200 $ ÷ 600 =	32		
19 200 $ ÷ 800 =		24	
19 200 $ ÷ 1 000 =			19,20
Coût complet unitaire	128 $	120 $	115,20 $
Coût de fabrication total			
Coût variable			
96 $ x 600 =	57 600 $		
96 $ x 800 =		76 800 $	
96 $ x 1 000 =			96 000 $
Frais généraux de fabrication fixes	19 200	19 200	19 200
Coût complet	76 800 $	96 000 $	115 200 $

8.2 L'ÉVALUATION DE LA RENTABILITÉ D'UN PRODUIT

8.2.1 L'état traditionnel des résultats

L'état des résultats est un rapport comptable où l'on rapproche les produits et les charges d'exploitation afin d'évaluer la rentabilité de ses opérations. Dans sa forme la plus simple, l'état des résultats comprend, au titre des produits d'exploitation, les ventes, et au titre des charges d'exploitation, le coût des produits vendus ainsi que les frais de vente et d'administration. Si les produits d'exploitation excèdent les charges, l'entreprise réalise un bénéfice et elle subit une perte dans le cas contraire. Évidemment, le coût des produits vendus n'existe pas à l'état des résultats d'une entreprise de services qui n'a pas de stock de marchandises ou de produits finis à vendre.

Pour illustrer la préparation d'un état des résultats, prenons comme exemple la société Géant inc. qui fabrique et vend deux modèles de chauffe-eau : Standard et Super-grand. Pour l'exercice se terminant le 30 juin 2000, la société Géant inc. a fait les prévisions suivantes :

	Standard	Super-grand
Ventes		
Volume	1 200	600
Prix unitaire	400 $	600 $
Coût de fabrication		
Matières premières		
Nombre de pièces par unité	8	10
Coût moyen d'une pièce	7,50 $	12,50 $
Main-d'œuvre directe		
Nombre d'heures par unité	6	7
Taux horaire moyen	12 $	15 $
Frais généraux de fabrication imputés au taux préétabli de 14 $ par heure de main-d'œuvre directe (Note 1)	84 $	98 $
Frais de vente et d'administration variables (Note 2)	20 % du chiffre d'affaires	20 % du chiffre d'affaires

Note 1

Le taux d'imputation préétabli des frais généraux de fabrication comprend une partie variable évaluée à 4 $ par heure de main-d'œuvre directe et une partie fixe calculée comme suit :

$$\frac{\text{Budget des frais généraux de fabrication fixes}}{\text{Capacité pratique de production}} = \frac{160\,000\,\$}{16\,000\,\text{heures}} = \begin{array}{l}10\,\$ \text{ par heure} \\ \text{de main-d'œuvre directe}\end{array}$$

On a décidé de mesurer la capacité de production de l'entreprise en heures de main-d'œuvre directe. La capacité pratique est l'utilisation maximale que la société Géant inc. peut faire de ses installations de production au cours de l'exercice tout en obtenant un rendement efficient, compte tenu des arrêts normaux inévitables tels que l'entretien, le réglage et la mise au point du matériel. On n'a pas choisi l'utilisation prévue de 6 h x 1 200 + 7 h x 600 = 11 400 heures de main-d'œuvre directe pour établir le taux d'imputation des frais généraux de fabrication fixes afin de faire ressortir le coût de la capacité inutilisée dit écart sur volume défavorable. Il correspond aux frais généraux de fabrication fixes non imputés de 10 $ x (16 000 h – 11 400 h) = 46 000 $.

De plus, pour alléger la présentation des notions de base, on a établi un taux d'imputation global pour toute l'usine plutôt que de procéder comme dans la section précédente à la répartition des frais généraux de fabrication par centre de responsabilité et à l'établissement des taux d'imputation par atelier de production. La méthode du taux d'imputation unique est acceptable dans la mesure où les modèles de chauffe-eau consomment les services de tous les centres de responsabilité dans la même proportion.

Note 2

On prévoit que les frais de vente et d'administration fixes et communs aux deux modèles de chauffe-eau pour l'exercice 2000 s'élèveront à 80 000 $, en plus de la partie variable spécifique évaluée à 20 % du chiffre d'affaires. Afin de simplifier l'illustration sans en perdre l'essentiel, on a choisi de ne pas fournir les prévisions séparées pour les frais de vente et d'administration ainsi que leurs composants.

L'état prévisionnel des résultats de la société Géant inc. pour l'exercice se terminant le 30 juin 2000 se présentera comme suit :

Tableau 8.4 L'ÉTAT PRÉVISIONNEL DES RÉSULTATS

Société Géant inc.
État prévisionnel des résultats pour
l'exercice se terminant le 30 juin 2000

Ventes (400 $ x 1 200 + 600 $ x 600)		840 000 $
Coût des produits vendus		
Matières premières :		
7,50 $ x 8 x 1 200 + 12,50 $ x 10 x 600 =	147 000 $	
Main-d'œuvre directe :		
12 $ x 6 x 1 200 + 15 $ x 7 x 600 =	149 400	
Frais généraux de fabrication imputés :		
14 $ x (6 x 1 200 + 7 x 600) =	159 600	
Écart sur volume	46 000	502 000
Bénéfice brut		338 000 $
Frais de vente et d'administration		
(840 000 x 20 % + 80 000)		248 000
Bénéfice avant impôts		90 000 $
Impôts sur le revenu (30 %)		27 000
Bénéfice brut		63 000 $

Dans l'état traditionnel des résultats ci-dessus, les charges d'exploitation sont regroupées par fonctions : production, vente et administration. Ce modèle de présentation de l'information financière est valable pour un compte rendu global des résultats historiques, mais il est peu utile pour les analyses aux fins de gestion. En effet, on ne connaît pas la rentabilité de chaque modèle de chauffe-eau, et dans une démarche prévisionnelle, on ne peut pas déterminer rapidement l'effet d'une variation du volume, du prix ou de la composition des ventes ainsi que des charges d'exploitation fixes ou variables sur le bénéfice.

8.2.2 L'état des résultats à groupements multiples

Le contenu informationnel de l'état des résultats est significativement amélioré lorsqu'à la classification fonctionnelle on ajoute les classifications sectorielle et comportementale des produits et des charges d'exploitation. Voici à quoi l'état des résultats de la société Géant inc. ressemble selon une classification multiple.

Tableau 8.5 L'ÉTAT PRÉVISIONNEL DES RÉSULTATS À GROUPEMENTS MULTIPLES

Société Géant inc.
État prévisionnel des résultats pour
l'exercice se terminant le 30 juin 2000

	Standard	Super-grand	Total
Ventes (400 $ x 1 200 ; 600 x 600)	480 000 $	360 000 $	840 000 $
Charges variables spécifiques			
Matières premières (7,50 $ x 8 x 1200 ; 12,50 $ x 10 x 600)	72 000	75 000	147 000
Main-d'œuvre directe (12 $ x 6 x 1 200 ; 15 $ x 7 x 600)	86 400	63 000	149 400
Frais généraux de fabrication variables imputés (4 $ x 6 x 1 200 ; 4 $ x 7 x 600)	28 800	16 800	45 600
Frais de vente et d'administration variables (20 % du chiffre d'affaires)	96 000	72 000	168 000
	283 200 $	226 800 $	510 000 $
Marge sur coûts variables	196 800 $	133 200 $	330 000 $
Charges fixes communes			
Production			160 000 $
Vente et administration			80 000
			240 000
Bénéfice avant impôts			90 000
Impôts sur le revenu (30 %)			27 000
Bénéfice net			63 000 $

On sait maintenant que chacun des deux modèles de chauffe-eau présente une marge sur coûts variables positive et que, par le fait même, il contribue au recouvrement des charges fixes communes et à la génération d'un bénéfice net d'ensemble de 63 000 $.

La plupart des charges fixes sont des coûts incompressibles d'infrastructure ou de capacité qui profitent à l'ensemble de la production. Les traiter comme des charges de période communes comporte l'avantage de faire ressortir la relation coût-volume-bénéfice que nous examinerons au chapitre 10.

8.3 L'ADAPTATION DE LA DÉMARCHE À L'ENTREPRISE DE SERVICES

8.3.1 Les concepts de base

La démarche que nous venons de suivre pour établir le coût de revient et la rentabilité d'une entreprise manufacturière s'applique également aux entreprises de services telles que les firmes de marketing, les cabinets d'experts-comptables, d'ingénieurs-conseils, d'avocats, d'architectes et de conseillers en gestion. Les concepts de base implicites que nous avons utilisés durant toute la démarche sont les suivants :

a) Les objets de coût : il s'agit de produits, de services, de commandes, de contrats ou de clients pour lesquels le coût de revient est établi.

b) Les coûts directs d'un objet de coût : ce sont les coûts qui sont directement attribuables à l'objet de coût sans recours aux méthodes intermédiaires d'imputation. Par exemple : les coûts de matières premières utilisées dans la fabrication d'un produit, la rémunération du temps de professionnels consacré à un service, à un contrat ou à un client.

c) Les coûts indirects d'un objet de coût : ce sont les coûts qu'il n'est pas possible ou peu pratique d'attribuer directement à l'objet de coût, mais qui lui sont reliés. Par exemple : le coût de chauffage et d'éclairage d'u-sine d'une entreprise manufacturière ou celui de la formation continue et de l'assurance responsabilité civile professionnelle d'un cabinet d'experts-comptables. Ces coûts sont indispensables à l'ensemble des activités productrices des deux entités en question, mais ils ne sont spécifiques à aucun des produits et services qu'elles génèrent.

d) Les centres de regroupement de coûts : ce sont des groupements de coûts supposés homogènes, c'est-à-dire qu'ils sont influencés par le même facteur. Ces groupements simplifient et systématisent le rattachement des coûts aux objets de coût. Par exemple, dans notre illustration au tableau 8.2, les cinq centres de regroupement des frais généraux de fabrication sont : 1) Entretien et réparation, 2) Ingénierie de production, 3) Découpage, 4) Assemblage et 5) Finition. Dans une entreprise de services comme un cabinet d'experts-comptables, les coûts d'exploitation peuvent être regroupés, à titre d'exemple, en deux centres de coûts dont Rémunération du personnel comptable professionnel (associés, directeurs, superviseurs et assistants) et Support logistique (rémunération du personnel non comptable comme les secrétaires, les administrateurs, les informaticiens, etc., et coûts autres que rémunération du personnel comme formation continue, assurance responsabilité civile professionnelle, voyages, etc.).

e) Les clés d'imputation des coûts indirects : ce sont les unités de mesure du niveau d'activité des centres de regroupement de coûts. Ils permettent de rattacher les coûts indirects aux objets de coût pour établir leur coût de revient. Dans l'exemple de cabinet d'experts-comptables ci-dessus, la rémunération du personnel comptable professionnel est un coût direct qui peut être établi facilement pour chaque mission ou client selon les heures de comptables professionnels consacrées, une mesure de la quantité de services rendus. Le support logistique est un coût indirect qu'on peut présumer varier directement avec les heures facturées du personnel comptable professionnel. Ces dernières constituent alors une clé d'imputation du support logistique comme les heures de main-d'œuvre directe le sont pour les frais généraux de fabrication des trois centres de regroupement de coûts, à savoir Découpage, Assemblage et Finition dans notre illustration au tableau 8.2.

8.3.2 L'application

Afin de montrer comment les concepts de base ci-dessus servent à bâtir un système de coût de revient d'une entreprise de services, imaginons deux amis,

Jean Bélanger et Carole Poitras, qui ont décidé d'établir leur propre cabinet d'experts-comptables. Chacun, ayant acquis plus de dix ans d'expérience de pratique professionnelle avec des cabinets de grande réputation, veut se payer une rémunération annuelle de 150 000 $ à titre d'associé dans leur futur cabinet. De plus, on prévoit qu'il faudra quatre assistants pour aider les deux associés à réaliser les missions professionnelles qui leur seront confiées ; la rémunération annuelle de chaque assistant sera de 60 000 $. Chacun des associés et assistants travaillera 2 000 heures par année dont 80 % seulement seront facturables aux clients et le reste sera constitué de journées de formation, de vacances et de congé de maladie. Pour le personnel non comptable, on prévoit engager deux secrétaires réceptionnistes et un informaticien à temps plein ainsi que quelques employés à temps partiel selon le besoin. Enfin, les coûts autres que la rémunération du personnel comprendront la location de bureau, les assurances, le téléphone, les voyages, etc.

Quel serait le coût estimé des services rendus dans le cadre d'une mission de vérification de fin d'année qui demanderait 300 heures de temps du personnel comptable professionnel ? Il faut savoir que nos deux associés ont budgétisé pour le premier exercice de leur cabinet les coûts d'exploitation comme suit :

Tableau 8.6 LE BUDGET DE COÛTS D'EXPLOITATION

Bélanger et Poitras
Budget de coûts d'exploitation
Pour le premier exercice

Rémunération du personnel comptable professionnel			
Associés : 150 000 $ X 2 =		300 000 $	
Assistants : 60 000 $ X 4 =		240 000	540 000 $
Rémunération du personnel non comptable			
Secrétariat et administration		70 000 $	
Système d'information		74 000	144 000
Coûts autres que rémunération du personnel			
Cotisations et formation professionnelles		20 000 $	
Assurance responsabilité civile professionnelle		54 000	
Location de bureau		60 000	
Téléphone, télécopie et photocopie		45 000	
Voyages		22 800	
Divers*		38 200	240 000
Total			924 000 $

*Le poste Divers comprend un amortissement des frais de démarrage du cabinet au montant de 10 000 $. Il s'agit des coûts engagés au moment de l'enregistrement du cabinet, de la préparation du plan d'affaires, des négociations d'emprunts, de la signature du bail, de l'aménagement du bureau et d'autres activités qui ont précédé l'ouverture du cabinet. On a décidé de considérer tous ces coûts comme des frais de démarrage qu'on voudrait recouvrer au cours des trois années suivant l'ouverture du cabinet. C'est pourquoi du montant total de 30 000 $, on a imputé 10 000 $ au budget de coûts d'exploitation du premier exercice. Le lecteur peut adopter ce traitement pour les coûts engagés qui profiteront à plusieurs exercices comme Recherche et développement de nouveaux produits et services, Droits de franchisage ou d'auteur, Études de marché, etc. L'amortissement de ces coûts permettra d'en tenir compte dans la fixation du prix de vente des produits ou du taux de facturation des services rendus durant la période où l'on pourra en tirer parti. Habituellement, la période d'amortissement ne devrait pas excéder cinq ans, car les avantages économiques qu'on pourrait tirer des frais de démarrage, des études de marché ou des frais de développement deviendraient très incertains.

Pour estimer le coût d'une mission ou d'un service rendu par le cabinet, il faut un système de coût de revient qui identifie les coûts directs, les coûts indirects et les regroupe en centres de coûts supposés homogènes. Ensuite, il faut choisir l'unité de mesure des services rendus et établir la capacité de services du cabinet afin de calculer le coût d'une unité de services. Enfin, il faut trouver les meilleures clés d'imputation des coûts indirects aux objets de coût qui peuvent être, entre autres, une unité de services.

Voici comment se réalisent concrètement les différentes étapes à suivre dans l'établissement du coût de revient d'une unité de services et de la mission de vérification de fin d'année.

a) Coûts directs : rémunération du personnel comptable professionnel (540 000 $).

b) Coûts indirects : rémunération du personnel non comptable (144 000 $) et coûts autres que rémunération du personnel (240 000 $).

c) Centre de regroupement de coûts : support logistique pour tous les coûts autres que la rémunération du personnel comptable professionnel (144 000 $ + 240 000 $ = 384 000 $).

d) Unité de mesure des services rendus : heures du personnel comptable professionnel.

e) Capacité de services du cabinet : heures facturables du personnel comptable professionnel.

Capacité théorique de services (2 000 heures X 6 comptables professionnels)	12 000 heures
Moins : heures normales de formation, de vacances et de congé de maladie (12 000 heures X 20 %)	2 400 heures
Capacité pratique de services ou heures facturables	9 600 heures

Moins : heures non facturées prévues à cause
de l'absence de demande de services   240 heures

Heures facturées prévues du personnel
comptable professionnel   9 360 heures

Le choix de la capacité pratique de 9 600 heures comme mesure de la capacité de services du cabinet considère qu'en toute équité les clients doivent absorber le coût des heures normales de formation, de vacances et de congé de maladie, mais pas celui des heures improductives à cause de l'absence de demande de services. Ce dernier est le coût de la capacité inutilisée qu'il convient de faire ressortir et d'éliminer par une augmentation de la demande de services offerts.

f) Clé d'imputation du support logistique : heures facturées du personnel comptable professionnel.

g) Coût estimé d'une unité de services ou d'une heure du personnel comptable professionnel.

Coûts directs par heure du personnel comptable professionnel = Rémunération du personnel comptable professionnel divisée par la capacité pratique de services = 540 000 $ / 9 600 heures = 56,25 $ par heure.

Coûts indirects par heure du personnel comptable professionnel = Support logistique divisé par la capacité pratique de services = 384 000 $ / 9 600 heures = 40 $ par heure.

Coûts complets par heure du personnel comptable professionnel = 56,25 + 40 = 96,25 $ par heure.

h) Coût estimé de la capacité inutilisée = 96,25 $ X 240 heures = 23 100 $ (en présumant que tous les coûts d'exploitation du cabinet sont fixes).

i) Coût estimé d'une mission de vérification de fin d'année qui exigerait 300 heures de temps du personnel comptable professionnel.

Coûts directs :	56,25 $ X 300 heures	=	16 875 $
Coûts indirects :	40 $ X 300 heures	=	12 000 $
			28 875 $

Le système de coût de revient que nous venons de voir est extrêmement simple, malgré le fait que sa conception et son implantation dans notre illustration respectent les règles de la discipline. En effet, il y a seulement une catégorie de coûts directs, la rémunération du personnel comptable professionnel ; une catégorie de coûts indirects, le support logistique ; et une clé d'imputation, les heures facturées du temps comptable professionnel.

La simplicité du système le rend facile à comprendre et garde au minimum son coût de fonctionnement. Cependant, le coût estimé d'un service rendu est très imprécis. Cette imprécision entraînerait de mauvaises décisions sur le plan de la fixation du prix de vente ou de la facturation des services rendus. Le cabinet pourrait trop facturer à certains clients pour services rendus et les perdre éventuellement au profit de concurrents, ne pas assez facturer d'autres et les subventionner inconsciemment.

Afin de faire ressortir l'imprécision du système décrit dans notre exemple, imaginons que le cabinet Bélanger et Poitras reçoit trois demandes de services de trois clients différents, une mission de vérification, une mission de planification fiscale et une mission de comptabilité. De plus, l'un des trois clients se trouve à plus de 100 km du cabinet de sorte que le personnel comptable professionnel doit voyager et rester dans les hôtels pendant la durée de la mission. Si toutes les trois missions exigeaient chacune 100 heures de temps du personnel comptable professionnel, le système comptable actuel estimerait le coût de chaque mission au même montant de 9 625 $, soit 96,25 $ par heure X 100 heures. Compte tenu de l'information sur la nature des trois missions, l'exactitude du coût estimé de 9 625 $ est très douteuse. Nous allons voir comment on pourrait réduire l'imprécision du système actuel dans la section suivante.

8.3.3 Le perfectionnement

Pour réduire l'imprécision d'un système de coût de revient, on essaie d'abord d'identifier le plus grand nombre de coûts directs possible afin de réduire au minimum les coûts indirects à imputer. On augmente ensuite le nombre de catégories de coûts directs, de coûts indirects et le nombre de clés de répartition de ces derniers, car la multiplication de centres de coûts plus homogènes permet de tenir compte du fait que les différents services rendus ne consomment pas de la même façon les ressources de l'entreprise. Appliquons ces principes au système de coût de revient du cabinet Bélanger et Poitras pour voir comment cela affectera le coût estimé de la mission de vérification de fin d'année qui exigerait 300 heures de temps comptable professionnel.

a) Identifier le plus grand nombre de coûts directs possible.

Nous pouvons demander au personnel non comptable de remplir des rapports hebdomadaires d'activités et en déduire la partie du coût qui est directement attribuable à une mission ou à un client. De plus, certains coûts autres que la rémunération du personnel comme le téléphone, la télécopie et la photocopie peuvent être transformés en coûts directs lorsqu'il est possible de retracer directement, à l'aide des numéros d'usagers et de comptes, la consommation de ces services à un objet de coût. Supposons que pour leur premier exercice les associés Bélanger et Poitras ne jugent pas qu'il soit nécessaire et économique d'avoir un système comptable aussi précis.

b) Augmenter le nombre de catégories de coûts directs.

Nous pouvons créer deux catégories de coûts directs pour la rémunération du personnel comptable professionnel, car les associés et les assistants ne coûtent pas le même montant à l'heure. Avec deux catégories de coûts pour la rémunération du personnel comptable professionnel, le système de coût de revient peut tenir compte davantage des différences dans les services rendus d'une mission à l'autre.

Heures totales facturables (capacité pratique de services) établies ci-dessus
pour les deux associés et les quatre assistants = 9 600 heures

Heures facturables par les associés = 9 600 heures X (2/6) = 3 200 heures

Heures facturables par les assistants = 9 600 heures X (4/6) = 6 400 heures

Coûts directs par heure d'associés = (150 000 $ X 2) / 3 200 = 93,75 $

Coûts directs par heure d'assistants = (60 000 $ X 4) / 6 400 = 37,50 $

Si par expérience nous savons que la proportion du temps d'associés par rapport à celui d'assistants se situe aux environs de 10 % - 90 % pour une mission de comptabilité, 30 % - 70 % pour une mission de vérification et 50 % - 50 % pour une mission de planification fiscale, les coûts directs estimés d'une mission qui exigerait 100 heures de temps du personnel comptable ne seraient plus le même montant de 56,25 $ X 100 = 5 625 $ quelle que soit sa nature.

Coûts directs estimés d'une mission de :
- comptabilité :   93,75 $ X 100 X 10 % + 37,50 $ X 100 X 90 % = 4 312,50 $
- vérification :   93,75 $ X 100 X 30 % + 37,50 $ X 100 X 70 % = 5 437,50 $
- planification fiscale : 93,75 $ X 100 X 50 % + 37,50 $ X 100 X 50 % = 6 562,50 $

---

c) Augmenter le nombre de catégories de coûts indirects.

Au lieu d'avoir un seul taux d'imputation de 40 $ par heure du personnel comptable professionnel pour tous les coûts indirects, nous pouvons les regrouper en quelques catégories plus homogènes pour un meilleur rattachement aux objets de coût. Par exemple, le cabinet Bélanger et Poitras est arrivé au montant de 22 800 $ pour les frais de voyage dans son budget de coût d'exploitation en prévoyant 150 jours de travail en dehors de la ville résidente au coût moyen quotidien de 152 $. Il est alors logique d'imputer les frais de voyage selon le nombre de jours de travail en dehors de la ville résidente au taux de 152 $. D'autre part, le coût budgétisé de l'assurance responsabilité civile professionnelle de 54 000 $ varie davantage avec la valeur des services rendus que les heures du personnel comptable professionnel. Conséquemment, la rémunération du personnel comptable professionnel constitue une meilleure clé de répartition.

Compte tenu des remarques précédentes, les coûts indirects du cabinet Bélanger et Poitras peuvent être regroupés en trois catégories imputées chacune selon une clé différente.

	Montant total	Taux d'imputation
Une seule catégorie		
Support logistique	384 000 $	40 $ par heure du personnel comptable professionnel
Trois catégories		
Voyages	22 800 $	152 $ par jour de travail en dehors de la ville résidente
Assurance responsabilité civile professionnelle	54 000 $	54 000 $ / 540 000 $ = 10 % de la rémunération du personnel comptable professionnel
Autres coûts de support logistique	307 200 $	307 200 $ / 9 600 heures = 32 $ par heure du personnel comptable professionnel

Les coûts indirects estimés d'une mission qui exigerait 100 heures de temps du personnel comptable professionnel ne seraient plus le même montant de 40 $ X 100 = 4 000 $ quelle que soit sa nature.

Coûts indirects estimés d'une :

- mission de comptabilité
  voyages : 152 $ X nombre de jours de travail en dehors de la ville résidente
  assurance responsabilité civile
  professionnelle :   4 312,50 $ X 10 % =   431,25 $
  autres coûts de support logistique :   32 $ X 100 =   3 200,00 $

- mission de vérification
  voyages : 152 $ X nombre de jours de travail en dehors de la ville résidente
  assurance responsabilité civile
  professionnelle :   5 437,50 $ X 10 % =   543,75 $
  autres coûts de support logistique :   32 $ X 100 =   3 200,00 $

- mission de planification fiscale
  voyages : 152 $ X nombre de jours de travail en dehors de la ville résidente
  assurance responsabilité civile
  professionnelle :   6 562,50 $ X 10 % =   656,25 $
  autres coûts de support logistique :   32 $ X 100 =   3 200,00 $

Revenons à l'exemple de la mission de vérification de fin d'année qui exigerait 300 heures du temps comptable professionnel en précisant que le client est situé dans la ville résidente du cabinet Bélanger et Poitras. Le coût estimé de la mission s'établit à (56,25 $ + 40 $) X 300 = 28 875 $ avec une seule catégorie de coûts directs et de coûts indirects. Le système comptable amélioré l'établira à :

Rémunération du personnel comptable professionnel
Associés :   93,75 $ X 300 heures X 30 % = 8 437,50 $
Assistants :   37,50 $ X 300 heures X 70 % = 7 875,00   16 312,50 $

Support logistique
Voyages :   =   0,00 $
Assurance responsabilité civile
professionnelle :   16 312,50 $ X 10 % = 1 631,25
Autres :   32 $ X 300 heures = 9 600,00   11 231,25

                                                              27 543,75 $

Le personnel comptable professionnel peut se spécialiser et le cabinet peut décider d'organiser les services de comptabilité, de vérification et de planification fiscale en trois unités d'exploitation distinctes. Chaque unité peut être traitée comme un atelier de production avec des coûts directs et des frais généraux qui lui sont propres comme dans une entreprise manufacturière. Les coûts directs comprennent la rémunération du personnel comptable professionnel et autres coûts repérables le cas échéant. Les frais généraux sont les coûts de support logistique qu'on peut imputer globalement selon une seule clé de répartition ou qu'on peut regrouper en plusieurs catégories plus homogènes réparties aux objets de coût selon des facteurs différents. La conception d'un système de coût de revient repose sur les mêmes concepts de base quel que soit le type d'entreprise. On réduit les distorsions dans l'établissement du coût de revient d'un produit ou service en repérant le plus grand nombre de coûts directs possible, en augmentant le nombre de centres de regroupement de coûts homogènes et en choisissant de bonnes clés d'imputation des coûts indirects aux objets de coût.

8.4 CONCLUSION

Dans ce chapitre, nous avons vu que la classification du coût des ressources consommées dans des comptes distincts est à la base de la préparation de l'information comptable sur le coût de revient et la rentabilité des produits et des services offerts par une entreprise. Dans le chapitre suivant, nous allons vous montrer comment estimer et rapprocher les recettes et les déboursés aux fins de planification du financement, comment faire la projection de la situation financière de l'entreprise et comment expliquer son évolution au cours d'une période budgétaire.

Exercice 8.1 QUESTIONS DE RÉVISION SUR L'ÉTABLISSEMENT DES COÛTS

1. Pourquoi la classification des coûts est-elle essentielle à la préparation et à la compréhension de l'information comptable ?

2. Quelle information peut-on obtenir à l'état de fabrication ?

3. Quels sont traditionnellement les composants du coût de fabrication d'un produit ?

4. Comment procède-t-on pour établir le coût des matières premières, de la main-d'œuvre directe et les frais généraux de fabrication qui font partie du coût de revient unitaire d'un produit ?

5. Quelle est l'utilité du coût de revient estimatif par rapport au coût de revient réel ?

6. Quelle est l'utilité du coût de revient variable par rapport au coût de revient complet ?

7. Quelle information peut-on obtenir à l'état traditionnel des résultats ?

8. Comment peut-on augmenter le contenu informationnel de l'état des résultats ?

9. Le même processus d'établissement du coût de revient s'applique-t-il aux entreprises manufacturières et de services ? Pourquoi ?

10. Comment peut-on améliorer la précision et réduire les distorsions d'un système de coût de revient ?

11. Quel est l'avantage de choisir la capacité pratique de production ou de services comme niveau d'activité pour établir le coût de revient ?

12. Que peut-on inclure dans les frais de démarrage d'entreprise et comment peut-on les considérer dans l'établissement du coût de revient et l'évaluation de la rentabilité d'un produit ou d'un service lancé ?

Chapitre 9

La trésorerie et la situation financière

par Van The Nhut

Nous avons vu, dans le chapitre 8, l'établissement du coût de revient et la préparation d'un état prévisionnel des résultats. Ce rapport comptable permet d'évaluer de façon anticipée la rentabilité de l'exploitation à partir des prévisions de ventes et de charges les plus probables. Il faudrait maintenant rapprocher les rentrées et les sorties de fonds pour s'informer d'avance du moment où les flux nets d'encaisse peuvent se révéler insuffisants et pour planifier le financement des activités en conséquence. Le budget de caisse est le rapport comptable où sont réunis les recettes et les débours d'une période donnée. Les recettes proviennent surtout des ventes dont le moment et le montant de l'encaissement dépendent de la politique de crédit et de la qualité de la clientèle. Les débours sont d'abord les sorties de fonds occasionnées par les activités normales de l'entreprise telles que l'achat des matières premières, la rémunération du personnel, le paiement des assurances, etc. Il peut aussi y avoir d'autres recettes et débours non directement reliés aux opérations commerciales proprement dites comme l'émission de nouvelles actions, la vente d'immobilisations et le remboursement d'emprunts.

Lorsqu'on aura préparé l'état prévisionnel des résultats et le budget de caisse, il sera naturel de s'informer de la situation financière de l'entreprise à la fin de l'exercice en dressant le bilan prévisionnel. Celui-ci nous renseigne, d'une part, sur le montant et la composition des ressources (Actif) de l'entreprise et, d'autre part, sur ses dettes (Passif) et les mises de fonds de ses propriétaires (Capital). Le bilan prévisionnel est préparé à partir du dernier bilan, auquel on intègre les données fournies par l'état prévisionnel des résultats et le budget de caisse. Enfin, les changements projetés dans les différents comptes du bilan pourront être regroupés et présentés dans un rapport comptable appelé l'état prévisionnel de l'évolution de la situation financière, pour faire ressortir la capacité d'autofinancement de l'entreprise ainsi que les effets de ses activités d'exploitation, d'investissement et de financement sur ses liquidités.

9.1 LE BILAN D'OUVERTURE ET LA MARGE DE CRÉDIT

Supposons que vous avez décidé avec quelques associés de former une société par actions pour fabriquer sur commande deux modèles de chauffe-eau. Vous avez incorporé votre entreprise sous le nom de « Société Géant inc. » Vous avez réussi à convaincre la banque de la viabilité de votre projet, et votre entreprise a obtenu auprès d'elle un emprunt à terme de 500 000 $, remboursable par versements trimestriels de 40 000 $ plus les intérêts payables au taux de 1,5 % par trimestre. D'autre part, vos associés et vous avez investi dans la société Géant inc. 110 000 $ sous forme de capital-actions. L'argent ainsi obtenu a servi à payer les frais de démarrage de 30 000 $, à acheter du matériel de production au coût de 540 000 $ et il en reste 40 000 $ dans l'encaisse de l'entreprise. Le bilan d'ouverture de la société Géant inc. au 1er juillet 1999 avant le commencement de ses activités commerciales se présente comme suit :

Tableau 9.1 LE BILAN

Société Géant inc.
Bilan au 1er juillet 1999

Encaisse	40 000 $	Emprunt bancaire à terme échéant :	
Matériel de production	540 000	au cours des 12 prochains mois	160 000 $
		au-delà des 12 prochains mois	340 000
Frais de démarrage	30 000	Capital-actions	110 000
	610 000 $		610 000 $

Vous avez aussi négocié une marge de crédit d'exploitation pour votre entreprise. La banque a posé les conditions suivantes :

- La banque avancera un maximum de 80 % du solde prévu des comptes clients à la fin de chaque trimestre.
- Les fonds sont avancés le premier jour d'un trimestre et remboursés le dernier jour d'un trimestre. Les avances et les remboursements doivent correspondre à des tranches de 5 000 $.
- L'entreprise doit maintenir une encaisse d'au moins 20 000 $.
- Les intérêts sont calculés à un taux annuel de 8 % et sont payables à la fin de chaque trimestre d'après le solde d'ouverture du trimestre.

9.2 L'ÉTAT PRÉVISIONNEL DES RÉSULTATS

Nous reprenons l'état prévisionnel des résultats de la société Géant inc. présenté au tableau 8.5 en ajoutant les précisions suivantes :

- Les frais de vente et d'administration variables prévus incluent des créances irrécouvrables estimées à 2 % des ventes ou 16 800 $.
- Les charges fixes communes de production comprennent un amortissement linéaire des frais de démarrage sur trois ans et du coût d'acquisition du matériel de production sur sa durée économique de six ans. L'amortissement total s'élève à 10 000 $ + 90 000 $ = 100 000 $ et n'entraîne pas de débours.
- Les charges fixes communes de vente et d'administration couvrent également les intérêts sur l'emprunt bancaire à terme payés à la fin de chaque trimestre aux montants calculés comme suit :

1er trimestre : 500 000 x 1,5 %	=	7 500 $	
2e trimestre : 460 000 x 1,5 %	=	6 900	
3e trimestre : 420 000 x 1,5 %	=	6 300	
4e trimestre : 380 000 x 1,5 %	=	5 700	
		26 400 $	

La seule modification au tableau 8.5 provient de l'ajout des intérêts débiteurs de 1 600 $ sur les avances bancaires qui servent à combler le déficit d'encaisse projeté au budget de caisse. Ces intérêts portent les frais de vente et d'administration fixes à 81 600 $ et font baisser le bénéfice avant impôts, les impôts sur le revenu et le bénéfice net de la Société Géant inc. à 88 400 $, 26 520 $ et 61 880 $ respectivement. Enfin, il faudrait redresser l'état prévisionnel des résultats selon le modèle traditionnel.

Tableau 9.2 L'ÉTAT PRÉVISIONNEL DES RÉSULTATS

Société Géant inc.
État prévisionnel des résultats
pour l'exercice se terminant le 30 juin 2000

Ventes			840 000 $
Coût des produits vendus			
Matières premières		147 000 $	
Main-d'œuvre directe		149 400	
Frais généraux de fabrication			
Variables		45 600	
Fixes		160 000	502 000
Bénéfice brut			338 000 $
Frais de vente et d'administration			
Variables		168 000 $	
Fixes		81 600	249 600
Bénéfices avant impôts			88 400 $
Impôts sur le revenu (30 %) (voir note 6)			26 520
Bénéfice net			61 880 $

9.3 LES POLITIQUES DE L'ENTREPRISE EN MATIÈRE DE CRÉDIT, DE STOCK, DE PAIEMENT DES FOURNISSEURS, D'AMORTISSEMENT FISCAL ET AUTRES HYPOTHÈSES

Ces politiques et hypothèses sont indispensables à la préparation du budget de caisse, car elles influent sur les recettes et les débours provenant des produits et des charges d'exploitation de l'entreprise.

9.3.1 Les rentrées de fonds

- Les ventes seront réalisées de façon uniforme tout au long de l'année.
- 20 % des liquidités provenant des ventes seront perçues pendant le mois de la vente, 70 % le mois suivant et 8 % au cours du troisième mois.
- 2 % des ventes seront irrécouvrables.

9.3.2 Les sorties de fonds

- Les coûts fixes de production, de vente et d'administration seront payés de façon uniforme tout au long de l'année.
- Les coûts variables de production, de vente et d'administration, sauf les matières premières, seront payés pendant le mois de la production.
- Les matières premières seront reçues sur une base juste à temps et seront payées 30 jours après la réception.
- Aucun stock de produits finis ne sera tenu.
- L'entreprise n'aura à verser aucun acompte trimestriel au titre de l'impôt sur le revenu pendant sa première année d'activité.
- Le matériel de production appartient à la catégorie fiscale no 8, dont le taux annuel de déduction pour amortissement est de 20 %. Cependant, pour l'année d'acquisition, on ne pourrait pas réclamer plus que le demi-taux.

9.4 LA PRÉPARATION DU BUDGET DE CAISSE

On peut préparer un budget de caisse trimestriel, mensuel, hebdomadaire ou même quotidien. Son utilité est plus grande lorsque la période couverte est courte. Cependant, pour ne pas alourdir la présentation, nous préparerons des budgets trimestriels pour le premier exercice de la Société Géant inc. Les calculs à l'appui de certains montants au tableau 9.3 se trouvent dans les notes explicatives qui le suivent.

Tableau 9.3 LES BUDGETS TRIMESTRIELS DE CAISSE

Société Géant inc.
Budgets trimestriels de caisse
pour l'exercice se terminant le 30 juin 2000

	1er trimestre	2e trimestre	3e trimestre	4e trimestre
Sources de fonds				
Encaisse d'ouverture	40 000 $	23 150 $	24 850 $	22 250 $
Ventes (Note 1)	145 600	205 800	205 800	205 800
	185 600 $	228 950 $	230 650 $	228 050 $
Sorties de fonds				
Matières premières (Note 2)	24 500 $	36 750 $	36 750 $	36 750 $
Main-d'œuvre directe (149 400 ÷ 4)	37 350	37 350	37 350	37 350
Frais généraux de fabrication				
Variables (45 600 ÷ 4)	11 400	11 400	11 400	11 400
Fixes (Note 3)	15 000	15 000	15 000	15 000
Frais de vente et d'administration				
Variables (note 4)	37 800	37 800	37 800	37 800
Fixes (Note 5)	13 400	13 400	13 400	13 400
Emprunt bancaire à terme				
Principal	40 000	40 000	40 000	40 000
Intérêts débiteurs	7 500	6 900	6 300	5 700
Encaisse minimale	20 000	20 000	20 000	20 000
	206 950 $	218 600 $	218 000 $	217 400 $
Excédent (déficit) d'encaisse	(21 350 $)	10 350 $	12 650 $	10 650 $
Avance bancaire au début du trimestre	25 000 $	—	—	—
Intérêts débiteurs sur avance bancaire (2 %)	(500)	(500)	(400)	(200)
Remboursement d'avance bancaire à la fin du trimestre	—	(5 000)	(10 000)	(10 000)
Encaisse minimale	20 000	20 000	20 000	20 000
Encaisse de fermeture	23 150 $	24 850 $	22 250 $	20 450 $

Notes explicatives

Note 1 : Recettes provenant des ventes

Ventes mensuelles	=	840 000 $ ÷ 12	=	70 000 $
Ventes trimestrielles	=	70 000 $ x 3	=	210 000 $

Comptes clients à la fin du premier trimestre provenant des :

• Ventes du premier mois :	70 000 $ x 2 %	=	1 400 $
• Ventes du deuxième mois :	70 000 $ x 10 %	=	7 000
• Ventes du troisième mois :	70 000 $ x 80 %	=	56 000
			64 400 $

Moins : Provision pour créances irrécouvrables : 210 000 $ x 2 %   4 200 $

Clients (net) à la fin du premier trimestre   60 200 $

On constate dans les calculs ci-dessus que les ventes d'un mois, à l'exception des créances irrécouvrables de 2 %, sont complètement perçues au cours du troisième mois. Ainsi, le solde net des comptes clients à la fin de chaque trimestre, après déduction de la provision pour créances douteuses, provient uniquement des ventes du trimestre et s'établit à 60 200 $.

Les recettes provenant des ventes d'un trimestre égalent les encaissements des comptes clients d'ouverture et des ventes du trimestre moins les comptes clients de fermeture, le tout étant au montant net, c'est-à-dire après déduction des créances irrécouvrables de 2 %.

	1er trimestre	2e trimestre et suivant
Clients (net) d'ouverture	—	60 200 $
Plus : Ventes nettes : 210 000 x 98 %	205 800 $	205 800
Moins : Clients (net) de fermeture	(60 200)	(60 200)
Recettes	145 600 $	205 800 $

Note 2 : Débours provenant des achats de matières premières

Achats trimestriels		=	147 000 $ ÷ 4	=	36 750 $
Comptes fournisseurs à la fin de chaque trimestre	=	36 700 $ ÷ 3	=	12 250 $

Les débours provenant des achats de matières premières d'un trimestre égalent les paiements des comptes fournisseurs d'ouverture et des achats du trimestre moins les comptes fournisseurs de fermeture.

	1er trimestre	2e trimestre et suivants
Fournisseurs d'ouverture	—	12 250 $
Plus : Achats	36 750 $	36 750 $
Moins : Fournisseurs de fermeture	(12 250)	(12 250)
Débours	24 500 $	36 750 $

Note 3 : Frais généraux de fabrication fixes

Frais généraux de fabrication fixes	160 000 $
Moins : Amortissement du matériel de production et des frais de démarrage	(100 000)
	60 000 $

Débours trimestriels = 60 000 ÷ 4 = 15 000 $

Note 4 : Frais de vente et d'administration variables

Frais de vente et d'administration variables incluant les créances irrécouvrables	168 000 $
Moins : Créances irrécouvrables dont l'effet sur l'encaisse a été considéré dans les recettes provenant des ventes	(16 800)
	151 200 $

Débours trimestriels = 151 200 ÷ 4 = 37 800 $

Note 5 : Frais de vente et d'administration fixes

Frais de vente et d'administration fixes incluant les intérêts débiteurs sur emprunt bancaire à terme et avances bancaires	81 600 $
Moins : Intérêts débiteurs : 26 400 + 1 600 =	(28 000)
	53 600 $

Débours trimestriels = 53 600 ÷ 4 = 13 400 $

9.5 LA PRÉPARATION DU BILAN PRÉVISIONNEL

Le bilan présente les ressources de l'entreprise et leur financement. En ce qui concerne les ressources, les postes sont regroupés sous trois rubriques. L'actif à court terme comprend l'encaisse et les valeurs encaissables au cours des 12 prochains mois, comme les comptes clients et les stocks. Les immobilisations comprennent habituellement les terrains, les bâtisses, le mobilier de bureau, le matériel roulant et le matériel de production. Les autres éléments d'actif regroupent le reste des valeurs comme les frais de démarrage, les avantages fiscaux à long terme, les marques de commerce et les brevets qui ne sont pas des immobilisations ou réalisables à court terme. En ce qui concerne le financement, on présente séparément les emprunts et les contributions des propriétaires. Sous la rubrique du passif à court terme, on liste seulement les dettes à payer au cours des 12 prochains mois ; les autres emprunts venant à échéance au-delà du prochain exercice sont présentés dans la partie réservée au passif à long terme. Quant au financement par les propriétaires, les contributions sous la forme de Capital-actions et Bénéfices non répartis sont présentées séparément sous la rubrique Avoir des actionnaires. La plupart des postes au bilan prévisionnel de la société Géant inc. peuvent être déduits des notes explicatives et des rapports comptables qu'on a préparés précédemment. Seuls les calculs à l'appui des postes Actif fiscal et Impôts à payer se trouvent dans la note explicative six suivant le tableau 9.4.

TABLEAU 9.4 LE BILAN PRÉVISIONNEL

Société Géant inc.
Bilan prévisionnel au 30 juin 2000

Actif à court terme		
Encaisse (voir budget de caisse)	20 450 $	
Clients, net (Note 1)	60 200	80 650 $
Matériel de production		
(540 000 - 90 000)		450 000
Autres éléments d'actif		
Frais de démarrage (30 000 - 10 000)	20 000 $	
Actif fiscal (Note 6)	10 800	30 800 $
		561 450 $
Passif à court terme		
Fournisseurs (Note 2)	12 250 $	
Impôts à payer (Note 6)	37 320	
Portion à court terme		
de l'emprunt bancaire		
à terme : 40 000 x 4 =	160 000	209 570 $
Emprunt bancaire à terme :		
500 000 - 40 000 x 8 =		180 000
Avoir des actionnaires		
Capital-actions	110 000 $	
Bénéfices non répartis	61 880	171 880
		561 450 $

Note 6 : Impôts sur le revenu		
Bénéfice comptable avant impôts		88 400 $
Plus : Amortissement comptable	90 000 $	
Moins : Amortissement fiscal maximal permis : 540 000 x 20 % x 1/2 =	54 000	36 000
Revenu imposable		124 400 $
Impôts exigibles à payer : 124 400 x 30 % =		37 320 $
Moins : Actif fiscal recouvrable provenant de l'excédent de la valeur fiscale admissible (540 000 – 54 000 = 486 000 $) des immobilisations sur sa valeur comptable (540 000 – 90 000 = 450 000 $) (486 000 – 450 000) x 30 % =		10 800
Charge d'impôts sur le revenu (voir tableau 9.2 pour comparaison)		26 520 $

9.6 LA PRÉPARATION DE L'ÉTAT PRÉVISIONNEL DE L'ÉVOLUTION DE LA SITUATION FINANCIÈRE

L'objectif de l'état de l'évolution de la situation financière est de faire ressortir, par une analyse des changements dans les comptes de bilan au cours d'un exercice, les effets des activités d'exploitation, d'investissement et de financement sur les liquidités de l'entreprise. Il permet d'évaluer sa capacité de s'autofinancer, de rembourser ses dettes, de distribuer des dividendes et d'engager des investissements. Voici comment se prépare l'état prévisionnel de l'évolution de la situation financière de la société Géant inc. pour son premier exercice à partir des changements prévus dans ses comptes de bilan.

9.6.1 Les changements dans les postes de bilan

Tableau 9.5 LES CHANGEMENTS DANS LES POSTES DE BILAN

Société Géant inc.
Changements dans les postes de bilan
Du 1ᵉʳ juillet 1999 au 30 juin 2000

Postes de bilan	30 juin 2000	1ᵉʳ juillet 1999	Augmentation (Diminution)
Encaisse	20 450 $	40 000 $	(19 550) $
Clients, net	60 200	—	60 200
Matériel de production	450 000	540 000	(90 000)
Frais de démarrage	20 000	30 000	(10 000)
Actif fiscal	10 800	—	10 800
	561 450 $	610 000 $	(48 550) $
Fournisseurs	12 250 $	—	12 250 $
Impôts à payer	37 320	—	37 320
Emprunt bancaire – court terme	160 000	160 000	—
Emprunt bancaire – long terme	180 000	340 000	(160 000)
Capital-actions	110 000	110 000	—
Bénéfices non répartis	61 880	—	61 880
	561 450 $	610 000 $	(48 550) $

9.6.2 Les relations entre les changements dans les liquidités et les autres postes de bilan

Les ressources de Géant inc. sont financées par ses créanciers et ses propriétaires, ce qui fait que nous avons l'équation comptable fondamentale suivante :

ACTIF = PASSIF + CAPITAL

Cette équation peut être transformée pour faire ressortir les relations entre les changements dans les postes de bilan. En effet :

LIQUIDITÉS + AUTRES ACTIFS = PASSIF + CAPITAL ou
LIQUIDITÉS = PASSIF + CAPITAL – AUTRES ACTIFS où

LIQUIDITÉS comprend l'encaisse nette des emprunts à court terme.

PASSIF comprend le passif à court et à long terme.

CAPITAL comprend le capital-actions et les bénéfices non répartis.

AUTRES ACTIFS comprend l'actif à court et à long terme en excluant les liquidités.

Soit :

L_d et L_f les liquidités au début et à la fin de l'exercice.

P_d et P_f le passif au début et à la fin de l'exercice.

C_d et C_f le capital au début et à la fin de l'exercice.

AA_d et AA_f les autres actifs que les liquidités au début et à la fin de l'exercice.

Comme
$$L_f = P_f + C_f - AA_f$$
$$L_d = P_d + C_d - AA_d$$

Nous avons
$$(L_f - L_d) = (P_f - P_d) + (C_f - C_d) - (AA_f - AA_d)$$

Ainsi, les liquidités varient directement avec le passif et le capital et inversement avec les autres actifs que les liquidités. Une augmentation du passif ou du capital et une vente d'actifs sont des sources de liquidités. Par contre, une diminution du passif ou du capital et une acquisition d'actifs sont des utilisations de liquidités.

9.6.3 L'état prévisionnel de l'évolution de la situation financière

Le tableau 9.5 établit les changements dans les postes de bilan de la société Géant inc. et la section précédente fait ressortir leurs relations. Pour présenter l'état prévisionnel de l'évolution de la situation financière au tableau 9.6, il faut regrouper les changements dans les postes de bilan autres que les liquidités par activités d'exploitation, d'investissement et de financement.

$(P_f - P_d)$: les variations dans le passif à long terme comme le remboursement de 160 000 $ d'emprunt à terme sont classées dans les activités de financement, alors que les variations dans les postes du passif à court terme comme les comptes fournisseurs, les charges et les impôts à payer sont classées dans les activités d'exploitation.

$(C_f - C_d)$: les variations dans le capital-actions comme l'émission de nouvelles actions ou le rachat des actions en circulation sont classées dans les activités de financement, alors que les variations dans les bénéfices non répartis comme les bénéfices réalisés et les dividendes distribués sont classées dans les activités d'exploitation.

$(AA_f - AA_d)$: les variations dans les postes de l'actif à court terme comme les comptes clients, les stocks et les frais payés d'avance sont classées dans les activités d'exploitation, alors que les variations dans l'actif à long terme comme l'acquisition ou la vente d'immobilisations sont classées dans les activités d'investissement. Cependant, les diminutions de l'actif à long terme causées par les amortissements sont ajoutées au bénéfice comme éléments sans incidence sur les liquidités pour déterminer les rentrées nettes provenant de l'exploitation.

D'après le tableau 9.6, les rentrées nettes provenant de l'exploitation s'élèvent à 151 250 $. Elles ne sont pas suffisantes pour l'acquisition d'un actif fiscal de 10 800 $ et le remboursement de 160 000 $ d'emprunt à terme. Il en résulte une diminution des liquidités de 19 550 $, ce qui a fait monter le déficit de liquidités de 120 000 $ à 139 550 $.

Tableau 9.6 L'ÉTAT PRÉVISIONNEL DE L'ÉVOLUTION DE LA SITUATION FINANCIÈRE

Société Géant inc.
État prévisionnel de l'évolution de la situation financière
pour l'exercice se terminant le 30 juin 2000

Activités d'exploitation

Bénéfice net	61 880 $
Plus ou moins les éléments sans incidence sur les liquidités :	
Amortissement du matériel de production	90 000
Amortissement des frais de démarrage	10 000
Variations des éléments hors liquidités de l'actif et du passif à court terme reliés à l'exploitation :	
Augmentation des comptes clients	(60 200)
Augmentation des comptes fournisseurs	12 250
Augmentation des impôts à payer	37 320
Rentrées nettes provenant de l'exploitation	151 250 $

Activités d'investissement :

Augmentation de l'actif fiscal	(10 800) $

Activités de financement :

Remboursement d'emprunt à terme	(160 000) $

Diminution des liquidités	(19 550) $
Liquidités au début de l'exercice	(120 000) $
Liquidités à la fin de l'exercice	(139 550) $

Composition des liquidités à la fin de l'exercice

Encaisse	20 450 $
Emprunt à court terme	(160 000)
	(139 550) $

9.7 L'ANALYSE DES ÉTATS FINANCIERS

Les états financiers (l'état des résultats, l'état de l'évolution de la situation financière et le bilan) étant préparés, leur analyse interprète et exploite l'information présentée. Une grande partie de l'analyse se fait à l'aide de ratios qui sont des rapports entre deux montants figurant aux états financiers. Le nombre de ratios qu'on peut calculer est élevé ; la pertinence d'un ratio dépend de l'objectif poursuivi, de la possibilité de le comparer avec les ratios semblables d'autres exercices et d'autres entreprises, et aussi de renseignements sur l'entreprise et sur son secteur qui ne se trouvent pas dans les états financiers. Le lecteur intéressé peut consulter les références qui sont fournies à la fin du chapitre 10. Ici, nous ne faisons que présenter quelques ratios génériques pour mettre en évidence les attributs universels du contenu informationnel des états financiers.

9.7.1 Les ratios de rentabilité et de rendement

Les trois ratios que nous voulons regarder sont le pourcentage de la marge brute, le pourcentage de la marge nette et le rendement de l'avoir des actionnaires. Ils sont calculés comme suit :

Pourcentage du bénéfice brut =
$\qquad$ Bénéfice brut / Ventes =
$\qquad\qquad$ 338 000 / 840 000 = $\qquad$ 40 %

Pourcentage du bénéfice net =
$\qquad$ Bénéfice net / Ventes =
$\qquad\qquad$ 61 880 / 840 000 = $\qquad$ 7,4 %

Rendement de l'avoir des actionnaires =
$\qquad$ Bénéfice net / Avoir des actionnaires au début =
$\qquad\qquad$ 61 880 / 110 000 = $\qquad$ 56 %

Il est important pour les actionnaires de la société Géant inc. de savoir que chaque dollar de vente rapporte 0,40 $ de bénéfice brut et 0,07 $ de bénéfice net et que, d'autre part, ils réalisent 0,56 $ de bénéfice pour chaque dollar investi.

9.7.2 Les ratios de solvabilité et d'endettement

Le ratio du fonds de roulement (Actif à court terme / Passif à court terme) indique combien de dollars dans l'actif à court terme l'entreprise a en sa possession pour faire face à un dollar de passif à court terme. Le ratio de liquidité ressemble au ratio du fonds de roulement sauf qu'on remplace le numérateur Actif à court terme par Actif à court terme – Stock – Frais payés d'avance afin de considérer seulement les espèces et les quasi-espèces dans l'évaluation de la solvabilité à court terme de l'entreprise. Ces deux ratios indiquent le même résultat pour la société Géant inc., car son actif à court terme ne comprend que l'encaisse et les comptes clients.

	30 juin 2000	1er juillet 1999
Ratio du fonds de roulement	80 650 / 209 570	40 000 / 160 000
= Ratio de liquidité	= 38,5 %	= 25 %

Des valeurs inférieures à un pour le ratio du fonds de roulement signifie que le fonds de roulement (Actif à court terme – Passif à court terme) est déficitaire. Cela est dû à la portion de l'emprunt à terme qui viendra à échéance au cours des 12 prochains mois. Les ratios du fonds de roulement et de liquidités s'améliorent, mais le déficit du fonds de roulement passe de 160 000 – 40 000 = 120 000 $ à 209 570 – 80 650 = 128 920 $, car les rentrées nettes provenant de l'exploitation et d'autres sources sont inférieures au remboursement d'emprunt de 160 000 $ (voir tableau 9.6). La société Géant inc. doit donc penser à renflouer son fonds de roulement après le premier exercice soit par des fonds autogénérés plus importants, soit par du financement à long terme additionnel.

Le ratio d'endettement (Passif total / Actif total) indique dans quelle proportion l'actif de l'entreprise est financé par ses créanciers. Pour la société Géant inc., il passe de 500 000 / 610 000 = 82 % au 1er juillet 1999 à (209 570 + 180 000) / 561 450 = 69 % au 30 juin 2000. La diminution de l'endettement découle du remboursement de l'emprunt à terme et du réinvestissement des bénéfices.

9.8 CONCLUSION

La gestion de la trésorerie est très importante. Une entreprise rentable peut faire faillite si elle ne dispose pas suffisamment de liquidités pour payer les intérêts et rembourser les dettes à l'échéance. Dans ce chapitre, nous avons vu comment préparer le budget de caisse afin de planifier le financement des activités. Ensuite, nous avons vu comment dresser le bilan de l'entreprise à une date donnée et comment regrouper les changements dans ses comptes de bilan pour déterminer les effets des activités d'exploitation, d'investissement et de financement sur ses liquidités. Enfin, l'analyse du contenu informationnel des états financiers est illustrée à l'aide de quelques ratios financiers simples.

Exercice 9.1 QUESTIONS DE RÉVISION SUR LA SITUATION FINANCIÈRE

---

1. Qu'est-ce que c'est que le budget de caisse et quelle est sa finalité?
2. Quels sont les données financières et les renseignements qu'il faut réunir avant de préparer le budget de caisse?
3. Comment établir les recettes qui découlent des ventes et les débours qui découlent des charges d'exploitation au cours d'une période budgétaire donnée?
4. Est-il possible que les rentrées nettes de fonds soient négatives sur une courte période et positives sur une plus longue période? Pourquoi et comment le savoir?
5. Pourquoi le bilan est-il un rapport comptable recherché?
6. En quoi l'état de l'évolution de la situation financière est-il différent du budget de caisse?
7. À quoi servent les multiples ratios qu'on peut calculer à partir des états financiers?

Chapitre 10

Les analyses proactives et rétroactives

par Van The Nhut

Les analyses proactives (ou avant les événements) de l'exploitation sont des analyses de sensibilité qui guident les décisions touchant la rentabilité et la marge de sécurité de l'entreprise. Elles déterminent rapidement l'effet d'une variation du volume, du prix ou de la composition des ventes ainsi que des charges d'exploitation fixes ou variables sur le bénéfice. Le modèle que nous allons examiner dans ce chapitre est connu sous le nom de l'analyse Coût-Volume-Bénéfice (CVB).

Les analyses rétroactives (ou après les événements) de l'exploitation permettent à l'entreprise en démarrage d'apprendre par l'expérience à mieux faire des prévisions et à mener ses activités avec plus d'efficacité, deux facteurs déterminants de son succès. Ces analyses reposent sur la détermination et l'interprétation des différences entre les résultats obtenus et les prévisions.

10.1 L'ANALYSE COÛT – VOLUME – BÉNÉFICE

Deux hypothèses de base sous-tendent l'analyse CVB : premièrement, la marge sur coûts variables (MCV) varie proportionnellement avec le niveau d'activité ; deuxièmement, les charges fixes demeurent constantes à l'intérieur d'un intervalle d'activité. Dans notre exemple de chauffe-eau reproduit au tableau 10.1 ci-dessous, les charges fixes communes s'élèvent à 240 000 $, alors que la marge sur coûts variables est de 196 800 $ ÷ 1 200 u = 164 $ par unité du modèle Standard, 133 200 $ ÷ 600 u = 222 $ par unité du modèle Super-grand et 330 000 $ ÷ 1800 u = 183,34 $ par chauffe-eau selon la composition des unités vendues prévue de 2/3 - 1/3 pour les modèles Standard et Super-grand respectivement. Si le niveau d'activité est mesuré en heures de main-d'œuvre directe (MOD) plutôt qu'en nombre de chauffe-eau, la marge sur coûts variables s'établira à 164 $ ÷ 6 h = 27,34 $ et 222 $ ÷ 7 h = 31,72 $ par heure de main-d'œuvre directe consacrée à la fabrication du modèle Standard et du modèle Super-grand respectivement, résultant en une marge horaire moyenne de 183,34 $ ÷ (6 h x 2/3 + 7 h x 1/3) = 28,95 $, compte tenu de l'affectation prévue de (6 h x 2/3) / (6 h x 2/3 + 7 h x 1/3) = 63,16 % des heures de main-d'œuvre directe à la fabrication du modèle Standard et du reste au modèle Super-grand.

Tableau 10.1 L'ÉTAT PRÉVISIONNEL DES RÉSULTATS À GROUPEMENTS MULTIPLES

Société Géant inc.
État prévisionnel des résultats
pour l'exercice se terminant le 30 juin 2000

	Standard	Super-grand	Total
Ventes (400 $ x 1 200 ; 600 $ x 600)	480 000 $	360 000 $	840 000 $
Charges variables spécifiques			
Matières premières (7,50 $ x 8 x 1 200 ; 12,50 $ x 10 x 600)	72 000	75 000	147 000
Main-d'œuvre directe (12 $ x 6 x 1 200 ; 15 $ x 7 x 600)	86 400	63 000	149 400
Frais généraux de fabrication variables imputés (4 $ x 6 x 1 200 ; 4 $ x 7 x 600)	28 800	16 800	45 600
Frais de vente et d'administration variables (20 % du chiffre d'affaires)	96 000	72 000	168 000
	283 200 $	226 800 $	510 000 $
Marge sur coûts variables	196 800 $	133 200 $	330 000 $
Charges fixes communes			
Production			160 000
Vente et administration			80 000 $
			240 000 $
Bénéfice avant impôts			90 000 $
Impôts sur le revenu (30 %)			27 000
Bénéfice net			63 000 $

10.1.1 Les niveaux d'activité critiques

Un niveau d'activité critique est une cible comportant un intérêt particulier. Voici ceux que surveillent le plus les gestionnaires.

Le seuil de rentabilité

Le seuil de rentabilité ou le point mort est le niveau d'activité qui permet la couverture des charges fixes ou le niveau à partir duquel l'entreprise commence à faire du profit. Dans notre exemple de chauffe-eau, le point mort est de 240 000 ÷ 183,34 = 1 309 chauffe-eau ou 240 000 ÷ 28,95 = 8 290 heures de main-d'œuvre directe. En effet, la vente de 1 309 chauffe-eau selon la composition de 2/3 - 1/3 pour les modèles Standard et Super-grand respectivement rapportent une marge sur coûts variables totale de 183,34 x 1 309 = 240 000 $, résultant en un bénéfice avant impôts de 0 $.

Le point mort des flux monétaires

C'est le niveau d'activité qui permet la couverture des débours. Il est atteint bien avant le seuil de rentabilité, car il existe toujours des amortissements parmi les charges fixes qui n'entraînent pas de sorties de fonds dans l'immédiat. S'il y avait 100 000 $ d'amortissements parmi les charges fixes de la société Géant inc., ses recettes et ses débours d'exploitation seraient équilibrés lorsque ses ventes atteindraient 140 000 ÷ 183,34 = 764 chauffe-eau ou occuperaient 140 000 ÷ 28,95 = 4 836 heures de main-d'œuvre directe.

Le bénéfice désiré

La formule (Charges fixes / MCV unitaire) qui sert à déterminer le seuil de rentabilité peut être adaptée au besoin pour déduire le niveau d'activité nécessaire à la réalisation d'autres objectifs. Ainsi, on a vu que pour trouver le point mort des flux monétaires, il suffit d'enlever les amortissements aux charges fixes et d'appliquer la formule. Si le bénéfice désiré est le bénéfice prévisionnel avant impôts de 90 000 $, le niveau d'activité qu'il faudra atteindre selon la formule sera de :

(Charges fixes + Bénéfice désiré) / MCV unitaire
= (240 000 + 90 000) / 183,34 = 1 800 chauffe-eau ou
= (240 000 + 90 000) / 28,95 = 11 400 heures de MOD

Ce résultat obtenu à partir de l'application de la formule correspond exactement aux prévisions de ventes qui ont servi à la préparation de l'état prévisionnel des résultats de la société Géant inc. au tableau 10.1.

La marge de sécurité

Connaissant le seuil de rentabilité, le point mort des flux monétaires et le bénéfice prévu, on peut se demander quelle est la marge de sécurité dont dispose la société Géant inc. La marge de sécurité est définie comme la différence entre le niveau d'activité atteint ou qu'on prévoit atteindre et le niveau d'activité critique qui préoccupe l'entreprise. Dans le cas de la société Géant inc., les ventes prévues de 1 800 chauffe-eau devraient baisser de plus de 1 800 – 1 309 = 491 unités ou de plus de 1 800 - 764 = 1 036 unités respectivement avant qu'une perte soit essuyée ou qu'un déficit d'encaisse se produise.

Le bénéfice potentiel

Le bénéfice potentiel est le bénéfice que l'entreprise peut réaliser lorsqu'elle fonctionne à pleine capacité. Dans le cas de la société Géant inc., le bénéfice potentiel avant impôts serait égal à 28,95 $ x 16 000 heures de MOD - 240 000 $ = 223 200 $ si les charges fixes n'augmentaient pas. Le volume de vente serait alors de 223 200 / 183,34 = 2 526 chauffe-eau.

10.1.2 La représentation graphique de l'analyse CVB

La représentation graphique de l'analyse CVB permet de réunir au même endroit tous les niveaux d'activité critiques, les cibles atteintes correspondantes et l'évolution du bénéfice avant impôts sur un intervalle continu de ventes ou d'utilisations possibles de la capacité de production disponible.

Sur le graphique, l'axe des abscisses sert à mesurer le niveau d'activité qui peut être exprimé en unités de chauffe-eau (graphique 10.1) ou en heures de main-d'œuvre directe (graphique 10.2), tandis que l'axe des ordonnées mesuré en unités monétaires permet de quantifier les charges fixes, la marge sur coûts variables et le bénéfice avant impôts en fonction du niveau d'activité.

La marge sur coûts variables est la droite qui passe par l'origine et dont la pente est égale à la marge sur coûts variables unitaire. Elle est représentée par la droite D1 : $y = ax$, où a est égal à 183,34 si x est exprimé en unités de chauffe-eau (graphique 10.1) et a est égal à 28,95 si x est exprimé en heures de main-d'œuvre directe (graphique 10.2). Quant aux charges fixes, elles sont représentées par la droite D2 : y = 240 000 sur les deux graphiques. Au point d'intersection de D2 avec la droite D1 de la marge sur coûts variables, on a le seuil de rentabilité. Ensuite, en se déplaçant sur D2 vers le côté droit, au niveau d'activité prévu, on obtient le bénéfice prévisionnel qui est mesuré par la distance verticale entre D2 et la droite D1 de la marge sur coûts variables. Enfin, lorsque le niveau maximal d'activité est atteint, la distance verticale entre la droite D1 et la droite D2 représente le bénéfice potentiel.

Les charges fixes, à l'exception des amortissements, sont représentées par la droite D3 : y = 140 000. À l'intersection de la droite D3 avec la droite D1 de la marge sur coûts variables, on obtient le point mort des flux monétaires ou le niveau d'activité qui permet d'équilibrer les recettes et les débours d'exploitation. Finalement, la distance horizontale qui sépare le niveau d'activités prévu du seuil de rentabilité est la marge de sécurité ou la baisse possible du niveau d'activité avant qu'une perte ne soit enregistrée.

Graphique 10.1 L'ANALYSE CVB EN FONCTION DU NOMBRE DE CHAUFFE-EAU

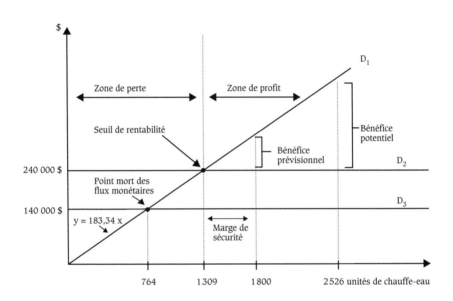

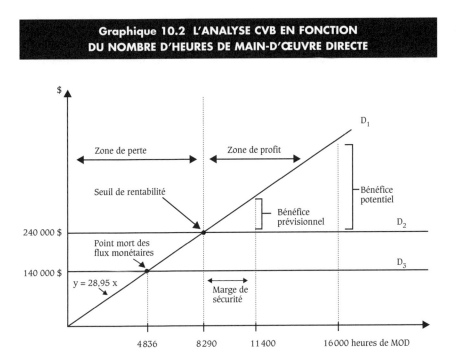

Graphique 10.2 L'ANALYSE CVB EN FONCTION DU NOMBRE D'HEURES DE MAIN-D'ŒUVRE DIRECTE

10.1.3 L'effet des changements dans les paramètres du modèle d'analyse CVB

La représentation graphique de l'analyse CVB dans la section précédente permet déjà de visualiser rapidement l'effet de la variation du volume de vente ou du niveau d'activité sur le bénéfice, compte tenu des prévisions de composition de vente, de prix de vente, de charges variables et de charges fixes. Nous verrons qu'elle pourra aussi servir à faire ressortir l'effet des changements dans ces paramètres sur les niveaux d'activité critiques ainsi que sur la variation du bénéfice avant impôts en fonction du niveau d'activité.

La composition des ventes

La composition des unités vendues prévue est de 2/3 pour le modèle Standard et de 1/3 pour le modèle Super-grand. Cette composition prévue peut être exprimée en proportion de modèles fabriqués et vendus ou en proportion d'heures de main-d'œuvre directe affectées à la fabrication des deux modèles. On a déjà vu que le niveau d'activité peut être exprimé en nombre de chauffe-eau ou en heures de main-d'œuvre directe. Exprimer la composition des ventes en proportion d'heures de main-d'œuvre directe est moins révélateur, mais comporte l'avantage de mesurer les différents modèles ou produits à l'aide d'un dénominateur commun. D'ailleurs, lorsque l'entreprise fabrique plusieurs produits, il faudrait trouver une mesure du niveau d'activité qui leur soit commune afin de pouvoir faire une analyse CVB.

Sachant qu'il faut six et sept heures de MOD respectivement pour fabriquer une unité du modèle Standard et une unité du modèle Super-grand, la composition des unités vendues de 2/3 pour le modèle Standard et de 1/3 pour le modèle Super-grand exprimée en proportion d'heures de MOD est établie comme suit:

Standard:	6 h x 2/3 =	4 h	(63,16 %)
Super-grand:	7 h x 1/3 =	2,33 h	(36,84 %)
		6,33 h	100 %

Comme la marge sur coûts variables par heure de MOD est de 27,34 $ pour le modèle Standard et de 31,72 $ pour le modèle Super-Grand, la marge moyenne sur coûts variables par heure de MOD, compte tenu d'une affectation de 63,16 % des heures de MOD à la fabrication du modèle Standard et du reste à la fabrication du modèle Super-grand, serait de: 27,34 $ x 63,16 % + 31,72 $ x 36,84 % = 28,95 $. Le lecteur averti aurait dû se rendre compte que nous avons repris en détail ici le calcul de la marge moyenne sur coûts variables par heure de MOD qui avait été établie rapidement dans la section 10.1. Cette reprise a pour objectif de mettre en évidence les calculs qu'il faudrait effectuer afin de déterminer d'abord l'effet d'une modification dans la composition des ventes sur la marge sur coûts variables et de l'étendre par la suite aux niveaux d'activité critiques ainsi qu'à la variation du bénéfice en fonction du niveau d'activité.

Supposons que la composition des unités vendues soit de 1/2 - 1/2 pour les deux modèles. La nouvelle marge moyenne sur coûts variables par heure de MOD devrait être supérieure à 28,95 $, car la modification de la composition des ventes est en faveur du modèle le plus rentable. On s'attend aussi à ce que les bénéfices avant impôts au niveau d'activité prévu et au niveau d'activité maximal soient plus élevés et que la société Géant inc. jouisse d'une marge de sécurité plus grande vu que le seuil de rentabilité recule. Voici les calculs qui vérifient les attentes précédentes :

NOUVELLE COMPOSITION DES VENTES

Standard :   6 h x 1/2 =   3   h   (46,15 %)
Super-grand :   7 h x 1/2 =   3,5   h   (53,85 %)

                                            6,5   h   (100 %)

Nouvelle marge moyenne
sur coûts variables
par heure de MOD : $27,34\$ \times 46,15\% + 31,72\$ \times 53,85\% = 29,70\$$
Niveau d'activité prévu : $6,5$ h x 1800 unités = 11 700 h (C'_1)
Bénéfice prévu : $29,70\$ \times 11\,700$ h - 240 000 = 107 490 $
Bénéfice maximal : $29,70\$ \times 16\,000$ h - 240 000 = 235 200 $
Seuil de rentabilité = $240\,000 \div 29,70 = 8\,081$ heures de MOD
Marge de sécurité = $11\,700$ h - $8\,081$ h = $3\,619$ heures de MOD

Sur le graphique 10.3, on voit que la modification de la composition des ventes a fait pivoter la droite D_1, vers le haut pour devenir la droite D'_1 à la suite de l'augmentation de la pente de 28,95 à 29,70. On y voit aussi le recul du seuil de rentabilité du point d'intersection S à S' ainsi que l'augmentation de la marge de sécurité et du bénéfice prévu et du bénéfice potentiel.

Supposons maintenant que la composition des unités vendues soit de 3/4 pour le modèle Standard et de 1/4 pour le modèle Super-grand. Sur le graphique 10.3, cette modification de la composition en faveur du modèle le moins rentable fait pivoter la droite D_1 vers le bas pour devenir la droit D''_1. Elle avance le seuil de rentabilité au point S", réduit la marge de sécurité, le bénéfice au niveau d'activité prévu et le bénéfice potentiel. En voici les valeurs précises obtenues à l'aide des calculs complémentaires du graphique :

NOUVELLE COMPOSITION DES VENTES

Standard :	6 h x 3/4 =	4,50 h	(72 %)
Super-grand :	7 h x 1/4 =	1,75 h	(28 %)
		6,25 h	100 %

Marge moyenne sur coûts
variables par heure de MOD : $\quad$ 27,34 $ x 72 % + 31,72 $ x 28 % = 28,57 $

Niveau d'activité prévu : $\quad$ 6,25 h x 1800 unités = 11 250 h $(C"_1)$

Bénéfice prévu = $\quad$ 28,57 $ x 11 250 h - 240 000 = 81 413 $

Bénéfice maximal = $\quad$ 28,57 $ x 16 000 h - 240 000 = 217 120 $

Seuil de rentabilité = $\quad$ 240 000 ÷ 28,57 = 8400 heures de MOD

Marge de sécurité = $\quad$ 11 250 h - 8 400 h = 2850 heures de MOD

Le prix de vente et les charges variables unitaires

Un changement dans le prix de vente ou les charges variables unitaires affecte la marge sur coûts variables par heure de MOD, par conséquent la pente de la droite D_1 sur le graphique 10.3. En faisant pivoter la droite D_1, il fait reculer ou avancer le seuil de rentabilité, augmenter ou diminuer la marge de sécurité, le bénéfice prévu et le bénéfice potentiel selon que la marge sur coûts variables par heure de MOD augmente ou diminue.

Les charges fixes

Sur le graphique 10.4, on voit qu'une augmentation des charges fixes déplace la droite D_2 vers le haut à la position de la droite D'_2 et entraîne comme conséquences un avancement du seuil de rentabilité ainsi qu'une baisse de la marge de sécurité, du bénéfice prévu et du bénéfice potentiel. Par contre, une diminution des charges fixes déplace la droite D_2 vers le bas à la position de la droite $D"_2$, fait reculer le seuil de rentabilité et entraîne une augmentation de la marge de sécurité ainsi que du bénéfice prévu et du bénéfice potentiel.

Les changements simultanés dans plusieurs paramètres

Les changements simultanés dans plusieurs paramètres ne peuvent que faire en même temps pivoter la droite D_1 et déplacer verticalement la droite D_2. La représentation graphique de l'analyse CVB permet de visualiser aussi facilement leur effet sur les niveaux critiques d'activité et de bénéfice que celui d'un changement dans un seul paramètre à la fois. De plus, le graphique peut accommoder facilement la variation par palier des charges fixes de l'inactivité à l'activité maximale.

Graphique 10.3 L'ANALYSE CVB – L'IMPACT DE LA MODIFICATION DANS LA COMPOSITION DES VENTES, LE PRIX DE VENTE OU LES CHARGES VARIABLES

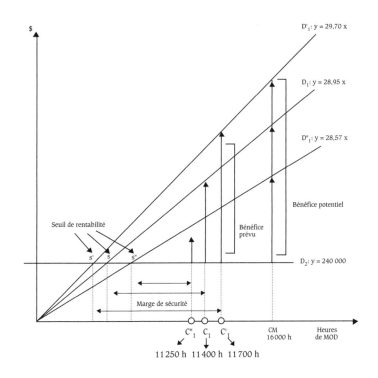

Graphique 10.4 L'ANALYSE CVB – L'EFFET DE LA VARIATION DES CHARGES FIXES

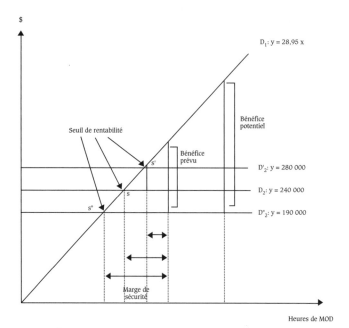

10.2 LA DÉTERMINATION, L'ANALYSE ET L'INTERPRÉTATION DES ÉCARTS PRÉVISIONNELS

Pour illustrer la détermination et l'interprétation des différences entre les résultats obtenus et les prévisions, reprenons l'exemple de la société Géant inc. présenté au tableau 10.1 et supposons que ses résultats réels d'exploitation pour le premier exercice se terminant le 30 juin 2000 soient les suivants :

Tableau 10.2 L'ÉTAT DES RÉSULTATS

Société Géant inc.
État des résultats
pour l'exercice se terminant le 30 juin 2000

Ventes
 Standard : 1600 unités à 380 $ =   608 000 $
 Super-grand : 400 unités à 620 $ =   248 000
                      856 000 $

Charges variables spécifiques
 Matières premières
  Standard :
  12 800 pièces à 7,2 $ = 92 160 $
  Super-grand :
  4 200 pièces à 12 $ =   50 400 142 560 $

 Main-d'œuvre directe
  Standard :
  12 000 h à 11 $ =   132 000 $
  Super-grand :
  3 200 h à 15,5 $ =   49 600 181 600

 Frais généraux de fabrication
  Standard :   38 670 $
  Super-grand :   14 530   53 200

 Frais de vente et d'administration
  Standard :   152 000 $
  Super-grand :   49 600   201 600 578 960

Marge sur coûts variables   277 040 $
Charges fixes communes
 Production   166 800 $
 Vente et administration   88 240   255 040

Bénéfice avant impôts   22 000 $
Impôts sur le revenu (30 %)   6 600

Bénéfice net   15 400 $

10.2.1 La détermination des écarts prévisionnels

Il s'agit de comparer poste par poste les prévisions (tableau 10.1) avec les résultats obtenus (tableau 10.2). On a cependant intérêt à introduire, entre les prévisions initiales et les réalisations, les prévisions révisées au volume de vente atteint de 2 000 chauffe-eau afin de faire ressortir tout de suite l'écart sur le volume de vente et d'alléger l'analyse et l'interprétation des écarts restants. Évidemment, pour ne pas confondre l'écart sur le volume avec l'écart sur la composition des ventes, les prévisions révisées au volume de vente atteint sont établies selon la composition prévue de 2/3 ou 1 333 unités pour le modèle Standard et 1/3 ou 667 unités pour le modèle Super-grand. Voici le tableau comparatif des résultats prévus et des résultats réels.

Tableau 10.3 LE TABLEAU DU CONTRÔLE BUDGÉTAIRE

Société Géant inc.
Tableau du contrôle budgétaire pour l'exercice se terminant le 30 juin 2000

	Prévisions initiales (1 800 unités) Note 1	Prévisions révisées (2 000 unités) Note 2	Résultats réels (2 000 unités) Note 3	Écarts entre prévisions révisées et résultats réels Note 4	
Ventes	840 000 $	933 400 $	856 000 $	77 400 $	D
Charges variables spécifiques					
Matières premières	147 000 $	163 355 $	142 560 $	20 795 $	F
Main-d'œuvre directe	149 400 $	166 011 $	181 600 $	15 589 $	D
Frais généraux de fabrication	45 600 $	50 668 $	53 200 $	2 532 $	D
Frais de vente et d'administration	168 000 $	186 680 $	201 600 $	14 920 $	D
	510 000 $	566 714 $	578 960 $	12 246 $	D
Marge sur coûts variables	330 000 $	366 686 $	277 040 $	89 646 $	D
Charges fixes communes					
Production	160 000 $	160 000 $	166 800 $	6 800 $	D
Vente et administration	80 000 $	80 000 $	88 240 $	8 240 $	D
	240 000 $	240 000 $	255 040 $	15 040 $	D
Bénéfice avant impôts	90 000 $	126 686 $	22 000 $	104 686 $	D
Impôts sur le revenu (30 %)	27 000 $	38 006 $	6 600 $	31 406 $	F
Bénéfice net	63 000 $	88 680 $	15 400 $	73 280 $	D

Note 1

Les prévisions initiales sont reproduites du tableau 10.1.

Note 2

Les prévisions révisées au volume de vente atteint sont calculées comme les prévisions initiales, sauf que le volume de vente est posé à 1 333 unités pour le modèle Standard et 667 unités pour le modèle Super-grand.

Note 3

Les résultats réels sont reproduits du tableau 10.2.

Note 4

Les écarts entre les prévisions révisées et les résultats réels suivis de la lettre D (F) sont des écarts défavorables (favorables) qui font diminuer (augmenter) le bénéfice net.

10.2.2 L'analyse des écarts prévisionnels

Au tableau 10.3, les écarts prévisionnels globaux sont déterminés pour chaque poste de l'état des résultats. Ils expliquent la différence entre le bénéfice réel avant impôts et le bénéfice prévu avant impôts au volume de vente atteint de 2 000 chauffe-eau. Comme les impôts sur le revenu et le bénéfice net égalent respectivement 30 % et 70 % du bénéfice avant impôts, on peut les ignorer dans son analyse, sachant qu'une augmentation (diminution) du bénéfice avant impôts entraîne automatiquement une augmentation (diminution) proportionnelle des impôts et du bénéfice net.

Si toutes les prévisions sont réalisées à l'exception du volume de vente qui s'établira à 2 000 chauffe-eau plutôt qu'au nombre prévu de 1 800 unités, le bénéfice avant impôts passera de 90 000 $ à 126 686 $. Cette augmentation de 36 686 $ résulte d'un écart favorable sur le volume de vente. Cependant, le bénéfice réel avant impôts s'élève à 22 000 $ seulement et montre un écart défavorable de 104 686 $ par rapport au bénéfice avant impôts révisé au volume de vente atteint de 2 000 chauffe-eau. L'écart défavorable de 104 686 $ est causé par un ensemble de facteurs tels que la composition des ventes, les prix de vente, les prix d'achat des ressources consommées et l'utilisation efficiente ou inefficiente de ces dernières. Dans l'analyse qui suit, on établira la part de chaque facteur dans l'écart entre le bénéfice prévu avant impôts et le bénéfice réel avant impôts, d'abord pour la compréhension et ensuite pour l'action corrective.

L'écart sur les ventes

Pour expliquer l'écart global défavorable de 77 400 $ D au tableau 10.3, reproduisons ci-dessous les données nécessaires relatives aux ventes :

	Standard	Super-grand
Prix de vente réel	380 $	620 $
Prix de vente prévu	400 $	600 $
Volume réel - Composition prévue (2/3 ;1/3)	1 333 u	667 u
Volume réel - Composition réelle	1 600 u	400 u

L'écart global défavorable de 77 400 $ D au tableau 10.3 est constitué d'un écart sur les prix défavorable de 24 000 $ D et d'un écart sur la composition des ventes défavorable de 53 400 $ D, lesquels sont calculés comme suit :

Écart sur le prix de vente

Standard : (400 $ - 380 $) D x 1 600 u =	32 000 $ D	
Super-grand : (620 $ - 600 $) F x 400 u =	8 000 $ F	24 000 $ D

Écart sur la composition des ventes

Standard : (1 600 u - 1 333 u) F x 400 $ =	106 800 $ F	
Super-grand : (667 u - 400 u) D x 600 $ =	160 200 $ D	53 400 $ D

Écart global au tableau 10.3	77 400 $ D

L'écart sur les matières premières

Les données nécessaires à l'analyse de l'écart sur les matières premières sont réunies ci-après :

	Standard	Super-grand
Prix d'achat réel	7,20 $/pièce	12,00 $/pièce
Prix d'achat prévu	7,50 $/pièce	12,50 $/pièce
Quantité réelle	12 800 pièces	4 200 pièces
Nombre prévu de pièces par unité fabriquée	8 pièces	10 pièces
Quantité prévue selon volume réel et composition réelle des ventes	8 x 1 600 = 12 800 pièces	10 x 400 = 4 000 pièces
Quantité prévue selon volume réel et composition prévue des ventes	8 x 1 333 = 10 664 pièces	10 x 667 = 6 670 pièces

L'écart global de 20 795 $ F au tableau 10.3 est constitué d'un écart sur prix favorable de 5 940 $, d'un écart sur rendement défavorable de 2 500 $ et d'un écart sur composition des ventes favorable de 17 355 $, lesquels sont calculés comme suit :

Écart sur le prix d'achat

Standard	(7,5 $ - 7,2 $) F x 12 800 p =	3 840 $ F	
Super-grand :	(12,5 $ - 12 $) F x 4 200 p =	2 100 $ F	5 940 $ F

Écart sur le rendement

Standard :	(12 800 p - 12 800 p) x 7,5 $ =	0 $	
Super-grand :	(4 200 p - 4 000 p) D x 12,5 $ =	2 500 $ D	2 500 $ D

Écart sur la composition des ventes

Standard :	(12 800 p - 10 664 p) D x 7,5 $ =	16 020 $ D	
Super-grand :	(6670 p - 4 000 p) F x 12,5 $ =	33 375 $ F	17 355 $ F
Écart global au tableau 10.3			20 795 $ F

L'écart sur la main-d'œuvre directe

Les données pertinentes relatives à la main-d'œuvre directe aux fins d'analyse des écarts sont les suivantes :

	Standard	Super-grand
Taux horaire réel	11,00 $	15,50 $
Taux horaire prévu	12,00 $	15,00 $
Heures réelles	12 000 h	3 200 h
Heures prévues par unité fabriquée	6 h	7 h
Heures prévues selon volume réel et composition réelle des ventes	6 x 1 600 = 9 600 h	7 x 400 = 2 800 h
Heures prévues selon volume réel et composition prévue des ventes	6 x 1 333 = 7 998 h	7 x 667 = 4 669 h

L'écart global défavorable de 15 589 $ D au tableau 10.3 est constitué d'un écart sur les taux favorable de 10 400 $ F, d'un écart sur le rendement défavorable de 34 800 $ D et d'un écart sur la composition favorable de 8 811 $ F, lesquels sont calculés comme suit :

Écart sur les taux

Standard :	(12 $ - 11 $) F x 12 000 h =	12 000 $ F	
Super-grand :	(15,5 $ - 15 $) D x 3 200 h =	1 600 $ D	10 400 $ F

Écart sur le rendement

Standard :	(12 000 h - 9 600 h) D x 12 $ =	28 800 $ D	
Super-grand :	(3 200 h - 2 800 h) D x 15 $ =	6 000 $ D	34 800 $ D

Écart sur la composition des ventes

Standard :	(9 600 h - 7 998 h) D x 12 $ =	19 224 $ D	
Super-grand :	(4 669 h - 2 800 h) F x 15 $ =	28 035 $ F	8 811 $ F

Écart global au tableau 10.3 — 15 589 $ D

L'écart sur les frais généraux de fabrication variables

Les frais généraux de fabrication variables sont imputés selon les heures de main-d'œuvre directe au taux préétabli de 4 $ l'heure. Les frais réels et les différents niveaux de frais imputés nécessaires à l'analyse de l'écart global sont les suivants :

	Standard	Super-grand
Frais réels	38 670 $	14 530 $
Frais imputés selon les heures réelles de main-d'œuvre directe	4 $ x 12 000 h = 48 000 $	4 $ x 3 200 h = 12 800 $
Frais imputés selon les heures prévues aux volumes et composition réels des ventes	4 $ x 9 600 h = 38 400 $	4 $ x 2 800 h = 11 200 $
Frais imputés selon les heures prévues aux volumes réels et composition prévue des ventes	4 $ x 7 998 h = 31 992 $	4 $ x 4 669 h = 18 676 $

L'écart global défavorable de 2 532 $ D au tableau 10.3 est constitué d'un écart sur les taux favorable de 7 600 $ F, d'un écart sur le rendement défavorable de 11 200 $ D et d'un écart sur la composition favorable de 1 068 $ F, lesquels sont calculés comme suit :

Écart sur les taux			
Standard :	38 670 $ - 48 000 $ =	9 330 $ F	
Super-grand :	14 530 $ - 12 800 $ =	1 730 $ D	7 600 $ F

Écart sur le rendement			
Standard :	48 000 $ - 38 400 $ =	9 600 $ D	
Super-grand :	12 800 $ - 11 200 $ =	1 600 $ D	11 200 $ D

Écart sur la composition des ventes			
Standard :	38 400 $ - 31 992 $ =	6 408 $ D	
Super-grand :	11 200 $ - 18 676 $ =	7 476 $ F	1 068 $ F
Écart global au tableau 10.3			2 532 $ D

Les frais de vente et d'administration variables sont budgétés à 20 % du chiffre d'affaires. Les ventes réelles pour l'exercice 2000 s'élèvent à 608 000 $ pour le modèle Standard et à 248 000 $ pour le modèle Super-grand (voir tableau 10.2). Les frais de vente et d'administration variables prévus aux chiffres d'affaires réalisés sont donc de 608 000 x 20 % = 121 600 $ et de 248 000 x 20 % = 49 600 $ pour les modèles Standard et Super-grand respectivement.

L'écart global défavorable de 14 920 $ D au tableau 10.3 est constitué d'un écart sur les taux défavorable de 30 400 $ D, d'un écart sur le prix de vente favorable de 4 800 $ F et d'un écart sur la composition des ventes favorable de 10 680 $ F, lesquels sont calculés comme suit :

Écart sur les taux			
Standard :	152 000 $ - 121 600 $ =	30 400 $ D	
Super-grand :	49 600 $ - 49 600 $ =	0 $	30 400 $ D

Écart sur le prix de vente			
Standard :	32 000 $ D x 20 % =	6 400 $ F *	
Super-grand :	8 000 $ F x 20 % =	1 600 $ D *	4 800 $ F

Écart sur la composition des ventes			
Standard :	106 800 $ F x 20 % =	21 360 $ D *	
Super-grand :	160 200 $ D x 20 % =	32 040 $ F *	10 680 $ F

Écart global au tableau 10.3			14 920 $ D

Les écarts sur le prix et la composition sont déterminés à la section intitulée L'écart sur les ventes. S'ils sont favorables (défavorables), il en résultera un chiffre d'affaires plus élevé (bas), par conséquent des frais de vente et d'administration variables plus élevés (bas). C'est pourquoi le sens des écarts est inversé dans les calculs.

L'écart sur les charges fixes communes

Comme les charges fixes communes ne varient pas avec les ventes, les écarts défavorables de 6 800 $ D pour la production et de 8 240 $ D pour la vente et l'administration au tableau 10.3 sont des écarts sur les dépenses ou les prix d'achat.

10.2.3 Le regroupement et l'interprétation des écarts

Nous avons d'abord déterminé les écarts prévisionnels en comparant les prévisions avec les résultats obtenus poste par poste (tableau 10.3). Ensuite, nous avons analysé les écarts pour en connaître les causes. Comme les mêmes causes peuvent toucher les écarts relatifs à plusieurs postes à l'état des résultats, il convient de regrouper les écarts par cause avant de les interpréter et de proposer des mesures correctives.

Les écarts de marketing

Par écarts de marketing, nous entendons tous les écarts à l'état des résultats qui sont causés par le prix, la composition et le volume de vente.

Le prix de vente

Dans notre analyse aux sections L'écart sur les ventes et L'écart sur les frais de vente et d'administration variables, le prix de vente touche le chiffre d'affaires et les frais de vente et d'administration variables, ces derniers étant estimés à 20 % du chiffre d'affaires. Pour faciliter l'interprétation et la compréhension, nous nous limitons ici à l'effet d'une variation du prix de vente sur le chiffre d'affaires. Ainsi, nous constatons que l'augmentation du prix de vente du modèle Super-grand n'arrive pas à compenser la baisse du prix de vente du modèle Standard et qu'il en résulte un manque à gagner de 24 000 $. Pourquoi a-t-on baissé le prix de vente du modèle Standard et haussé celui du modèle Super-grand ? Pour suivre la concurrence, faire mousser les ventes du modèle le plus populaire et exiger une prime au modèle le moins demandé ou parce que le coût de fabrication du modèle Standard est moins élevé que prévu et celui du modèle Super-grand, plus élevé que prévu ? Après coup, a-t-on raison d'agir ainsi ? Dans cet exemple, nous n'avons pas d'information pour répondre aux questions soulevées, mais, dans la vraie vie, l'entreprise devrait connaître les raisons qui l'ont poussée à augmenter le prix de vente du modèle Super-grand et à baisser celui du modèle Standard. L'analyse et l'interprétation des écarts lui permettraient de savoir si ses décisions ont donné de bons résultats.

Il est à remarquer que, avec les données des tableaux 10.1 et 10.2, nous avons pu établir que le coût de fabrication variable des deux modèles a été plus élevé que prévu.

	Standard	Super-grand
Coût de fabrication variable prévu	156,00 $	258,00 $
Coût de fabrication variable réel	164,26	286,32
Écart défavorable	8,26 $	28,32 $

La composition des ventes

Notre analyse des écarts à la section 10.2.2 fait voir que la composition des ventes influe sur beaucoup de postes de l'état des résultats. Ces postes sont les suivants :

Ventes	53 400 $ D
Matières premières	17 355 $ F
Main-d'œuvre directe	8 811 $ F
Frais généraux de fabrication variables	1 068 $ F
Frais de vente et d'administration variables	10 680 $ F
Écart total sur la composition des ventes	15 486 $ D

Le modèle Standard coûte moins cher, mais se vend moins cher aussi, de sorte qu'un changement dans la composition des ventes en faveur du modèle Standard entraîne simultanément une baisse des ventes et des charges variables. L'effet global défavorable de 15 486 $ D signifie que la marge sur coûts variables prévue diminue de 15 486 $ D à la suite du changement dans la composition des ventes. On peut en déduire également que la marge sur coûts variables unitaire du modèle Standard est moins élevée que celle du modèle Super-grand, car un changement dans la composition en faveur du modèle Standard entraîne une diminution de la marge sur coûts variables. De cette observation, il est plus simple de calculer l'écart sur composition des ventes de la façon suivante :

	Standard	Super-grand
Marge sur coûts variables unitaire prévue	164 $	222 $
Marge sur coûts variables prévue par heure de main-d'œuvre directe	27,34 $	31,72 $
Volume réel - composition réelle	1 600 u	400 u
Volume réel - composition prévue (2/3 ; 1/3)	1 333 u	667 u
Volume prévu - composition prévue	1 200 u	600 u

Écart sur la composition

Standard : (1600 u - 1333 u) F x 164 $ =	43 788 $ F
Super-grand : (667 u - 400 u) D x 222 $ =	59 486 $ D
	15 486 $ D

À moins qu'elle y soit contrainte par la concurrence, la société Géant inc. n'a pas intérêt à baisser le prix de vente du modèle Standard pour augmenter les ventes de ce dernier au détriment du modèle Super-grand. La marge sur coûts variables du modèle Super-grand est plus élevée que celle du modèle Standard, que ce soit par unité ou par heure de main-d'œuvre directe.

Le volume de vente

Le nombre réel de chauffe-eau vendus (2 000 unités) est supérieur au nombre prévu (1 800 unités) de 200 unités. Cet écart favorable sur volume de vente fait augmenter les ventes et les charges variables et résulte en une hausse de la marge sur coûts variables de 36 686 $ (comparez les deux premières colonnes du tableau 10.3). Comme l'augmentation du volume de vente n'est pas supposé influer sur les charges fixes, le bénéfice avant impôts augmente du même montant de 36 686 $ que la marge sur coûts variables.

L'effet d'un écart sur volume de vente est aussi prévisible que celui d'un écart sur la composition des ventes. Si l'on veut connaître comment l'écart sur volume de vente touche le bénéfice, on peut procéder comme dans la section précédente et déterminer l'effet à l'aide des marges sur coûts variables.

Écart total sur le volume de vente		
Standard :	(1 333 u - 1 200 u) F x 164 $ =	21 812 $ F
Super-grand :	(667 u - 600 u) F x 222 $ =	14 874 $ F
		36 686 $ F

Lorsqu'on connaît la taille du marché des chauffe-eau, on peut décomposer l'écart sur le volume de vente en un écart sur la part du marché et en un écart sur la taille du marché. En effet, supposons que la taille prévue du marché soit de 18 000 chauffe-eau et que la taille réelle atteigne 25 000 unités. La part prévue du marché de la société Géant inc. est de 1 800 ÷ 18 000 = 10 % alors que sa part réelle se situe à 2 000 ÷ 25 000 = 8 %. Les écarts sur la taille et la part du marché sont calculés comme suit :

Écart sur la taille du marché			
Standard :	(25 000 u - 18 000 u) F x 10 % x 2/3 x 164 $ =	467 u F x 164 $ = 76 588 $ F	
Super-grand :	(25 000 u - 18 000 u) F x 10 % x 1/3 x 222 $ =	233 u F x 222 $ = 51 726 $ F	128 314 $ F

Écart sur la part du marché			
Standard :	(10 % - 8 %) D x 25 000 u x 2/3 x 164 $ =	334 u D x 164 $ = 54 776 $ D	
Super-grand :	(10 % - 8 %) D x 25 000 u x 1/3 x 222 $ =	166 u D x 222 $ = 36 852 $ D	91 628 $ D

Écart total sur le volume de vente	36 686 $ F

L'analyse additionnelle ci-dessus nous permet de savoir que, malgré un écart sur le volume de vente favorable, la société Géant inc. a perdu du terrain par rapport à ses concurrents. Ce recul est-il attribuable au prix, à la qualité ou à l'accessibilité de ses produits ? L'analyse comptable ne saurait y répondre seule ; elle doit être complétée par d'autres données que détiennent l'entrepreneur et ses collaborateurs.

Les écarts sur le prix d'achat, sur les dépenses et sur les taux

Ces écarts proviennent du fait que les prix d'achat des ressources consommées aux fins d'exploitation sont plus ou moins élevés que les prix prévus. Ils sont regroupés ci-après :

Écart total sur prix d'achat	
Matières premières	5 940 $ F
Main-d'œuvre directe	10 400 $ F
Frais généraux de fabrication variables	7 600 $ F
Frais généraux de fabrication fixes	6 800 $ D
Frais de vente et d'administration fixes	8 240 $ D
	8 900 $ F

La société Géant inc. a réussi à acheter les pièces à un meilleur prix que prévu pour les deux modèles. A-t-elle profité tout simplement de la conjoncture ou a-t-elle bien planifié ses achats de matières premières de sorte qu'elle a pu réduire les frais de transport et tirer parti au maximum des conditions du marché?

L'écart global sur le taux de la main-d'œuvre directe est favorable. L'entreprise a-t-elle recruté des ouvriers moins expérimentés et moins qualifiés que prévu? De plus, elle aurait dû affecter les ouvriers les plus expérimentés à la fabrication du modèle Super-grand, car l'écart sur le taux est défavorable pour celui-ci et favorable pour le modèle Standard.

Les frais généraux de fabrication variables ont aussi coûté plus cher que prévu pour le modèle Super-grand, tandis que des économies ont été réalisées sur le modèle Standard. Enfin, les charges fixes sont plus élevées que prévu. Les écarts sont-ils occasionnés uniquement par les différences de prix ou en partie par la hausse du niveau d'activité de 1 800 unités à 2 000 unités de chauffe-eau?

Les écarts sur le rendement

Voici les écarts sur le rendement qui ressortent de notre analyse:

Écart total sur le rendement	
Matières premières	2 500 $ D
Main-d'œuvre directe	34 800 $ D
Frais généraux de fabrication variables	11 200 $ D
	48 500 $ D

L'entreprise a connu un sérieux problème de productivité. L'écart sur le rendement des frais généraux de fabrication variables est directement lié à celui de la main-d'œuvre directe. La correction du problème de productivité de la main-d'œuvre directe ferait donc disparaître l'écart sur le rendement défavorable des frais généraux de fabrication variables. Par ailleurs, l'écart sur le rendement des matières premières est négligeable.

Les écarts mixtes

Les écarts relatifs aux frais de vente et d'administration variables sont mixtes et ambigus. Le taux d'imputation prévu est de 20 % du chiffre d'affaires pour les deux modèles. Le taux réel est de 25 % pour le modèle Standard et de 20 % pour le modèle Super-grand. L'écart défavorable sur taux de 30 400 $ D est peut-être une combinaison d'écarts sur le prix et sur le rendement du personnel de vente et d'administration. Quant à l'écart favorable sur prix de vente de 4 800 $ F, il ressemble à un écart sur dépense, car il n'est causé ni par le rendement du personnel de vente et d'administration ni par la composition et le volume de vente.

10.3 Conclusion

Lorsque l'entrepreneur averti a déjà un plan d'affaires soutenu par un jeu complet d'états financiers prévisionnels, il veut encore connaître ce qui pourrait arriver à sa future entreprise si les prévisions de ventes et de coûts ne se réalisaient pas pleinement. L'analyse CVB est un modèle relativement simple qui essaie de répondre à ce genre d'interrogation. Ensuite, lorsque les résultats obtenus de l'entreprise en démarrage ne correspondent pas aux prévisions, l'entrepreneur veut aussi connaître l'importance et les causes des écarts afin d'introduire les changements nécessaires dans son organisation. L'analyse comptable des écarts pourrait confirmer les doutes de l'entrepreneur et lui faire découvrir certaines mesures correctives à implanter.

Exercice 10.1 QUESTIONS DE RÉVISION SUR LES ANALYSES PROACTIVE ET RÉTROACTIVE

1. Quel est le but des analyses proactives ?

2. Quel est le but des analyses rétroactives ?

3. Qu'est-ce que la marge sur coûts variables ?

4. Quels sont les facteurs qui déterminent le bénéfice dans le modèle d'analyse CVB ?

5. Qu'est-ce que le seuil de rentabilité ? Quelle est la formule mathématique qui permet de le déterminer ?

6. Comment la formule du seuil de rentabilité est-elle adaptée à la détermination d'autres niveaux d'activité critiques comme le point mort des flux monétaires et le bénéfice désiré ?

7. Quels sont les avantages de la représentation graphique de l'analyse CVB ?

8. Comment les changements dans la composition et les prix de vente, dans les charges variables et fixes modifient-ils le bénéfice et les niveaux d'activité critiques les plus surveillés ?

9. Les différences constatées entre le chiffre d'affaires prévu et le chiffre d'affaires réalisé influent-elles sur les charges d'exploitation ? Pourquoi et comment ? Sont-elles les seules causes des écarts constatés au niveau des charges ?

10. Quelle est l'utilité de la détermination et de l'analyse des écarts poste par poste à l'état des résultats ?

11. Quelle est l'utilité du regroupement des écarts obtenus à la suite de l'analyse poste par poste à l'état des résultats ?

12. Est-il possible d'établir les montants d'écarts regroupés par cause sans avoir fait au préalable une analyse des écarts poste par poste ?

Conclusion aux chapitres 8, 9, et 10

Les chapitres 8, 9 et 10 vous ont introduit aux états financiers, à leur forme, à leur contenu, à leur préparation et à leur utilité. Ils vous ont montré également comment établir le coût de revient d'un produit ou d'un service et comment analyser la sensibilité des résultats aux facteurs tels que le prix, le volume, la composition des ventes ainsi que le niveau des charges fixes et variables. Enfin, vous y avez aussi trouvé l'analyse et l'interprétation des écarts entre les réalisations et les prévisions en vue des corrections au moment de la prochaine planification ou exécution. Ces notions de base vous permettent d'avoir une idée du genre de services que vous pouvez obtenir d'un comptable.

Lorsque vous voulez fonder une entreprise et vous lancer en affaires, souvent le comptable généraliste et polyvalent d'un cabinet est votre conseiller. Il va évaluer avec vous la viabilité de votre projet ainsi que votre détermination à démarrer une entreprise. Ensuite, il vous aidera à préparer le plan d'affaires, à choisir la forme juridique de votre future entreprise, à demander des subventions et à obtenir du financement. Lorsqu'une étude de marché est nécessaire, il peut vous suggérer une firme de marketing avec laquelle il a des relations d'affaires. De même, il vous réfère à un avocat pour l'incorporation de votre entreprise et pour d'autres conseils juridiques. Le comptable, qui aide l'entrepreneur à démarrer une entreprise, est très conscient du fait que la comptabilité viendra plus tard. Il agit d'abord et avant tout comme un confident, un complice et un conseiller. D'ailleurs, il n'abandonnera pas ces rôles auprès de l'entrepreneur lorsque l'entreprise aura davantage besoin de ses services en comptabilité.

Une entreprise en démarrage n'a pas besoin d'un comptable à temps plein. Le choix d'un conseiller en comptabilité est cependant vital pour les raisons qu'on vient de voir. Quels sont donc les critères à considérer dans le choix de son comptable? Le premier critère est son affinité avec l'entrepreneur: peut-il s'identifier à l'entrepreneur, inspirer confiance à ce dernier dès le premier contact, comprendre les mobiles et les problèmes de l'entrepreneur du point de vue de ce dernier? Le deuxième critère est la polyvalence du comptable: est-il capable de penser en homme d'affaires expérimenté pour reconnaître et résoudre, avec le concours de spécialistes au besoin, les problèmes de marketing, de production, de financement et d'organisation d'une entreprise en démarrage? Le troisième critère est l'expérience du comptable: a-t-il déjà aidé ses clients à démarrer des entreprises, de préférence dans votre industrie? Le quatrième critère est sa réputation: ses clients passés et présents sont-ils satisfaits de ses services? Le cinquième critère est son système relationnel: peut-il servir d'intermédiaire efficace pour vous aider à obtenir de façon économique des conseils de spécialistes en fiscalité, en marketing, en financement ou en matière juridique, le cas échéant? Le sixième critère est l'accessibilité de ses services: ses prix sont-ils abordables et raisonnables? Avec ces six critères comme guide, votre meilleure source d'information vient des entrepreneurs qui ont fait appel aux services d'un comptable au moment de la création et du démarrage de leurs entreprises. Votre banquier et votre avocat sont d'autres sources d'information possibles. Ces personnes peuvent avoir aidé des entrepreneurs à démarrer leurs entreprises et être en mesure de vous mettre en contact avec ces derniers et leurs comptables.

QUELQUES CRITÈRES À CONSIDÉRER DANS LE CHOIX DE SON COMPTABLE

1. Affinité: capacité du comptable à inspirer confiance à l'entrepreneur et à comprendre les mobiles et les problèmes de ce dernier de son point de vue.

2. Polyvalence: aptitude du comptable à reconnaître et à résoudre les problèmes de différentes natures d'une entreprise en démarrage.

3. Expérience : participation passée au démarrage d'entreprises de ses clients.

4. Réputation : satisfaction de ses clients.

5. Système relationnel : relations d'affaires bien établies avec d'autres spécialistes.

6. Accessibilité : disponibilité, intérêt et honoraires raisonnables.

BIBLIOGRAPHIE

Atkinson, A.A., R.D. Banker, R.S. Kaplan, S.M. Young, M. Gosselin et C. Roy (1999). *Comptabilité de management : pour une gestion stratégique des coûts.* Montréal : Chenelière/McGraw-Hill.

Boisvert, H. (1999). *La comptabilité de management : prise de décision et gestion,* 2ᵉ édition. Montréal : Éditions du Renouveau Pédagogique.

Crôteau, O., L.-P. Ouellette, V. Félix et H. Boisvert (1981). *Prix de revient : planification, contrôle et analyse des coûts.* Montréal : Éditions du Renouveau Pédagogique.

Brault, R., P. Giguère et C. Viger (1998). *Comptabilité de management,* 4ᵉ édition. Sainte-Foy : Les Presses de l'Université Laval.

Douville, J., J. Fortin et M. Guindon (1988). *Comptabilité générale : modèle comptable et formes économiques d'entreprises.* Montréal : Éditions du Renouveau Pédagogique.

Douville, J., J. Fortin et M. Guindon (1988). *Comptabilité générale : formes juridiques d'entreprises et analyse des états financiers.* Montréal : Éditions du Renouveau Pédagogique.

Gibbins, M., A. Girard et A. M. Robert (1999). *Introduction à la comptabilité générale : une perspective contemporaine,* 2ᵉ édition. Montréal : Éditions du Renouveau Pédagogique.

Gouvernement du Québec, ministère de l'Industrie et du Commerce, Direction de l'entrepreneurship et de la gestion d'entreprises (1998). *La comptabilité de gestion.* Montréal/Charlesbourg : Les Éditions Transcontinental et Fondation de l'entrepreneurship.

Martel, L. et J. G. Rousseau (1993). *Le gestionnaire et les états financiers*, 2e édition. Montréal : Éditions du Renouveau Pédagogique.

Les notions de base en finance pour obtenir un financement adéquat et assurer un meilleur démarrage

par Pierre Laroche

À ce stade-ci de votre démarche, vous devez être convaincu des chances de succès de votre entreprise. Vous avez bien ciblé l'occasion d'affaires que vous voulez exploiter et avez défini avec précision ce qu'il vous faut en ce qui concerne les ressources humaines et physiques pour pouvoir offrir vos services ou fabriquer vos produits. De plus, vous connaissez vos clients potentiels, les secteurs d'activités dans lesquels ils œuvrent et vous savez comment les convaincre de faire affaire avec vous. *Ce n'est que lorsque tous les éléments de cette liste seront clairs que vous pourrez songer à parler de votre projet à des bailleurs de fonds.*

Dans ce chapitre, nous présentons les principaux arguments de nature financière qu'il vous faudra avancer afin de convaincre d'éventuels bailleurs de fonds, qu'il s'agisse d'autres actionnaires ou de prêteurs, d'investir dans

votre entreprise. Pour y arriver, il faut répondre aux trois questions fondamentales suivantes :

- Le projet à financer est-il rentable et quels en sont les risques ?
- Pour ce qui est du financement, de combien avez-vous besoin, et sous quelle forme ?
- Saurez-vous gérer les finances de votre entreprise pour en assurer la solvabilité et la bonne santé financière ?

Nous abordons ces questions à tour de rôle dans les trois prochaines sections. Nous vous expliquons les grands principes de la gestion financière des
entreprises en démarrage et complétons nos explications par quelques astuces
(de petits « trucs », si vous préférez).

11.1 LA RENTABILITÉ DE VOTRE PROJET

Sachez d'entrée de jeu que l'argument qui saura le mieux ravir d'éventuels
bailleurs de fonds consiste à démontrer la rentabilité de votre projet. Plus précisément, il faut que vous les convainquiez que les *risques qu'ils encourront
seront compensés par un rendement adéquat.*

Pour les investisseurs, le fait que vous prévoyez un bénéfice net à plus ou
moins court terme revêt une certaine importance, mais pas autant que les *flux
monétaires* futurs. Pour les gens de finance, la rentabilité se mesure par les
flux monétaires nets. Un projet est rentable s'il génère plus de rentrées de
fonds qu'il n'en demande. Notez qu'un *bénéfice net* prévu de 20 000 $ ne
signifie pas que le solde du compte bancaire augmentera d'autant ; tel sera le
cas si le *flux monétaire net* s'élève à 20 000 $.

Pour mettre l'accent sur les flux monétaires, portez l'attention des investisseurs sur l'état de l'évolution de la situation financière (EESF) prévisionnel et
sur le budget de caisse[1]. Les bailleurs de fonds sont intéressés à voir quelle est
la provenance des flux monétaires de votre entreprise. À moyen et à long
terme, ils veulent s'assurer que les recettes nettes (c'est-à-dire les flux monétaires générés par les activités de l'entreprise) augmenteront et constitueront
une portion de plus en plus importante des flux monétaires de votre entreprise.

À plus court terme, ils veulent voir comment vous comptez financer les investissements qui doivent être faits ; l'EESF répondra à leurs questions.

Par ailleurs, les investisseurs sont préoccupés par le *risque* que présente votre projet. Plus précisément, ils veulent voir quel sera l'effet sur la santé financière de l'entreprise de différents facteurs de risque, tels qu'un plus petit chiffre d'affaires, un investissement initial plus grand, un coût de financement plus grand découlant d'une hausse des taux d'intérêt, etc. Nous vous recommandons donc de programmer votre budget de caisse, vos états financiers prévisionnels ainsi que les principaux ratios financiers sur un chiffrier électronique, car cela permet de vérifier l'effet de différents scénarios sur les flux monétaires, sur la trésorerie[2] et sur les autres indicateurs de la santé financière de votre entreprise.

Notez que la plupart des investisseurs comprendront que, au cours de la première année d'exploitation, les recettes, souvent, ne suffiront pas à couvrir les déboursés nécessaires pour pleinement rentabiliser les capitaux investis dans votre entreprise. Il s'agit de les rassurer en indiquant que vous comptez faire croître les recettes et, autant que cela est possible, simultanément diminuer les sorties de fonds (d'exploitation et d'investissement), et ce, le plus tôt possible. Pour appuyer vos dires, si vous possédez des clients potentiels avec lesquels vous avez déjà parlé de vos futurs produits ou services, demandez-leur de rédiger une *lettre d'intention* dans laquelle ils confirment la possibilité de faire des affaires avec votre entreprise (sans toutefois qu'ils s'*engagent* en ce sens). Cela rassurera les investisseurs sur le réalisme des recettes prévues.

Enfin, *ne soyez pas trop optimiste dans vos prévisions* ; les projets du type « poule aux œufs d'or » sont souvent le fruit d'un manque de réalisme. Si vous présentez votre projet comme étant infiniment plus rentable que ce que l'on observe habituellement pour des entreprises œuvrant dans le même secteur d'activité, vous allez probablement éveiller plus de suspicion que d'intérêt chez les investisseurs potentiels. *Il est normal que votre projet présente certains risques et les investisseurs sérieux comprennent cela.* Il s'agit de leur démontrer que ces risques sont calculés, que vous les maîtrisez (autant que faire se peut), et qu'ils sont compensés par un rendement potentiel adéquat.

En résumé, avant de parler de vos besoins de financement, démontrez aux bailleurs de fonds potentiels que votre projet est rentable, c'est-à-dire qu'il y a de bonnes chances pour que, à moyen terme, les rentrées de fonds qu'il générera excèdent les sorties de fonds.

11.2 LE FINANCEMENT DE VOTRE PROJET

Maintenant que les bailleurs de fonds potentiels connaissent bien le risque et le rendement potentiel de votre projet, vous devez préciser votre besoin de fonds et déterminer quel type de financement il vous faut.

11.2.1 L'estimation du besoin de fonds

Comme vous pouvez le voir au tableau 11.1, le besoin de fonds peut être divisé en deux éléments : 1) le coût net des investissements à long terme et 2) les actifs à court terme.

Le coût net des actifs à long terme initiaux inclut des articles tels que la machinerie, le matériel roulant, l'équipement, le mobilier, les améliorations locatives et les frais de démarrage. Le deuxième élément, les actifs à court terme, revêt une grande importance, car il constitue votre marge de manœuvre pour les premiers mois d'exploitation. En effet, comme vous vous en doutez, les recettes ne commenceront pas à affluer dès le lendemain de la fondation de votre entreprise. Un délai, qui dure parfois quelques semaines, voire quelques mois, sépare les premières sorties de fonds des premières recettes. C'est la réserve de trésorerie qui vous permettra de poursuivre vos activités au cours de cette période souvent critique pour la survie d'une entreprise. Il est difficile de déterminer le montant « optimal » de cette réserve ; disons qu'elle doit correspondre à *au moins* trois mois de frais fixes et un mois de frais variables prévus.

Par exemple, le besoin de fonds initial s'élève à environ 145 000 $ (arrondi au 1 000 $ près), lorsque le projet demande un investissement en équipement et mobilier de 100 000 $, un stock de 30 000 $ et lorsqu'on prévoit des frais fixes mensuels de 4 000 $ ainsi que des frais variables de 2 500 $:

Besoin de fonds initial minimum = 100 000 $ + 30 000 $ + (3 x 4000 $) + 2 500 $ ≈ 145 000 $

Tableau 11.1 LES PRINCIPALES COMPOSANTES DU BESOIN INITIAL DE FONDS

Coût net des actifs à long terme

- Terrains et bâtiments (incluant les améliorations locatives)
- Équipement et machinerie
- Matériel roulant
- Mobilier, matériel et fournitures de bureau
- Frais de démarrage (incorporation, autres frais juridiques, étude de crédit, étude de marché, etc.[3])

Actifs à court terme

- Encaisse et stock de départ
- Réserve de trésorerie

11.2.2 Le choix du type de financement

Il existe de nombreuses façons de financer votre projet et vous devez maintenant choisir celle qui convient le mieux. Avant d'aborder les critères de choix, nous passerons en revue les principaux types de financement possibles.

Les types de financement

Il existe trois grandes catégories de sources de financement : les emprunts, le capital-actions et l'aide financière gouvernementale. Nous les décrivons brièvement dans les sous-sections qui suivent.

Les principaux types d'emprunt

La plupart des banques et des caisses populaires ont un service de financement des entreprises et offrent une gamme assez variée de prêts. En dépit de cette variété, ce sont les deux prêts suivants qui sont les plus souvent consentis : le prêt à tempérament et la marge de crédit.

Le *prêt à tempérament* est un prêt à long terme dont l'échéance varie généralement entre trois et sept ans. Il est habituellement remboursé par des versements mensuels fixes qui incluent les intérêts ainsi qu'une partie du montant emprunté (appelé « le capital »). Le montant des versements se calcule à l'aide des mathématiques financières. Le tableau 11.2 illustre les versements mensuels que commandent ces emprunts, et ce, pour différents taux d'intérêt et différentes échéances[4].

Tableau 11.2 EXEMPLE DES VERSEMENTS MENSUELS REQUIS POUR REMBOURSER UN PRÊT À TEMPÉRAMENT (EN DOLLARS)

	Taux d'intérêt annuel								
	8 %			12 %			14 %		
Échéance	3 ans	5 ans	7 ans	3 ans	5 ans	7 ans	3 ans	5 ans	7 ans
Emprunt : 10 000 $	313,36	202,76	155,86	332,14	222,44	176,53	341,78	232,68	187,40
25 000 $	783,41	506,91	389,66	830,36	556,11	441,32	854,44	581,71	468,50
90 000 $	2 820,27	1 824,88	1 402,76	2 989,29	2 002,00	1 588,75	3 075,99	2 094,14	1 686,60

Les établissements financiers fixent habituellement le taux d'intérêt une fois par année. Aussi, afin de diminuer le risque qu'elles prennent, elles demandent de garantir ces emprunts. Ces garanties prennent généralement deux formes : les actifs à long terme (équipement, mobilier, etc.) qu'ils servent à financer ou encore une garantie personnelle. Ne vous sentez donc pas vexé si l'agent de compte demande des garanties pour ce type de prêt ; il ne fait qu'obéir aux directives de son employeur. Malheureusement, cette exigence est difficile à contourner et vous devrez vous en accommoder. Sachez toutefois que les établissements financiers ont rarement intérêt à saisir des biens donnés en garantie et que, en général, elles ne font habituellement ce geste qu'en dernier recours (de toute façon, si votre entreprise fonctionne bien, ces garanties ne posent aucun problème[5]).

L'établissement financier vous offrira un *prêt hypothécaire* si le projet demande l'acquisition d'un terrain et d'un immeuble. Les prêts hypothécaires ressemblent aux prêts à tempérament. La principale différence entre ces deux types de prêts à long terme se situe sur le plan des garanties : la garantie hypothécaire est plus solide que celle qui accompagne habituellement le prêt à tempérament.

Les *marges de crédit* commerciales constituent une autre forme d'emprunt très connue. En général, elles ont une échéance d'un an (les conditions sont renégociées tous les 12 mois). Les établissements financiers fixent habituellement le montant maximum de la marge de crédit selon un pourcentage des stocks et des comptes clients qui peuvent être pris en garantie (eh oui... encore des garanties). Ce pourcentage peut varier entre 25 % et 75 %, selon la nature de vos stocks et la solvabilité de vos clients. Par exemple, si vous mettez sur pied un atelier de confection de bijoux et que vos clients sont les plus grandes bijouteries du continent, l'établissement financier devrait normalement vous accorder une marge de crédit représentant 75 % de votre stock d'or et de vos comptes clients. Si vous exploitez un restaurant, n'espérez pas obtenir une marge de crédit, sauf si vous consentez à donner une garantie personnelle.

Notez qu'une marge de crédit ne doit être utilisée que pour combler les besoins de fonds *temporaires* occasionnés par le délai qui sépare la date d'un déboursé et celle à laquelle est encaissée la recette correspondante. Par exemple, il peut se passer deux mois entre le déboursé que vous devrez faire pour produire un bien ou offrir un service (disons 10 000 $) et la date à laquelle votre client vous paie. Ces 10 000 $ doivent être en partie absorbés par votre trésorerie ; le reste est financé par la marge de crédit. Vous remboursez cette dernière au moment de la réception du paiement de votre client. Par conséquent, en principe, le solde de votre marge de crédit doit périodiquement être ramené à zéro. Lorsque tel n'est pas le cas, votre entreprise manque de financement à long terme, une situation à laquelle il faut remédier le plus tôt possible en émettant une dette à long terme ou encore du capital-actions ; les fonds ainsi amassés serviront à rembourser la marge de crédit. Les intérêts d'une marge de crédit sont variables (ils changent habituellement une fois par semaine) et ne sont exigés que sur le montant utilisé. Par exemple, si vous n'avez utilisé que 7 000 $, vous ne paierez de l'intérêt que sur ce montant, même si l'établissement financier vous a consenti une marge pouvant atteindre un maximum de 15 000 $.

Certains établissements financiers ainsi que nombre de fournisseurs offrent des *contrats de location à long terme* qui ressemblent à ceux offerts par les fabricants d'automobiles. Ces contrats constituent une variante des prêts à tempérament; ils s'échelonnent sur plusieurs années et sont remboursés par des versements périodiques qui incluent les intérêts et une partie du capital. Une particularité des contrats de location tient au fait qu'ils permettent au locataire d'acheter l'actif à un prix et à des conditions connus d'avance. Ce type de financement peut être avantageux du fait qu'il évite parfois à l'entreprise de financer à 100 % l'actif dont elle a besoin. Néanmoins, ne succombez pas à ce seul attrait; il importe plus de comparer le taux de financement implicite au contrat (le locateur doit vous le fournir). Si ce taux est beaucoup plus élevé que celui que porterait un emprunt à tempérament d'échéance comparable, il est préférable d'opter pour ce dernier.

Enfin, vos fournisseurs contribueront à votre financement par emprunt puisqu'ils vous donneront accès assez rapidement à du *crédit commercial*. Cette forme de financement consiste généralement en un délai d'un mois pour le paiement des achats[6]. Les fournisseurs font ainsi crédit pour une courte période à leurs clients; il s'agit d'une source de financement qu'il ne faut pas négliger.

Le capital-actions

Le capital-actions est la mise de fonds que les actionnaires investissent en tant que propriétaires de l'entreprise. Les établissements financiers ne prêtent pas aux entreprises dont les actionnaires n'ont pas eux-mêmes suffisamment investi dans le capital-actions.

Une entreprise peut émettre deux types d'actions: les actions ordinaires et les actions privilégiées. En général, chaque action ordinaire comporte un droit de vote aux assemblées des actionnaires. Ces actions donnent aussi droit à leurs détenteurs de percevoir des dividendes (qui varient d'une année à l'autre et qui ne sont versés que si l'entreprise en a les moyens), ainsi que le fruit d'une éventuelle liquidation de l'entreprise.

Les actions privilégiées se situent à mi-chemin entre les actions ordinaires et les emprunts bancaires. Elles ressemblent aux actions ordinaires, car elles sont elles aussi des titres de propriété. Toutefois, elles ne comportent habituellement aucun droit de vote aux assemblées des actionnaires. En revanche, elles versent habituellement un dividende fixe et elles ont priorité sur les actions ordinaires en cas de liquidation de l'entreprise.

Lorsque vos finances personnelles ne suffisent pas, il vous faudra trouver des partenaires qui voudront investir dans le capital-actions de votre entreprise. Votre entourage immédiat (parents, amis, collègues, etc.) constitue habituellement le premier terrain à explorer[7]. Ce type de financement comporte toutefois des inconvénients. D'une part, le mariage « affaires - famille - amis » n'est pas toujours heureux. D'autre part, même si vos proches veulent s'associer avec vous et qu'ils peuvent appuyer financièrement votre entreprise lorsqu'elle en est à ses débuts, il se peut fort bien qu'ils ne puissent pas suivre la cadence et continuer à y investir des fonds si vos affaires tournent bien et croissent rapidement. Par conséquent, si votre projet est d'assez grande envergure en regard des fonds dont dispose votre entourage, il est sage de vous tourner vers les sociétés de capital de risque, dont la spécialité consiste à investir dans de petites entreprises. Même si la plupart des sociétés de capital de risque préfèrent investir dans de petites entreprises déjà en marche, il n'est pas rare de les voir s'intéresser à leur mise sur pied, surtout si le projet lui-même et le secteur d'activité dans lequel il s'inscrit présentent un fort potentiel de croissance.

L'aide financière gouvernementale

Nos gouvernements offrent des programmes d'aide financière aux entreprises. Cette aide peut prendre trois formes : des subventions, des prêts à des conditions avantageuses et des allégements fiscaux. Puisque la nature et les critères d'admissibilité des programmes d'aide gouvernementale changent souvent, il ne sert à rien de les énumérer dans ce livre. Nous expliquons plutôt en quoi consistent les trois types d'aide. Pour connaître les programmes d'aide financière qui seront en vigueur au moment où vous procéderez à votre recherche de financement, consultez l'un des trois ou quatre recueils que publient différents organismes. Par exemple, le *Guide des aides et subventions offertes à l'entreprise privée*, publié par le Centre de recherche et de publication du Canada (CRPC), constitue une excellente source de renseignements sur les programmes d'aide financière offerts par les gouvernements fédéral et provincial. Aussi, vous pouvez contacter Info entrepreneurs (au 496-INFO, pour la région métropolitaine). Enfin, sachez qu'il existe des conseillers qui peuvent vous aider à trouver les programmes pour lesquels votre entreprise se qualifie et, au besoin, à effectuer les démarches nécessaires.

Les *subventions* (qui, en passant, se font de plus en plus rares) constituent ni plus ni moins que des dons que les gouvernements font aux entreprises pour réduire le coût d'un investissement ou réduire les frais d'exploitation (par exemple, en remboursant à l'entreprise un certain pourcentage des dépenses admissibles). Elles constituent de loin le type d'aide financière le plus avantageux ; n'en manquez aucune.

De nos jours, l'aide financière qu'offrent les gouvernements prend de plus en plus la forme de prêts. Il peut s'agir de *prêts* consentis par les agences gouvernementales (comme la Société de développement industriel du Québec (SDI)), dont les conditions sont avantageuses. Ces avantages peuvent prendre la forme d'un taux d'intérêt réduit, d'un délai de remboursement ou d'une possibilité de convertir le prêt en capital-actions lorsque l'entreprise a de la difficulté à servir son emprunt (ce qui élimine la dette et augmente les fonds propres). Ce type d'aide financière peut aussi prendre la forme d'un appui que les gouvernements offrent pour faciliter le financement par emprunt des entreprises auprès d'établissements financiers privés. Le plus souvent, il s'agit d'une quelconque garantie qui contribue à réduire le risque de solvabilité auquel s'expose le prêteur, ce qui facilite l'accès au financement. Le programme de prêts aux petites entreprises (PPE) offert par le gouvernement fédéral, dont nous avons glissé mot à la note 5, constitue probablement le meilleur exemple de ce type d'aide gouvernemental. Il peut aussi s'agir d'une contribution gouvernementale au paiement des intérêts.

Enfin, histoire d'encourager certaines activités, les gouvernements offrent des *programmes qui réduisent le fardeau fiscal* des entreprises. Les crédits d'impôt à la recherche et au développement constituent un bon exemple d'un tel programme. Cette source de financement est facilement accessible pour toute entreprise dont les activités sont admissibles ; il suffit de suffisamment bien justifier les dépenses donnant droit à la réduction d'impôt.

Avant de passer au choix des types de financements les plus appropriés, quatre remarques s'imposent au sujet de l'aide gouvernementale. Premièrement, sachez que les subventions et les programmes les plus avantageux visent surtout les entreprises de fabrication. Ainsi, si vous lancez une entreprise de services, attendez-vous à ce que l'aide financière gouvernementale soit plutôt mince. Deuxièmement, commencez très tôt vos recherches des programmes d'aide pour lesquels vous vous qualifiez. Il faut souvent beaucoup de temps (de quatre à six mois, si tout va bien) avant de percevoir l'aide gouvernementale. Aussi, votre entreprise peut se voir refuser certains types d'aide si le projet est déjà enclenché. Troisièmement, sachez que, en vous accordant de l'aide financière, le gouvernement devient ni plus ni moins un partenaire dans votre entreprise. Quand tout va bien, cela ne crée habituellement aucun problème, mais si les choses commencent à mal tourner (ne serait-ce que temporairement), la présence du gouvernement dans les parages financiers peut parfois retarder ou rendre plus difficile la solution aux problèmes. Enfin, compte tenu de l'état des finances publiques, il est sage de ne pas trop vous fier au soutien financier de l'État.

Ce à quoi s'attendent vos bailleurs de fonds

Qu'il s'agisse de prêteurs ou d'investisseurs dans le capital-actions de votre entreprise, les bailleurs de fonds ne visent qu'une seule chose : réaliser un rendement proportionnel au risque qu'ils ont pris.

D'abord, au moment de l'analyse de vos demandes de financement, ils essaieront de mesurer la capacité de votre entreprise à les rémunérer adéquatement en évaluant les aspects suivants :

- La personnalité, l'expérience et l'expertise que vous et vos associés-fondateurs possèdent.

- Les efforts ou les sommes d'argent déjà investies et les mises de fonds supplémentaires que vous et vos associés comptez fournir à court terme[8].

- Les caractéristiques du produit ou du service que vous comptez offrir.

- Le secteur d'activité dans lequel vous voulez œuvrer (concurrence, potentiel de croissance, etc.).

- Le réalisme de vos prévisions financières et les perspectives de rentabilité.

Dans le cas des prêteurs, ils fixent habituellement le rendement qu'ils exigent dans les clauses du contrat d'emprunt (taux d'intérêt, mode de remboursement, échéance, etc.). Dans ce cas, ils réaliseront le rendement attendu si votre entreprise rembourse ses emprunts tel qu'il est prévu au contrat. Les prêteurs s'attendent donc à ce que les finances de votre entreprise, surtout en ce qui a trait aux flux monétaires qu'elle génère, permettent le remboursement en bonne et due forme. Par conséquent, ils demanderont à être informés régulièrement de l'évolution de vos affaires.

Quant à ceux qui ont investi dans le capital-actions, ils ne devraient pas s'attendre à recevoir des dividendes au cours des trois ou quatre premières années d'existence de l'entreprise[9]. En général, les investisseurs sérieux visent plutôt à réaliser un gain en capital pour un horizon de cinq à sept ans. Les actionnaires qui ne veulent pas participer à la gestion quotidienne de l'entreprise ou qui ne veulent pas y laisser leurs fonds indéfiniment veilleront donc à ce qu'ils puissent vendre leurs actions à un prix supérieur à celui qu'ils ont payé quelques années auparavant. Bien qu'il soit difficile d'établir une norme à ce sujet, la plupart espéreront réaliser un profit qui correspond à un rendement annuel moyen se situant à environ 30 %. Par exemple, si un actionnaire exige un taux de rendement annuel de 30 %, qu'il vise à encaisser ses profits dans cinq ans et que l'entreprise n'a versé aucun dividende au cours de cette période, il devra vendre ses actions près de quatre fois plus cher que ce qu'il a payé initialement ($1,30^5 = 3,7129$).

Les investisseurs en capital-actions veilleront donc à ce que l'entreprise progresse bien, notamment en ce qui a trait aux ventes et aux bénéfices réalisés. Ils s'intéresseront aussi à trouver preneur pour leurs actions. Puisqu'il est rare que l'entreprise elle-même ait les moyens de procéder au rachat, il y a de bonnes chances qu'ils comptent sur le ou les « fondateurs-administrateurs-et-principaux-actionnaires » (c'est-à-dire vous, les entrepreneurs) pour acquérir leurs actions. Préparez-vous donc à cette éventualité et signalez vos intentions à ce sujet le plus tôt possible[10].

Comment choisir parmi les différents outils de financement ?

Le choix des éléments qui composeront votre structure financière est fort important, car il détermine en partie le risque que vous et vos partenaires courez, ainsi que le partage de la propriété de votre entreprise.

Malheureusement, il n'existe pas de recette facile à appliquer pour déterminer la meilleure structure de financement. Il s'agit en fait d'une question qui peut se révéler assez compliquée. Il y a toutefois certains principes à respecter ; nous résumons ci-dessous ceux qui nous apparaissent les plus importants.

■ Règle nº 1 : *Financez à long terme les actifs à long terme*

Il faut chercher à financer des actifs à long terme par des titres à long terme (dont l'échéance est supérieure à un an), par un emprunt à long terme, par un contrat de location ou par du capital-actions. N'oubliez pas de considérer qu'une bonne partie (au moins la moitié) de votre fonds de roulement, même s'il est composé d'actifs à court terme, ressemble plus à un actif à long terme parce que vous en avez continuellement besoin. Il est donc préférable d'en financer à long terme la majeure partie.

■ Règle nº 2 : *Au début, essayez de réduire les frais fixes*

En général, il est fort recommandable de réduire les frais fixes d'exploitation et de financement lorsque vous lancez une entreprise[11].

Si vous choisissez des outils de financement que vous devez commencer à rembourser au cours des premiers mois d'existence de votre entreprise (comme c'est le cas des prêts à tempérament, par exemple), vous risquez d'épuiser rapidement votre réserve de trésorerie. Il est donc préférable d'axer votre financement initial sur le capital-actions ordinaire.

Si vous ne désirez pas offrir des droits de vote à d'autres investisseurs, proposez des actions privilégiées dont les dividendes ne sont pas fixes, mais plutôt proportionnels aux flux monétaires d'exploitation ou aux flux monétaires nets[12]. À défaut de trouver des investisseurs intéressés à de telles actions, vous pouvez essayer de contracter un *emprunt* remboursable en fonction des flux monétaires. Dans ce cas, si jamais les flux monétaires se révélaient insuffisants pour couvrir la totalité des frais d'intérêt, la partie impayée s'ajoute au capital à rembourser[13].

■ Règle nº 3 : *Vendez chèrement votre financement*

Une entreprise amasse son financement en vendant des titres (actions ou titres de dette) à des investisseurs. Au lieu d'adopter une attitude défensive (souvent causée par un malaise devant les aspects financiers de votre entreprise), attaquez : vendez vos titres de financement avec autant d'énergie que vous comptez le faire pour vos produits ou vos services ; vous obtiendrez ainsi de meilleures conditions de financement.

■ **Règle n° 4** : *Ayez une bonne communication avec les éventuels bailleurs de fonds*

Comme vous le savez, pour un rendement potentiel donné, les investisseurs cherchent à minimiser le risque qu'ils croient courir. Une façon de les mettre en confiance consiste à bien les informer et à les faire communiquer entre eux.

11.3 QUELQUES ASTUCES POUR UNE SAINE GESTION FINANCIÈRE

Une fois vos sources de fonds amassées, il faut maintenant faire en sorte que vous puissiez honorer vos engagements. Pour ce faire, nous vous donnons quelques astuces de gestion financière qui devraient augmenter vos chances de succès et la solvabilité de votre entreprise. Si vous appliquez ces conseils, il y a plus de chances pour que votre entreprise affiche une bonne santé financière qui se reflétera dans ses états financiers et dans les ratios que calculent prêteurs et investisseurs en capital de risque pour en juger l'état des finances[14].

Astuce n° 1 : *Faites un bon suivi des finances de votre entreprise*

Lorsqu'une entreprise démarre, l'incertitude se situe habituellement à un plus haut degré. Afin d'éviter les mauvaises surprises, il importe de bien suivre les finances de votre entreprise. Ce suivi est nécessaire, car il permet de voir assez tôt si le plan financier doit être modifié. Si une modification doit être apportée, agissez rapidement, après avoir obtenu l'autorisation de vos partenaires et de vos bailleurs de fonds.

En principe, vous devez connaître le solde de votre encaisse et de votre marge de crédit à la fin de chaque journée ; cela est maintenant rendu facile grâce à l'accès aux comptes par voie électronique qu'offrent à peu de frais tous les grands établissements financiers. Pour ce qui est des principales dépenses, compilez-les une fois par semaine. Enfin, un relevé mensuel suffit pour les autres éléments du plan financier (comme les soldes d'emprunt).

En marge de ce suivi, vous devez effectuer un contrôle efficace des dépenses. Ce contrôle n'a pas pour objectif d'étouffer le démarrage, mais plutôt de réduire les déboursés qui ne sont pas essentiels afin d'allouer plus de fonds aux activités les plus importantes.

Astuce n° 2 : Maintenez toujours une marge de manœuvre financière

Afin d'éviter un manque de fonds, il importe que vous conserviez en tout temps une marge de manœuvre financière. Cette marge de manœuvre peut consister en une bonne réserve de trésorerie. Lorsqu'elle est en phase de démarrage, une entreprise peut difficilement avoir trop de trésorerie, et ce, pour deux raisons. D'une part, elle procure un coussin de sécurité qui permettra de surmonter un problème imprévu. D'autre part, elle constitue une réserve à laquelle puiser si une occasion en or se présentait. Par exemple, si un concurrent ferme ses portes, il peut s'agir d'acheter certains actifs à prix réduit avant que d'autres le fassent. Notez que cette marge de manœuvre financière peut aussi prendre la forme d'une capacité d'emprunt non utilisée.

Astuce n° 3 : Autant que possible, procédez par étapes

Afin de diminuer la pression sur le fonds de roulement, il est préférable que vous procédiez par étapes pour le lancement de votre entreprise. Autant que possible, divisez votre projet en deux ou trois phases s'échelonnant sur plusieurs mois et associez à chaque phase une ou quelques sources de fonds. Cette façon de procéder comporte de nombreux avantages. Premièrement, elle diminue les risques financiers. Deuxièmement, elle permet d'établir graduellement votre crédibilité. Troisièmement, si les premières étapes se déroulent mieux que prévu, elle vous permettra d'amasser du financement à de meilleures conditions pour les étapes subséquentes.

Astuce n° 4 : Mieux vaut prévenir que guérir

Entretenez de bonnes relations avec vos bailleurs de fonds en les informant correctement du déroulement des affaires, et ce, que les nouvelles soient bonnes ou mauvaises. En d'autres mots, peu importe ce qui arrive, n'attendez pas qu'ils vous appellent ; appelez-les avant. Si votre entreprise rencontre des problèmes imprévus, il est préférable d'aviser prêteurs et investisseurs le plus tôt possible, afin de préserver le climat de confiance qui est au cœur de toute bonne entente de financement. Il s'agit alors de les renseigner sur la nature des problèmes et sur les actions que vous comptez entreprendre pour les résoudre. Si une mise de fonds additionnelle est requise pour mettre ce plan de l'avant, mieux vaut en parler le plus tôt possible.

Astuce n° 5 : Signez une bonne convention entre actionnaires

Lorsqu'un groupe d'associés décide de fonder une entreprise, la confiance doit régner. Afin d'asseoir cette confiance sur des fondements solides, il importe d'énoncer des règles claires au sujet de la propriété de l'entreprise. La *convention entre actionnaires,* que signent tous les actionnaires ordinaires, est un contrat qui définit ces règles. En voici les principales composantes :

- L'identification des types d'actions que l'entreprise émet initialement et peut émettre dans l'avenir.

- L'identification des actionnaires et du nombre d'actions qu'ils possèdent initialement.

- L'engagement de la part de tous les actionnaires de promouvoir les intérêts de l'entreprise.

- L'engagement de garder confidentielle l'information obtenue en rapport avec les activités de l'entreprise.

- Les règles en matière de vente et de transfert des actions de l'entreprise.

- Les règles entourant le retrait des affaires d'un actionnaire.

- Les règles entourant le partage des garanties personnelles que doivent ou devront éventuellement consentir un ou plusieurs actionnaires.

De plus, la majorité des conventions entre actionnaires précisent que les actionnaires actuels ont un droit de premier refus lorsque l'entreprise émet d'autres actions. Cette clause (appelée *droit de préemption*) permet à chaque actionnaire de conserver, s'il le désire et s'il en est capable financièrement, le pourcentage de propriété qu'il détient dans l'entreprise.

Il est préférable de signer la convention entre actionnaires au début de la mise sur pied de votre entreprise. Une convention complète et bien rédigée peut coûter entre 1 000 $ et 3 000 $. Même si ce montant peut paraître élevé, sachez que cet investissement se révélera fort rentable (sous forme d'économie de frais juridiques) si un problème, une dispute ou un accident grave surviennent.

Astuce n° 6 : Envisagez l'achat d'une assurance personne clé

Le succès des jeunes entreprises repose souvent sur les épaules d'une seule personne ou d'une petite équipe de personnes clés. Les compagnies d'assurances offrent des polices d'assurance-vie dites « pour personnes clés ». C'est généralement l'entreprise qui est désignée comme bénéficiaire de ces polices. Si un décès survient, la compagnie d'assurances indemnise votre entreprise, ce qui peut donner la marge de manœuvre financière requise pour procéder dans un délai raisonnable à sa liquidation ou à sa réorganisation.

11.4 UN ÉCHÉANCIER TYPIQUE POUR CE QUI EST DES ASPECTS FINANCIERS DU LANCEMENT DE VOTRE ENTREPRISE

Voici un bref aperçu de l'échéancier que vous devriez prévoir en ce qui a trait à votre première collecte de fonds. L'étape de laquelle nous partons dans cette section est le moment où votre plan d'affaires est terminé, ce qui signifie que vous avez déjà investi entre un et trois mois d'efforts. Au moment où votre plan d'affaire est terminé, nous supposons que vous avez déjà une idée assez précise de la structure de votre financement (w % des fonds requis investis par vous-même ou vos associés, x % sous forme d'un emprunt, y % sous forme de capital-actions en provenance de sociétés de capital de risque ou d'investisseurs n'appartenant pas au « groupe » fondateur, z % sous forme d'aide gouvernementale, etc.).

À partir de cette étape, le temps que prendra l'obtention de votre financement dépend de nombreux facteurs, dont la durée varie passablement d'un cas à l'autre. Nous vous présentons les principaux facteurs accompagnés de l'estimation des délais qu'ils occasionneront. Notez que, selon la nature de votre projet, les choses peuvent aller plus rapidement, ou prendre plus de temps que ce que nous indiquons.

1. Si des bailleurs de fonds n'ont pas déjà été contactés ou qu'aucun n'a déjà démontré un intérêt pour financer votre projet, prévoyez environ un mois pour constituer une banque de partenaires financiers potentiels.

2. Les présentations aux investisseurs potentiels prendront typiquement de quatre à six semaines. Prévoyez au moins deux rencontres par investisseur. La première rencontre a pour but de présenter votre plan d'affaires et résumer en quoi votre demande de financement consiste. Les autres rencontres ont pour but d'éclaircir certains points ou de compléter la première présentation.

3. Le cas échéant, vous aurez à prendre une décision finale sur votre structure de financement et les partenaires financiers avec lesquels vous voulez conclure une entente. Cette étape d'analyse peut facilement prendre une semaine puisque vous aurez probablement à mener d'autres discussions.

4. Une fois que vous avez décidé de la nature et de la provenance des fonds, il vous faudra mettre en contact les différents investisseurs (s'ils n'ont pas déjà pris cette initiative d'eux-mêmes). Ces derniers devront se concerter, ce qui peut demander une semaine ou deux, selon leur nombre.

5. Avant d'encaisser le premier chèque, prévoyez un délai d'au moins une semaine en raison des procédures administratives (communément appelée « la ronde des signatures ») qui sont requises pour officialiser les ententes.

Dans les cas les plus simples, lorsque votre mise de fonds est presque suffisante et que vous ne recherchez qu'un emprunt complémentaire modeste auprès d'un établissement financier (sous forme d'un emprunt-PPE ou d'une marge de crédit), il devrait s'écouler entre deux et quatre semaines entre le moment où vous terminez votre plan d'affaires et la date à laquelle les fonds seront accessibles. Si votre projet ou son financement sont plus compliqués ou, encore, si plusieurs bailleurs de fonds sont mis en présence (par exemple, un ou deux membres de votre famille, un banquier, un investisseur en capital de risque et un fonctionnaire), prévoyez plutôt de quatre à six mois.

11.5 EN RÉSUMÉ

Un bon financement et une saine gestion financière constituent des éléments clés du succès d'une jeune entreprise. Votre plan d'affaires doit contenir une section qui précise les montants et le type de financement dont vous avez besoin. Le plan vous permet aussi de faire état d'une partie de vos compétences en matière de gestion financière.

Lorsque vous préparez votre projet, assurez-vous qu'il a de bonnes chances de se révéler rentable. Par ailleurs, informez aussi vos éventuels bailleurs de fonds des risques qu'il présente. Mentionnez toutefois que ces derniers devraient être adéquatement rémunérés. Demeurez résolument optimistes et vendez votre financement en négociant avec ardeur. Dans cette optique, votre plan d'affaires constitue un outil de vente précieux. Autant que possible, définissez des étapes précises pour le développement de votre projet et associez un financement à chacune des étapes.

Ne vous y prenez pas à la dernière minute pour votre recherche de financement; les démarches sont souvent très longues, surtout lorsque bon nombre de bailleurs de fonds interviennent dans le dossier. La plupart du temps, prévoyez qu'un délai d'*au moins* trois mois séparera vos premières rencontres du moment auquel vous encaisserez les premiers dollars provenant des prêteurs ou des investisseurs institutionnels (banques, sociétés de capital de risque et programmes gouvernementaux).

Une fois le projet en marche, suivez à la trace l'évolution des finances de votre entreprise. Tentez de conserver en tout temps une marge de manœuvre financière qui vous permettra de faire face à des difficultés ou de tirer avantage d'occasions imprévues.

Enfin, traitez vos bailleurs de fonds en partenaires privilégiés et informez-les bien et à temps du déroulement de vos affaires.

11.6 QUELQUES RÉFÉRENCES UTILES

Nombre de livres portent spécifiquement sur la finance des PME et sur le capital de risque; voici quelques suggestions (*note:* il n'existe pas de très bons ouvrages à ce sujet écrits en français):

Page, J.-P., M. Lavallée et J. Bourgeois (1998). *Les aspects pratiques du financement des entreprises.* Éditions Guérin.

Riding, A. et B. Orser (1997). *Beyond the bank: Creative financing for canadian entrepreneurs.* John Wiley & Sons.

Pour compléter certains aspects de ce chapitre, vous pourriez trouver intéressant de consulter les documents que publient les caisses populaires, les banques à charte et la Banque de développement du Canada. Ces ouvrages expliquent (à des degrés qui varient toutefois beaucoup d'un cas à l'autre) les bases de la gestion financière des PME; ils donnent aussi une idée des attentes de chaque établissement pour que le financement demandé soit considéré comme acceptable. Sans vouloir faire la publicité de cet établissement en particulier, nous ne pouvons passer sous silence le document produit par la Banque Royale. Bien conçu, non seulement il vous guide dans vos décisions financières de base, mais il vous permet aussi de poser un autodiagnostic financier qui peut servir de modèle à la section « Financement » de votre plan d'affaires.

Enfin, il existe de nombreux livres plus généraux portant sur la gestion financière des entreprises. Voici un ouvrage de base recommandable :

Morissette, D. et W. O'Saughnessy (1995). *Décisions financières de l'entreprise,* 2ᵉ édition. Éditions SMG.

Pour ceux à la recherche d'un traité de gestion financière plus avancé, consultez :

Brealey, R.A., S.C. Myers et P. Laroche (1992). *Principes de gestion financière des sociétés,* 2ᵉ édition. Chenelière-McGraw-Hill.

NOTES

1   L'EESF est présenté à la section 9.6 du chapitre 9 ; jetez-y de nouveau un coup d'œil si vous n'êtes pas sûr de bien le comprendre.

2   Ici, nous définissons la trésorerie comme étant la somme de l'encaisse et des placements à court terme.

3   Les frais de démarrage ont généralement cours durant la première année de la mise sur pied de votre entreprise. Néanmoins, on les considère comme un actif à long terme puisque la structure administrative qu'ils permettent d'établir sert de support aux activités commerciales pendant de nombreuses années.

4   Les calculatrices financières et les chiffriers électroniques ont des fonctions qui calculent ces versements.

5   Notez que les prêts à tempérament sont généralement admissibles au programme de prêts aux petites entreprises (PPE) offert par le gouvernement du Canada.

6   Notez que les jeunes entreprises doivent toutefois effectuer leurs premiers achats au comptant, histoire d'établir leur solvabilité et leur crédibilité.

7   Les fonds recueillis auprès des parents et amis sont appelés *love money* en anglais.

8   Attendez-vous à ce que les bailleurs de fonds vous demandent, à vous et à vos partenaires, d'injecter entre 10 % et 25 % des besoins de fonds totaux requis. Les pourcentages moins élevés sont habituellement exigés lorsque votre entreprise œuvre dans un des secteurs de ce qu'on appelle communément « la nouvelle économie » (informatique, électronique, biotechnologie et autres activités considérées comme étant de la haute technologie).

9   Si tel n'est pas le cas, sachez que leurs exigences en ce qui concerne le versement de dividendes risquent de miner votre fonds de roulement et de mettre la solvabilité de votre entreprise en péril.

10 Il existe de nombreuses autres façons de procéder au « roulement » des actionnaires. Par exemple, une autre possibilité consiste à lancer un premier appel public à l'épargne (ce qui revient souvent à inscrire les actions de l'entreprise à la Bourse). Dans ce cas, les actionnaires initiaux qui veulent se retirer de l'entreprise et encaisser leurs profits n'ont qu'à vendre leurs actions sur le marché. Ce scénario n'est toutefois réalisable que pour les entreprises qui se retrouvent avec des ventes annuelles d'au moins 10 millions de dollars.

11 *Rappel :* la section 8.1.1 du chapitre 8 contient l'explication de ce en quoi consistent les frais fixes.

12 Un flux monétaire constitue la différence entre une rentrée de fonds et une sortie de fonds. Plusieurs bailleurs de fonds qui acceptent d'être rémunérés en fonction des résultats réalisés par l'entreprise proposeront d'indexer leur rémunération non pas au flux monétaire, mais plutôt au *bénéfice* d'exploitation ou au *bénéfice* net. Bien que les flux monétaires et les bénéfices comptables comportent des différences fondamentales, sachez qu'ils évoluent souvent en harmonie ; ainsi, aligner les intérêts sur les bénéfices ou sur les flux monétaires revient souvent au même.

13 Afin d'éviter un gonflement excessif du montant emprunté, les investisseurs qui consentent ce type de prêt exigent généralement que le capital à rembourser n'excède pas une certaine limite.

14 *Rappel :* les états financiers et les principaux ratios financiers sont expliqués au chapitre 9.

Chapitre 12

Le travailleur autonome et l'entrepreneur : les aspects juridiques

par Liette Lamonde et Gaston Meloche

Ce texte constitue un survol du sujet et a pour objectif d'introduire le travailleur[1] autonome et l'entrepreneur[2] à la dimension juridique du démarrage de leur entreprise. De plus, le lecteur désireux d'approfondir certains thèmes pourra se référer aux ouvrages mentionnés en bibliographie.

12.1 QUELLE STRUCTURE JURIDIQUE CHOISIR POUR MON ENTREPRISE ?

Une entreprise peut être exploitée sous différentes formes juridiques. Ainsi, on trouve l'entreprise individuelle, l'entreprise incorporée (désignée « société par actions » dans la loi fédérale et « compagnie » dans la loi québécoise), la société (en participation, en nom collectif ou en commandite), la coopérative et l'entreprise (incorporée ou non) sans but lucratif. Les trois premières formes sont expliquées une à une. Mentionnons au passage que, dans une coopérative, chaque membre possède un seul vote (contrairement à un vote par action détenue pour l'entreprise incorporée). La coopérative est utilisée pour différents types d'activités, tels les regroupements de travailleurs ou de producteurs.

12.1.1 Créer ou acquérir une entreprise

Votre projet d'entreprise étant bien défini, deux possibilités s'offrent à vous au départ : fonder une nouvelle entreprise ou acquérir une entreprise existante. Des considérations juridiques et fiscales influent sur la décision d'acquérir l'entreprise de quelqu'un d'autre. Cette entreprise a un passé avec lequel vous devrez composer, surtout s'il s'agit d'une entreprise incorporée. En effet, celle-ci possède une personnalité juridique distincte des individus qui l'administrent ou qui en sont les actionnaires : en termes juridiques, elle est une personne morale. Cela signifie, par exemple, qu'elle peut s'engager par contrat et ainsi avoir des obligations. De même, elle a son propre patrimoine, c'est-à-dire ses biens et ses droits. Elle peut poursuivre devant les tribunaux et être elle-même poursuivie.

L'entreprise incorporée que vous désirez acquérir est liée en vertu de contrats de toutes sortes : baux pour son emplacement et son équipement, garanties offertes sur ses produits et services, convention collective avec ses employés, etc. Elle est en règle ou non avec les autorités publiques en ce qui concerne la production obligatoire de rapports, la perception et la remise des taxes (TPS, TVQ) et des retenues sur la paie, la déclaration de ses revenus, etc. Elle a respecté ou non ses multiples obligations légales, par exemple en matière de zonage, de sécurité et de santé au travail, de protection environnementale, de détention de licences et permis, etc. Elle a été ou non l'objet de procédures judiciaires ou d'enquêtes administratives. Tous ces éléments nécessitent une vérification diligente préalable à la décision d'acquisition.

12.1.2 Les critères de choix et les avantages/inconvénients

L'entreprise individuelle

Véhicule de départ généralement privilégié par le travailleur autonome, l'entreprise individuelle, qu'on appelait anciennement « entreprise enregistrée », réduit au minimum les démarches juridiques liées au démarrage. Elle est exploitée et gérée par un seul individu ; c'est une entreprise à propriétaire unique.

L'entreprise individuelle n'a pas d'existence légale distincte de son propriétaire. Ainsi, les profits tirés de son exploitation sont imposés à même la déclaration de revenu personnelle du propriétaire, au taux d'imposition applicable à ce dernier, compte tenu de ses revenus de différentes sources. De plus, les obligations et les dettes contractées pour l'exploitation de l'entreprise sont les obligations et les dettes du propriétaire. Cela implique que les créanciers impayés pourront puiser à même les biens personnels du propriétaire advenant le cas où les biens utilisés pour le fonctionnement de l'entreprise ne suffisent pas à rembourser la dette. L'entreprise et son propriétaire ont un patrimoine commun. Enfin, le travailleur autonome propriétaire d'une entreprise individuelle doit verser des contributions au Régime des rentes du Québec et au Fonds des services de santé du Québec, selon ses revenus nets d'entreprise. Le montant des contributions est calculé et versé dans sa déclaration de revenu personnelle.

Précisons davantage la notion de travailleur autonome comparée à celle du salarié. Le travailleur autonome ou propriétaire unique possède la liberté des moyens d'exécution du contrat qu'il obtient. Ainsi, il choisit sa méthode de travail et son équipement. Il est d'ailleurs propriétaire de ce dernier et de ses outils. Sa liberté s'étend aussi à l'organisation et à l'administration de son travail. Il est économiquement indépendant, en ce sens qu'il a la possibilité de recruter d'autres clients (il n'est pas lié, comme l'employé, à un employeur unique). De plus, il fixe ses prix, élabore sa stratégie de marketing, innove, coordonne ses moyens de production et fait des pertes ou des profits. Du point de vue fiscal, la distinction entre le travailleur autonome et le salarié a une incidence importante, entre autres, sur la possibilité, pour le travailleur autonome, de déduire certaines dépenses d'exploitation de son entreprise.

L'entreprise incorporée

Certaines démarches sont nécessaires à la mise sur pied d'une entreprise incorporée, qu'on l'incorpore selon la Loi sur les compagnies du Québec[3] (constitution provinciale) ou conformément à la Loi canadienne sur les sociétés par actions[4] (constitution en société par actions de régime fédéral). D'abord, des statuts de constitution doivent être demandés en soumettant les formulaires prescrits et en acquittant les droits auprès de l'Inspecteur général des institutions financières (au Québec) ou d'Industrie Canada (au fédéral).

Pourquoi s'incorporer au fédéral plutôt qu'au provincial? L'incorporation fédérale est plus coûteuse. Toutefois, la L.C.S.A. est plus favorable aux actionnaires minoritaires (ce qui peut ne pas être selon vos intérêts et désirs...). Il est également possible, sous la L.C.S.A., de déplacer le siège social de l'entreprise à l'extérieur du Québec et de faire affaire à la grandeur du Canada en limitant ainsi les formalités d'incorporation dans chaque province, le cas échéant.

L'entreprise incorporée est détenue par un ou plusieurs actionnaires. Ces derniers possèdent donc des actions auxquelles sont attachés des droits : droit de vote, droit de recevoir un dividende, droit de partager le reliquat des biens advenant la dissolution de l'entreprise. Les actionnaires d'une petite entreprise incorporée (« privée ») devraient, afin de se protéger mutuellement, exiger une convention d'actionnaires. La convention entre actionnaires a pour but de restreindre la circulation des actions, d'en déterminer la détention et de régir certains aspects de l'administration de l'entreprise. Elle vise à prévenir et à résoudre les situations d'impasse et de mésentente, ainsi qu'à protéger les actionnaires minoritaires. Une bonne convention doit prévoir, au minimum, les éventualités de décès, de retrait forcé ou volontaire, d'invalidité, voire de faillite personnelle de la part d'un actionnaire. Elle contient des clauses prévoyant la méthode d'évaluation des actions et de transfert des actions advenant l'une des possibilités déjà mentionnées, afin que les autres actionnaires ou l'entreprise puissent acheter les actions de l'actionnaire visé et éviter, ainsi, le transfert non voulu des actions à des tiers. Enfin, une clause de non-concurrence est généralement incluse dans la convention ; ses effets se poursuivent après le départ de l'actionnaire.

Le principal avantage de l'entreprise incorporée tient à sa personnalité juridique distincte de celle de ses actionnaires. C'est l'entreprise incorporée qui s'engage dans ses contrats et dans ses actes ; c'est donc elle qui en est responsable, et non pas les actionnaires. Ainsi, les recours des créanciers se limitent aux biens de l'entreprise et la responsabilité des actionnaires est alors limitée à leur mise de fonds. Toutefois, précisons que, en pratique, pour une entreprise incorporée en démarrage, les institutions financières exigent la plupart du temps des garanties personnelles de la part des actionnaires comme condition d'octroi d'un prêt à l'entreprise. Ils obtiennent de cette façon un recours direct contre les biens personnels des actionnaires en cas de défaut de l'entreprise incorporée, en plus, bien sûr, de leurs recours contre cette dernière. L'avantage de la personnalité juridique distincte de l'entreprise incorporée s'en trouve alors grandement diminué.

Il subsiste toutefois un second avantage peu négligeable : l'aspect fiscal. L'entreprise incorporée paie des impôts sur ses profits, dans une déclaration de revenu distincte de celle de ses actionnaires, à des taux d'imposition souvent inférieurs et particulièrement avantageux pour les petites entreprises. Cela, surtout grâce à la déduction accordée à la petite entreprise qui permet un taux réduit sur la première tranche de 200 000 $ de revenu imposable. Ces déclarations fiscales s'effectuent sur les formulaires CO-17 au provincial et T2 au fédéral, auxquels on joint les états financiers de l'entreprise. Une autre facette fiscale intéressante est le fractionnement des revenus entre, par exemple, l'entreprise et l'entrepreneur employé de cette même entreprise.

Comme l'entreprise incorporée possède un patrimoine distinct de celui de son actionnaire, ce dernier, pour retirer des sommes d'argent de l'entreprise, doit habituellement procéder par le versement d'un salaire ou d'un dividende. Notons que le véhicule de l'entreprise incorporée est particulièrement intéressant lorsque les revenus générés par son exploitation n'ont pas à être entièrement distribués aux actionnaires (alors que le travailleur autonome aura souvent besoin de tous ses revenus pour subsister et, naturellement, ceux-ci seront imposés dans sa déclaration de revenu personnelle).

L'entreprise incorporée permet un choix plus large de modes de rémunération. Il est possible de mettre sur pied un régime d'achat d'actions (actionnariat) pour certains employés clés. Elle facilite également l'obtention de financement si on parvient à intéresser des investisseurs et à leur vendre des actions de l'entreprise.

Notons qu'il est interdit à certains professionnels d'offrir leurs services par l'entremise d'une entreprise incorporée. Ainsi en est-il des professionnels de la santé, des avocats, des notaires et des comptables agréés.

La société de personnes

Les groupes de professionnels mentionnés plus haut n'ont pas d'autre choix que d'opter pour la création d'une société s'ils souhaitent se regrouper pour exercer leur profession. La société en nom collectif est habituellement retenue par ceux-ci, alors que la société en commandite est surtout utilisée pour la création de sociétés d'investissement permettant aux investisseurs (les commanditaires) d'obtenir des déductions fiscales particulières (par exemple, dans les domaines de la production de films ou de l'exploration minière). Dans la société en commandite, on retrouve deux types d'associés: les commanditaires et les commandités. Les commanditaires sont les investisseurs. Leur responsabilité est limitée à la somme qu'ils investissent et ils ne doivent pas prendre part à l'administration courante de la société ni en être mandataires. Les commandités, eux, administrent la société. Quant à la société en participation, elle est peu utilisée en pratique.

La société en nom collectif réunit deux individus ou plus. Pour la créer, il suffit de produire la déclaration d'immatriculation dont nous traiterons à la section 12.1.4. Il s'avère prudent de rédiger un contrat régissant le fonctionnement de la société et les responsabilités de chaque associé. En effet, il faut savoir que les associés sont tenus solidairement responsables des obligations de la société contractées pour l'exploitation de l'entreprise de la société. Cela implique que chaque associé est responsable pour la totalité de la dette contractée. De plus, les biens personnels d'un associé peuvent être appliqués au paiement des créanciers impayés de la société. Le contrat de société devrait reprendre essentiellement les points mentionnés plus haut en ce qui concerne la convention entre actionnaires. Bien entendu, ce sont les parts des associés qui sont maintenant en cause, plutôt que des actions.

12.1.3 La franchise

La franchise n'est pas une structure juridique proprement dite. Il s'agit plutôt d'un contrat négocié entre un franchiseur et un franchisé. Il n'y a pas encore de législation québécoise en la matière, sauf indirectement, par l'application du Code civil du Québec. L'essence du contrat consiste à permettre au franchisé l'utilisation d'une ou plusieurs marques de commerce et du savoir-faire mis au point par le franchiseur. La lecture attentive de ce contrat est importante et il est recommandé, préventivement, de retenir les services d'un conseiller juridique pour scruter cette entente avant de la signer. Les points importants à examiner sont: les clauses en ce qui concerne le territoire attribué, les droits d'entrée à verser et les redevances à remettre, la confidentialité, la validité, la propriété et la surveillance des marques de commerce utilisées, le savoir-faire, la qualité, la fréquence et le coût de la formation fournie par le franchiseur, les quotas à respecter par le franchisé, les sources d'approvisionnement imposées à ce dernier et les possibilités de sortie. On portera une attention particulière aux services promis par le franchiseur, c'est-à-dire à leur nature, à leur fréquence et à leurs modalités. Une bonne façon de vérifier les dires du franchiseur est de discuter avec des franchisés.

12.1.4 Le nom de l'entreprise et les exigences juridiques pertinentes

À partir du moment où, travailleur autonome, vous offrez vos services sous un autre nom que votre nom personnel, vous devez immatriculer ce nom, appelé raison sociale. Pour s'acquitter de cette obligation imposée par la Loi sur la publicité légale des entreprises individuelles, des sociétés et des personnes morales, vous remplissez le formulaire de déclaration d'immatriculation fourni par l'Inspecteur général des institutions financières. Il en coûte actuellement 210 $ pour s'immatriculer. L'immatriculation est toujours obligatoire dans les cas d'une entreprise incorporée et d'une société de personnes. Enfin, mentionnons que le nom de l'entreprise québécoise se doit de respecter les exigences de la Charte de la langue française, notamment être en français ; toutefois, on peut utiliser une version dans une autre langue que le français à l'extérieur du Québec.

12.1.5 Les démarches et les formalités connexes à la formation et à l'organisation juridique de l'entreprise

Il est nécessaire d'obtenir le numéro d'entreprise (NE) du gouvernement fédéral. Ce numéro permet d'identifier votre entreprise par un numéro unique aux fins du compte de l'impôt sur le revenu des sociétés, du compte importations-exportations et du compte des retenues sur la paie. Pour l'obtenir, il s'agit de remplir le formulaire RC57, Demande d'un numéro d'entreprise (NE) - Québec.

Tant pour l'entreprise individuelle que pour l'entreprise incorporée, l'atteinte d'un chiffre d'affaires annuel de 30 000 $ signifie l'obligation de s'inscrire à la TPS et à la TVQ auprès du ministère du Revenu du Québec (au 1 800 567-4692). Cela implique que vous avez la tâche de facturer ces taxes aux clients, de les percevoir, puis de les remettre aux différents paliers gouvernementaux, conformément aux rapports exigés et aux formalités prescrites. L'avantage correspondant est le remboursement des taxes payées sur vos achats.

Si vous avez des employés, s'ajoute alors une autre formalité : l'inscription de l'entreprise en tant qu'employeur auprès du ministère du Revenu (au provincial) et de Revenu Canada (au fédéral). Par la suite, l'entreprise prélève des retenues sur les salaires versés, qu'elle doit remettre aux gouvernements en plus de sa part des avantages sociaux qu'elle doit verser en tant qu'employeur.

Enfin, mentionnons au passage, la nécessité d'obtenir différents permis municipaux.

12.2 DÉMARRER L'ENTREPRISE SEUL OU AVEC D'AUTRES ?

12.2.1 Les implications juridiques de la vie associative

Dans une entreprise individuelle, vous êtes seul maître à bord. Par contre, si vous optez pour la société de personnes ou le démarrage d'une entreprise incorporée avec d'autres actionnaires, vous devez composer avec une gestion de groupe.

L'entreprise incorporée est gérée par un conseil d'administration composé d'administrateurs élus par les actionnaires. Dans une petite entreprise incorporée, ces administrateurs sont, en fait, le ou les actionnaires. Évidemment, il est permis, tant au provincial qu'au fédéral, de n'avoir qu'un unique administrateur et, qui plus est, un seul actionnaire. Les administrateurs ont des responsabilités découlant de différentes lois[5].

Une étude détaillée de ces responsabilités dépasse le cadre de ce chapitre. Soulignons seulement que l'administrateur a une obligation légale d'honnêteté et de loyauté. Cela signifie qu'il doit éviter les conflits d'intérêts, divulguer les intérêts qu'il pourrait avoir dans des contrats que l'entreprise incorporée s'apprête à signer et privilégier l'intérêt de l'entreprise incorporée plutôt que le sien. Il ne doit pas tirer avantage des biens de l'entreprise incorporée ou de l'information qu'il y obtient, par exemple en lui usurpant une occasion d'affaires. Une deuxième obligation est celle commandant d'agir avec prudence et diligence. Elle exige que l'administrateur, dans ses fonctions, prenne tous les moyens nécessaires, selon ses aptitudes professionnelles, pour arriver à des résultats favorables à l'entreprise. Il doit donc se tenir informé des activités de l'entreprise incorporée, assister aux réunions du conseil d'administration et demander l'opinion d'experts lorsqu'il n'a pas les habiletés nécessaires pour prendre une décision éclairée.

Évidemment, si vous êtes l'unique actionnaire et administrateur de votre entreprise incorporée, même si ces principes sont juridiquement importants, il arrive parfois que certains d'entre eux soient « oubliés » par le fondateur... Toutefois, si jamais ce dernier s'associe avec d'autres partenaires ou s'il désire vendre ou fusionner son entreprise, tout accroc à l'un de ces principes devient rapidement problématique.

Il est également nécessaire à l'administrateur de respecter les limites de ses pouvoirs et de veiller à ce que l'entreprise incorporée respecte ses obligations, notamment en matières environnementale et fiscale.

12.3 COMMENT PROTÉGER JURIDIQUEMENT LES RÉSULTATS DE MES IDÉES ET MES INNOVATIONS ?

Différentes lois canadiennes protègent spécifiquement les propriétés intellectuelles que sont le brevet, le droit d'auteur, la marque de commerce, le dessin industriel et la topographie de circuits intégrés. Notez que dans la période précédant l'obtention de votre protection d'une des lois de propriété intellectuelle, il est préférable, au moment de divulguer tout ou une partie de vos concepts ou idées à un éventuel client ou partenaire d'affaires, de lui faire signer une entente de confidentialité, si vous pouvez la négocier.

En ce domaine d'application particulièrement complexe, évitez de croire tout ce que certains conseillers, par ailleurs bien intentionnés, peuvent vous dire : vérifiez toujours auprès de juristes, agents de brevets et de marques de commerce accrédités.

12.3.1 Les possibilités et leurs exigences juridiques

Le brevet

Votre invention peut être brevetée si elle remplit trois conditions cumulatives :

1. Elle est nouvelle : il s'agit de la première de ce genre dans le monde.

2. Elle est utile : elle est fonctionnelle et exploitable.

3. Elle constitue un apport inventif : c'est un changement ou une amélioration, quelque chose qui n'est pas familier à une personne de compétence moyenne dans le domaine.

L'obtention d'un brevet canadien vous donne les droits exclusifs de la fabrication, de l'utilisation ou de la vente de votre invention pendant une période de 17 ans. Étant donné la complexité de la procédure de demande de brevets, il est fortement recommandé de retenir les services d'un agent de brevets agréé. Actuellement les frais du brevet sont élevés : 150 $ au dépôt de la demande, 200 $ pour la requête d'examen, 150 $ à l'acceptation. Par la suite, à chaque anniversaire du dépôt, vous devrez acquitter des taxes de 50 $ les trois premières années, 75 $ les cinq années suivantes, 100 $ les cinq autres années suivantes et 200 $ les cinq dernières années. Et ce, sans compter les honoraires de votre agent de brevets. Pour plus de renseignements à ce sujet, consultez le chapitre 13, à la section 13.4.1.

Les droits d'auteur

Votre œuvre de nature littéraire (livre, brochure, programme informatique), dramatique (film, scénario), musicale ou artistique (peinture, dessin, photographie) est automatiquement protégée au Canada par un droit d'auteur si elle est une œuvre originale. Le droit d'auteur donne le droit exclusif de produire ou de reproduire l'œuvre ou de permettre à quelqu'un d'autre de le faire. C'est l'expression de l'idée qui est protégée et jamais l'idée elle-même. Au Canada, cette protection demeure durant toute la vie de l'auteur et se poursuit pendant les 50 années suivant la date de son décès. Bien que cela ne soit pas nécessaire, vous pouvez enregistrer votre droit d'auteur auprès du Bureau du droit d'auteur à faible coût (65 $). Vous obtenez ainsi un certificat constituant une preuve de votre droit. Cela signifie qu'il revient au contrefacteur de votre brevet de prouver que votre droit n'est pas valide. Ce n'est pas à vous de l'établir. Notez que l'employeur devient titulaire de l'œuvre créée par ses employés au cours de leur travail, à moins d'une convention contraire entre lui et eux.

Les marques de commerce

La marque de commerce est définie comme un mot, un symbole, un dessin ou une combinaison de ceux-ci, permettant de distinguer les produits ou les services offerts sur le marché par une personne de ceux d'une autre. Il peut s'agir simultanément du nom d'un commerce, si celui-ci désigne également les produits et les services du commerce. La marque de commerce est automatiquement protégée du fait de son utilisation pendant une certaine période de temps. Néanmoins, il est préférable de procéder à son enregistrement, ce qui constitue une preuve de votre droit de propriété et en assure donc une meilleure protection. Les marques « fortes » sont celles qui ne signifient rien ou qui ont une signification distincte du produit ou du service visé. De plus, il ne serait pas possible ni même souhaitable (car il s'agirait d'une marque « faible ») par exemple d'enregistrer l'expression « crème glacée à la vanille » comme marque de commerce pour de la crème glacée à la vanille. L'enregistrement donne le droit exclusif de l'utilisation de la marque pour une période de 15 ans, moyennant des frais actuels de 150 $ au dépôt et de 200 $ à l'admission de la demande. Le renouvellement s'effectue ensuite tous les 15 ans. Il faut également prévoir les honoraires de l'agent de marque de commerce qui vous assistera dans votre démarche. On confond souvent la marque de commerce avec la dénomination sociale. Or, la marque de commerce vise un produit ou un service, alors que la dénomination sociale est le nom de votre entreprise.

Les dessins industriels et les topographies de circuits intégrés

Le dessin industriel est la forme, le motif, la décoration appliqués à un objet utilitaire produit en série, par exemple le motif d'un prélart. Les topographies de circuits intégrés sont les configurations tridimensionnelles des circuits électroniques inhérentes aux produits de circuits intégrés ou des conceptions de présentation qu'on trouve sur les puces (semi-conducteurs). Les lois pertinentes offrent également une protection à ces types de propriété intellectuelle particuliers qui dépassent le cadre de ce texte introductif.

12.3.2 Les clauses et les déclarations de protection de secrets commerciaux

Certaines inventions, quoique précieuses pour votre entreprise, ne répondent pas aux critères régissant les brevets. Ou encore, elles les respectent, mais vous préférez éviter de les divulguer pour un motif stratégique. Dans ce cas, la protection pour laquelle vous optez est celle du secret. Naturellement, tant que vous gardez le secret sur votre invention, vous en avez l'exclusivité, à moins que quelqu'un d'autre ne parvienne à mettre au point la même invention de manière indépendante. Dans ce dernier cas, vous ne bénéficiez d'aucun recours contre cet inventeur. Les tribunaux reconnaissent une protection à votre secret commercial lorsqu'il a été utilisé ou divulgué sans votre consentement, par quelqu'un avec qui vous aviez établi une relation de confiance. Par exemple, vous avez élaboré une recette pour une boisson gazeuse. Vous avez dû la dévoiler à certains de vos employés afin qu'ils puissent l'utiliser dans la production de la boisson. Si l'un de ces employés quitte votre entreprise et commence la production de votre boisson en utilisant votre recette, vous pourrez obtenir qu'il cesse cette entreprise et qu'il vous verse des dommages-intérêts, le cas échéant. Pour plus de sûreté, vous vous assurerez de faire signer à vos employés une clause de confidentialité qui précisera la nature du secret, l'obligation de l'employé par rapport à celui-ci et les sanctions possibles en cas de non-respect.

12.4 L'ACTIVITÉ JURIDIQUE DE VOTRE ENTREPRISE DANS LE MARCHÉ

12.4.1 La protection de votre clientèle

Naturellement, la clientèle d'une entreprise est précieuse. Il est possible de la protéger dans une certaine mesure. En effet, bien que la concurrence soit souvent inévitable, la concurrence illégitime peut être évitée. Une première façon est de prévoir une clause de non-concurrence dans le contrat de travail de certains employés clés. Cette clause sera valide si elle forme un juste équilibre entre votre intérêt commercial et la liberté de travail de votre employé, c'est-à-dire son droit à gagner sa vie. Une clause raisonnable empêche l'employé quittant votre service de vous concurrencer dans un domaine semblable au vôtre, à une distance et pour une durée raisonnable. Une telle clause tient compte également des fonctions que remplissait l'employé dans votre entreprise. Cette obligation survit, à certaines conditions et pendant une période déterminée dans la clause, après le départ de l'employé.

La Loi sur la concurrence et la Loi sur la protection du consommateur contiennent des dispositions vous permettant des recours contre les pratiques déloyales de concurrents, telles que le prix déraisonnablement bas, la vente au-dessus du prix annoncé, la vente à prix d'appel, le complot entre entreprises pour fixer les prix, etc.

Lorsque vous traitez avec un consommateur, la Loi sur la protection du consommateur vous impose certaines règles de conduite formalistes régissant vos transactions avec votre clientèle.

12.4.2 Les règles générales des principaux contrats commerciaux pertinents pour l'entreprise

Cet aspect nécessiterait un chapitre à lui seul. Comme l'espace alloué manque, mentionnons uniquement que le contrat est un instrument essentiel de nombreuses transactions dans la vie de votre entreprise. Il peut s'agir du bail pour votre local commercial ou votre équipement, d'un contrat d'achat d'immeuble ou de mobilier, des contrats de travail avec vos employés, d'un contrat de vente avec un client ou avec un fournisseur, etc. Dans tous les cas, il faut savoir les négocier avec compétence, les lire attentivement et les comprendre adéquatement avant de les signer.

Le Code civil du Québec contient de nombreuses règles régissant les contrats. Certaines sont impératives et ne peuvent être contournées, mais la plupart de ces règles existent pour pallier les lacunes éventuelles de votre contrat.

Se souvenir enfin qu'un « bon » contrat débute inévitablement par une « bonne » négociation.

12.5 LES CONSIDÉRATIONS JURIDIQUES EN MATIÈRE DE FINANCEMENT D'ENTREPRISE, DE CRÉDIT ET DE RECOUVREMENT

12.5.1 Les emprunts et le capital-actions

Le démarrage d'une petite entreprise débute souvent par l'investissement de la part du fondateur de ses économies personnelles et de celles de ses proches. Lorsque les besoins financiers deviennent plus importants, il devient nécessaire d'obtenir un emprunt auprès d'une institution financière. Différents types de financement sont possibles : la marge de crédit pour les activités courantes et les dettes à long terme pour l'acquisition d'un immeuble ou d'équipement sont les plus usuels. Vous pouvez choisir l'institution vous offrant les meilleures conditions. Le prêteur aura toutefois ses exigences en ce qui concerne les documents à produire, tels que le plan d'affaires, des preuves d'assurances, les états financiers passés et prévisionnels, des listes de clients ou des contrats, les documents constitutifs, la convention d'actionnaires ou d'associés, s'il y a lieu, etc.

Les sociétés de capital de risque et les gouvernements sont d'importantes sources de financement pour les entreprises œuvrant dans des activités perçues comme plus risquées. L'entreprise incorporée se voit accorder le pouvoir d'emprunter par la L.C.S.A. Les administrateurs n'ont qu'à adopter une résolution afin de pouvoir contracter l'emprunt pour et au nom de l'entreprise incorporée. Pour la L.C.Q., le pouvoir d'emprunter doit être inscrit dans les statuts de l'entreprise incorporée. C'est par une résolution ou en vertu d'un règlement interne que les administrateurs pourront ensuite agir. Le prêteur voudra certainement consulter ces documents.

Pour la société de personnes, ce sont tous les associés qui doivent consentir à l'hypothèque. Toutefois, un seul associé peut agir en ce sens si les associés l'ont nommé mandataire à cet effet.

12.5.2 Quelles sont les sûretés possibles, leurs conditions et leurs effets ?

Le prêteur exige généralement des sûretés. Le cautionnement d'une autre personne solvable ou de vous personnellement est fréquemment demandé. Ce cautionnement offre au prêteur, en garantie, vos biens personnels (votre patrimoine) en plus de ceux de votre entreprise. Il s'agit donc de ne pas signer un tel cautionnement à la légère. Pour l'obtention de la marge de crédit, l'institution prendra les comptes clients et les stocks en garantie. Lorsque vous financez des biens par une dette à long terme, c'est plutôt une hypothèque sur ces actifs qui intéressera l'institution prêteuse. Ainsi, le prêteur pourra prendre possession des biens donnés en sûreté en cas de défaut de remboursement de la dette de l'entreprise. Même le propriétaire d'une entreprise individuelle peut consentir une hypothèque sur les biens meubles (mobilier, équipement, etc.) qui sont utilisés dans l'exploitation de son entreprise. Précisons que bon nombre d'entreprises de la nouvelle économie possèdent peu d'actifs tangibles à offrir en garantie. C'est le cas des créateurs de logiciels et d'entreprises axées sur le savoir. Il est alors difficile d'obtenir du financement traditionnel. Toutefois, les institutions financières s'adaptent peu à peu à ces nouvelles réalités.

12.5.3 Le recouvrement et ses recours

Conclure une vente n'est pas une fin en soi. Encore faut-il encaisser le produit de cette vente. La prudence est de mise dans le choix de ses clients et une étude de crédit préalable pourra éviter bien des ennuis. Néanmoins, lorsque les biens sont livrés ou les services rendus et que le paiement tarde à venir, certains recours sont possibles. Par exemple, une action judiciaire contre le client peut être prise pour obtenir le paiement du prix. Ou encore, on peut obtenir l'annulation de la vente et tenter de récupérer les biens livrés. Évidemment, au moment de transactions importantes, vous pourrez tenter d'obtenir, vous aussi, certaines sûretés.

12.6 LES SUJETS CONNEXES AU DÉMARRAGE DE L'ENTREPRISE

12.6.1 L'application des principales lois sociales

Bon nombre de lois sociales interviennent dans le démarrage et dans la gestion d'une entreprise. Qu'on pense au Code du travail, à la Loi sur les normes du travail, à la Loi sur la santé et la sécurité au travail, à la Loi sur l'assurance-emploi, à la Loi sur la protection des renseignements personnels, à la Charte canadienne des droits et libertés, à la Charte des droits et libertés de la personne (québécoise), à la Charte de la langue française, etc.

12.6.2 L'incidence sur l'entreprise de l'union de fait, des régimes matrimoniaux et de la succession

Le régime matrimonial a son importance lorsqu'un des époux se lance en affaires. Par le régime de la communauté de biens, tous les biens acquis par les époux sont mis en commun et pourront servir à payer les dettes contractées par celui qui est en affaires. Avec la société d'acquêts, les biens acquis durant le mariage sont répartis également entre les époux. Chacun conserve toutefois ses biens propres, c'est-à-dire les biens possédés avant le mariage et ceux reçus en donation ou en succession pendant le mariage. Le risque est donc moindre pour le conjoint qui n'est pas en affaires : il conserve ses biens propres et obtient la moitié des acquêts de l'autre conjoint. Enfin, le régime de la séparation de biens prévoit que chaque époux administre ses biens et que les dettes contractées par l'un n'engagent pas le patrimoine de l'autre. Le conjoint qui n'est pas en affaires est donc parfaitement protégé contre les risques de l'entreprise de son conjoint.

Le Code civil du Québec ne régit pas la situation des conjoints en union de fait. Aussi est-il prudent de rédiger un contrat qui prévoit le partage des biens et les autres éléments de la vie économique du couple non marié. Notons que de nombreuses lois de nature sociale reconnaissent des droits aux conjoints de fait selon différents critères, dont le plus courant est un certain nombre d'années de vie commune. Il vaut mieux vérifier dans chaque cas, étant donné les variantes.

Un autre point à planifier : sa succession. La part d'un associé dans une société de personnes fait partie de son patrimoine et peut donc, à ce titre, faire l'objet d'un partage entre les héritiers de cet associé. D'où l'importance de prévoir des modalités de rachat de cette part par les autres associés dans le contrat de société. Une assurance-vie sera habituellement prise sur la vie de chaque associé et, ainsi, l'indemnité d'assurance encaissée au moment du décès d'un associé sera utilisée pour racheter la part sociétaire de sa succession. Les actionnaires d'une petite entreprise incorporée veilleront aussi à régler à l'avance, de la même manière, d'éventuels problèmes de succession par le biais de leur convention d'actionnaires.

Même si vous ne possédez pas beaucoup de biens, si vous êtes en union de fait et surtout si vous avez des enfants, vous devez songer à la rédaction d'un testament. Si vous le gardez simple, le coût en est minime, même pour un testament notarié.

Enfin, le travailleur autonome devrait également se protéger au moyen d'une assurance-salaire pour lui-même et possiblement pour ses employés clés.

12.6.3 Les conseils visant l'utilisation de conseillers juridiques

Étant donné la multitude et la complexité des lois et des règlements en vigueur, il est parfois nécessaire d'avoir recours aux conseils d'un expert en la matière. On se souviendra du brocard que nul n'est censé ignorer la loi. Le conseiller juridique devrait être consulté pour la révision de contrats importants, l'immatriculation de l'entreprise, la formation et l'organisation de celle-ci, la convention d'actionnaires ou d'associés, la propriété intellectuelle, l'application des lois sociales. En somme, chacun son métier ! Il vaut généralement mieux dépenser un peu de manière préventive, au moment où vous avez encore une liberté d'action et la possibilité d'effectuer des ajustements, car il en coûte très cher lorsqu'on est réduit aux actions curatives et aux poursuites.

Assurez-vous de connaître, à l'avance, le tarif horaire du conseiller et, approximativement, le temps qu'il estime nécessaire à la solution de votre problème juridique.

12.7 LES SITES INTERNET : L'INCORPORATION

Fédéral - formulaires et guides :
http://strategis.ic.gc.ca/SSGF/cs00058f.html

Fédéral - recueils d'information :
http://strategis.ic.gc.ca/sc_mrksv/corpdir/frndoc/5.html

12.8 LES FRAIS RELIÉS À L'INCORPORATION

Les frais d'incorporation actuels s'élèvent respectivement à 395 $ au provincial et 500 $ au fédéral. À ces frais s'ajoutent les honoraires du conseiller juridique que vous pourriez mandater pour s'occuper de ces formalités. Il faut également prévoir, par la suite, la production d'un rapport annuel accompagné des montants de 78 $ au provincial et de 50 $ au fédéral.

12.9 LES ADRESSES DE L'INSPECTEUR GÉNÉRAL DES INSTITUTIONS FINANCIÈRES

L'Inspecteur général
des institutions financières
Direction des entreprises
800, Place D'Youville
Case postale 1364
Québec (Québec)
G1K 9B3

L'Inspecteur général
des institutions financières
Direction des entreprises
800, Tour de la Place-Victoria
Montréal (Québec)
H4Z 1H9

Numéros de téléphone :
Région de Québec : (418) 643-3625
Ailleurs au Québec : 1 888 291-4443 (sans frais)
Télécopieur : (418) 528-5703
http://www.igif.gouv.qc.ca

Office de la propriété intellectuelle du Canada (OPIC)
Direction de l'information
Place du Portage I
50, rue Victoria
2e étage, pièce C-227
Hull (Québec) K1A 0C9

Téléphone : (819) 997-1936
Télécopieur : (819) 953-7620
http://strategis.ic.gc.ca/sc_mrksv/cipo/welcome/welcom-f.html
pour la propriété intellectuelle.

L'Office publie des guides intitulés :
– *Le guide des brevets*
– *Le guide des droits d'auteur*
– *Le guide des marques de commerce*
– *Le guide des dessins industriels*
– *Le guide des topographies de circuits intégrés*

Pour le texte des lois canadiennes pertinentes en affaires :
→ http://info.ic.gc.ca/cmb/Welcmeic.nsf/Liens-cat

Pour des lois fédérales visant la propriété intellectuelle, la L.C.S.A et d'autres domaines du commerce :
→ http://canada.justice.gc.ca/fr/lois/index.html

Pour les impôts sur le revenu :
• **Québec :** → http://www.revenu.gouv.qc.ca
        → http://www.revenu.gouv.qc.ca/fr/entreprises/index.asp
        pour Démarrage d'entreprises (publications et liens pertinents).
• **Fédéral :** → http://www.ccra-adrc.gc.ca/tax/business/menu-f.html
        pour le site de l'Agence des douanes et du revenu du Canada;
        → http://www.ccra-adrc.gc.ca/tax/business/smallbusiness/index-f.html
        sur les Petites entreprises ;
        → http://www.ccra-adrc.gc.ca/F/pub/Tg/rc4070fd/rc4070fd.html
        pour le Guide pour les petites entreprises canadiennes
        → http://www.ccra-adrc.gc.ca/tax/business/smallbusiness/sbis-f.html
        pour le Séminaire sur les petites entreprises.

Recherche de sources de financement :
→ http://strategis.ic.gc.ca
→ http://www.infoentrepreneurs.org
→ http://www.passeportaffaire.com/main.html

Autres sites d'intérêt:
→ http://concurrence.ic.gc.ca/ssgf/ct01250f.html
→ http://www.comm-qc.gouv.qc.ca
→ http://strategis.ic.gc.ca/cgi-bin/allsites/motd/motDspl.pl?lang=f&link=frndoc/main.html
pour Démarrage d'une entreprise, Financement exportation, Constitution en sociétés, Propriété intellectuelle, Répertoire d'entreprises, etc.
→ http://www.rcsec.org/pai/
pour des publications sur la petite entreprise et un plan d'affaires interactif (dépliant).

**Exercice 12.1 QUESTIONS DE RÉFLEXION ET DE RÉVISION
SUR LES ASPECTS JURIDIQUES DE VOTRE ENTREPRISE**

---

1. Quelle est la meilleure structure juridique pour votre entreprise, compte tenu de votre propre situation, de vos objectifs et des implications juridiques différentes pour chacune des structures ? Aurez-vous un ou des associés ? Pourquoi ? Les connaissez-vous vraiment ? Quelles sont leurs motivations d'affaires ? Sont-elles les mêmes que les vôtres ? Avez-vous bien pensé aux conséquences, parfois négatives, de l'association d'affaires ?

2. Sous quelle juridiction s'incorporer, le cas échéant ? Au Québec, au fédéral ou à l'étranger, et pourquoi ? Avez-vous tenu compte de la nature de votre entreprise, des coûts impliqués et de votre stratégie éventuelle d'expansion de l'entreprise hors Québec et hors Canada ?

3. Plutôt que créer une nouvelle entreprise, avez-vous songé à en acquérir une déjà existante ?

4. Avez-vous recruté un conseiller juridique et un comptable fiscaliste compétents en matière de petites entreprises qui vous comprennent en temps qu'entrepreneur et qui sauront vous guider de leurs conseils ? Selon quels critères avez-vous choisi ces conseillers ? Ces critères sont-ils toujours valables ? Comment contrôlez-vous leurs honoraires ?

5. Avez-vous considéré la rédaction de contrats types pour les diverses activités de votre entreprise afin de réduire les coûts, les possibilités d'erreurs et d'oublis et pour simplifier l'administration des contrats usuels ? Tous les contrats en vigueur sont-ils révisés périodiquement à la lumière des événements marquant leur exécution et des modifications législatives et réglementaires ?

6. Si vous êtes marié, surtout avec un enfant, avez-vous songé à faire un testament ? Si vous avez un conjoint de fait, avez-vous un contrat de vie commune ?

7. Qu'advient-il de votre entreprise en cas de divorce, incapacité mentale ou décès ?

8. Avez-vous fait annuellement une vérification (audit) de la situation juridique et fiscale de votre entreprise (statut juridique, contrats en cours avec fournisseurs et clients importants, cautionnements personnels,

remises d'impôts et de taxes, permis, marques de commerce, législation sociale, etc.)?

9. Si vous faite des affaires à l'étranger, avez-vous tenu compte des différentes législations et réglementations de même que des pratiques administratives applicables dans le ou les pays pertinents? Avez-vous accès, directement ou indirectement, à des conseillers juridiques et à des comptables crédibles dans ces pays, états ou provinces?

Questions de révision

1. Comment déterminer si vous avez le statut juridique d'un travailleur autonome ou d'un salarié, par exemple au sein d'un système de franchisage?

2. À quoi sert une convention d'actionnaires? Quelles en sont les principales clauses?

3. Quels sont les principaux avantages et désavantages d'une entreprise incorporée, d'une société de personnes, d'une entreprise « individuell » et d'une franchise?

4. Avez-vous immatriculé le nom de votre entreprise? Quelles en sont les démarches?

5, Quelles sont les formalités à suivre pour la formation et l'organisation d'une entreprise sur le plan juridique?

6. Êtes-vous en mesure de distinguer entre les différentes protections qu'offre le droit à l'égard de vos innovations?

7. Comment protéger le nom de votre entreprise et les marques de vos produits ou services, au Québec et à l'étranger?

8. Avant de communiquer à quiconque un projet innovateur, que devriez-vous faire pour éviter qu'on « emprunte » sans votre consentement vos idées?

9. Quelle panoplie de techniques juridiques avez-vous à votre disposition pour assurer la confidentialité des données de votre entreprise?

10. Quelle est la responsabilité juridique d'un associé, d'un actionnaire-caution auprès d'une institution financière ? Comment limiter cette responsabilité ?

11. À quoi servent les sûretés et quelles en sont les règles ?

12. Quelles sont les techniques juridiques que vous offre le droit pour assurer que votre entreprise soit payée pour ses produits et services, ici et à l'étranger ?

12.10 BIBLIOGRAPHIE

Ministère de l'Industrie et du Commerce. *Les mesures légales et la réglementation*. Gouvernement du Québec, Les Éditions Transcontinental et Fondation de l'entrepreneurship.

Desmarais, Daniel, Claude Lachance et Gaston Meloche. *Guide de l'entrepreneur sur les aspects légaux du financement de la PME*. Cahier de recherche HEC n° 96-11, 1996.

Dupont, Élaine et Huguette Gaulin. *Se lancer en affaires*. Les Publications du Québec.

Joannisse, Sylvain et Gaston Meloche. *Guide de l'entrepreneur sur le droit des sociétés et compagnies et sur les conventions d'associés et d'actionnaires*. Cahier de recherche HEC n° 96-18, 1996.

Joannisse, Sylvain et Gaston Meloche. *Le cadre juridique du franchisage à l'intention des entrepreneurs et gestionnaires*. Cahier de recherche HEC no 95-10, 1995.

Laferté, Sylvie et Gilles Saint-Pierre (1997). *Profession: travailleur autonome*. Les Éditions Transcontinental et Fondation de l'entrepreneurship.

Lamonde, Liette et Gaston Meloche. *La conduite des entreprises sur le marché en fonction des lois sur la protection du consommateur et sur la concurrence.* Cahier de recherche HEC n° 97-16, 1997.

Lamonde, Liette et Gaston Meloche. *Le contrat de vente : aspects juridiques.* Cahier de recherche HEC n° 97-15, 1997.

Lépine, Stéphane et Gaston Meloche. *Les principaux aspects juridiques de la PME au Québec.* Cahier de recherche HEC n° 96-06, 1996.

Poulin, Michel et Gaston Meloche. *Introduction au droit de l'entreprise.* Cahier de recherche HEC n° 96-10, 1996.

Services gouvernementaux (1996). *Fonder une entreprise.* Communications Québec.

Solis, Michel A. *Votre PME et le droit,* Les Éditions Transcontinental.

NOTES

1 Conformément à la Loi sur l'interprétation, le masculin comprend le féminin.

2 Les appellations «travailleur autonome» et «entrepreneur» sont, dans ce texte, généralement interchangeables.

3 Ci-après identifiée par L.C.Q.

4 Ci-après identifiée par L.C.S.A.

5 Entre autres, la Loi sur les compagnies (Québec) (L.C.Q.), la Loi canadienne sur les sociétés par actions (L.C.S.A.), le Code civil du Québec, la Loi de l'impôt sur le revenu, la Loi canadienne sur la protection de l'environnement, la Loi sur la santé et la sécurité au travail, la Loi sur la protection du consommateur, la Loi sur la concurrence, etc.

Chapitre 13

La recherche-développement et l'innovation technologique

par Roger A. Blais, ing.

L'innovation est au cœur des entreprises à grand succès. Si on désire créer une entreprise, il faut se démarquer des autres dans son secteur. Il faut être innovateur, offrir un produit ou un service supérieur à ceux des concurrents.

L'innovation n'est pas seulement une affaire de grandes percées technologiques comme la fibre optique, Windows, la carte à puce, ou de découvertes scientifiques comme le Tagamet ou le vaccin de Biochem Pharma contre le sida. Ce peut être aussi de nouvelles façons radicales de faire des affaires, par exemple les encyclopédies en cédérom, le transport par conteneurs ou le guichet de banque automatique. Ce peut même être des innovations organisationnelles comme le travail en « juste-à-temps » ou la gestion par objectifs. Qu'importe, ce qui compte, c'est d'innover, de procurer une valeur ajoutée au client, d'offrir une bonne solution à un problème important et récurrent.

Le but de ce chapitre est donc d'éclairer le phénomène très important de l'innovation en entrepreneurship et d'expliquer la R-D qui la sous-tend. Un projet d'entreprise sans innovation, c'est un peu comme une automobile sans moteur ou sans essence. Ça ne mène pas loin.

13.1 L'INVENTION ET L'INNOVATION

L'innovation est d'importance fondamentale pour la nouvelle entreprise, car elle est la raison principale de son démarrage et le facteur clé de son succès. Qui dit innovation dit quelque chose de neuf, d'utile, de nécessaire.

Il y a toutes sortes d'innovations : technologiques (la motoneige), scientifiques (l'insuline), commerciales (les Rôtisseries St-Hubert, le livre de poche) et même organisationnelles (le juste-à-temps, le kaïzen, la gestion par objectifs, etc.). Les principales et les plus connues sont les innovations technologiques (le PC, le cédérom, etc.). C'est sur ces dernières que porte le présent chapitre.

L'invention est synonyme de découverte, alors que l'innovation est plutôt la réalisation techniquement et commercialement réussie de l'invention. Mais l'innovation peut être aussi un assemblage original de technologies connues répondant à un besoin spécial du marché.

La meilleure définition de l'invention est celle qu'en donne l'article 2 de la Loi canadienne sur les brevets :

« L'invention est toute réalisation, tout procédé, toute machine, fabrication ou composition de matières, ainsi qu'un perfectionnement quelconque de l'un des susdits, présentant le caractère de la **nouveauté** et de l'**utilité**[1]. »

Par contre, l'innovation est l'introduction originale et commercialement réussie d'un nouveau produit, procédé ou système. C'est la mise en application fructueuse d'une découverte ou d'un nouveau concept répondant à un besoin particulier du marché.

Le graphique ci-contre explique les diverses étapes dans la réalisation d'une innovation. On ne saurait trop insister sur la case de départ. Pour qu'une innovation réussisse commercialement, il est très important de partir du bon pied, c'est-à-dire de concevoir l'innovation en fonction d'un besoin réel du marché !

Graphique 13.1 LE CHEMINEMENT EN INNOVATION

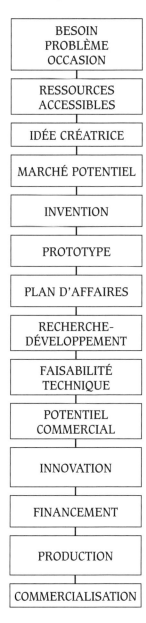

| BESOIN PROBLÈME OCCASION |
| RESSOURCES ACCESSIBLES |
| IDÉE CRÉATRICE |
| MARCHÉ POTENTIEL |
| INVENTION |
| PROTOTYPE |
| PLAN D'AFFAIRES |
| RECHERCHE-DÉVELOPPEMENT |
| FAISABILITÉ TECHNIQUE |
| POTENTIEL COMMERCIAL |
| INNOVATION |
| FINANCEMENT |
| PRODUCTION |
| COMMERCIALISATION |

1. *Il s'agit de partir du bon pied, de bien cibler l'innovation, et ce, avant même de l'avoir créée, de répondre à un besoin.*

2. *Une fois le besoin cerné, comment allons-nous le satisfaire ?*

3. *Il faut en arriver à une bonne idée.*

4. *Au départ, se demander à quoi l'idée va servir. Quel marché ? Caractéristiques ?*

5. *Concrétiser cette idée dans une invention, brevetable ou pas. Géniale ?*

6. *Passer immédiatement au prototype. En faire l'expérience. En tirer des leçons.*

7. *Il faut ensuite imaginer et planifier tous les aspects de l'entreprise.*

8. *S'il y a des problèmes techniques à résoudre, recourir à la R-D.*

9. *Démontrer la faisabilité technique et économique du produit ou du procédé.*

10. *Déterminer les caractéristiques du marché et la stratégie d'entrée.*

11. *Définir tous les aspects de l'innovation : techniques, commerciaux, financiers ; gestion, rentabilité, etc.*

12. *Combien d'argent faut-il et à quelles fins ? D'où ? Comment l'obtenir ? Quand ?*

13. *Achat de l'équipement. Production. Gestion participative. Contrôle des coûts. Assurance de la qualité du produit.*

14. *Lancement commercial réussi.*

13.2 LA CHAÎNE DE L'INNOVATION

L'innovation est une chaîne d'événements. Pour qu'elle se matérialise, il faut s'assurer que chaque maillon de la chaîne est assez fort. Tous les ingrédients essentiels doivent s'y trouver. De plus, il faut se rappeler qu'une chaîne sert à tirer, non à pousser! Pour que l'innovation réussisse, il faut la *traction* de la demande ou tout au moins l'identification d'un besoin particulier du marché non encore comblé.

Le graphique 13.1 montre les divers maillons de la chaîne de l'innovation et explique la fonction de chaque maillon. Sur 100 nouvelles idées intéressantes au départ, la moitié va disparaître après une première évaluation des possibilités du marché et de la faisabilité technique. Puis, 25 autres sont susceptibles de tomber en cours de route dans l'étape de la recherche-développement et de l'étude des marchés pour ladite invention. Enfin, sur les 25 idées restantes, on peut s'attendre à ce que seulement quatre ou cinq atteignent la ligne d'arrivée et deviennent des entreprises rentables.

Le graphique 13.2 illustre bien le cadre général de l'innovation technologique. Les approches *Pull* et *Push* sont très significatives. D'une part, il y a les **occasions de la demande** ou la traction exercée par les besoins à satisfaire, les problèmes à résoudre, ou les améliorations à apporter au système de production de l'entreprise. D'autre part, il y a l'**offre technologique** que procurent les nouvelles technologies, les nouveaux instruments et équipements, les meilleures méthodes déjà employées par les concurrents, les nouvelles techniques mises au point dans les centres spécialisés et, de façon générale, les résultats de la recherche scientifique. Par exemple, Internet procure maintenant des possibilités inouïes de « netpreneurship », tant en ce qui concerne l'équipement que les logiciels et, surtout, les applications (ex. : le multimédia).

Ces considérations se traduisent par un ensemble de menaces à contourner et d'occasions d'affaires à exploiter. Le processus d'innovation consiste à établir et à exploiter l'infrastructure de recherche existante, à réunir les ressources humaines nécessaires, à bien planifier et à bien gérer toute l'affaire, et à obtenir les ressources financières requises.

L'innovation consiste donc à pouvoir offrir de nouvelles solutions qui répondent à des besoins particuliers, qu'il s'agisse de nouveaux produits, de nouveaux procédés ou de nouveaux services.

Graphique 13.2 LES APPROCHES PULL ET PUSH EN INNOVATION

PULL	*PUSH*
Besoins du marché et occasions d'affaires	Recherche fondamentale
Effets de la compétition	Meilleures méthodes
Besoins internes d'amélioration du système de production	Nouvelles technologies, nouveaux équipements
	Résultats de R-D

MENACES et OCCASIONS

PROCESSUS D'INNOVATION

Infrastructure	Ressources humaines	Gestion	Financement
• Propriété intellectuelle	• Créativité	• Stratégie	• Financement de démarrage
• Production de nouvelles connaissances	• Travail d'équipe	• Meilleures méthodes	• Financement de la R-D
• Partenariat public/privé	• Formation sur place	• Coût/Bénéfices	• Alliances stratégiques
• Installations existantes	• Formation continue	• Optimisation	• Commercialisation
			• Croissance
			• Capital de risque

SOLUTIONS
• Incubation
• Applications industrielles
• Valeur ajoutée
• Nouveaux produits, procédés et services

Les entreprises *innovantes* cherchent constamment à procurer à leurs clients une bonne valeur ajoutée. Elles savent tirer parti des possibilités souvent énormes qu'offrent les nouvelles technologies. Pour elles, l'innovation est un grand atout stratégique. En effet, une innovation importante représente une source de revenus assurés, année après année. En plus de procurer des profits souvent extraordinaires, c'est aussi un excellent moyen de se démarquer de ses concurrents. Pour innover plus rapidement, ces entreprises n'hésitent pas à conclure des partenariats, soit avec des centres de recherche, soit avec d'autres entreprises ayant des intérêts complémentaires. Elles n'hésitent pas non plus à avoir recours aux transferts de technologies.

13.3 LA RECHERCHE-DÉVELOPPEMENT (R-D)

La R-D est le mécanisme par excellence pour créer et maîtriser de nouvelles connaissances. Puisque les nouvelles connaissances sont souvent au cœur des grandes innovations, il importe de comprendre un tant soit peu le phénomène de la R-D. Ainsi, tout aspirant entrepreneur doit savoir où et comment la R-D s'insère dans le processus d'innovation. À plus forte raison, les scientifiques et ingénieurs issus des universités ont tout avantage à mieux saisir la portée innovatrice de leur recherche et à comprendre le cheminement entrepreneurial qui les mènera à la réalisation de leurs rêves techniques ou de leurs ambitions professionnelles.

La R-D est un processus organisé et méthodique d'acquisition de nouvelles connaissances sur le monde dans lequel nous vivons. Elle est axée sur des lois rigoureuses et fondée sur l'expérimentation, sur l'analyse et sur la synthèse. On ne naît pas chercheur, on le devient. L'apprentissage se fait auprès de chercheurs de longue expérience et dans des laboratoires bien équipés.

En milieu entrepreneurial, notamment en PME, la fonction de la *recherche scientifique* est de trouver des solutions pratiques, sécuritaires et économiques aux problèmes techniques rencontrés. Pour ce faire, on dresse des hypothèses à la lumière de faits connus et de théorèmes acceptés et en fonction des problèmes à résoudre. On suit une démarche méthodique, jalonnée d'expériences et d'analyses des résultats. On fait ensuite la synthèse des diverses solutions possibles et on conclut dans un sens ou dans un autre.

Par ailleurs, le rôle du ***développement expérimental*** est de trouver **la** meilleure solution possible, qu'il s'agit ensuite de documenter pleinement sur le plan technique, tant pour les pratiques à suivre, l'équipement à utiliser, les ressources humaines à déployer et la qualité à assurer que pour les coûts à maîtriser.

Le processus de R-D le plus efficace est celui qui est fondé sur un ensemble de boucles de rétroaction dans l'évolution des solutions envisagées, faisant appel aux intervenants de différentes disciplines ou de champs d'action juxtaposés. Comme l'illustre le graphique 13.3, la pensée directrice de la R-D doit considérer simultanément les questions du marché et les exigences de la future production.

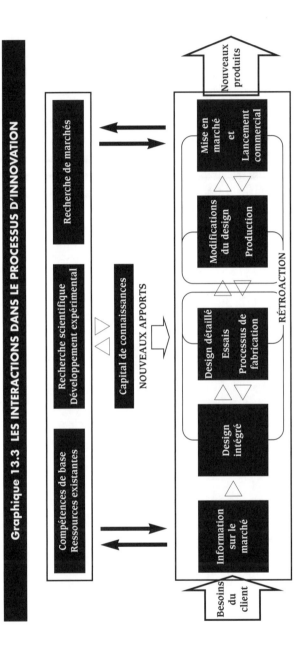

Graphique 13.3 LES INTERACTIONS DANS LE PROCESSUS D'INNOVATION

En apparence simple, le processus illustré ci-dessus exige la maîtrise des conditions favorisant la créativité, le travail en équipe, l'harmonisation des tâches et la convergence des intérêts. Tel que nous l'avons déjà souligné, l'élément clé d'un tel paradigme est la naissance d'une nouvelle idée en fonction d'un besoin particulier et ce, au sein d'un marché d'envergure (1re case du graphique 13.1). L'élément déclencheur peut aussi être une occasion spéciale, par exemple un *contrat structurant*. En effet, beaucoup d'entreprises en microélectronique ou en informatique ont pris forme petit à petit par des commandes de travaux innovateurs, qui ont permis à leurs auteurs d'élaborer un savoir-faire aux frais, en quelque sorte, du commanditaire.

Le schéma ci-dessus montre également que l'innovation s'alimente aux *compétences de base* de l'entreprise, à son savoir-faire basé sur l'expérience et sur la maîtrise des connaissances que possèdent ses ressources humaines, notamment les employés « au niveau du plancher » (case du haut, à gauche). Par ailleurs, très tôt dans le processus, il faut examiner le marché visé, en découvrir les caractéristiques, les us et coutumes, et faire quelques essais pour savoir comment le pénétrer. Enfin, il importe de se bâtir un bon système de cueillette et de monitorage de l'information dans son domaine, un réel poste d'écoute.

13.4 LA PROPRIÉTÉ INTELLECTUELLE

Toute entreprise à caractère scientifique ou technologique doit au départ se prémunir contre les prédateurs de son actif le plus précieux, mais souvent intangible, qu'est sa propriété intellectuelle.

Certaines entreprises vont garder précieusement à l'interne les secrets entourant leur production, qu'il s'agisse de fabrication ou de puissants algorithmes enchâssés dans des codes sources. D'autres, particulièrement en électronique, vont recourir à l'**encapsulation**, c'est-à-dire que si on ouvre le produit pour en connaître le contenu ou la formule analytique, on le détruit automatiquement. Ces divers modes de protection permettent d'éviter les frais de brevets ainsi que les énormes frais, soucis et pertes de temps découlant de la contrefaçon des brevets. Cependant, pour les entrepreneurs qui démarrent une entreprise, la meilleure protection est le brevet d'invention.

13.4.1 Le brevet d'invention

Le brevet est une forme de propriété intellectuelle selon laquelle l'État confère au breveté, à ses héritiers ou autres ayants droit, le privilège d'exclure toute autre personne dans la fabrication, dans l'utilisation et dans la vente du fruit de l'invention, et ce, dans tout pays où ledit brevet est obtenu.

Il faut remarquer que le privilège en question est un « droit négatif », en se sens qu'il protège le propriétaire contre l'usurpation de sa propriété, sans pour autant lui conférer le « droit positif » de fabriquer, d'employer ou de vendre l'invention. La raison en est bien simple, c'est qu'il appartient à l'inventeur de conclure ses propres arrangements commerciaux, alors que le rôle de l'État est de le protéger si quelqu'un s'approprie sa propriété intellectuelle.

Au Canada et aux États-Unis, la durée d'un brevet est de 17 ans, alors qu'ailleurs elle varie entre 15 et 20 ans. C'est donc dire que l'inventeur est longuement protégé, car une invention qui n'entre pas sur le marché en deçà de cinq ans n'a guère de chances de devenir exploitée un jour ! D'ailleurs, les « cycles de vie[2] » en hautes technologies (forte intensité de R-D) deviennent de plus en plus courts.

Un brevet dit « en instance » (Patent Pending) est celui qui n'est pas encore accordé, mais dont la demande a été déposée en bonne et due forme. Il s'écoule généralement deux à trois ans avant qu'un brevet ne soit accordé ou refusé. Le brevet en instance ne protège pas l'inventeur contre toute fabrication, vente ou utilisation de l'invention par une autre personne, sauf que la date d'antériorité se trouve alors officiellement consignée et que les droits exclusifs de propriété lui sont accordés dès la date d'octroi du brevet et le paiement de la taxe afférente.

Tout inventeur non familier avec les brevets a tout avantage à recourir à un agent de brevets reconnu ou, à tout le moins, à se faire conseiller par un spécialiste d'un centre d'entrepreneurship. La préparation d'une demande de brevets peut coûter quelques centaines à quelques milliers de dollars selon la complexité de l'invention et selon l'analyse exploratoire d'inventions semblables faite par l'inventeur lui-même et la rédaction assez exhaustive des revendications à déposer.

L'inventeur entrepreneur doit non seulement s'assurer qu'il n'existe aucune invention semblable, mais il tirera aussi profit de consulter les brevets dans son domaine pour apprendre comment rédiger une ébauche de demande de brevets et bien définir les revendications principales. Donc, tout inventeur devrait d'abord consulter les banques de brevets dans le secteur qui l'intéresse particulièrement. Une des meilleures sources de référence, sinon la meilleure, est le site www.ibm.com. Cette base de données dans Internet contient non seulement les brevets américains et européens récents, mais aussi les brevets prévisionnels dits PCT, qui servent à consigner officiellement la date d'une invention.

Qu'est-ce qui rend une invention brevetable ?

La loi est assez claire sur ce point. Ne sont brevetables que les inventions ou les découvertes présentant simultanément les caractères requis de nouveauté, d'utilité et d'ingéniosité, définis comme suit :

a) *Nouveauté :* une invention n'est brevetable que si elle est vraiment nouvelle, c'est-à-dire qu'elle n'était pas connue ou utilisée par une autre personne avant que l'inventeur n'en fasse la déclaration officielle. De plus, pour obtenir un brevet au Canada, l'invention ne doit pas avoir été décrite dans quelque brevet ou dans quelque publication imprimée au Canada ou ailleurs dans le monde, ou avoir été en vente ou utilisée plus de deux ans avant le dépôt de la demande.

Aux États-Unis, la loi est encore plus sévère, car la divulgation par voie de conférence ou de publication ne doit pas avoir été faite plus d'un an avant le dépôt de la demande, sinon le brevet sera refusé. Étant toujours portés à annoncer au plus tôt les résultats de leurs recherches, les chercheurs universitaires doivent faire attention pour protéger d'abord leurs découvertes, tant pour eux que pour le bien de leur université.

Si, au cours de leur recherche et en utilisant l'équipement de leur établissement, des étudiants universitaires font une découverte, il leur faudrait consulter au plus tôt la politique de brevets de leur université. Il leur serait également utile d'obtenir un avis sur la possibilité de breveter leur invention et sur les droits de l'université sur celle-ci. En effet, c'est une chose que d'être l'auteur d'un brevet, et c'en est une autre que d'en posséder les droits d'exploitation.

Dans la plupart des pays, la publication de la découverte ou l'utilisation de l'invention avant le dépôt d'une demande de brevets est fatale pour la validité du brevet destiné à protéger ladite invention.

b) Utilité : pour être brevetable, une invention doit être jugée utile. L'inventeur ou son agent de brevets doit donc bien définir l'utilité de l'invention, en insistant sur ses diverses fonctions d'utilité et sur son caractère opérationnel. Le truc le plus génial et le plus compliqué risque de ne pouvoir être breveté si personne ne peut vraiment comprendre à quoi il va servir. En cas du moindre doute sur le caractère opérationnel de l'invention, l'examinateur peut exiger de l'inventeur qu'il soumette un modèle en opération pour démontrer que la machine en question fonctionne effectivement. Une machine à mouvement perpétuel n'est pas brevetable !

c) Ingéniosité : enfin, pour être brevetable, une invention doit dépasser l'état de la technique, le soi-disant *State of the art.* Elle doit être une réalisation manifeste d'ingéniosité ou une nette amélioration qui n'aurait pas sauté aux yeux de toute personne moyennement compétente dans le domaine. Par exemple, pour être brevetable, un nouveau dispositif ou outil d'usinage doit susciter l'émerveillement ou l'envie des machinistes en atelier. Comme les brevets du stylo à bille ou du Hula Hoop l'ont montré, l'invention n'a pas nécessairement besoin d'être compliquée pour être brevetable. Il faut qu'elle soit géniale ou, à tout le moins, non évidente pour les personnes du domaine.

Qu'est-ce qui n'est pas brevetable ?

Il est intéressant de noter que la loi ne mentionne pas ce qui est brevetable mais seulement ce qui ne l'est pas, à savoir :

- une invention qui ne fonctionne pas ;
- une invention qui ne sert à rien ;
- un simple changement de forme, de dimensions, de degré ;
- une simple idée ou un concept général ;
- un produit nocif ou un dispositif non sécuritaire ;

• une nouvelle substance naturelle (ex. : un nouveau minerai ; une nouvelle plante) ;

• une recette culinaire, une œuvre d'art ou autre expression artistique ;

• les autres formes de propriété intellectuelle définies ci-dessous.

Les catégories d'invention

Les procédés, mécanismes, machines et objets suivants peuvent faire l'objet de brevets :

a) Un procédé ou une méthode : une série d'étapes successives réalisées manuellement, mécaniquement, chimiquement ou électroniquement et produisant un résultat physique clairement identifié et pouvant être répété, par exemple un nouveau procédé de pétrochimie industrielle.

b) Une machine : un nouveau dispositif ou une nouvelle et astucieuse combinaison d'éléments produisant un certain effet répétitif ou un résultat utile, par exemple une nouvelle machine servant à fabriquer un produit ou à l'éprouver dans des conditions particulières.

c) Une combinaison de matières : une nouvelle composition ou une nouvelle substance résultant du mélange de deux ou plusieurs constituants solides, liquides ou gazeux, grâce à une action chimique, mécanique ou électronique, par exemple un nouveau matériau de construction, un nouvel aliment, etc. On aura cependant compris qu'un nouveau produit virtuel n'est pas brevetable, sauf son expression réelle.

d) Des articles de fabrication : cette catégorie bidon comprend toute invention autre que les objets précédents et les objets non brevetables et qui résulte de la fabrication par procédés manuels, mécaniques, chimiques et électroniques, par exemple un nouveau tournevis.

13.4.2 Le dessin industriel

Cet autre mode de protection légale s'applique à une forme, à un modèle ou à la décoration originale d'un article de fabrication artisanale ou industrielle, par exemple un design particulier de chaise, un motif de tissu ou une décoration sur le manche d'une cuillère.

La protection est obtenue par l'enregistrement dudit dessin industriel et le paiement des taxes afférentes (y compris celle de l'enregistrement officiel), une démarche d'environ 2 000 $ sans compter la préparation du dessin lui-même. La protection n'est valide que dans le(s) pays où le dessin est enregistré et est d'une durée de cinq ans, renouvelable une fois. Seul l'auteur ou le propriétaire du dessin peut demander l'enregistrement. Tout objet ainsi enregistré doit porter le nom du propriétaire, les lettres « enr. » et l'année de l'enregistrement.

13.4.3 La marque de commerce

Cet outil de protection intellectuelle s'avère de grande importance dans le monde du commerce. C'est la protection d'un mot, d'un symbole ou d'un dessin, ou les trois à la fois, par exemple la signature Coca-Cola, y compris la forme de la bouteille ! Le symbole, universellement reconnu, est l'exposant (^{MD}) ou, en anglais, Trademark (^{TM}).

L'enregistrement d'une marque de commerce dure 15 ans et est renouvelable indéfiniment. Pour se protéger dans les autres pays, il faut s'y enregistrer. Au Canada, les frais totaux pour obtenir une telle protection se chiffrent à environ 1 500 $. Tout inventeur désireux de protéger le nom original de son invention ou de sa compagnie devrait d'abord consulter les marques de commerce déjà inscrites au Bureau des marques de commerce, place du Portage, rue Victoria, à Hull.

13.4.4 Le droit d'auteur

Le droit d'auteur s'applique non seulement aux œuvres littéraires, dramatiques, musicales ou artistiques mais aussi, et de plus en plus, aux logiciels. En fait, il est même possible maintenant d'obtenir un brevet d'invention pour un logiciel. L'enregistrement d'un droit d'auteur ne coûte que 65 $, dure toute la vie de l'auteur et même 50 ans après !

13.5 LES SOURCES DE NOUVELLES IDÉES

La question est souvent posée : où trouver les meilleures idées ? La réponse n'est pas simple. D'une part, il s'agit d'avoir une attitude créative et, d'autre part, de recourir aux trucs du métier.

13.5.1 Une attitude créative

- Recherchez constamment de nouvelles façons de faire des choses et de les améliorer.

- Devant une difficulté importante à surmonter, prenez l'attitude que vous vous devez de la contourner et d'en faire une occasion d'affaires !

- Apprenez à aimer le changement et à passer à l'action.

- Surveillez ce qui se passe autour de vous, faites-en la synthèse, rêvez à de meilleures situations, convainquez des amis, dressez-vous un programme d'action ; faites quelque chose.

- Joignez-vous à des gens créateurs et gagnez leur estime.

- Sortez de votre « cocon », faites-vous des amis auprès de gens d'autres disciplines.

- Cultivez sciemment la curiosité. Observez. Posez-vous des questions. Visitez des lieux nouveaux. Faites des voyages à l'étranger. Établissez des contacts avec d'autres cultures.

- Participez à des séminaires sur la créativité et lisez sur le sujet.

- Adoptez l'attitude selon laquelle la créativité est un talent très profitable qu'il faut cultiver, quels que soit la profession et le milieu de travail.

13.5.2 Des sources de nouvelles idées

- Des problèmes autour de vous !

- Des occasions de relever un nouveau défi.

- Des séances de remue-méninges sur des problèmes spécifiques.

- Des banques de brevets d'invention.

- Des revues et des magazines décrivant les nouveaux produits qui entrent sur le marché.

- *Magazine Inc.* (magazine américain) décrivant les chefs-d'œuvre d'entrepreneurs de toutes disciplines.

- Les circulaires étrangères décrivant les nouveaux produits offerts sur le marché et annonçant des offres de licences ou de franchises, par exemple la *Circulaire* publiée par les ambassades américaines.

- Les foires commerciales et les expositions de nouveaux produits.

- Les résultats de la recherche-développement.

13.6 LES TRAITS DE L'ENTREPRENEUR TECHNIQUE

Les entrepreneurs techniques sont ceux et celles qui ont directement recours à la science ou à la technologie (S&T) pour créer une nouvelle entreprise. Ces gens font appel à des découvertes ou à de nouvelles combinaisons de la S&T pour développer une innovation scientifique ou technologique, ou créer une nouvelle entreprise ou développer une innovation au sein d'une entreprise existante.

Les entrepreneurs techniques ne sont pas tous des Bill Gates ou des Daniel Langlois. Mais certaines caractéristiques générales s'en dégagent, sur le plan tant de leurs forces que de leurs faiblesses. Aussi convient-il d'en tracer un portrait général (tableau 13.1).

On peut avoir fait un cours savant en administration ou en finance, mais si on ne comprend pas grand-chose à la science ou à la technologie, mieux vaut continuer à jardiner le terrain qui nous est familier. Par contre, les spécialistes férus de sciences ou de technologie ont souvent beaucoup à apprendre avant de se lancer en affaires, notamment en marketing, en gestion et en finance. Ils sont trop absorbés par la technologie et pas assez par le reste. Certains d'entre eux sont de piètres gestionnaires et ils sont nombreux à éprouver des difficultés de communication. Rares aussi sont ceux qui savent parler le langage des investisseurs. Pour réussir en affaires, ils devront apprendre et pratiquer leur nouveau métier de gestionnaire avec autant de passion que la science ou la technologie !

Tableau 13.1 LES TRAITS DES ENTREPRENEURS TECHNIQUES

1.	Férus de technique	Capables d'intégrer la technologie à tout.
2.	Conceptualisation	Habileté consommée à résoudre des problèmes.
3.	Généralisation	Larges connaissances techniques. Sens pratique.
4.	Confiance en soi	Compétents, et confiants quant à leurs aptitudes.
5.	Dynamisme	Forte motivation pour les défis techniques
6.	Leadership	Sentent le besoin de détenir le pouvoir et de diriger.
7.	Assez enclins au risque	Mais ne sont pas des parieurs invétérés.
8.	Réalistes	Savent où aller. Sont pragmatiques.
9.	Communications	Capables de soulever l'intérêt autour d'eux.
10.	Maîtrise des émotions	Savent gérer leur stress et motiver l'équipe.

13.7 LES MOTIVATIONS DES ENTREPRENEURS

Il importe de noter que sur le plan des motivations, les entrepreneurs techniques ne sont guère différents des autres! Une des rares études sur le sujet, par Blais et Toulouse (1989), montre que les motivations entrepreneuriales sont à peu près les mêmes quel que soit le type d'entreprise, qu'elle soit technique, commerciale ou autre. Cependant, les entrepreneurs techniques sont plus motivés que les autres par l'idée de développer une innovation pour créer une entreprise, et pour leur permettre de continuer d'apprendre, alors que les entrepreneurs commerciaux sont plus attirés par l'idée de mieux jouir ainsi de la vie.

Bien plus, les motivations ont très peu à faire avec la culture. Elles dépendent essentiellement de l'environnement socio-économique dans lequel l'entrepreneur se trouve. Ainsi, les entrepreneurs canadiens-français dans divers domaines éprouvent exactement les mêmes motivations que les entrepreneurs anglophones ou allophones des autres provinces! Et les Canadiens sont motivés par les mêmes facteurs que ceux des États-Unis, d'Angleterre et d'Australie. Par contre, les entrepreneurs scandinaves ont des motivations très différentes des pays anglo-saxons, Québec y compris. De même, et à plus forte raison, les entrepreneurs des pays en voie de développement se démarquent clairement de tous les autres, y compris les entrepreneurs de l'Italie du Sud qui est une région pauvre par rapport à l'Italie du Nord.

Tableau 13.2 LES MOTIVATIONS ENTREPRENEURIALES

Nº	Motivations, en ordre d'importance décroissante (38 motivations, choisies par un comité international)	Canada N=173	Québec N=408
M28	Atteindre une plus grande satisfaction personnelle	76 %	88 %
M06	Être mon propre patron ; travailler pour moi-même	75 %	78 %
M38	Jouir d'une pleine liberté dans mon travail	66 %	62 %
M08	Profiter d'une occasion exceptionnelle	64 %	46 %
M03	Introduire plus de variété et d'aventure dans le travail	63 %	66 %
M27	Relever le défi de créer une nouvelle entreprise	63 %	66 %
M37	Prouver que je peux faire un succès en créant ainsi	59 %	59 %
M21	Avoir l'occasion de diriger, au lieu d'être dirigé	59 %	63 %
M01	Prouver ma capacité de développer une nouvelle idée	58 %	60 %
M34	Pour continuer d'apprendre	54 %	62 %
M07	Tirer le meilleur profit de ma formation et de mes talents	51 %	79 %
M16	Pour établir mon propre horaire de travail	50 %	38 %

13.8 LE LANCEMENT D'UNE ENTREPRISE TECHNIQUE

Les entreprises techniques sont celles qui exploitent un ou plusieurs volets particuliers de la science ou de la technologie, sous la forme de produits, de procédés ou de services (consultation, formation, réparation, entretien, veille technologique, etc.).

Si vous vous proposez de lancer une telle entreprise, les conseils suivants pourraient vous être utiles :

1. Assurez-vous d'abord d'avoir une **bonne technologie** à exploiter, dont vous maîtrisez les principaux aspects. Vérifiez auprès d'experts que votre technologie va s'avérer vraiment supérieure à celle des concurrents et cherchez à vous démarquer d'eux clairement.

2. Assurez-vous aussi au départ de l'existence d'un **bon marché** pour cette technologie. Soyez précis quant à la nature de ce marché et aux façons de le pénétrer.

3. Comme l'indique le graphique 13.1, construisez d'abord votre **prototype**, puis n'hésitez pas à le tester et à l'améliorer.

4. Si votre technologie peut mener à un **brevet d'invention**, dépouillez d'abord les banques de brevets pour vous assurer que votre idée est unique et apprenez à formuler vos revendications d'invention, puis allez voir un agent de brevets pour qu'il peaufine votre demande de brevets et la dépose dans les plus brefs délais. Si, par contre, votre technologie ne peut être protégée par brevet, développez-la en secret jusqu'au point où vous pourrez la lancer commercialement.

5. Ne travaillez pas isolé. Entourez-vous de personnes compétentes qui partagent entièrement vos rêves et vos ambitions. Formez une **équipe** qui couvre les principaux volets de votre future activité : production, marketing, finances, réseau de distribution.

6. Si votre technologie n'est pas entièrement développée et n'est pas prête à être lancée commercialement, élaborez en premier lieu votre **projet d'innovation** et préparez en conséquence un bon **plan d'affaires** pour vous aider à obtenir le financement nécessaire.

7. Tentez de vous trouver un **parrain d'affaires** qui puisse vous conseiller dans votre nouvelle démarche. Recherchez aussi un **ange financier**, qui accepte d'investir quelques dizaines de milliers de dollars dans votre entreprise pour vous aider à démarrer.

8. Si, à l'instar de la majorité des entrepreneurs techniques, vous n'aimez guère la **comptabilité** et les **affaires légales**, adressez-vous à des amis qui vous aviseront à propos de personnes compétentes dont les services sont bon marché pour remplir ces tâches fastidieuses.

9. Au lieu de tout fabriquer à l'interne, cherchez plutôt à avoir des **sous-traitants** qui pourront vous faire un magnifique travail à bon compte et en juste-à-temps.

10. Veillez au plus tôt à maîtriser votre **prix de revient** ainsi que votre **marge de profit**.

11. Ne lésinez pas sur l'effort de **marketing** et cherchez toujours à satisfaire pleinement le client. Vivez le plus possible à son contact et procurez-lui une qualité sans pareille, un service adéquat et une fiabilité sans faille.

12. Mettez au point à mesure les **compétences de base** de votre entreprise et tenez-vous en à ce que vous faites de mieux.

13. Évitez la « structurite » et préservez une **structure simple et légère**, en confiant des responsabilités claires à ceux qui vous entourent. Sachez mobiliser toute votre entreprise autour d'une **valeur clé** ralliant les meilleures énergies et reflétant le système de valeurs.

14. Assurez-vous que vos employés demeurent profondément motivés. Confiez-leur des responsabilités, invitez-les à définir les objectifs de l'entreprise, laissez-les trouver les moyens d'atteindre ces objectifs et sachez toujours reconnaître leurs **mérites**.

15. Faites un **usage harmonieux de votre temps**. C'est là votre ressource la plus précieuse, mais aussi la plus rare pour planifier, organiser, motiver et

diriger. Vous n'aurez que quelques minutes, même pour des questions souvent importantes.

16. D'accord, vous êtes passionné par votre entreprise, mais apprenez à mener une vie normale, alliant travail, famille, loisirs et sports !

13.9 LE DIAMANT DE L'ENTREPRENEURSHIP

Dans tous les pays et dans tous les secteurs, l'entrepreneur est très souvent la personne à tout faire, aux mille métiers, le *Jack of all trades*. Cette notion s'applique également aux scientifiques et ingénieurs engagés dans une entreprise de type technologique. En effet, l'entrepreneur est en quelque sorte un chef d'orchestre. Il lui appartient de diriger toute l'affaire, de coordonner les efforts de chacun, de corriger les lacunes, de remplir les vides et de faire en sorte que l'entreprise fonctionne rondement.

Le diagramme de la page suivante illustre bien les relations entre l'entrepreneur et les autres membres de l'orchestre. Les fonctions dans les triangles les plus rapprochés sont les plus importantes, soit les **ventes**, le **marketing**, la **finance** et la **production**, alors que celles plus loin sont moins importantes, quoique nécessaires.

On ne saurait trop souligner l'importance du **marketing**, puisque tout l'avenir de l'entreprise technique dépend de la perception correcte des besoins du marché. L'aspect **finance** est aussi souverainement important quand il s'agit d'entreprises de nouvelles technologies qui pourraient avoir une centaine d'employés cinq ans après la mise sur pied, et ayant un chiffre d'affaires de plusieurs millions de dollars. Alors, dès le départ, l'entrepreneur technique doit voir son entreprise dans l'optique de futurs investisseurs.

Graphique 13.4 LE DIAMANT DE L'ENTREPRENEURSHIP

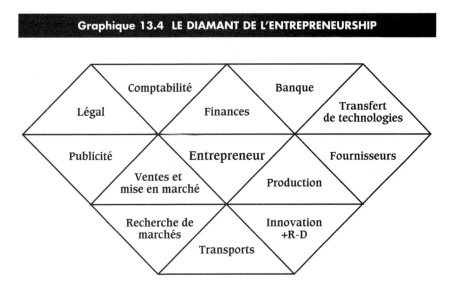

13.10 UN SYNOPSIS DE PLAN D'AFFAIRES TECHNIQUE

On trouvera à la fin de ce manuel de nombreux conseils pratiques sur la préparation du plan d'affaires. Les remarques et les suggestions qui suivent sont davantage destinées aux entrepreneurs désirant créer une entreprise technique. Ces réflexions sont le fruit de la préparation de plusieurs plans stratégiques pour des entreprises existantes et de l'évaluation de centaines de projets d'entreprises de toutes sortes.

13.10.1 Pourquoi vouloir fonder une entreprise ?

Le message est très simple : on fonde une entreprise quand on a quelque chose de bon à vendre ! Malheureusement, beaucoup de jeunes entrepreneurs se lancent en affaires sans trop savoir pourquoi. Il ne s'agit pas seulement de « vouloir », il faut aussi « pouvoir » vendre.

En pratique, cela signifie :

• avoir quelque chose de concret et d'utile à vendre ;

• pouvoir y accoler un prix, avec une marge de profit suffisante ;

• que ce produit réponde clairement à un besoin du marché ;

- que ce marché soit de taille suffisante et qu'on sache le pénétrer ;
- que le produit en question soit innovateur et supérieur aux autres ;
- qu'on sache le fabriquer efficacement et le commercialiser ;
- qu'on ait une bonne équipe de management ;
- qu'on puisse obtenir les autres ressources humaines nécessaires.

13.10.2 La clé de voûte : l'entrepreneur

Sachez que l'élément le plus important dans la création de l'entreprise est l'entrepreneur lui-même. Êtes-vous bien conscient de vos forces et, surtout, de vos faiblesses ? Quels sont vos traits de personnalité ? Votre expérience ? Votre leadership ? Possédez-vous les qualités nécessaires de fondateur d'entreprise : créativité, débrouillardise, imagination, énergie, résistance au stress, courage, ambition, détermination, perspicacité, confiance en soi ?

Si vous êtes vous-même l'artisan de l'innovation scientifique ou technologique, qui vous procurera une bonne connaissance du marché et vous aidera en gestion et en finance ?

13.10.3 L'évaluation du marché

Supposons que vous ayez une idée extraordinaire en tête, mais qui ne soit pas un « autre logiciel » ou un « autre piège à souris » (*another mousetrap*) ! Dès le départ (voir graphique 13.1), demandez-vous à quoi elle va servir. Vous saurez alors mieux définir votre technologie et l'améliorer en cours de route, et ce, avant même d'avoir démarré votre entreprise. Tout en préparant votre plan d'affaires, continuez en secret à développer votre prototype.

Une fois que vous aurez une assez bonne perception du marché pour votre innovation, il vous faut savoir quel segment viser, quelle part de marché vous pourrez et, surtout, comment y parvenir. Il vous faut donc estimer le volume total de vos ventes durant les cinq premières années et fournir des hypothèses convaincantes à l'appui. Il vous faudra aussi calculer le coût de vos ventes et les revenus qui en découleront. Soyez réaliste. N'essayer pas d'épater la galerie.

13.10.4 Le développement de l'innovation

Si votre innovation n'est pas au point, indiquez ce qui reste à faire, en soulignant comment et quand vous vous proposez de la terminer et à quel coût. Si votre invention est brevetable, hâtez-vous de faire une demande de brevets ou tout au moins de déposer une demande provisoire.

Pour la production, il vous faudra définir l'équipement nécessaire, son coût, les aménagements, les modes d'opération, etc. Vous devez aussi calculer le prix de revient et déterminer votre seuil de rentabilité.

13.10.5 Le financement du démarrage

Les investisseurs ne sont intéressés que par une chose : faire de l'argent ! Donc, s'ils vous prêtent de l'argent, vous devez les convaincre que vous pourrez les rembourser à une date donnée et qu'ils en tireront un profit substantiel. Pour eux, il n'est pas question de « tomber amoureux » de votre bidule, mais de supputer le risque financier qu'ils courent et leurs chances de récupérer leurs billes et beaucoup plus. Dès lors, tel qu'il est indiqué dans les graphiques 13.5 et 13.6, l'estimation réaliste des coûts et des revenus est primordiale.

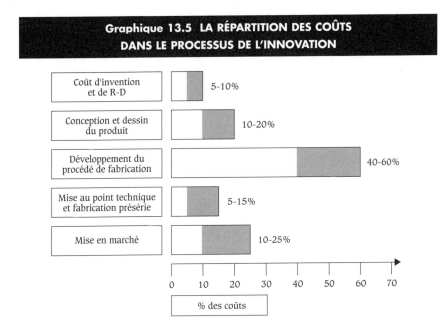

Graphique 13.5 LA RÉPARTITION DES COÛTS DANS LE PROCESSUS DE L'INNOVATION

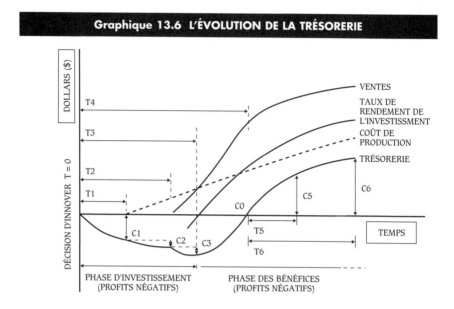

Graphique 13.6 L'ÉVOLUTION DE LA TRÉSORERIE

13.10.6 Des conseils pour préparer un plan d'affaires

1. Préparez votre plan d'affaires vous-même si possible. Mettez-y du mordant, tout en demeurant sobre et réaliste. Torturez-vous l'esprit pour être concis, précis et convaincant. Évitez les avalanches de mots et faites souvent appel à des énumérations. Ne vous gênez pas d'inclure force tableaux comparatifs et schémas explicatifs, comportant une ou deux illustrations. Surveillez la qualité de la langue, et évitez toute faute de grammaire, d'orthographe ou de ponctuation.

2. Mettez un sommaire au début, qui dit tout en une ou deux pages. Faites-le suivre de la table des matières.

3. Sur la page de couverture, indiquez le titre de votre projet ou le nom de votre entreprise, ainsi que les noms des principaux promoteurs et la date au bas de la page. Au verso de la page de couverture, placez vos coordonnées, y compris votre adresse électronique.

4. N'oubliez pas de numéroter toutes les pages, ainsi que les tableaux et les graphiques. Évitez les paragraphes trop longs. Utilisez des sous-titres

évocateurs. Évitez les numérotations excessives. Limitez-vous à une ou deux décimales, et utilisez d'autres moyens pour subdiviser les sections, par exemple en employant des lettres.

5. Donnez l'impression que vous connaissez vraiment votre affaire.

6. Dites clairement en quoi consiste votre innovation et soulignez au départ en quoi consiste l'occasion d'affaires.

7. Soulignez tous les aspects importants de la propriété intellectuelle.

8. Dégagez les traits saillants de votre technologie, si possible en présentant une analyse paramétrique. Présentez un tableau comparatif des traits de votre technologie par rapport à celles d'autres fournisseurs. Expliquez aussi le cycle de vie probable de votre technologie et donnez des exemples concrets de son importance et des applications. Employez des termes que tous peuvent comprendre.

13.11 CONCLUSION

La science et la technologie ne sont pas des improvisations. Votre projet d'entreprise non plus. L'avenir est à ceux et celles qui foncent, qui ont de l'imagination, de la volonté, des connaissances, mais surtout qui savent innover et créer des entreprises. Bien que souvent semé d'embûches, le métier de l'entrepreneur technique est l'un des plus passionnants qui soient. Et que dire des récompenses !

13.12 BIBLIOGRAPHIE

Blais, R.A. (1985). *Éléments d'innovation industrielle.* Les Presses de l'École Polytechnique de Montréal.

Deschamps, I. (1992). « Comment diriger les équipes de recherche-développement », dans *Revue Internationale de Gestion,* mai, p. 66-76.

Miller, R. et R.A. Blais (1988). *Configurations stratégiques de l'innovation dans les entreprises.* Sommet québécois sur la technologie, 12-14 octobre 1988, publication du Centre de recherche industrielle du Québec.

Blais, R.A., R. Blatt, J.D. Kyle et A.J. Szonyi (1988). «Motivations Underlying Canadian Entrepreneurship in a Cross-Cultural and Cross-Occupational Perspective», *Journal of Small Business and Entrepreneurship, vol. 6, n° 3,* p. 7-21.

Blais, R.A. et J.-M. Toulouse (1989). «Motivations pour créer une entreprise au Canada», *Comptes rendus du 34ᵉ Congrès international de la petite entreprise,* Québec, 21-23 juin, p. 365-378.

Blais, R.A. et J.-M. Toulouse (1990). «Les motivations des entrepreneurs: une étude empirique de 2278 fondateurs d'entreprises dans 14 pays», *Revue internationale PME, vol. 3, nᵒˢ 3-4,* p. 269-300.

Blais, R.A., J.-M. Toulouse et B. Clément (1990). «International Comparisons of Entrepreneurial Motivation Based on Personal Equation, Hierarchical Analysis and other Statistical Methods», *Comptes rendus du 35ᵉ Congrès international de la petite entreprise,* Washington, D.C., 7-10 juin.

Blais, R.A. et J.-M. Toulouse (1992). *Entrepreneurship technologique – 21 cas de PME à succès.* Les Éditions Transcontinental et Fondation de l'entrepreneurship.

Blais, R.A. (1997). *Technological Entrepreneurship and Engineering in Canada.* Canadian Academy of Engineering, Ottawa.

NOTES

1 Les soulignés sont nôtres.
2 Naissance–Apparition–Croissance–Plafonnement–Décroissance–Disparition.

ANNEXE

Information quant à la propriété intellectuelle

OPIQ – Office de la propriété intellectuelle du Canada
Place du Portage 1
50, rue Victoria
Hull (Québec)
K1A 0C9

Téléphone : (819) 997-1936
Télécopieur : (819) 953-7620
Internet : http://info.ic.gc.ca/opengov.cipo

USPTO
Internet : http://www.uspto.gov/

IBM
Internet : http://patent.womplex.ibm.com/

QPAT
Internet : http://www.qpat.com/

JAPON
Internet : http://210.141.236.195/index_e.html

Chapitre 14

La dimension ressources humaines du projet d'entreprise

Par Alain Gosselin et Rodrigue Gagnon

14.1 INTRODUCTION

Vous avez identifié une occasion d'affaires et votre plan est prêt à être mis en place. Vous avez pensé aux questions de marketing, de finance et de production. L'idée de démarrer votre propre entreprise vous excite, mais il y a encore un autre sujet à aborder. Ce n'est pas pour rien que vous l'avez gardé pour la fin : vous savez que vous aurez besoin de collaborateurs pour réaliser votre projet d'entreprise, mais la question des ressources humaines est une source d'anxiété pour vous.

Rassurez-vous, vous n'êtes pas le seul à vivre cette situation. Pour beaucoup de dirigeants, gérer les ressources humaines, c'est comme chercher à clouer du Jello aux murs. Les enquêtes auprès de propriétaires-dirigeants de PME ont démontré que ceux-ci ne consacraient qu'environ 15 % de leur temps de travail aux questions de ressources humaines, derrière les questions de vente et marketing (23 %), d'administration générale (21 %), de comptabilité et finance (21 %) et de production (18 %). Pourtant, de tous les domaines de gestion de l'entreprise, la gestion du personnel est celui où les dirigeants de PME rencontrent le plus de problèmes[1].

Cette situation ne vous est pas étrangère. Après tout, vous avez déjà été un employé. Vous avez constaté à maintes reprises que vos collègues de travail n'offraient pas toujours le meilleur d'eux-mêmes et que malgré cela (ou à cause de cela) ils se plaignaient des conditions de travail et de leur patron. Vos observations auprès des membres de votre famille et de vos amis vous ont également permis de constater que trop d'individus n'aiment pas leur travail et l'entreprise qui leur fournit un emploi et un salaire. Peut-être même que l'idée d'être votre propre patron origine de cette volonté de ne plus avoir de *boss* qui vous dicte quoi faire et comment le faire.

À l'évidence, trop de propriétaires-dirigeants de PME n'ont pas su trouver les bonnes façons de mobiliser leurs employés. Mais voilà, si vous lancez votre propre entreprise, vous serez certainement le patron de quelqu'un d'autre... et, si tout va bien, de plusieurs autres. Vous désirez éviter qu'à votre tour le Jello vous retombe sur les pieds, mais comment tenir compte de la dimension ressources humaines dans votre plan d'affaires?

Il n'existe pas de solutions miracles aux questions de ressources humaines. Cependant, il existe un certain nombre de principes de gestion qui devraient optimiser vos chances de réussir votre projet grâce aux ressources humaines. Vous devez en tenir compte dans votre plan d'affaires. L'objectif de ce chapitre est de vous indiquer ces principes. Mais d'abord, nous devrons aborder quelques considérations générales qui nous semblent incontournables.

14.2 L'IMPORTANCE STRATÉGIQUE DES RESSOURCES HUMAINES DANS LE SUCCÈS DE VOTRE PROJET

Tout le monde est d'accord sur le principe que les employés sont importants et qu'ils devraient être considérés comme un actif... parfois même au dessus de tous les autres. C'est ce qu'on lit dans les rapports annuels et qu'on entend lors du discours du patron au moment de la réception de Nöel. Mais dans les faits, est-on prêt à faire en sorte que l'action soit cohérente avec le discours? Voyons ce que vous feriez dans le scénario suivant.

Scénario

Vous avez démarré un commerce de produits informatiques. Vous avez récemment embauché un employé qui a pour mandat d'offrir un excellent service aux clients, car vous désirez vous démarquer des grandes chaînes qui ont de meilleurs prix, mais dont le service est médiocre.

Un client se présente et réclame auprès de votre employé un échange pour une cartouche d'encre noire que sa conjointe aurait achetée chez vous récemment, mais qui ne correspond pas à son imprimante. Or, vous ne vendez pas de cette marque. Le client est de bonne foi, mais il fait erreur.

Discrètement, vous décidez d'observer la façon dont votre employé va réagir. Il demande si le client a la facture; évidemment, il ne l'a pas. Cependant, le client insiste et exige un échange, car il a un besoin urgent de ce produit. En tant que travailleur autonome, il perd un temps précieux et ne veut pas revenir plus tard. Votre commis constate alors que ce produit n'est pas vendu dans la boutique, car il est une exclusivité d'un grand magasin à escompte. Il informe le client qu'il devrait se présenter dans ce grand magasin pour obtenir un échange. Irrité, ce dernier s'excuse et quitte précipitamment votre boutique.

Après cet événement, qu'allez-vous faire ? Féliciter votre commis pour ne pas avoir utilisé les fonds de l'entreprise (environ 12 $) dans le but de fidéliser un futur client ou le congédier pour avoir référé ce futur client à un concurrent. Un beau dilemme n'est-ce pas ?

Ce scénario illustre les enjeux qui se cachent derrière la gestion des ressources humaines.

1. *La mise en œuvre de la stratégie d'affaires passe par les employés de la base.* Cela est vrai non seulement pour le service à la clientèle, mais également pour la qualité d'un produit, l'innovation ou la productivité à la base d'un leadership dans les coûts. Un plan bien conçu ne vaut pas plus que la valeur du papier sur lequel il est rédigé, à moins qu'il ne soit mis en œuvre de façon efficace et complète.

2. *Vous êtes beaucoup plus dépendant de votre personnel pour réaliser vos objectifs que votre personnel n'est dépendant de vous.* Vous ne pouvez être partout à la fois ni tout faire seul ; vos employés, cependant, peuvent se passer d'un dirigeant sur leurs talons.

3. *Vous êtes condamné à faire en sorte que vos employés pensent et agissent comme le ferait un propriétaire-dirigeant.* Cela est la condition fondamentale pour atteindre le succès grâce aux ressources humaines.

Dans le scénario précédent, qu'auriez-vous fait en tant que propriétaire-dirigeant si le client s'était adressé à vous ? Vous n'auriez certainement pas incité votre futur client à aller chez le concurrent. Vous auriez vu chez ce client un potentiel de vente pour l'avenir.

Vous auriez cherché à le satisfaire d'autant plus que ce client parlerait sûrement de cette expérience positive à ses partenaires et à ses clients. Vous auriez été disposé à l'accommoder sachant qu'il était pressé. Pourquoi ne pas sacrifier 12 $ ou une partie de ce montant pour fidéliser un client, sachant qu'en moyenne vos clients dépensent près de 75 $ à chaque visite... et qu'ils sont appelés à venir régulièrement. Bien sûr, vous auriez également cherché à découvrir d'autres besoins, actuels ou futurs, chez ce client afin de rentabiliser au maximum votre bon geste.

Pourquoi votre employé n'a t-il pas agi comme vous l'auriez fait ? C'est simple, il ne pense pas comme un propriétaire-dirigeant, car il n'est qu'un employé ! Il est probable qu'il ait cru bien faire en suivant les règles d'usage quant à la preuve d'achat. Dans les faits, il sait peu des choses que vous savez.

Connaît-il et apprécie-t-il l'importance stratégique que vous accordez à la qualité du service ? En admettant que vous ayez beaucoup insisté sur ce point, avait-il une compréhension suffisante de vos attentes à cet égard ? Connaît-il les études qui démontrent qu'un client satisfait en parle à au moins sept autres personnes et qu'un client insatisfait en parle à deux fois plus de personnes ? Connaît-il le montant de l'achat moyen dans votre boutique ?

Plus encore, sent-il qu'il a la marge de manœuvre requise pour prendre une décision même si le montant en jeu est faible en comparaison des bénéfices éventuels ? S'il avait cette marge de manœuvre, pourrait-il avoir confiance qu'il serait soutenu par son patron s'il commettait une erreur en croyant bien faire ? S'il avait agi comme vous le vouliez, sa contribution au développement de votre entreprise aurait-elle été reconnue à sa juste valeur compte tenu du fait que vous n'observez qu'une faible partie des événements qui le concernent ?

Répondre à ces questions sur une situation en apparence simple permet de découvrir une bonne partie des principes d'une saine gestion des ressources humaines. Vous devrez tenir compte de ces principes dans votre plan d'affaires : transparence du projet de l'entreprise, compétence du personnel, clarté des attentes, confiance, reconnaissance des contributions, etc.

14.3 LES RISQUES ASSOCIÉS AUX RESSOURCES HUMAINES

La dimension ressources humaines, quoique incontournable dans votre plan d'affaires, contient un certain nombre de contraintes et de risques avec lesquels il vous faudra composer.

1. *Vos actifs humains sont mobiles.* Contrairement aux actifs physiques ou financiers, vos actifs humains ont deux jambes et une tête et ils peuvent s'en servir pour offrir leurs services à un concurrent qui saura mieux les apprécier. Par contre, contrairement aux autres, cet actif ne se déprécie pas avec l'usage. C'est plutôt le contraire. Plus vous l'utilisez, plus il est performant.

2. *Les résultats d'une saine gestion des ressources humaines sont généralement visibles seulement à long terme.* Il vous faut être patient. Développer une compétence distinctive, attirer et retenir les meilleurs employés, obtenir les idées de chacun, développer une culture de partenariat sont les résultats d'une gestion des ressources humaines réussis et ces résultats sont certes déterminants pour le succès de votre entreprise. Toutefois, ils s'acquièrent au prix d'importants investissements en temps et en argent. Ils cadrent souvent mal avec les pressions à court terme d'une entreprise émergente.

3. *Les résultats demeurent incertains.* Il n'y a pas de garantie de succès. Prenons un exemple simple. Votre plan d'affaires prévoit un investissement de 50 000 $ en ordinateurs et logiciels. À ce prix-là, vous ferez certainement intervenir un expert pour cerner vos besoins et vous assurer que vous achèterez ce qui vous convient, et ce même si les produits possèdent des spécifications précises sur leurs capacités et qu'ils offrent des garanties.

Votre plan d'affaires comporte aussi l'embauche d'un expert en vente et marketing. Chaque année, vous investirez en salaire pour cet expert le même montant (ou plus) que celui que vous paierez une seule fois pour votre matériel informatique, soit 50 000 $. Pourtant, les spécifications (le CV) sur le candidat retenu resteront vagues et vous n'aurez aucune garantie qu'il livrera exactement ce qu'il a promis. Pour ajouter à votre réflexion, auriez-vous fait intervenir un expert pour vous aider dans le choix de votre directeur de vente et marketing ? Dans la plupart des cas, la réponse est non. Vous vous seriez fié à votre intuition ou à vos connaissances. Bonne chance.

4. *Les résultats restent fragiles.* Évidemment, vous êtes chanceux, donc vous avez fait de bons choix pour vos employés. Vous avez su gagner leur confiance, ce qui était un défi, mais... conserver cette confiance au fil des nombreuses décisions difficiles que vous aurez à prendre (promotion, rémunération, mises à pied, congédiement) sera un véritable exploit.

5. *Les erreurs en ressources humaines peuvent être très coûteuses.* Le domaine des ressources humaines est lourdement légiféré. Plusieurs lois s'appliquent aux relations employeurs-employés et une connaissance minimale de ces dernières est nécessaire avant de mettre en place une saine gestion des ressources humaines2.

Un congédiement précipité peut entraîner des frais importants et provoquer le retour au travail d'un employé non désiré. L'application de décisions arbitraires peut conduire à la syndicalisation du personnel. La négligence dans la sécurité au travail peut causer des accidents dramatiques et des conséquences financières importantes. Le non-respect des droits fondamentaux peut conduire non seulement à des poursuites coûteuses, mais également à une perception négative de l'entreprise dans le marché.

S'il est si difficile de composer avec le facteur humain dans l'entreprise, pourquoi y consacrer une place importante dans le plan d'affaires ? La réponse à cette question est double: 1) si vous réussissez à maîtriser le facteur humain, les gains compensent largement les difficultés ; 2) comme peu d'entreprises réussissent à le faire, cela constitue une importante occasion de développer un avantage concurrentiel.

14.4 LES AVANTAGES ASSOCIÉS AUX RESSOURCES HUMAINES

Peu de propriétaires-dirigeants abordent les ressources humaines comme une source intéressante de retour sur investissement ou comme une option stratégique valable pour se démarquer des concurrents. Pourtant, de nombreux exemples d'entreprises à succès ont démontré qu'*il est possible d'utiliser le levier ressources humaines pour atteindre des résultats exceptionnels*[3].

Un nombre croissant d'études ont fait la démonstration qu'investir dans les ressources humaines peut être rentable, parfois même très rentable, avec des gains de l'ordre de 40 % dans les cas où on a su concevoir et mettre en place la bonne stratégie de ressources humaines. Une série d'études auprès de plus de 2 800 entreprises américaines a observé que celles qui géraient le mieux leurs ressources humaines avaient un taux de roulement deux fois moindre, des ventes par employé quatre fois supérieures et un ratio entre la valeur de l'entreprise dans le marché et la valeur au livre trois fois supérieur aux résultats des entreprises qui accordaient moins d'importance à la gestion de leurs ressources humaines[4].

Pour obtenir un avantage concurrentiel, il faut qu'au moins trois conditions soient réunies : 1) être meilleur que les autres, 2) par rapport à un facteur clé de succès et 3) pouvoir maintenir cet avantage dans le temps. Or, le personnel est certainement un facteur clé de succès dans la plupart des entreprises, particulièrement celles évoluant dans le secteur des services.

Nous avons vu que peu d'entreprises saisissent l'importance de la gestion des ressources humaines comme facteur clé pour développer un avantage concurrentiel. De plus, nous savons maintenant qu'il n'est pas aisé de se donner un tel avantage. Par conséquent, *le propriétaire-dirigeant qui saura miser sur les ressources humaines se dotera ainsi du meilleur avantage concurrentiel qui soit puisqu'il ne sera pas facile de faire comme lui.* Comme les personnes constituent un actif qui s'apprécie avec le temps s'il est bien géré, vous avez entre les mains les conditions parfaites pour un succès durable.

14.5 QUELQUES PRINCIPES D'UNE SAINE GESTION DES RESSOURCES HUMAINES

14.5.1 Principe n° 1 : Partager son projet d'entreprise avec ses collaborateurs et leur permettre de l'enrichir

Nous avons déjà indiqué qu'un projet d'entreprise bien conçu ne sert à rien s'il est mal mis en œuvre. Nous avons également relevé que la mise en œuvre concerne principalement les employés de la base. La logique nous conduit à la conclusion qu'un plan d'affaires n'est valable que si les employés y participent.

Pour y participer, ils devront en connaître le contenu (le quoi : la mission, la vision, les valeurs, les stratégies), comprendre les raisons des choix qu'il contient (le pourquoi : le marché, les concurrents, les facteurs clés de succès) et être en mesure de saisir les exigences qui en découlent pour eux (le comment : les résultats, les comportements, les compétences). Il s'agit en fait de passer de *mon* projet à *notre* projet.

Peu de dirigeants sont capables d'offrir ces trois conditions. Une enquête auprès de 600 travailleurs québécois a démontré que seulement 8 % d'entre eux connaissaient bien la vision de leur employeur et y adhéraient totalement[5]. L'honnêteté, le courage et la transparence de la part du dirigeant sont certainement des conditions nécessaires pour obtenir l'adhésion des employés.

Il est également important de communiquer le projet de façon homogène entre les membres du personnel. Le projet ne doit pas changer selon la catégorie de personnel ou le niveau hiérarchique auxquels on s'adresse. De plus, il est primordial non seulement de solliciter les suggestions du personnel mais aussi de les écouter. Faire appel à l'intelligence des gens est toujours un pari gagnant. Se limiter à informer le personnel du projet ne sera généralement pas suffisant pour susciter une adhésion adéquate. Le propriétaire-dirigeant a intérêt à s'exposer personnellement aux réactions et aux suggestions du personnel.

Le projet d'entreprise est vivant. Il devra s'actualiser constamment au gré des nouvelles conditions. Sa diffusion auprès du personnel devra donc se faire sur une base continue auprès des employés déjà en place et des nouveaux. La contribution du personnel devra également être sollicitée sur une base continue. L'enjeu fondamental de cet exercice de communication et d'écoute est de susciter et de maintenir un sentiment d'urgence chez le personnel par rapport aux défis que rencontre l'entreprise. Cela est une condition nécessaire à leur collaboration.

14.5.2 Principe n° 2 : Responsabiliser les employés à l'égard du projet d'entreprise

Compte tenu du lien de dépendance du propriétaire-dirigeant envers les employés de la base, il va de soi que la performance du personnel joue un rôle déterminant dans le succès de l'entreprise. Généralement, les gestionnaires mettent l'accent sur la somme des efforts que les employés démontrent au travail. Dans les faits, c'est plutôt la direction des efforts qui devrait être prioritaire. Être performant, c'est non seulement bien faire les choses, mais c'est avant tout faire les bonnes choses.

Le projet d'entreprise devient donc un puissant outil qui permet à tous de comprendre ce qu'il faut faire pour réaliser les objectifs stratégiques. Il permet de donner du sens à l'action et de définir la performance attendue. Retenez cette première règle d'or en matière de gestion de la performance : *ce qui est stratégique doit être mesuré à tous les niveaux* (l'entreprise, les unités, les équipes et les individus). Les employés et leurs superviseurs doivent être capables de faire le lien entre les objectifs du dirigeant, ceux de leur unité de travail et les leurs propres.

Il existe une seconde règle d'or : *ce qui est mesuré est réalisé*. Au-delà des objectifs quantitatifs, les attentes à l'égard d'un employé peuvent et doivent également être définies en termes de comportements au travail. Par exemple, un taux cible de satisfaction des clients ne sera atteint que si chaque employé en contact avec les clients sait comment il doit aborder le client, cerner ses besoins, répondre à une plainte, etc.

Pour être performant, l'employé a besoin d'une rétroaction continue sur ses résultats et ses comportements. Il s'agit d'une ressource essentielle pour lui parce que cette information le renseigne sur ce qu'il doit faire pour s'améliorer et lui procure la reconnaissance pour le travail bien fait.

Cela nous conduit à une troisième règle d'or : *ce qui est réalisé est reconnu et apprécié*. Il faut, de façon périodique et structurée, revoir avec l'employé le travail à faire, les objectifs à atteindre et les réalisations passées.

Nous reviendrons plus loin sur la question de la reconnaissance. Celle-ci est cruciale, car elle nous permet d'obtenir notre quatrième règle d'or, laquelle vient boucler le cercle vertueux de la gestion de la performance : *ce qui est reconnu devient stratégique pour l'employé*.

À mesure que l'organisation croît et que se multiplie le nombre d'employés, il devient nécessaire de mettre en place un processus systématique d'évaluation du rendement. Un tel processus est une source importante de données pour prendre une décision à la suite de la période de probation et pour décider de la rémunération. De plus, il permet de connaître les besoins de formation des employés et d'assurer une cohérence dans l'orientation du travail dans l'ensemble de l'organisation.

14.5.3 Principe n° 3 : Être sélectif et bien intégrer les nouveaux à l'entreprise

L'un des défis des propriétaires-dirigeants le plus souvent signalé est celui du recrutement d'une main-d'œuvre qualifiée[6]. Ce défi est généralement associé à la difficulté de retenir les meilleurs. Dans une phase de démarrage, une jeune entreprise ne peut rivaliser avec d'autres plus grandes quant aux conditions de travail. Cependant, elle a le net avantage de procurer un milieu stimulant qui permet à ceux qui s'y joignent d'avoir une marge de manœuvre et de faire face à des stimulants qu'il ne pourraient obtenir dans une entreprise déjà bien établie.

Devant un besoin urgent de personnel et un nombre restreint de candidats intéressés, il est tentant de commettre deux erreurs: 1) réduire ses exigences afin de s'assurer de pourvoir le poste; 2) promettre des conditions que l'on ne pourra probablement pas tenir. Au début d'une entreprise, le choix de chaque personne est crucial. On ne peut se permettre de traîner comme un boulet un individu qui ne peut contribuer immédiatement aux objectifs de l'entreprise ni de perdre un nouvel employé après l'avoir formé.

Une façon originale et efficace de recruter du personnel est de faire appel aux employés déjà à l'emploi et d'impliquer ces derniers dans le choix de leur futur collègue. Cette approche présente de nombreux avantages dont celui de s'assurer que le nouvel employé possède une description réaliste de l'emploi qu'il va occuper, avec ses bons et ses mauvais côtés. Cet avantage permet d'accroître la capacité d'une entreprise à retenir les meilleurs candidats.

Avant de sélectionner un candidat, assurez-vous d'avoir bien cerné vos exigences non seulement en fonction du poste à pourvoir, mais également en fonction de votre projet d'entreprise. Évitez de tomber dans le piège du candidat parfait sur le plan technique. Assurez-vous qu'il possède également les aspects plus *soft* liés aux habiletés ou à la personnalité qui s'harmonisent avec la culture de votre entreprise. Il est souvent plus facile de combler un manque de connaissances techniques que de chercher à changer la personnalité de quelqu'un.

Un dernier mot s'impose concernant l'importance de bien accueillir les nouveaux employés. Les premiers moments dans l'entreprise sont cruciaux pour la suite de la relation à moyen ou à long terme que vous voulez établir avec cet individu. Si le travail comporte un certain niveau de complexité, il peut être nécessaire de prévoir une période de formation et d'initiation au travail. Déterminez à l'avance qui sera responsable de cette formation et la durée de celle-ci. La période de formation permet également de vérifier concrètement si le candidat retenu est en mesure d'accomplir les tâches pour lesquelles il a été embauché.

14.5.4 Principe n° 4 : Investir de façon continue dans les compétences du personnel

L'une des principales difficultés dans une entreprise en démarrage est de trouver les ressources (temps et argent) pour investir dans la formation du personnel. Le personnel embauché manque souvent d'expérience et l'absence relative d'employés pouvant servir de formateur interne pose un problème. Il y a également le risque de perdre ses employés nouvellement formés pour le compte d'une entreprise mieux établie pouvant offrir de meilleures conditions de travail.

Malgré ces difficultés, il faut envisager la formation comme un investissement plutôt qu'une dépense. Dans le contexte de concurrence intensive que nous connaissons, la formation n'est pas un luxe et les gouvernements l'ont compris. Les petites entreprises ont souvent accès à des programmes visant à les soutenir dans leurs efforts de développement des compétences de leur personnel.

Qui dit formation ne dit pas nécessairement enseignement magistral par un expert externe qui part aussitôt la formation terminée. La formation sur le tas, l'apprentissage par l'expérience, l'utilisation des fournisseurs d'équipements ou de produits sont des approches souvent tout aussi efficaces. En fait, l'essentiel est de cerner les besoins réels en formation et de sélectionner ceux qui en bénéficieront le plus.

Idéalement, chaque employé devrait avoir un plan individualisé de formation qui tient compte de l'écart entre les compétences exigées par le poste qu'il occupe et le bilan de ses acquis. Retenez que des occasions de développement existent dans chaque défi, assignation ou projet.

14.5.5 Principe n° 5 : Reconnaître les contributions de chacun

Le plan de rémunération doit absolument demeurer en deçà des limites financières de l'organisation. Il faut avoir les capacités de payer ce que l'on désire offrir à ses employés. Il est donc impératif de déterminer le plan de rémunération avant de s'engager dans des promesses envers les candidats sélectionnés.

Un plan de rémunération est établi en analysant le salaire attribué à des emplois équivalents dans le marché. Un tel plan doit prévoir le salaire de départ, le rythme des augmentations et la base sur laquelle celles-ci seront consenties. Il est avantageux aussi de préciser dès le départ les autres aspects de la rémunération comme les heures de travail, les congés statutaires ainsi que les vacances annuelles. À cet égard, la Loi sur les normes du travail établit plusieurs conditions en deçà desquelles il est illégal de faire effectuer un travail salarié au Québec.

Selon le style de gestion que vous mettrez de l'avant, il sera peut-être souhaitable de moduler une partie de la rémunération en fonction des résultats de l'entreprise. Plusieurs formes de rémunération variable sont possibles telles que les primes individuelles ou de groupe, la participation aux profits et l'actionnariat. L'important est de choisir une forme répondant aux objectifs que vous voulez atteindre et au degré de participation que vous souhaitez de la part de vos employés.

Les aspects financiers ont également leurs limites. Entre autres, leur effet sur la motivation peut être limité dans le temps. C'est pourquoi les meilleures entreprises ne mettent pas l'accent sur cet aspect comme principal levier de motivation. Elles accordent plutôt la priorité aux facteurs tels le climat organisationnel, le travail d'équipe, les défis et les reconnaissances verbales, et souvent publiques, pour des contributions exceptionnelles. Ces entreprises cherchent à développer une véritable culture de la célébration non seulement des grandes réalisations mais également des petits succès qui ont l'avantage de créer un momentum et de maintenir la motivation lors des moments plus difficiles.

14.6 CONCLUSION

La majorité des jeunes entreprises sont caractérisées par le manque de formalisation des pratiques et des procédures de gestion des ressources humaines. Cela est normal puisque le besoin de formalisation augmente avec le nombre d'employés. Cela ne constitue pas un problème si le propriétaire-dirigeant consacre suffisamment de temps et d'énergie à la dimension ressources humaines dans son entreprise.

En fait, il doit assumer lui-même les responsabilités de gestion des ressources humaines, même s'il n'est pas formé adéquatement dans ce domaine. Le manque d'expertise peut donc devenir un problème. Le propriétaire-dirigeant a avantage à recourir aux services de consultants externes qui exercent le rôle de généralistes auprès des PME.

La responsabilité de la gestion du personnel relève de plusieurs acteurs dans l'entreprise, dont les superviseurs. Le choix de ces derniers est crucial, car ils exercent un rôle déterminant envers les employés de la base. Il faut éviter le piège d'accorder à une personne le titre de superviseur sur la seule base de la compétence technique ou de la performance dans un poste donné. Bref, le meilleur vendeur ne fait pas nécessairement un bon directeur des ventes.

Le dirigeant doit s'assurer que les superviseurs adhèrent à sa philosophie de gestion et que leurs gestes sont cohérents avec cette philosophie. Il doit donc donner l'exemple et renforcer constamment son message par des actions appropriées.

14.7 QUELQUES RÉFÉRENCES UTILES

Méthodes générales de GRH

Il existe plusieurs livres de base en gestion des ressources humaines (GRH). Nous en avons sélectionné quelques-uns qui vous feront faire un bon tour d'horizon des pratiques de GRH que l'on trouve dans les entreprises déjà bien établies.

Cascio, W. F., J. W. Thacker et R. Blais (1999). *La gestion des ressources humaines*. Montréal : Chenelière/McGraw-Hill.

St-Onge, S., M. Audet, V. Haines et A. Petit (1998). *Relever les défis de la gestion des ressources humaines*. Boucherville : Gaëtan Morin Éditeur.

Gosselin, A. (directeur). « Nouveau contexte, nouvelle GRH », *Revue Gestion,* Collection Racines du savoir, 2001.

Blais, R. (1996). *Les ressources humaines: l'atout concurrentiel*, Cap-Rouge: Les Presses Inter-Universitaires.

Pour les PME en démarrage

Pour une entreprise en démarrage, toutes les pratiques de GRH contenues dans les livres précédents ne sont pas pertinentes dès le début. Cependant, au fur et à mesure que la GRH se formalisera, il sera utile de retourner à de tels documents pour mieux comprendre quoi et comment faire.

En ce qui concerne la GRH dans les plus petites entreprises, il est utile de se référer à trois documents incontournables sur cette question. Henri Mahé de Boislandelle est le meilleur spécialiste de cette question en France. Denis J. Garant et Gérald d'Amboise sont tous deux spécialistes de la gestion des PME et ils enseignent à l'Université Laval. La dernière référence, de Denis J. Garand, constitue une excellente synthèse des connaissances que nous ayons sur les pratiques de GRH dans les PME.

Boislandelle (de), Henri Mahé (1988). *Gestion des ressources humaines dans les PME*. Paris: Économica, coll. Techniques de gestion.

Garand, J. Denis et Gérald D'Amboise. «Mieux comprendre les difficultés et besoins des PME en GRH: une question de gestion», *Revue Organisation*, automne 1995, vol. 5, n° 1, p. 33-48.

Garand, J. Denis. «La gestion des ressources humaines», dans Pierre-André Julien *et al.* (1994). *Les PME: bilan et perspectives*. Cap-Rouge: Les Presses Inter-Universitaires et Économica.

Les sites Internet

Le meilleur est celui de l'Ordre des conseillers en ressources humaines et en relations industrielles agréés du Québec. Ce portail est un excellent point de départ pour une recherche dans le domaine de la GRH: www.rhri.org

NOTES

1 Benoît, Carmelle et Marie-Diane Rousseau. «La gestion des ressources humaines dans les petites et moyennes entreprises au Québec», *Revue internationale P.M.E.*, vol. 3, n° 1, 1990, p. 49.

2 Pour un excellent survol des obligations juridiques, voir René Blais, *Les ressources humaines: l'atout concurrentiel*, Cap-Rouge, Qc: Les Presses Inter-Universitaires, 1996, chapitre 8 «Les aspects légaux de la relation d'emploi – les droits et obligations», p. 143-179.

3 Voir Charles A. O'Reilly et Jeffrey Pfeffer, *Hidden Value: How Great Companies Achieve Extraordinary Results with Ordinary People*, Boston: Harvard Business School Press, 2000.

4 Brian E. Becker, Mark A. Huselid et Dave Ulrich, *The HR Scorecard: Linking People, Strategy, and Performance*, Boston: Harvard Business School Press, 2001, p.18.

5 Dominique Froment, «Un employé sur 12 appuie son employeur», *Les Affaires*, samedi, 9 mai 1998, p. 5.

6 Liette Larrivée et Gérald d'Amboise, «Difficultés de recrutement dans les PME québécoises: quelques causes et solutions possibles», *Relations industrielles*, vol. 44, n°. 3, 1989, p. 487-504.

Chapitre 15

Un cas :
Les vélos 2BX

par Louis Jacques Filion

Gaston est à la fois triste et heureux. Il est en grande réflexion. Que s'est-il passé après l'euphorie du départ pour être tombé si bas ? Regardant en arrière, il essaie de faire le bilan. Il rencontre une de ses vieilles connaissances aux HEC, et ils réfléchissent ensemble sur ses capacités à réussir comme entrepreneur ! Voici comment il résume son histoire.

« J'ai beaucoup regretté le décès de mes grands-parents, même si je les avais peu connus parce qu'ils vivaient à Dolbeau. On ne va pas tous les jours en vacances au Lac-Saint-Jean ! Mon grand-père était commerçant. Il a laissé à son épouse l'usufruit d'une fiducie. Mais au décès de celle-ci, chacun de leurs deux enfants a hérité de 100 000 $ et chacun des quatre petits-enfants a hérité de 50 000 $. J'en avais marre des études de droit. Après deux ans, je ne savais pas où diable cela me mènerait. Je n'avais que le vélo de montagne dans la tête. D'une compétition à l'autre, je me maintenais parmi les cinq meilleurs au Québec. Lorsque j'ai hérité, l'idée m'a traversé la tête comme une fusée : pourquoi ne pas me lancer dans ce que j'aime et ouvrir un commerce de vente et de réparation de vélos de montagne.

« Sitôt dit, sitôt fait. J'ai terminé de peine et de misère et sans motivation mon année scolaire tout en me préparant à ouvrir mon commerce pour le 1er mai, même si cela ne me laissait que quelques semaines. Mon copain André m'a donné un bon coup de main. On s'était habitués à foirer ensemble le vendredi soir autour de quelques bonnes bières et c'était l'occasion de faire autre chose.

« Nous avons trouvé un local près de chez André, rue Beaubien, non loin de Papineau. Pour moi qui demeurais à Ste-Thérèse, cela faisait un peu loin, mais qu'importe, une des brasseries que nous fréquentions était située tout proche. On a aménagé le local, mais il n'a pas été facile d'obtenir les vélos qu'on voulait à si court terme. Il fallait que les fournisseurs acceptent de nous faire crédit ; je m'étais vite rendu compte que mes 50 000 $ d'héritage n'étaient pas suffisants pour me lancer en affaires. Je n'étais pas en mesure de répondre aux questions du banquier pour obtenir une marge de crédit. Mes parents ont refusé de signer et j'ai dû monter un plan d'affaires en hâte, à la dernière minute, pour obtenir du financement. J'ai obtenu une marge de crédit de 10 000 $, ce que je croyais beaucoup. J'ai compris plus tard qu'il m'aurait fallu de 100 000 $ à 200 000 $. Mes parents enseignent la littérature au cégep et je croyais qu'ils viendraient me donner un coup de main au cours de l'été, mais ils ne voyaient pas d'un bon œil ni que je laisse mes études, ni cette histoire d'entreprise, et ils ne sont pas venus. Seule ma sœur est venue quelques fois.

« J'ai rentré le meilleur stock de vélos que je connaissais. Là, je me suis vraiment fait plaisir. Mais, ça ne se vendait pas. Le soir à la brasserie, André et moi discutions de tout cela. Les gens ne connaissent rien là-dedans. Ils veulent tous acheter des vélos pas chers comme chez Canadian Tire ou même des vélos d'occasion à bon marché. Ils viennent te faire réparer des vélos finis qui ne valent plus rien. Moi, ça ne m'intéressait pas de tripoter dans ces types de vélos-là. J'ai raté le premier été. J'ai réussi à vendre à des copains qui faisaient de la compétition avec moi. André disait que je ferais mieux d'ouvrir une boutique de location de vélos dans le Vieux et de me concentrer là-dessus. Mais je ne voyais pas comment j'arriverais à faire toutes ces choses.

« Au cours de l'hiver, j'ai réussi à vendre, au coût que j'avais payé, plus de la moitié des 40 vélos qui me restaient. En fait, j'ai repris des vélos usagés en échange pour la plupart de ces vélos neufs que j'avais à vendre, mais je n'ai pas vraiment réalisé de gains sur ces échanges. Tu sais, ça vaut plus de

1 000 $/pièce ces bibittes-là. Il fallait que je vive et que je paie le loyer. Comme le vélo de montagne ne se vendait pas et que je ne pouvais pas soutenir la concurrence des commerces comme le Club Price pour les vélos ordinaires, j'ai donc décidé de me lancer dans le vélo usagé (achat, vente, échanges) ainsi que dans les réparations. Un client m'a conseillé de donner des séances sur le sport du vélo de montagne, le soir. Mais ce n'est pas à moi de faire l'éducation du monde là-dessus et aussi, ça aurait pris pas mal de mes temps libres. Déjà que je ne faisais pas d'argent, si j'avais dû travailler le soir en plus, ça aurait bien été le bout du bout.

« Ça marchait. On faisait beaucoup de transactions mais pas d'argent, car les marges étaient trop minces. Moi, j'aime le vélo et je crois qu'un vélo il faut que ça se paye, que ce soit toi qui l'achètes ou qui le vendes. J'ai aussi dû m'engager un gars pour m'aider à réparer toute cette ferraille. Il gagnait plus que moi de l'heure. »

Après deux ans de ce régime, la banque met Gaston au pied du mur. Sa marge de crédit qui est de 20 000 $ depuis un an est utilisée au maximum et n'a pas bougé depuis six mois. On lui donne 48 heures pour apporter un plan de redressement. Il doit investir 25 000 $ de plus, sinon on fermera sa boutique. « Que me conseillez-vous de faire maintenant ? » demande-t-il.

Chapitre 16

Les composantes du plan d'affaires sommaire

par Louise E. Péloquin

16.1 LE PROJET

Vous avez un projet en tête, mais une idée vague sur la façon de le réaliser. Il s'agit de réduire l'écart entre un projet qui n'habite encore que dans votre imaginaire et sa réalisation concrète. La première étape à franchir est de sortir – littéralement – le projet de votre tête et de l'expliquer à une autre personne. Vous devez préciser votre idée. Votre interlocuteur doit comprendre la teneur de votre projet, percevoir son unicité, ses particularités, son potentiel ; en d'autres termes, le voir aussi clairement que vous.

Nous utiliserons un exemple simple pour décrire la démarche suggérée dans cette première section. Supposons que votre énoncé de projet soit : « Je désire offrir des services informatiques à ceux qui ont de la difficulté à utiliser cet outil. » À première vue, l'idée est emballante parce qu'elle s'adresse à un marché considérable. Vous ne manquerez sans doute pas de clients puisque tous les utilisateurs rencontrent un jour ou l'autre des problèmes avec leur ordinateur.

Pourtant, en y regardant de plus près, on constate que l'on fait face à beaucoup d'inconnues dans cet énoncé. À quelle clientèle vous adressez-vous ? Aux consommateurs ? Aux PME ? Au secteur public ? Quels services offrez-vous ? Formation ? Dépannage ? Réparation ? La liste peut être longue ! Vous devez circonscrire votre idée afin de la rendre opérationnelle.

Quels sont les objectifs visés par votre projet ? Payer vos études ? Rentabiliser ce que vous faites déjà pour des amis ? Tester le concept avant de vous lancer vraiment ?

Avez-vous des limites ? De temps ? De compétences ? Géographiques ? Désirez-vous travailler seul ? Réunir une équipe ? Etc.

Dans une optique plus réaliste, votre énoncé de projet pourrait bien devenir : « Je désire offrir un service de dépannage aux étudiants qui se sont procuré des logiciels de traitement de texte à la COOP de mon école. »

À la fin de cette section, vous devez pouvoir expliquer clairement la nature de votre projet, les principales caractéristiques du produit ou du service ainsi que le marché qu'il vise. Vous pourrez ainsi confirmer la pertinence de votre projet auprès de parents, d'amis ou de personnes travaillant dans le secteur d'activité que vous visez.

16.2 LE PROMOTEUR ET L'ÉQUIPE

Vous devez maintenant démontrer que vous êtes la personne ou l'équipe la plus apte à mener à bien le projet. Dans un premier temps, il s'agit de mettre en évidence les qualités, les compétences et les expériences de chacun. À ce stade, il est opportun de vous rapporter à votre auto-évaluation entrepreneuriale.

- Qu'est-ce qui me motive à m'engager dans ce projet ?
- Quels sont mes objectifs personnels ?
- Combien de temps et d'argent suis-je prêt à investir ?
- Quelles sont mes compétences particulières ?

Vous devriez pouvoir synthétiser l'information qualitative et l'information quantitative pertinentes sous la forme d'un CV ou d'un bilan.

Dans un deuxième temps, vous devez établir le mode de fonctionnement de votre projet, c'est-à-dire répondre à la question : « Qui fait quoi ? » Il faut d'abord diviser le travail, puis assigner des tâches à chacun en fonction de sa motivation, de ses expériences et de ses compétences. La qualité de l'équipe dépendra largement de la complémentarité de ses membres. Il ne faut pas choisir les collaborateurs parce qu'on les connaît, mais chercher ceux qui possèdent l'expertise dont on a besoin. Puis, vous devez consigner ces données dans un organigramme et une description des tâches sommaires. Enfin, vous devez établir une convention d'actionnaires. Comment seront partagés la propriété, les profits ?

Certains entrepreneurs décident de confier une partie du travail à l'externe. La sous-traitance permet, dans bien des cas, d'augmenter la flexibilité et de réduire les frais de la main-d'œuvre. Cette stratégie est adoptée par un nombre croissant d'entreprises.

Dans cette section, vous avez fait le lien entre l'expérience et les compétences, la tâche à accomplir et la répartition du travail. Vous avez ainsi démontré votre capacité à agencer et à gérer des ressources dans le but de rendre un service ou de produire un bien.

16.3 LE CONTEXTE COMMERCIAL OU D'AFFAIRES

Votre projet se précise. Vous êtes de plus en plus convaincu que votre idée est bonne et que vous avez les capacités de l'exploiter. Reste à savoir si quelqu'un est intéressé à acheter votre produit ou votre service. Aurez-vous des clients ? Qui sont-ils ? Où sont-ils ? Combien sont-ils prêts à payer pour ce que vous offrez ? Est-ce qu'un concurrent offre déjà la même chose que vous ? En d'autres termes, y a-t-il une demande pour ce que vous vous proposez d'offrir ? La collecte d'information peut s'avérer un vrai casse-tête. Vous ne savez pas par où commencer et personne ne semble pouvoir répondre précisément à vos questions.

L'important est de justifier chacune de vos décisions. Par exemple, vous devez décider de la localisation (région, ville, quartier) où vous lancerez votre projet. Nombre de critères peuvent influer sur votre choix : vous connaissez bien la région ; il vous est facile de vous déplacer ; c'est à cet endroit qu'habite votre clientèle ; peu de concurrents y sont installés ; une croissance de la population est prévue, etc. Attention, certains de ces critères peuvent être intuitifs. Vous devez les confirmer.

Plus vous connaîtrez les règles du jeu de votre secteur, plus grandes seront vos chances de réussir votre projet. Afin de bien cerner le potentiel du marché que vous visez, vous devez comprendre à fond ses caractéristiques et ses particularités. Soyez précis ! Posez des questions ! Vérifiez !

- Dans quel secteur d'activité désirez-vous travailler ? Les soins de santé ? Les loisirs de plein air ? La construction résidentielle ?

- Ce secteur est-il en croissance ? Si vous œuvrez dans le domaine de la santé par exemple, vos chances seront meilleures si vous offrez des services dans un secteur duquel l'État se désengage.

- À quel segment de marché vous adressez-vous ? La grande entreprise ? Les municipalités ? Les consommateurs ? Si vous offrez des services de santé aux consommateurs, il est intéressant de savoir dans quelle mesure ils seront couverts par l'assurance privée.

- Quelle est la taille du segment de marché choisi ? Si votre projet s'adresse aux enfants âgés entre six et 12 ans, vous devez vous assurer qu'il y a suffisamment d'enfants de ce groupe d'âge dans votre région.

Accumulez les renseignements sur votre clientèle cible : ses goûts, ses habitudes de consommation, son comportement d'achat, son revenu moyen. N'oubliez pas que, lorsque vous ciblez les enfants, vous devez aussi vous renseigner sur les parents ; ce sont eux qui détiennent le pouvoir d'achat ! Tous ces renseignements sont précieux et vous serviront par la suite à élaborer votre plan marketing : comment atteindre votre clientèle.

De la même façon, menez une enquête sur la concurrence. Combien d'entreprises offrent le même produit ou service ? Quelles parts de marché détiennent-elles ? Possèdent-elles un avantage particulier ? Qualité ? Prix ? Service ? Emplacement ?

Vous devez déterminer objectivement quelles sont les forces et les faiblesses de vos concurrents. Cela vous permettra par la suite de vous différencier d'eux. Prenez soin aussi d'évaluer la concurrence indirecte. Les entreprises qui vendent des produits culturels savent très bien que le théâtre est en compétition avec la danse, le cinéma ou les festivals. Le budget loisirs du consommateur est partagé entre le culturel, le sport, et les voyages. La concurrence indirecte influe aussi sur votre potentiel de vente.

Maintenant, en croisant les renseignements sur l'évolution du secteur, la taille du marché, la présence de la concurrence, vous devriez en arriver à prévoir les ventes.

16.4 LE PLAN MARKETING

Vous avez ciblé votre clientèle. Vous connaissez ses besoins, ses exigences, ses différences. Vous connaissez aussi vos concurrents. Vous vous êtes renseigné sur leur produit, sur leur capacité de production, sur leur stratégie de vente.

Vous devez maintenant déterminer la meilleure façon de vous faire connaître de votre clientèle cible afin d'atteindre les objectifs de vente que vous vous êtes fixés. Vous élaborerez votre stratégie de vente en tenant compte de deux grands principes :

Pour bien connaître votre clientèle, allez la rencontrer sur le terrain. Posez des questions. Soyez bref et précis. Un questionnaire d'une dizaine de questions, qui est adressé à 20 personnes environ et qui ne prendra pas plus de 5 à 7 minutes à remplir, vous en apprendra beaucoup sur les attentes de votre clientèle.

Votre client potentiel sera attiré par un produit de qualité, offert à un juste prix et facilement accessible. La présentation du produit et la qualité du service après-vente influeront aussi sur sa décision d'achat. Il sera donc question dans cette section de produit, de prix, de réseau de vente, de publicité et de service après-vente.

16.4.1 Le produit ou le service

Vous devez présenter vos différents produits ou services et décrire leurs principales caractéristiques.

- De quelle façon satisferont-ils le client?
- Comment se différencieront-ils de ce qui est offert par les compétiteurs?

16.4.2 Le prix

Pour fixer vos prix, tenez compte de la qualité, des avantages particuliers de votre produit et du service après-vente.

- Vos prix sont-ils compétitifs?
- Quelle est votre politique de crédit?
- N'oubliez pas l'objectif de rentabilité dans la détermination du prix. Votre entreprise doit être rentable!

16.4.3 Le réseau de vente

- Comment atteindrez-vous vos clients?
- Vous devez mettre sur pied un système d'entreposage et de distribution garantissant l'accessibilité de vos produits.
- Pouvez-vous créer des alliances?
- Utilisez votre réseau pour assurer une mise en marché efficace.

16.4.4 La publicité

- Déterminez des objectifs publicitaires ; vous devez capter l'attention de nouveaux acheteurs, mais aussi développer et conserver votre clientèle.
- Quel message désirez-vous véhiculer ?
- Quels moyens et quels médias de publicité et de promotion utiliserez-vous ? Vous devez en estimer les frais.
- Qu'est-ce qui est permis par la loi ? Préparez un calendrier des activités de publicité et de promotion.

16.4.5 Le service après-vente

- Le but recherché par le service après-vente est la satisfaction totale du client.
- Offrirez-vous une garantie ?
- Serez-vous facilement accessible ?
- Vous devez établir des normes standard de service.

Ici encore, il convient de s'interroger sur la pertinence de sous-traiter certaines activités en recourant à un représentant des ventes, à un distributeur ou à une agence de publicité.

16.5 LE PLAN DES OPÉRATIONS

Le plan des opérations doit décrire la façon la plus efficace de produire un bien ou d'offrir un service. Vous devez maintenant répondre au « Comment faire ? »

D'entrée de jeu, il est important de souligner que cette étape sera plus laborieuse dans le cas d'une entreprise du secteur manufacturier (production d'un bien) ou d'un commerce, comme un restaurant, par exemple.

Nous vous proposons ici une série de questions. Elles faciliteront votre recherche d'une logistique de production répondant aux objectifs que vous vous êtes fixés.

Ainsi, pour répondre au Comment faire?, il faut d'abord vous demander Où? Avec quoi? Par qui? Etc.

16.5.1 L'emplacement

- Où sera situé votre établissement? Dans votre résidence? Dans une rue commerciale? Dans un parc industriel?
- S'agira-t-il d'une location? D'une acquisition?
- Devrez-vous apporter des améliorations au local?
- Possédez-vous l'équipement nécessaire à la production du bien ou du service? Sinon, est-il plus judicieux de le louer? De l'acheter?
- L'emplacement est-il facilement accessible pour les clients? Pour les fournisseurs?
- La circulation est-elle dense?
- Êtes-vous situé du bon côté de la rue?

16.5.2 L'approvisionnement

- Qui seront vos fournisseurs?
- Quelles seront les conditions de paiement?
- Quelle sera votre capacité de stockage?

16.5.3 La main-d'œuvre

- Combien aurez-vous d'employés permanents ? De contractuels ?
- Quel sera le degré de compétence requis ?
- Aurez-vous recours à la sous-traitance ?

16.5.4 La production

- Quels procédés de fabrication utiliserez-vous ?
- Quelle technologie de production utiliserez-vous ?
- Quelle sera votre capacité de production ?
- Qui aura la responsabilité de livrer le produit fini ?

La liste pourrait facilement s'allonger ! Il ne s'agit pas de répondre à chacune des questions ; elles ne sont pas toutes utiles à votre projet. Prenez soin cependant de ne pas vous contenter de réponses vagues et incomplètes. Utilisez votre réseau. Cherchez de l'information auprès d'experts du domaine. Vous devez formuler des réponses claires et précises.

16.6 LE PLAN FINANCIER

Il existe bien sûr des frais liés à la réalisation de votre projet. Possédez-vous les fonds suffisants pour démarrer votre projet ? Pour tenir la première année ? Devrez-vous emprunter ? À quelles conditions ? Aurez-vous droit à une subvention ?

Il s'agit ici d'évaluer les frais de démarrage et de fonctionnement du projet. Vous devez aussi estimer ce que vous pouvez apporter en argent ou en équipement. Si cette contribution personnelle suffit, votre tâche est de beaucoup simplifiée. Sinon, vous devez convaincre un éventuel prêteur de vous avancer la somme nécessaire. Votre « argumentation chiffrée » doit être présentée de façon claire et compréhensible afin de mettre en évidence le potentiel du projet. Vous pouvez vous inspirer des exemples illustrés au prochain chapitre pour établir votre budget et bâtir vos états financiers.

16.6.1 Les besoins de fonds

Après avoir déterminé ce que vous pouvez fournir comme matériel, mobilier ou immobilisation, dressez une liste de ce dont vous aurez besoin pour démarrer vos activités. Par exemple, vous pourriez contracter une assurance responsabilité au coût de 650 $ ou encore acheter de la papeterie pour 200 $, etc.

16.6.2 Les sources de fonds

Vous indiquez par la suite de quelle façon vous entendez combler ces besoins. Par exemple :

- L'investissement du propriétaire : 1 000 $
- L'investissement d'un membre de la famille : 5 000 $
- Un prêt personnel : 5 000 $
- Une subvention gouvernementale : 3 000 $

16.6.3 Le budget de caisse

Le budget de caisse vous indique, mois par mois :

- combien d'argent vous devez avoir en caisse ;
- quand cet argent doit être disponible ;
- d'où provient cet argent.

Vous pourrez ainsi déterminer s'il est nécessaire de négocier une marge de crédit avec la banque et le montant de cette marge.

16.6.4 Le bilan d'ouverture

Le bilan d'ouverture reflète ce que votre entreprise possède à ses débuts : actif, passif et avoir des actionnaires. C'est une photo de votre entreprise à une date donnée.

16.6.5 L'état des résultats provisionnels

L'état des résultats indique la relation entre les ventes et les dépenses engagées pour les réaliser. La différence entre les deux représente le profit ou la perte pour un exercice financier, habituellement une période de 12 mois. Puisque, au moment de le rédiger, vous n'avez pas encore réalisé de ventes, cet état est basé sur des prévisions que vous avez énoncées dans la section 15.3 (Le contexte commercial ou d'affaires).

Finalement, il vous faut calculer votre seuil de rentabilité, c'est-à-dire le niveau de vente à partir duquel votre entreprise couvre ses dépenses et commence à faire du profit.

16.7 CONCLUSION

Vous avez maintenant accumulé suffisamment d'information objective pour vous convaincre du potentiel de votre projet ; vous en avez démontré le réalisme et la rentabilité.

Pour conclure, rappelez l'essentiel de votre projet. Regroupez les renseignements contenus dans chacune des sections. Expliquez les avantages que retireront vos clients à consommer votre produit ou votre service. Précisez les éléments innovateurs que vous apportez sur le plan de la gestion, de la production ou de la mise en marché. Établissez les forces de votre équipe.

Vous pouvez aussi présenter dans votre conclusion les perspectives d'avenir de votre entreprise.

Exercice 16.1 QUESTIONS SUR LE PLAN D'AFFAIRES

Après avoir rempli les six sections du plan d'affaires suggéré dans ce chapitre, vous devriez pouvoir répondre aisément au test suivant :

1. Quel est mon projet ?

2. Pourquoi est-ce une bonne idée ?

3. Pourquoi suis-je la bonne personne pour mener ce projet à terme ?

4. À qui est-ce que je veux vendre mon produit ou mon service ?

5. Comment rejoindre la clientèle ?

6. Qui sont mes concurrents ?

7. De quoi ai-je besoin pour démarrer ? Expertise ? Équipement ? Argent ?

8. Y a-t-il un risque ? Personnel ? Financier ?

9. Est-ce que ce sera rentable ?

Votre plan d'affaires doit contenir uniquement les renseignements utiles à la compréhension et à la validation de votre projet. Vous avez recueilli beaucoup d'information ; il s'agit maintenant de l'organiser avec cohérence et de la présenter dans un langage clair et accessible. Nous vous suggérons un modèle de présentation. Selon le type de projet, certaines sections seront très élaborées, alors que d'autres pourront être écartées. Ne communiquez que les renseignements pertinents. Soyez concis et rigoureux.

Tableau 16.1 UN EXEMPLE DE PLAN D'AFFAIRES SOMMAIRE

Page titre

Table des matières

1. Le projet
   Nature du projet et potentiel de vente

2. Le promoteur et l'équipe
   Motivation
   Compétences et complémentarité

3. Le contexte d'affaires
   Localisation
   Secteur d'activité
   Marché et segmentation
   Concurrence directe et indirecte
   Tendances et potentiel de vente

4. Le plan marketing
   Caractéristiques du produit ou du service
   Prix
   Réseau de vente
   Publicité
   Service après-vente

5. Le plan des opérations
   Emplacement
   Approvisionnement
   Main-d'œuvre

6. Le plan financier
   Frais de démarrage
   Budget de caisse
   États financiers
   Seuil de rentabilité

Conclusion

Annexes

16.8 BIBLIOGRAPHIE

Bégin, J.-P., S. Laferté et G. Saint-Pierre (1994). *Guide de l'étudiante et de l'étudiant : Je démarre mon entreprise.* Université de Sherbrooke et Fondation de l'entrepreneurship.

Belley, A. et J. Lorrain (1990). *Concours d'Excellence : « Devenez entrepreneure ».* Association des cadres de l'éducation aux adultes des collèges du Québec.

Coltman, M. M. (1991). *Start and Run a Profitable Restaurant ; a step-by-step Business Plan.* Vancouver : International Self-Counsel Press.

Dell'Aniello, P. (1994). *Un plan d'affaires gagnant.* Montréal : Les Éditions Transcontinental.

Fortin, P. A. (1992). *Devenez entrepreneur.* Québec, Montréal et Charlesbourg : Les Presses de l'Université Laval, Les Éditions Transcontinental et Fondation de l'entrepreneurship.

Le groupe L'Horizon 2001. *Guide pratique pour partir en affaires.* Montréal.

Hisrich, R. D. et M.P. Peters (1992). *Entrepreneurship 1 : Starting, developing, and managing a new entreprise.* Homewood, Il : BPI\Irwin.

Keays, P. et B. Mowat (1990). *Home-Based Business : Staring your home-based business.* Victoria : Ministry of Regional and Economic Development.

Kennedy, R. et G. Ward (1990). *The business plan manual.*

Labrecque, J.-H. D. (1994). *Répertoire et Analyse de Plans d'Affaires.* Document de travail. Montréal : École des HEC de Montréal.

Laferté, S. (1992). *Comment trouver son idée d'entreprise.* Québec, Montréal et Charlesbourg : Les Éditions Transcontinental et Fondation de l'entrepreneurship.

Laferté, S. (1994). *Trouvez votre idée d'entreprise et devenez entrepreneur.* Charlesbourg : Fondation de l'entrepreneurship.

Lepage, J. et R. R Koffler (1995). *Le Plan d'affaires.* Montréal : Éditions Montparnasse, Collection Réussir en affaires.

Mancuso, J. R. (1983). *How to prepare and present a business plan.* New York : Random House.

Pinson, L. et J. Jinnett (1989). *Anatomy of a business plan.* Fullerton : Out of your Mind – Into the Marketplace.

Siegel, E. S., L. A. Schultz et B.R. Ford (1987). *The Arthur Young Business Plan Guide.* New York : Wiley.

Siegel, Joel et Jack Shim (1991). *Keys to starting a small business.* New York : Baron's.

Warner, A. S. (1978). *Mind your own business : a guide for the information entrepreneur.* New York : Neal-Schuman.

West, A. (1988). *A business plan (Planning for the small business).* New York : Nichols.

Chapitre 17

Un modèle de plan d'affaires sommaire

par Louise E. Péloquin

Projet : Ouverture d'une école de chant qui s'adresse aux jeunes de 10 à 20 ans.

Nom de l'entreprise : Chanterelle

Date : 30 avril 2000

Table des matières

17.1 LE PROJET

Depuis quelques années, j'ai remarqué que, dans ma ville (Belœil) ainsi que dans les environs, il n'y a que deux endroits où l'on peut entreprendre une formation en chant populaire. Après avoir mené mon enquête auprès de mes concurrents et de leur clientèle, j'en suis arrivée à la conclusion que c'était nettement insuffisant. La demande est là, mais les deux écoles de chant établies n'arrivent pas à la satisfaire totalement. J'ai donc pris la décision de mettre à profit mon expérience de 10 ans dans le domaine de la musique en offrant moi-même des cours de chant populaire privés pour débutants à Belœil. Étant donné que je poursuis en ce moment des études à temps plein à l'université, j'ai l'intention d'offrir des cours seulement les fins de semaine.

17.2 Le promoteur

Je suis la seule personne engagée dans ce projet d'entreprise. Pour l'instant, le service que je veux offrir ne nécessite ni l'embauche de personnel ni d'associé.

Je suis actuellement inscrite au baccalauréat en administration des affaires à plein temps. J'espère obtenir mon diplôme – avec spécialisation en marketing – à l'hiver 1999. J'ai toujours été une personne très disciplinée et bien organisée. J'aime le défi et le risque calculé. Mes études m'apportent les connaissances de base en comptabilité, en administration et en gestion nécessaires à la mise sur pied de ma petite entreprise.

Pourquoi des cours de chant ? J'en suis depuis déjà 10 ans. J'étudie actuellement à l'école Duchant de Montréal afin de me perfectionner. J'ai une très bonne expérience dans le domaine de la chanson. En 1991, j'ai été lauréate de l'édition régionale du concours « Cégeps en spectacle », finaliste au concours « La relève en chanson » de Montréal en 1993 et en 1994, puis finaliste au prestigieux Festival international de la chanson de Granby en 1992. Ce sera ma première expérience à titre de professeur, mais je sais que je possède les qualifications nécessaires.

17.3 LE CONTEXTE D'AFFAIRES

17.3.1 La localisation

Je me cherchais un endroit à Belœil, pas trop cher et bien situé. Le directeur des loisirs de la ville m'a offert un local au Manoir des Seigneurs pour un prix très raisonnable et pour une durée d'un an (possibilité de deux ans).

Le Manoir des Seigneurs est un centre culturel qui est occupé par des bureaux administratifs de la ville et où ont lieu aussi des expositions et des réunions à caractère culturel. Connaissant le directeur des loisirs pour avoir participé à quelques reprises à des spectacles culturels de la ville de Belœil, j'ai appris de ce dernier l'existence d'un programme de subventions offert par le Conseil arts et culture de Belœil. Ce programme vise à aider les artistes à poursuivre leur travail de création ou de diffusion, ou à parfaire leur cheminement personnel, en échange de leur apport à la communauté. Il y aurait possibilité de déroger quelque peu à la définition du programme et, plutôt que de m'offrir une subvention en argent, on pourrait me donner la possibilité d'utiliser un local pour débuter, avec un loyer raisonnable de 350 $ par mois, électricité et chauffage compris, avec un accès aux toilettes. Il y a même possibilité que les parents puissent attendre leurs enfants dans une petite salle d'attente à proximité. Le Manoir est ouvert la fin de semaine et l'un des locaux est libre. Le local fait environ 350 pi^2, ce qui est amplement suffisant pour moi, avec deux grandes fenêtres donnant dans la rue.

Un des grands avantages de ce local est sa situation géographique. Le Manoir est situé en plein cœur du Vieux-Belœil. C'est un endroit très connu et fréquenté, et tout à fait accessible.

17.3.2 Le marché et la segmentation

Le marché que je vise est un marché de consommateurs. Afin d'être bien certaine que ce marché n'était pas saturé et que mon projet valait la peine d'être mis sur pied, j'ai téléphoné à mes deux concurrents en leur indiquant que j'étais étudiante et que je faisais une recherche sur la demande du marché pour des cours de musique, de danse et de chant. À ma grande surprise, des trois domaines cités, ce sont les cours de chant qui sont le plus en demande. Et surtout chez les jeunes ! Explications ? Les jeunes aiment la musique et veulent de plus en plus imiter leurs idoles. Alors, j'ai décidé de sauter sur l'occasion !

Le territoire visé

Ville de Belœil

Ville de Saint-Hilaire

Les statistiques

• Représente 50 320 habitants

• 25 670 femmes

• 24 650 hommes

• Revenu moyen d'une famille : 44 635,50 $ par année

• Montant attribué aux loisirs : 4 580,00 $ par année

• Classe sociale moyenne et aisée

La clientèle visée

• Jeunes entre 10 et 20 ans

• Préadolescents, adolescents, jeunes adultes

• Majorité célibataire

• Francophone

• Représente 2 045 habitants

17.3.3 La concurrence

Dans la région de Belœil, il n'y a que deux concurrents potentiels.

L'école de danse Petits pas est en activité depuis 1983 à Belœil. Cette école se spécialise dans la danse et non dans le chant. Les élèves qui y apprennent le chant constituent seulement 10 % de la clientèle. La propriétaire est l'unique professeur de chant de l'école. On y offre des cours de chant privés ou en groupe, aux prix respectifs de 30 $ et 20 $ l'heure. La clientèle provient de différents groupes d'âge. J'ai moi-même fait partie de l'école de 1984 à 1986 et, pour avoir travaillé avec d'autres professeurs par la suite, je sais que la technique vocale enseignée n'est pas très bonne. De plus, l'école n'organise aucun spectacle de fin d'année. Sa force : un nom établi depuis longtemps.

L'école de musique S. Magnan a été fondée en 1985 à Saint-Hilaire. Elle est d'abord une école d'enseignement d'instruments de musique. Les élèves qui y étudient le chant représentent 20 % de la clientèle. Elle offre seulement des cours de groupe au coût de 18 $ l'heure. Son point fort : une bonne réputation et un diplôme de Vincent-D'Indy.

17.3.4 Le potentiel de ventes

Durant ma première année d'activité, je prévois enseigner à 10 élèves. J'espère augmenter ce nombre à 15 dès la deuxième année. Pour l'instant, je ne prévois pas d'expansion, du moins pas avant la fin de mes études.

1re année : 10 élèves x 20 x 40 semaines = 8 000 $

2e année : 15 élèves x 20 x 40 semaines = 12 000 $

17.4 LE PLAN MARKETING

17.4.1 Les caractéristiques du service et le prix

Tout d'abord, je vise une clientèle jeune, soit entre 10 et 20 ans. Je ferai passer des auditions au mois d'août pour évaluer le potentiel de chaque élève afin de mieux adapter les cours. Il s'agit d'un cours de base pour débutants seulement, dont les principaux points à l'étude seront les suivants :

- Théorie de base sur l'anatomie des cordes vocales.
- Théorie sur les sons.
- Exercices de vocalises.
- Établissement d'un répertoire d'environ 15 chansons.
- Interprétation.
- Spectacle de fin d'année (possibilité de deux).

Il s'agit d'une formation complète et adaptée à chacun selon l'âge, le talent et l'ambition. Les élèves avanceront à leur rythme. Avec l'expérience que j'ai acquise, je sais que les écoles de chant sont très occupées les fins de semaine.

C'est pourquoi je n'ai aucune crainte à n'offrir des cours que les vendredis soir, les samedis et les dimanches à raison d'une heure par semaine par élève au coût de 20 $ l'heure. Chaque élève aura une heure de cours par semaine. Les cours débuteront la première semaine de septembre et se termineront la dernière semaine de juin. Puisque j'exercerai cet emploi à temps partiel, si je veux offrir un service personnalisé, je me limiterai à 15 élèves.

Étant donné mon jeune âge et la clientèle que je vise, je mise sur le dynamisme et sur la qualité de mes cours. Les enregistrements sur cassette des vocalises seront de première qualité et, surtout, selon la nouvelle tendance, soit une musique entraînante, ce que n'offrent pas mes concurrents. Il est évident que l'âge des élèves influe directement sur la façon d'enseigner. C'est pourquoi j'ai décidé de bien cibler ma clientèle et de me limiter à un groupe d'âge précis, ce que, encore une fois, ne font pas mes concurrents. Je veux pouvoir encadrer mes élèves de façon personnalisée.

Le point le plus important est sans aucun doute le prix. Au niveau débutant, le critère primordial pour le choix de l'endroit est bien sûr le prix. J'offre mes cours à un prix abordable. Le tarif que je demande équivaut à celui des cours de groupe dans les autres écoles.

17.4.2 La publicité

Mon objectif premier est de solliciter une clientèle jeune. Étant donné la taille de mon entreprise et la clientèle limitée d'élèves que je peux accueillir, il ne sera pas nécessaire de faire affaire avec une agence de publicité. Au départ, j'avais pensé publier une petite annonce dans les journaux locaux, soit *Le Riverain* et *Le Courrier de Belœil*, qui englobent la totalité du marché que je vise. Toutefois, les tarifs de publication sont beaucoup trop élevés pour mon budget : 175 $ pour une annonce de 1/8 de page publiée une seule fois dans un seul journal.

J'ai alors retenu quatre autres moyens pour atteindre ma clientèle.

Premièrement, j'annoncerai le début des activités de mon école dans le bottin de cours et d'activités offerts par la ville de Belœil. Cette publication est distribuée deux fois par année (saison printemps-été et saison automne-hiver) dans tous les foyers de la municipalité. Les habitants de Belœil prendront connaissance de mon annonce à la mi-août.

Deuxièmement, dès la rentrée scolaire, je distribuerai un dépliant publicitaire dans les écoles de la région. Je l'afficherai aussi dans les différents commerces. Je prévoyais un budget annuel maximal de 200 $ pour la publicité, ce qui sera respecté.

Troisièmement, j'ai fait une liste de 38 personnes que je connais dans la région. Je compte leur parler de mon projet pour qu'elles m'aident à faire connaître le service que je désire offrir.

Quatrièmement, je compte écrire quelques articles sur les bienfaits de la musique pour la santé dans les journaux locaux.

17.5 LE PLAN FINANCIER

L'investissement de base de mon entreprise sera composé en grande partie de mes apports personnels. Je possède déjà la plus grande partie du matériel nécessaire dont voici la liste :

- Chaîne stéréo radiocassette avec deux haut-parleurs de marque Sony (valeur de 500 $)
- Deux micros avec fil (valeur de 200 $)
- Un miroir de 5 pi par 5 pi (valeur de 100 $)
- Deux fauteuils (valeur de 100 $)
- Une table de travail (valeur de 100 $)
- Une bibliothèque/rangement (valeur de 125 $)

Toutefois, j'aurai besoin d'un minimum de liquidités et ce que je possède ne sera pas suffisant. Comme le montant dont j'ai besoin est raisonnable, soit 1 000 $, j'ai la possibilité d'emprunter la somme à mon père sans intérêt, remboursable en 23 versements mensuels de 40 $ et un dernier versement de 80 $. Ce montant me permettra, entre autres, d'acquérir des partitions et des enregistrements instrumentaux sur cassette de chansons populaires. J'ai la possibilité de faire des photocopies des partitions à mes cours de chant au coût de 0,20 $ la copie et de me procurer les cassettes au coût de 1 $ la chanson. Je prévois un budget de 250 $ pour obtenir un répertoire de départ de 200 partitions et d'autant de cassettes.

Au 1ᵉʳ août 1998

Actif

Actif à court terme		
Encaisse	1 000 $	
+ comptes élèves	0	
Total de l'actif à court terme	1 000 $	
Immobilisations		
Matériel	700 $	
Mobilier et accessoires	425 $	
Total des immobilisations	1 125 $	
Total de l'actif		2 125 $

Passif

Passif à long terme		
Emprunt	1 000 $	
Total du passif à long terme	1 000 $	
Total du passif		1 000 $
Avoir des propriétaires		
Capital	112 $	
Total de l'avoir des propriétaires		1 125 $

Total de l'avoir et du passif   2 125 $

Pour l'exercice terminé le 31 juillet 1999

	1998	1999
Produits		
Chiffre d'affaires	8 000 $	12 000 $
Bénéfice brut	8 000 $	12 000 $
Charges		
Loyer	3 500 $	4 000 $
Taxe d'affaires	297 $	340 $
Assurances	200 $	200 $
Publicité	200 $	200 $
Fournitures de bureau	100 $	100 $
Matériel	250 $	150 $
Divers	100 $	100 $
Total des dépenses	4 647 $	5 190 $
Bénéfice net	3 353 $	6 810 $

Tableau 17.1 LE SEUIL DE RENTABILITÉ – CHANTERELLE

Mois	Août	Sept.	Oct.	Nov.	Déc.	Janv.	Févr.	Mars	Avril	Mai	Juin	Juill.
Encaisse au début du mois	0 $	450 $	510 $	920 $	1 330 $	1 740 $	2 150 $	2 413 $	2 823 $	3 233 $	3 643 $	4 053 $
Ventes		800 $	800 $	800 $	800 $	800 $	800 $	800 $	800 $	800 $	800 $	
Emprunt	1 000 $											
Total	1 000 $	1 250 $	1 310 $	1 720 $	2 130 $	2 540 $	2 950 $	3 213 $	3 623 $	4 033 $	4 443 $	4 053 $
Déboursés												
Achat de matériel	250 $											
Matériel de bureau	100 $											
Loyer		350 $	350 $	350 $	350 $	350 $	350 $	350 $	350 $	350 $	350 $	
Assurances		200 $										
Taxes		150 $					147 $					
Publicité	200 $											
Remboursement d'emprunt		40 $	40 $	40 $	40 $	40 $	40 $	40 $	40 $	40 $	40 $	40 $
Total	550 $	740 $	390 $	390 $	390 $	390 $	537 $	390 $	390 $	390 $	390 $	40 $
Encaisse à la fin du mois	450 $	510 $	920 $	1 330 $	1 740 $	2 150 $	2 413 $	2 823 $	3 233 $	3 643 $	4 053 $	4 013 $

Pour couvrir ses frais, l'école doit accueillir au moins cinq élèves la première année.

5 élèves x 20 x 40 semaines = 4 000 $

17.6 CONCLUSION

Mon projet d'affaires consiste à offrir des cours de chant populaire aux jeunes de ma région. Il existe une demande réelle pour ce loisir culturel qui n'est pas comblée par mes concurrents. Je serai la seule personne responsable de donner les cours et de gérer l'entreprise. Les activités commenceront à Belœil en septembre 1998.

Chapitre 18

Les composantes du plan d'affaires

par Louise E. Péloquin

18.1 LE SOMMAIRE

Le sommaire est rédigé lorsque le plan d'affaires est terminé. Il résume les principaux aspects du projet. C'est peut-être la partie la plus importante du document, car, dans bien des cas, il influencera l'opinion du lecteur. Présenté de façon attrayante et réaliste, il montre clairement le potentiel d'une entreprise qui va réussir. Il est recommandé de le présenter sur une seule page.

- Énoncé du projet.
- Compétences des responsables.
- Caractéristiques du marché.
- Éléments de différenciation.
- Prévisions des ventes.
- Profitabilité.
- Besoins et sources de financement.

18.2 LE PROJET

Cette partie du plan d'affaires expose la teneur du projet. Les particularités du projet détermineront les éléments sur lesquels vous devrez insister par la suite dans la préparation du plan d'affaires (ex. : plan des opérations, plan des ressources humaines).

- Raison d'être de l'entreprise.
- Description du produit ou du service (illustration).
- Origine de l'idée.
- Points forts et avantages distinctifs.
- Stade de développement du produit.
- Technologie utilisée.
- Brevets, droits d'exploitation.
- Marché cible.
- Objectifs à court, moyen et long terme.

18.3 LE PROMOTEUR ET L'ÉQUIPE

Il importe ici de faire ressortir les compétences et les aptitudes de chacun en rapport avec la mission de l'entreprise. Pour convaincre un investisseur du potentiel du projet, l'équipe doit être crédible. Dans cette partie, et chaque fois qu'il sera question de ressources humaines, vous devez justifier les décisions à propos du recours ou non à la sous-traitance.

- Compétences et expériences du promoteur, de l'équipe.
- Partage des tâches administratives.
- Description des rôles et des responsabilités.
- Structure juridique.
- Composition du comité-conseil, du conseil d'administration.
- Sous-traitance (expert-conseil, comptable, avocat).
- Organigramme, CV, bilan personnel (en annexe).

18.4 LE CONTEXTE D'AFFAIRES

Il s'agit d'abord de repérer un marché pour le produit ou le service et, par la suite, d'évaluer le potentiel de ce marché. Il est essentiel de bien connaître la clientèle à qui l'on s'adresse et les éléments de l'environnement d'affaires qui peuvent modifier son comportement d'achat.

* Localisation (accès et stationnement).
* Possibilité d'agrandissement.
* Évolution du secteur d'activité.
* Saisons propices.
* Réglementation environnementale.
* Étendue géographique du marché.
* Caractéristiques sociales, culturelles et démographiques du marché.
* Évaluation réaliste de la concurrence.
* Forces et faiblesses de la concurrence.
* Positionnement de la concurrence.
* Produits, services substituts.
* Évolution et tendances du marché.
* Scénarios de ventes.

18.5 LE PLAN MARKETING

Le plan marketing trace les grandes lignes de la stratégie de mise en marché du produit ou du service. Cette stratégie est élaborée en fonction des facteurs qui influent sur la décision d'achat de la clientèle ciblée : qualité et accessibilité du produit ou du service, prix, publicité et service après-vente.

• Description de la gamme des produits ou services offerts.

• Avantages concurrentiels.

• Réseau de distribution.

• Gestion des représentants des ventes.

• Sous-traitance.

• Marge de profit consentie aux intermédiaires.

• Message véhiculé par la publicité.

• Image de l'entreprise.

• Stratégie promotionnelle (moyens, fréquence, message).

• Calendrier des activités de promotion.

• Législation en matière de publicité.

• Calcul des frais.

• Politique de garantie.

• Service après-vente.

18.6 LE PLAN DES OPÉRATIONS

Le plan des opérations explique de quelle façon seront utilisés les capitaux investis dans la production du bien ou du service. Ici, l'équipe entrepreneuriale sera évaluée selon sa capacité d'optimiser les ressources, que ce soit par l'aménagement de la chaîne de production, la gestion des stocks ou le recours judicieux à la sous-traitance. Rappelons que le choix d'une bonne localisation demeure l'un des facteurs qui explique le mieux la réussite ou l'échec du commerce de détail.

- Raisons qui motivent le choix de l'emplacement.
- Améliorations locatives.
- Optimisation de l'aménagement.
- Calendrier de réalisation des travaux.
- Évaluation des coûts.
- Plan des lieux.
- Réseau de fournisseurs.
- Gestion des approvisionnements et des stocks.
- Technologie de production.
- Entretien de l'équipement.
- Contrôle de la qualité.
- Réglementation des divers ordres gouvernementaux.
- Variations saisonnières.
- Évaluation des besoins en matière de main-d'œuvre.
- Santé et sécurité au travail.
- Activités de sous-traitance.
- Plans de recherche et développement (étapes et risques).

18.7 LE PLAN DES RESSOURCES HUMAINES

Une fois les besoins de main-d'œuvre précisés, le plan des ressources humaines propose des mécanismes de gestion de la force de travail dans les différentes fonctions de l'entreprise (administration, finance, vente, production, recherche et développement).

- Rappel de la composition de l'équipe de direction.
- Politique de recrutement.
- Sous-traitance.
- Description des tâches.
- Évaluation et contrôle du rendement.
- Salaires et avantages sociaux.
- Promotion.
- Formation.
- Comité d'employés et syndicat.
- Plan de partage des bénéfices.
- Participation au capital-actions.
- Obligations légales de l'employeur.

18.8 LE PLAN FINANCIER

Le plan financier permet d'évaluer les besoins de fonds et de justifier une demande de financement. Le financement couvrira deux types de frais : les frais de démarrage et les frais liés aux activités d'exploitation. L'investisseur potentiel voudra connaître les besoins financiers de l'entreprise à court, à moyen et à long terme, s'assurer de sa capacité à rembourser les sommes empruntées et savoir quand sera atteinte la rentabilité financière.

- Frais de démarrage.
- Besoins et sources de fonds.
- Bilan d'ouverture.
- Bilan prévisionnel (pour trois ans).
- État des résultats prévisionnels (pour trois ans).
- Ratios.
- Budget de caisse.
- Calcul du seuil de rentabilité.
- Calcul de rentabilité par activité, par produit ou par région.

18.9 CONCLUSION

Après un rappel succinct des principaux aspects du projet, vous devez préciser le montant du financement recherché, la durée de l'emprunt et indiquer de quelle façon cet argent sera utilisé. Vous pouvez solliciter du financement auprès de votre entourage, des institutions financières ou du gouvernement (subventions, prêts, crédits).

Votre plan d'affaires ne devrait pas excéder 20 à 30 pages. Voici une liste de certains renseignements pouvant être donnés en annexe.

- Charte de compagnie.
- Convention entre actionnaires.
- Curriculum vitæ abrégé ou détaillé.
- Bilan personnel.
- Brevet.
- Étude de marché.
- Liste de clients potentiels.
- Liste de fournisseurs.
- Rapport d'expertise.
- Descriptions techniques, plans, dessins, etc.

18.10 BIBLIOGRAPHIE

Bégin, J.-P., S. Laferté et G. Saint-Pierre (1994). *Guide de l'Étudiante et de l'Étudiant : Je démarre mon entreprise.* Université de Sherbrooke et Fondation de l'entrepreneurship.

Belley, A. et J. Lorrain (1990). *Concours d'Excellence : « Devenez entrepreneure ».* Association des cadres de l'éducation aux adultes des collèges du Québec.

Bouchard, M., A. D'Amours et Y. Gasse (1988). *Posséder mon entreprise : Guide pour réaliser le plan d'affaires.* Québec, Ottawa : L'Institut de recherches politiques.

Bradway, B. M. et R.E Pritchard (1980). *Developing the Business Plan for a Small Business.* New York : Amacom.

Brenner, G., J. Ewan et H. Custer (1990). *The complete handbook for the entrepreneur.* Englewood Cliffs, NJ : Prentice-Hall.

Cooper, G. A. (1989). *The business plan workbook.* Englewood Cliffs, NJ : Prentice Hall.

Dell'Aniello, P. (1994). *Un plan d'affaires gagnant.* Montréal : Les Éditions Transcontinental.

Eckert, L. A., J. D. Ryan, R. J. Ray et R. J. Bracey (1987). *An Entrepreneur's Plan.* Toronto : Harcourt Brace Jovanovich.

Force Marketing (1994). *Le rédacteur de plans d'entreprise du 21ᵉ siècle EZ-WRITE™.* Montréal.

Good, W. S. (1993). *Building a dream (a comprehensive guide to starting a business of your own).* Toronto : McGraw-Hill.

Le groupe L'Horizon 2001. *Guide pratique pour partir en affaires.* Montréal.

Gumpert, D. E. (1990). *How to really create a successful business plan.* Boston : Inc. Pub.

Gumpert, D. E. (1990). *Guide to creating a successful business plan.* Boston : Inc. Pub.

Gumpert, D. E. et R. Stanley (1985). *Business that win $ $.* New York : Harper and Row.

Hemphill, J. M. et A.H. Kuriloff (1981). *How to Start Your Own Business... And Succeed.* McGraw-Hill.

Labelle, Luc (1992). *Réalisation d'une note industrielle.* Montréal : École des HEC de Montréal.

Labrecque, J.-H. D. (1994). *Répertoire et Analyse de Plans d'Affaires.* Document de travail. Montréal : École des HEC de Montréal.

Laferté, S. (1992). *Comment trouver son idée d'entreprise.* Québec, Montréal et Charlesbourg : Les Presses de l'Université Laval, Les Éditions Transcontinental et Fondation de l'entrepreneurship.

Laferté, S. (1994). *Trouvez votre idée d'entreprise et devenez entrepreneur.* Charlesbourg : Fondation de l'entrepreneurship.

Mariotti, S., T. Towle et D. DeSalvo (1996). *The young entrepreneur's guide to starting and running a business.* New York : Random House.

Mckeever, M. P. (1988). *How to write a business plan.* Berkeley, Calif. : Nolo Press.

Ministère de l'Industrie, du Commerce et de la Technologie (MICT – Ontario) (1989). *Un guide servant à la préparation du plan de votre petite entreprise : Comment planifier la création d'une entreprise manufacturière.* Toronto : Le ministère.

O'Donnell, M. (1989). *The business plan : a State-of-the-Art Guide.* Nateck, Mass : Lord Pub.

O'Hara, P. D. (1990). *The total business plan : How to write, rewrite, and revise.* New York : Wiley.

Perreault, Y. G. (1994). *Un plan d'affaires stratégique vers le succès.* Boucherville : Gaëtan Morin Éditeur.

Schilit, W. K. (1990). *The entrepreneur's guide to preparing a winning business plan and raising venture capital.* Englewood Cliffs, NJ. : Prentice-Hall.

Touchie, R.(1989). *Preparing a successful business plan.* North Vancouver : International Self-Counsel Press.

Warner, A. S. (1978). *Mind your own business : a guide for the information entrepreneur.* New York : Neal-Schuman.

West, A. (1988). *A business plan (Planning for the small business).* New York : Nichols.

Chapitre 19

Un modèle
de plan d'affaires

par Louise E. Péloquin

Projet : Démarrer une entreprise manufacturière de planches à roulettes
Nom de l'entreprise : DEP CANADA INC.
Date : Octobre 1998

TABLE DES MATIÈRES

3. Le contexte d'affaires
3.1 La localisation
3.2 L'analyse du marché
3.3 L'analyse de la concurrence
3.4 Les projections

4. Le plan marketing
4.1 Le produit
4.2 Le prix
4.3 La promotion et la force de vente
4.4 La distribution

5. Le plan des opérations
5.1 L'aménagement
5.2 La production
5.3 L'approvisionnement
5.4 La main-d'œuvre

6. Le plan financier
6.1 Les fonds requis au démarrage
6.2 Le budget de caisse
6.3 Les états financiers prévisionnels
6.4 Les coûts et le financement du projet au démarrage
6.5 Le seuil de rentabilité

Conclusion

Annexes
1. Curriculum vitæ (ne sont pas inclus dans le document)
2. Bilans personnels (ne sont pas inclus dans le document)
3. Hypothèses

SOMMAIRE

Comme en témoigne son drapeau, le Canada est le pays de l'érable. Il est donc normal de penser que les entreprises canadiennes puissent être des «leaders» mondiaux dans les produits de l'érable. C'est le cas pour le sirop d'érable et pour le bois destiné à l'exportation, mais, étrangement, aucune entreprise canadienne ne produit de planches à roulettes qui soient fabriquées exclusivement en érable.

Il s'est vendu 875 000 planches à roulettes en Amérique du Nord, soit un marché de 70 millions de dollars en 1994. De plus, celui-ci connaît une croissance de l'ordre de 4 % annuellement.

Notre projet est de créer une compagnie manufacturière de planches ici même dans la région de Montréal. Nous désirons saisir l'occasion que représente cette ressource abondante (l'érable) qui nous permet d'offrir le même produit 26 fois moins cher que chez nos compétiteurs américains.

Deux promoteurs travaillent à lancer le projet ; l'un a déjà expérimenté différents procédés de fabrication, alors que l'autre est un planchiste professionnel. Notre équipe possède l'expérience, les compétences techniques et la connaissance du marché nécessaires pour atteindre les objectifs visés.

	1re année	2e année
Ventes	150 000 $	225 000 $
Profits	3 095 $	16 812 $
% de marché	1 %	1,5 %

L'entreprise créera quatre emplois dès le premier exercice. Nous sollicitons auprès de votre institution un prêt de 11 000 $ pour démarrer notre projet.

1. LE PROJET

Notre projet est de démarrer une entreprise manufacturière qui fabriquera une composante (la planche) d'un article de sport : la planche à roulettes. Nous serons les seuls fabricants canadiens, nos principaux concurrents étant situés sur la côte ouest américaine. Nous visons le marché des distributeurs et des détaillants de planches à roulettes.

1.1 La mission d'entreprise

Nous définissons notre mission à long terme comme étant la suivante :

Devenir chef de file dans la production de planches à roulettes en nous distinguant tant par la qualité de nos produits que par nos prix.

1.2 Les objectifs

Voici nos objectifs, dans l'ordre, du court terme au long terme :

- Établir une notoriété auprès de nos clients potentiels.

- Gruger une part du marché de 1 % la première année.

- Atteindre le seuil de rentabilité dès la première année d'exploitation.

- Cibler une part du marché de 1,5 % et 16 000 $ de profit pour la deuxième année.

- Développer le marché européen à moyen terme (dans deux à trois ans).

- À long terme, maximiser la rentabilité de l'entreprise.

1.3 Le calendrier des réalisations

Décembre 1998

- Achever les prototypes

- Monter une base de données sur nos clients potentiels

- Terminer la préparation du plan d'affaires

- Produire des échantillons avec nos moyens actuels

Janvier 1999

• Incorporation, démarrage

• Envois postaux d'échantillons aux compagnies de planches (c'est notre forme de publicité)

• Suivi téléphonique après deux semaines

• Représentation auprès de magasins spécialisés au Québec

• Obtention de premiers contrats

• Location d'espace

• Achat de machinerie

Février 1999

• Production et livraison des premiers contrats (main-d'œuvre = nous)

• Recrutement et sélection de candidats pour les postes de production

• Recrutement de représentants pour le reste du Canada et aux États-Unis

2. L'ÉQUIPE

2.1 Les promoteurs

Vous trouverez en annexe une copie formelle de nos curriculum vitæ. Nous aimerions, dans les prochaines lignes, mettre plutôt l'accent sur quatre éléments qui illustrent notre capacité à réussir ce projet.

Les compétences techniques

Nous devons souligner que nous avons obtenu un baccalauréat en administration des affaires Michel, en marketing et systèmes d'information et Benoît, en marketing et finance. Or, sans une bonne connaissance de ces matières capitales pour l'entrepreneur, nous n'aurions sûrement pas envisagé la possibilité de nous lancer en affaires.

L'expérience pratique

Benoît a eu la chance d'étudier et d'expérimenter différents procédés de fabrication de planches à neige. Or, la planche à roulettes nécessite une technologie similaire (pression à chaud pour coller différents laminés) mais en beaucoup plus simple. Ces connaissances pratiques nous ont déjà permis d'élaborer des prototypes très concluants.

Michel, quant à lui, est un planchiste professionnel depuis un an. Son talent pour ce sport l'a amené à voyager pour des compétitions, des démonstrations et des foires commerciales partout en Amérique du Nord et en Europe. Il a ainsi pu amasser de précieux renseignements sur la concurrence, sur les réseaux de distribution et sur les tendances du marché. De plus, ayant travaillé dans un magasin spécialisé en planches à roulettes pendant deux ans, il a acquis des connaissances tant sur le marché au détail que sur notre patron ultime, le consommateur.

Le réseau de ressources

Au cours de ces années, nous avons pu rencontrer de nombreuses personnes-ressources et tisser des liens avec elles. Pour n'en nommer que deux, il y a d'abord le copropriétaire de la chaîne Action (la plus grande chaîne de magasins spécialisés au Québec), qui est un conseiller exceptionnel sur les tendances à venir du marché au détail. Il y a également le copropriétaire d'une des plus grandes marques de planches en Amérique du Nord, qui nous donne un excellent point de vue des besoins des compagnies privées par rapport à leurs fabricants.

La connaissance du marché

Le fait que nous pratiquons la planche à roulettes depuis neuf ans, soit depuis plus longtemps que 90 % des participants actuels, nous permet de dire que nous avons suivi de près l'évolution de ce sport au cours de la dernière décennie. Un autre atout capital est notre âge. Qui serait mieux placé que de jeunes planchistes comme nous pour comprendre un marché composé à 95 % de jeunes hommes de moins de 24 ans ? De plus, l'expérience de Michel en tant que professionnel nous permet d'affirmer que nous connaissons ce marché au-delà des statistiques et des apparences.

2.2 La structure organisationnelle

Toutes les décisions stratégiques de l'entreprise seront assumées avec l'accord complet des deux partenaires. Cependant, nous répartirons les tâches selon nos compétences respectives. Ainsi, Benoît devra :

• coordonner les achats des matières premières ;

• veiller au bon déroulement de la production ;

• organiser l'effort de la main-d'œuvre ;

• garder une gestion serrée sur les dépenses et les livres comptables.

Michel, lui, devra :

• coordonner l'effort de vente ;

• gérer le service à la clientèle ;

• mettre en œuvre des stratégies de promotion et de publicité ;

• élaborer un programme de relations publiques.

2.3 La forme juridique

L'entreprise que nous allons lancer officiellement au mois de janvier prochain sera une société incorporée. L'avantage évident de cette forme juridique est la responsabilité financière des actionnaires limitée à leur mise de fonds. De plus, dans le cas d'une nouvelle répartition de la propriété (à supposer qu'un des actionnaires se retire ou que de nouveaux partenaires entrent en scène), l'exploitation pourra s'effectuer facilement tout en préservant l'efficacité décisionnelle.

2.4 La répartition de la propriété

Puisque les deux partenaires investissent le même capital de départ dans une société incorporée, il est juste de répartir les actions ordinaires de l'entreprise à 50/50 entre ces derniers. Nous n'entrevoyons pas pour l'instant la nécessité d'émettre des actions privilégiées.

3. LE CONTEXTE D'AFFAIRES

3.1 La localisation

Étant une entreprise manufacturière, nous comptons nous installer en périphérie de Montréal, où les loyers sont moins chers. Nous avons trouvé plusieurs emplacements, dont un qui conviendrait particulièrement à nos besoins : un espace de 2000 pi^2 déjà aménagé avec une partie d'environ 300 pi^2 pour les bureaux. Il est situé sur la rive nord de Montréal dans un petit complexe industriel et le montant du loyer est de 1 000 $ par mois.

3.2 L'analyse du marché

La taille du marché

1. Taille : 875 000 unités en Amérique du Nord en 1994

2. Croissance : 4 (réelle)

3. Stade du cycle de vie du produit : croissance

4. Caractère saisonnier des ventes : moyenne - de mars à octobre

Les facteurs de l'industrie

1. Menace de nouveaux arrivants : moyenne

2. Barrières :
    a. Procédés de fabrication et technologie
    b. Marché spécifique (peut-être plus difficile à comprendre)

3. Pouvoir des fournisseurs : faible
    a. Fournisseurs nombreux dans la majorité des composantes

4. Pouvoir des clients : faible
    a. Clients très nombreux et petits dans le marché

5. Concurrence : moyenne
    a. Peu de fabricants

6. Pression des produits substituts : faible
    a. Peu de produits capables de remplacer la planche à roulettes en bois

Le marché global

Comme il n'y a pas d'étude publique sur la production de planches, nous avons évalué le niveau de la demande auprès des experts de l'industrie. Ces derniers sont d'accord pour dire que le sport de la planche à roulettes a connu un regain de popularité au cours des trois dernières années.

En 1994, il s'est vendu 875 000 planches à roulettes au Canada et aux États-Unis. Ce chiffre est le résultat d'une croissance annuelle d'environ 4 % durant les deux dernières années. Selon les experts, le marché est en très bonne santé et il devrait continuer à croître de manière constante au cours des prochaines années.

Le marché visé

D'abord, nous viserons deux types de marchés : le marché industriel et le marché des boutiques spécialisées.

Le marché industriel (ou des marques privées)

Le marché industriel se compose d'organisations qu'on peut qualifier de « revendeurs ». Ceux-ci achètent les planches (formes et graphiques sur mesure) des fabricants, en vue de les commercialiser, et ce, par différents moyens : publicité dans les revues spécialisées, commandites et vidéo promotionnelle. On dénombre une cinquantaine de ces compagnies qui constituent 90 % du marché au détail.

Notre entreprise cherche à se positionner par rapport à ses concurrents en offrant un produit moins cher et plus durable. La chose s'explique par le fait que nous pouvons nous procurer de l'érable canadien de qualité à plus bas prix que celui des États-Unis. Enfin, nous avons amélioré la construction de la planche pour la rendre plus durable. Cet aspect a toujours été négligé par la concurrence.

Au début, nous visons surtout les compagnies situées dans l'est des États-Unis et les quelques-unes qui existent au Canada.

À moyen terme, nous voulons aussi explorer le marché européen avec lequel nous avons l'avantage de la proximité par rapport aux producteurs californiens. L'Europe est une grande consommatrice de planches à roulettes. À l'aide de notre réseau de relations, nous projetons d'offrir ces produits à des compagnies revendeuses à un prix moins élevé que celui des fabricants américains. Ces segments de marché doivent encore être étudiés.

Le marché des boutiques spécialisées

Nous cherchons aussi à nous positionner sur le marché des boutiques spécialisées en offrant une planche marquée au logo de la boutique. Ce segment n'est pas pleinement exploité. Le produit comme tel est le même que celui que nous allons offrir aux compagnies revendeuses, mais, au lieu d'y apposer une marque, nous allons y sérigraphier le logo de la boutique en question. Ce type de produit est quasiment absent du marché. Pourtant, la demande est forte. Détaillons ce propos.

Actuellement, dans l'industrie, le prix de détail de la planche est uniforme. Le tableau ci-dessous présente en détail la structure des prix.

	Prix de vente	Marge % (approx.)
Fabricant (fournisseur)	20 $ - 22 $	—
Compagnie (marque privée)	39 $ - 42 $	95 %
Distributeur	50 $ - 58 $	30 %
Détaillant	75 $ - 85 $	50 %
Consommateur		

Lorsque le détaillant veut commander des planches, il doit habituellement faire affaire avec un distributeur. Ce dernier ne vend que des planches commercialisées de différentes marques. Actuellement, certains petits distributeurs offrent des planches sans graphique à un moindre coût qu'on surnomme des *blanks*. L'avantage pour le détaillant d'acheter des *blanks* est que sa marge de profit est plus grande. Toutefois, cette pratique est très mal vue dans l'industrie, car elle détériore le marché des marques privées. Récemment, il y a eu une entente formelle entre tous les grands joueurs de l'industrie afin de décourager cette pratique. Ainsi, les distributeurs n'offriront sans doute plus de *blanks* afin de ne pas perdre leurs lignes de produits.

Cependant, une planche personnalisée au logo de la boutique est acceptée dans l'industrie. D'ailleurs, quelques grandes chaînes de boutiques en Californie le font, mais à très petite échelle. Actuellement, aucun fabricant dans l'industrie ne commercialise activement ce type de service. Or, en offrant ce produit, le détaillant empoche une meilleure marge (il n'a pas à passer par un distributeur), tout en faisant la promotion de sa boutique. De notre côté, un prix plus élevé compensera pour un volume moins gros que dans le marché industriel. Cette lacune peut aussi être comblée par une distribution sur une grande échelle, c'est-à-dire dans tout le Canada et aux États-Unis.

3.3 L'analyse de la concurrence

Actuellement, il n'y a aucun fabricant de planches au Canada. Tous nos concurrents se trouvent aux États-Unis. Il existe deux grands joueurs dans la production de planches, soit Taylor-Dykeman et Watson Laminates. Ces derniers se concentrent surtout sur le marché californien. Ayant beaucoup de clients, ils portent une grande attention aux grandes marques et laissent souvent de côté les petites. En effet, ces fournisseurs détiennent un pouvoir de contrôle sur les compagnies privées. Ainsi, il arrive souvent qu'ils imposent certaines contraintes négatives (délai de livraison, cycle de commande, échantillon de prototypes, etc.) à leur clientèle.

Concurrents	Pourcentage du marché	Forces	Faiblesses
Taylor-Dykman (Californie)	40 %	• Proximité du gros marché californien • Notoriété bien établie • Capacité de production souple pour la clientèle déjà établie	• Se concentre seulement sur le marché californien • Pas très accueillant pour la nouvelle clientèle • Marketing quasi inexistant
Watson Laminates (Californie)	30 %	• Proximité du gros marché californien • Notoriété bien établie • Bon système de livraison	• Pas très accueillant pour la nouvelle clientèle • Marketing quasi inexistant • Piètre service à la clientèle • Rigidité des planches de qualité moyenne
Number Nine (New York)	15 %	• Proximité des marchés de l'Est	• Nombreux retards de livraison • Phase de sous-production fréquente • Prix un peu plus élevé que celui de Taylor et de Watson • Marketing quasi inexistant
Pink Farm	7 %	• Produit de bonne qualité	• Méconnu • Prix élevés
Autres	8 %		
Notre entreprise		• Produit de bonne qualité et **plus durable que les précédents** • **Prix le plus bas sur le marché** (coût de l'érable moins cher qu'aux É.-U. + taux de change) • Proximité des marchés de l'Est et de l'Europe • Bon service à la clientèle (service de garanties, échantillons, ligne 1 800 pour service après-vente)	• Non-proximité des clients potentiels en Californie • Aucune notoriété • Petite capacité de production

3.4 Les projections

Voici les prévisions des ventes que nous comptons atteindre durant les deux prochaines années en supposant une croissance stable du marché à 3 % :

	1999	2000
Taille du marché (unités)	928 300	956 100
Ventes prévues (unités)	10 000	15 000
Part de marché (%)	1,08	1,57

4. LE PLAN MARKETING

4.1 Le produit

Au préalable, il faut préciser que notre produit est la planche uniquement, et non pas ses composantes : les roues, les *trucks*, etc.

La planche à roulettes est un produit homogène destiné à des consommateurs qui pratiquent ce sport de façon régulière. De plus, c'est un bien non durable. En moyenne, un amateur brise et achète une nouvelle planche tous les deux mois.

Notre planche est de qualité. Elle est composée de sept épaisseurs d'érable. On se distingue dans la construction par l'introduction d'une fine couche de fibre de verre qui permet d'améliorer la durabilité du produit. Toutes nos planches sont construites selon les dimensions spécifiées par nos clients. La sérigraphie est exécutée par des sous-traitants qui négocieront directement leurs prix avec nos clients.

4.2 Le prix

Puisque notre produit est relativement semblable à celui de nos concurrents, nous utiliserons une stratégie de pénétration. Celle-ci nous oblige à un prix bas afin de nous assurer rapidement une part de marché importante. Nous réaliserons un profit intéressant lorsque les coûts de fabrication auront sensiblement diminué.

Or, le prix est notre plus grand avantage concurrentiel. Comme nous vivons au pays de l'érable, cette composante de la planche à roulettes nous coûtera moins cher qu'à tout autre concurrent. En conséquence, nous serons en mesure d'adopter une politique de prix inférieurs à tout fabricant dans le monde. Évidemment, cette politique doit nous permettre de faire des profits acceptables.

Pour déterminer le prix de nos produits, nous nous sommes basés sur les coûts et sur la concurrence. Ainsi, nous avons calculé un prix de vente de 15 $CAN, alors que la concurrence se situe à 15 $US, soit environ 20,25 $CAN.

Comme il n'y a aucun tarif douanier vers les États-Unis grâce à l'ALENA, **notre prix est inférieur de 26 % par rapport à celui de nos concurrents**.

Enfin, notre politique de crédit sera celle de nos concurrents, c'est-à-dire 50 % comptant à l'avance et 50 % à la livraison (30 jours plus tard).

4.3 La promotion et la force de vente

Afin de rejoindre les clients dans le marché industriel, nous enverrons l'échantillon d'une planche avec la documentation complète sur nos produits (ex. : fiche technique du produit, liste des prix, etc.). Ces envois postaux auront comme cibles la cinquantaine de compagnies composant l'industrie nord-américaine. Par la suite, nous ferons un suivi téléphonique afin d'établir une relation d'affaires.

Une deuxième technique de vente sera de visiter les foires commerciales de planches à roulettes. Ces événements représentent un très bon moyen d'établir une clientèle, car, en une seule occasion, on peut y rencontrer personnellement tous les dirigeants des compagnies. Chaque année, il y a deux grosses foires internationales à San Diego, nommées Action Sports Retailer Trade Expo (ASR). Elles ont lieu la première semaine du mois de septembre et à la mi-février. Il existe aussi des foires régionales.

Nous allons aussi faire paraître deux annonces publicitaires dans la revue spécialisée *Transworld Skateboarding Business*. Cette revue nord-américaine gratuite est distribuée seulement aux compagnies et aux commerces de l'industrie du *skateboard* (détaillants inclus). Nous désirons faire paraître une annonce en février pour promouvoir notre arrivée et une au mois de juillet 1999, soit deux mois avant la ASR. C'est un moment propice, car les compagnies font souvent leurs commandes de production à cette époque de l'année.

Pour rejoindre le marché des boutiques spécialisées, nous allons procéder également par envois postaux mais seulement avec de la documentation. Nous n'inclurons pas d'échantillons parce que nous voulons rejoindre un grand nombre de boutiques éparpillées qui ne commandent que de petits volumes (entre 10 et 50 planches). Des représentants les visiteront avec des échantillons dans les mois suivant l'envoi postal. Nous avons déjà constitué une base de données sur les commerces de planches à roulettes dans le Canada et les États-Unis.

Pour convaincre, informer, influencer et éduquer cette clientèle, nous allons faire affaire avec des représentants indépendants. Nous comptons engager des vendeurs qui représentent déjà des compagnies de vêtements, de roues, etc., auprès des magasins spécialisés. Ainsi, les frais de formation seront réduits, sans compter que ce sont des gens qui ont une clientèle déjà établie. Nous rémunérerons ces représentants à 10 % (la moyenne de l'industrie étant 7 %) de leurs ventes encaissées. De tels représentants abondent sur le marché tant canadien qu'américain.

Le budget de promotion

(Commissions aux vendeurs, téléphone et frais de déplacement non inclus)

- Échantillons envoyés (50 compagnies x 8 $ par planche) : 400 $

- Transport des échantillons (50 % de la valeur) : 200 $

- Documentation aux boutiques (télécopie) : 300 $

- Annonce dans *TransWorld Skateboarding Business* (2 x 1000 $) : 2 000 $

- Dépenses aux foires commerciales ASR (frais de déplacement à part) : 2 500 $

Total : 5 400 $

4.4 La distribution

Pour les deux marchés, nous livrerons la marchandise directement aux clients (canal court et direct), car leur nombre est relativement limité. Comme le prix de notre produit est un facteur important, nous devons bien gérer nos frais de distribution. On dénote cinq types de frais de distribution :

1. *La distribution physique.* Le coût principal est le transport. Cependant, la norme de l'industrie dicte que le client doit assumer ces frais.

2. *Les frais de communication avec le client.* La communication promotionnelle sous toutes ses formes.

3. *Le coût de traitement des commandes.* Ce coût fixe est relié au nombre de planches commandées. Nous allons imposer des quantités minimums par commande et utiliser des escomptes sur le volume afin d'inciter le client à diminuer le nombre de commandes et à augmenter la valeur de celles-ci.

4. *Le soutien des risques financiers.* Notre politique de crédit a pour but de réduire les créances douteuses. Néanmoins, nous avons comptabilisé des pertes de 3 % sur les ventes.

5. *Les commissions des représentants.* De l'ordre de 10 %, ce coût s'applique en réalité seulement au marché des boutiques spécialisées. Cependant, nous avons comptabilisé des commissions sur toutes les ventes (les commissions du marché industriel constitueront les salaires des promoteurs).

Pour le marché industriel, le réseau de distribution s'appuie sur les ventes directes, car les clients sont importants et peu nombreux. De plus, le montant de chaque transaction est élevé et le produit doit être adapté aux besoins du client. Un canal direct facilite la négociation des prix et des conditions de vente tout en prenant en considération les offres concurrentielles et les besoins du client.

En ce qui concerne la planche à logo pour les boutiques spécialisées, soit un marché plus éparpillé (beaucoup de petits acheteurs), nous allons passer par des représentants indépendants qui nous transmettront les commandes par la suite.

5. LE PLAN DES OPÉRATIONS

5.1 L'aménagement

Nous occuperons un local de 2000 pi^2 avec un espace prévu pour les bureaux. Tout le matériel de bureau (téléphone, télécopieur et mobilier) sera fourni par les entrepreneurs. De plus, une somme de 200 $ a été comptabilisée pour le bois nécessaire à la fabrication de trois tables. Celles-ci seront fabriquées par les entrepreneurs dès les premiers jours de l'installation.

5.2 La production

Les matières premières requises pour la fabrication des planches sont les suivantes :

- Érable 1/16 po d'épaisseur (découpé sur mesure par nos fournisseurs).
- Fibre de verre.
- Colle epoxy à prise rapide.
- Vernis pour bois à usage extérieur.

Le processus de fabrication comporte quatre étapes :

- Appliquer la colle entre les sept couches d'érable et de fibre de verre et presser pendant deux minutes.
- Sortir la planche pressée et percer les huit trous nécessaires à la prise des roues.
- Découper le profil de la planche à l'aide de la toupie.
- Appliquer une couche de vernis de finition.

L'équipement requis sera le suivant :

- Une presse de 20 tonnes avec plaque chauffante (1 000 $).
- Un moule pour donner la forme aux planches (500 $).
- Une perceuse (200 $).
- Une toupie et un guide (200 $).
- Un petit compresseur avec pistolet à air (500 $).
- Bois pour tables (postes de travail) (200 $).

Total : 2600 $

Notre capacité de production **dans les mois de pointe (été)** sera de 70 planches par jour, et ce, avec une équipe de production de quatre employés, à raison de huit heures de travail par jour, avec l'équipement mentionné plus haut dans un local de 2 000 pi^2. Cette capacité de production permettrait facilement d'atteindre un chiffre de ventes de 150 000 $ pour la première année.

5.3 L'approvisionnement

Voici le portrait général de nos fournisseurs et leurs caractéristiques :

Matériaux	Fournisseurs	Délais de livraison	Politique de crédit
Érable	McMillen Lumber PWC Wood	1 semaine	30 jours
Colle	St-Matthew Chemicals, Stanflow, etc.	immédiate	30 jours
Vernis	Hubert et Meloche, Ink Davy, etc.	immédiate	30 jours

Puisque nous ne prévoyons pas garder des stocks énormes qui coûtent cher (les délais de livraison étant courts), nous contrôlerons les matières premières manuellement à l'aide de décomptes périodiques (deux fois par mois).

5.4 La main-d'œuvre

Nous comptons créer deux emplois à temps plein et deux emplois à temps partiel (de mai à septembre : des étudiants peut-être) pour les tâches de production. Tout besoin de main-d'œuvre supplémentaire sera comblé par les promoteurs.

Les emplois créés ne demandant aucune spécialisation ou connaissance particulière, il nous semble raisonnable de rémunérer ces postes à 8 $ l'heure avec 1,70 $ l'heure pour des avantages sociaux. Pour les mêmes raisons, nous ne prévoyons aucune difficulté à recruter des candidats aptes à assumer ces fonctions.

6. LE PLAN FINANCIER

6.1 Les fonds requis au démarrage

Immobilisations

Équipement :	Presse	1 000 $
	Moules	500 $
	Compresseur	500 $
	Toupie	200 $
	Perceuse	200 $
	Autres	200 $

2 600 $

Matériel roulant : Les promoteurs continueront d'utiliser leurs voitures personnelles au cours de leurs activités au sein de l'entreprise.

Mobilier : Les promoteurs ont convenu de fournir tout le mobilier nécessaire.

Frais d'incorporation	800 $

Inventaire de départ

Matières premières	1 147 $

Autres

Loyer	1 000 $
Fournitures de bureau et d'atelier	150 $
Assurances	1 000 $
Total	6 697 $

6.2 Le budget de caisse

Budget de caisse (an 1)

Mois	Janv.	Févr.	Mars	Avril	Mai	Juin	Juill.	Août	Sept.	Oct.	Nov.	Déc.	TOTAL
						1999							
Encaisse au début du mois	0	4 017	1 908	887	1 959	2 784	5 826	8 749	12 380	5 470	8 414	9 320	
RECETTES													
Ventes encaissées comptant	2 000	4 000	6 000	7 000	9 000	10 000	10 000	9 000	7 000	5 000	4 000	4 000	77 000
Ventes encaissées 30 jours	0	2 000	4 000	6 000	7 000	9 000	10 000	10 000	9 000	7 000	5 000	4 000	73 000
Créances douteuses (3%)	-60	-180	-300	-390	-480	-570	-600	-570	-480	-360	-270	-240	-4 500
Total	1 940	5 820	9 700	12 610	15 520	18 430	19 400	18 450	15 520	11 640	8 730	7 760	145 500
Intérêts perçus sur encaisse	0	10	5	2	5	7	15	22	31	14	21	23	155
Emprunt à court terme	11 000												11 000
Mise de fonds	1 800												1 800
Total	14 740	5 830	9 705	12 612	15 525	18 437	19 415	18 452	15 551	11 654	8 751	7 783	158 455
Déboursés													
Achats (transport inclus)	1 147	2 293	3 440	4 013	5 160	5 733	5 733	5 160	4 013	2 867	2 293	2 293	44 145
Salaires de production	1 280	2 560	3 840	3 840	5 120	5 120	5 120	5 120	3 840	2 560	2 560	2 560	43 520
Avantages sociaux (production)	272	544	816	816	1 088	1 088	1 088	1 088	816	544	544	544	9 248
Machinerie (entretien inclus)	2 600				100				100				2 800
Fournitures d'atelier	100												100
Loyer	1 000	1 000	1 000	1 000	1 000	1 000	1 000	1 000	1 000	1 000	1 000	1 000	12 000
Électricité/chauffage	200	200	200	200	200	200	200	200	200	200	200	200	2 400
Assurances	1 000												1 000
Commissions des vendeurs	194	582	970	1 261	1 552	1 843	1 940	1 843	1 552	1 164	873	776	14 550
Publicité et promotion	1 600	300					1 000		2 500				5 400
Frais de déplacement	50	50	50	50	50	50	50	50	2 000	75	75	75	2 625
Téléphone	300	300	300	250	250	250	250	250	250	250	250	250	3 150
Fournitures de bureau	50				50				50				150
Frais bancaires	20				20				30				70
Remboursement emprunt à c.t.									6 000				6 000
Impôts												1 326	1 326
Incorporation	800												800
Intérêts payés sur la dette (12 %)	110	110	110	110	110	110	110	110	110	50	50	50	1 140
Total	10 723	7 939	10 726	11 540	14 700	15 394	16 491	14 821	22 461	8 710	7 845	9 074	
EXCÉDENT (DÉF.) MENSUEL	4 017	-2 109	-1 021	1 072	825	3 043	2 923	3 631	-6 910	2 944	906	-1 291	
Encaisse à la fin du mois	4 017	1 908	887	1 959	2 784	5 826	8 749	12 380	5 470	8 414	9 320	8 028	

6.3 Les états financiers prévisionnels

Le bilan prévisionnel

au 31 décembre

	1999	2000
Actif		
Actif à court terme		
Encaisse	8 028	19 773
Comptes clients	4 000	7 000
Inventaire (stock)	2 293	2 867
Total de l'actif à court terme	14 321	29 640
Actif à long terme		
Machinerie et équipement	2 800	4 300
moins : amort. cumulé	(933)	(2 367)
Total de l'actif à long terme	1 867	1 933
Total actif	16 188	31 573
Passif		
Passif à court terme		
Comptes fournisseurs	6 293	9 867
Emprunt bancaire	5 000	0
Total passif	11 293	9 867
Avoir des actionnaires		
Capital-actions	1 800	1 800
Bénéfices non répartis	3 095	19 907
Total de l'avoir	4 895	21 707
Total passif et avoir	16 188	31 573

État des résultats prévisionnels
pour l'exercice se terminant le 31 décembre

	1999		2000	
Revenus				
Ventes	150 000	103 %	225 000	103 %
Créances douteuses	(4 500)		(6 750)	
Total des revenus	145 500	100 %	218 250	100 %
Coût des produits vendus				
Matières premières	44 147	30 %	64 787	30 %
Salaires de production	43 520	30 %	61 440	28 %
Avantages sociaux (production)	9 248	6 %	13 056	6 %
Coût des produits vendus	96 915	67 %	139 283	64 %
Marge brute	48 585	33 %	78 967	36 %
Frais de vente	14 550	10 %	21 825	10 %
Contribution marginale	34 035	23 %	57 142	26%
Dépenses				
Fournitures d'atelier	100	0 %	150	0 %
Loyer	12 000	8 %	12 000	5 %
Électricité/chauffage	2 400	2 %	2 400	1 %
Assurances	1 000	1 %	1 000	0 %
Publicité et promotion	5 400	4 %	9 000	4 %
Frais de déplacement	2 625	2 %	3 150	1 %
Téléphone	3 150	2 %	3 600	2 %
Fournitures de bureau	150	0 %	300	0 %
Frais bancaires	70	0 %	110	0 %
Incorporation	800	1 %	0	0 %
Amortissement machinerie	933	1 %	1 433	1 %
Total dépenses	28 628	20 %	33 143	15 %
Bénéfices av. impôt et intérêt	5 407	4 %	23 999	11 %
Intérêts payés sur la dette (12 %)	(1 140)	-1 %	(350)	0 %
Revenus d'intérêt (6 %)	154	0 %	368	0 %
Bénéfice avant impôt	4 421	3 %	24 017	11 %
Impôt (30 %)	(1326)	-1 %	(7205)	-3 %
Bénéfice net	(3 095)	2 %	16 812	8 %

6.4 Le coût et le financement du projet au démarrage

<u>Coût du projet</u>

Actif à court terme

Fonds de roulement	6 103
Autres	2 150
Inventaire de départ	1 147
Total	9 400

Actif à long terme

Équipement	2 600
Incorporation	800
Total	3 400

Total du projet	12 800

<u>Sources de financement</u>

Emprunts à court terme	11 000
Mise de fonds en argent comptant	1 800
Total des sources de financement	12 800

6.5 Le seuil de rentabilité

Le seuil de rentabilité a été calculé par une fonction de simulation à partir du chiffrier de nos budgets de caisse et de l'état des résultats.

	1999	2000
Unités	9 497	12 090
Ventes	142 455 $	181 350 $

CONCLUSION

Nous espérons avoir suscité chez vous le même intérêt que nous partageons pour ce projet. Nous sommes convaincus qu'il constitue une occasion qu'on ne peut laisser passer.

De plus, nous pensons que, grâce à nos compétences techniques, à nos expériences pratiques et à notre connaissance du marché, nous sommes les promoteurs de choix pour mener ce projet à bon port.

Cependant, nous avons besoin de votre assistance financière pour partir du bon pied. En conséquence, nous espérons que vous étudierez avec soin notre projet et évaluerez avec sérieux notre demande de financement pour la somme de 11 000 $.

Si vous avez quelque question que ce soit, n'hésitez pas à communiquer avec nous pour de plus amples renseignements.

Au plaisir de vous rencontrer bientôt et de travailler avec vous,

Michel Dupré   Benoît Pratte

ANNEXE 1

Les curriculum vitae (ne sont pas inclus dans le document)

ANNEXE 2

Les bilans personnels (ne sont pas inclus dans le document)

ANNEXE 3

LES HYPOTHÈSES CONCERNANT LE BUDGET DE CAISSE
PRÉVISION DES VENTES ANNUELLES

Type de produit	Quantité	Prix	Total
Planche à roulettes	10 000 $	15 $	150 000 $

Mois	Prévision des ventes mensuelles et écoulement de l'inventaire			
	An 1 (1999)		An 2 (2000)	
	Ventes encaissées	Coût M.P.	Ventes encaissées	Coût M.P.
1. Janv.	2 000	1 147	8 000	2 293
2. Fév.	6 000	2 293	11 000	4 013
3. Mars	10 000	3 440	16 000	5 160
4. Avril	13 000	4 013	20 000	6 307
5. Mai	16 000	5 160	24 000	7 453
6. Juin	19 000	5 733	27 000	8 027
7. Juillet	20 000	5 733	27 000	7 453
8. Août	19 000	5 160	25 000	6 880
9. Sept.	16 000	4 013	22 000	5 733
10. Oct.	12 000	2 867	18 000	4 587
11. Nov.	9 000	2 293	15 000	4 013
12. Déc.	8 000	2 293	12 000	2 867

Coût M.P. = 4,30 $ par planche

Politique de crédit : 50 % en avance et 50 % à la livraison (dans 30 jours). Donc :

Ventes comptant(n) = ventes 30 jours(n+1)

Coût M.P.(n) = (Ventes comptant[n] + ventes 30 jrs[n+1]) x (15/4,3)

Le coût des M.P. utilisées est évalué à 28,6 % (4,3/15) du prix de vente pour les deux années.

Les hypothèses en ce qui concerne les achats

Les achats seront faits sur une base mensuelle et leur montant sera déterminé par les commandes de planches à livrer le mois suivant (ventes encaissées à $n+1$).

Les hypothèses en ce qui concerne les dépenses requises au démarrage

Les frais d'incorporation, les assurances et le mobilier seront assumés par les promoteurs. En ce qui concerne l'équipement, les matières premières, le loyer et les fournitures, ils seront financés par un prêt portant intérêt à 1 % mensuellement (12,69 % annuel) et remboursable à l'intérieur d'une période de deux ans.

Les hypothèses en ce qui concerne les revenus d'intérêt

Nous supposons pouvoir récolter un intérêt de 0,25 $ par mois sur l'encaisse en début de période.

Les hypothèses en ce qui concerne les salaires et les avantages sociaux

Salaire pour un employé = 8 $ l'heure x 40 heures par semaine x 4 semaines par mois = 1 280 $ par employé

Avantages sociaux = 1,70 $ l'heure x 40 heures par semaine x 4 semaines par mois = 272 $ par employé

On calcule le nombre d'employés en divisant les unités à produire mensuellement par la capacité (mens.) de production d'un employé.

Mois	1	2	3	4	5	6	7	8	9	10	11	12
Nbre empl.	1	2	3	4	5	6	7	8	9	10	11	12
Salaire	1 280	2 560	3 840	3 840	5 120	5 120	5 140	5 140	3 840	2 560	2 560	2 560
Av. soc.	272	544	816	816	1088	1088	1088	1088	816	544	544	544

Les hypothèses en ce qui concerne l'amortissement

Nous utiliserons l'amortissement linéaire sur une période de trois ans pour tous les équipements (bien que certains puissent durer beaucoup plus longtemps).

Amortissement 1999 = 2 800/3 = 933 $

Amortissement 2000 = 2 800/3 + 1 500/3 = 1 433 $

Chapitre 20

Le passage à l'action en démarrant son projet

par Marcel Côté

Quel que soit le temps que vous ayez consacré à définir votre projet et à analyser l'occasion d'affaires qui s'offre à vous, à bien cibler et à mieux connaître votre client type, à analyser les caractéristiques du secteur d'activité choisi (tels le taux de croissance annuel, le degré de maturité des produits, l'intensité et le degré de concentration de la concurrence), à préparer votre plan d'affaires et à détailler ses principales composantes (la nature du projet, le promoteur et l'équipe, le contexte d'affaires, les plans de marketing, des opérations, financiers, de main-d'œuvre, de technologie), tout demeure rêve et projet tant que le premier client n'a pas effectué son premier achat, que le premier produit (ou service) n'a pas été fabriqué, vendu et livré, que les premiers dollars n'ont pas été entrés dans la caisse enregistreuse, que les premiers chèques n'ont pas été émis pour payer les fournisseurs, les salaires et les autres dépenses.

L'exercice en « gymnase » n'est pas un substitut à l'action sur le terrain, mais la prépare. Nous pourrions comparer les activités inhérentes au lancement d'une entreprise aux efforts déployés par une personne désireuse d'apprendre à jouer au golf. Elle débute par le choix des principaux livres écrits sur le sujet.

Elle interroge ensuite ses amis qui pratiquent ce sport. Elle peut même décider de suivre quelques heures de cours théoriques pour apprendre le vocabulaire utilisé, pour connaître et maîtriser les règles du jeu, pour se familiariser avec le type d'équipement requis, pour se renseigner sur les aptitudes à développer et sur les gestes à faire pour bien jouer. Elle choisit finalement un pro qui lui donnera des leçons pratiques en gymnase et qui lui fera lancer des balles dans un filet afin de lui enseigner la bonne façon de s'y prendre, de bien tenir son bâton, de faire les bons élans pour frapper la balle ou pour sortir d'une trappe de sable. Quel que soit le nombre de cours suivis, la minute de vérité et le véritable test ne surviendront que le jour où cette personne jouera sa première partie sur un vrai terrain de golf. Elle pourra alors tester la précision de ses mouvements, la puissance de ses élans, la finesse de ses roulés. Elle découvrira son habileté en tant que golfeur et pourra aussi vérifier si ce sport lui plaît véritablement. Chaque partie jouée lui permettra de parfaire ses connaissances théoriques et surtout d'évaluer ses capacités réelles à exceller dans ce sport. Elle pourra alors suivre l'évolution de ses progrès en corrigeant certaines faiblesses et quelques mauvais mouvements et en continuant son apprentissage grâce aux conseils de son professeur, de ses compagnons de jeu et de ses amis.

20.1 QUELQUES QUESTIONS À SE POSER AVANT LE DÉMARRAGE

Une minute de vérité semblable est offerte à l'entrepreneur qui vient de démarrer son projet. En effet, la phase de démarrage lui permet de réévaluer ses aptitudes et ses motivations.

- Mon projet est-il pertinent? Le choix des produits ou des services que j'offre et l'étendue de la gamme sont-ils corrects? Est-ce que je m'adresse à la bonne clientèle et couvre les marchés adéquats? Est-ce que j'utilise la bonne technologie? Quels correctifs dois-je apporter au choix des produits, du marché, de la technologie?

- Suis-je la bonne personne pour mener ce projet à terme? Quelles aptitudes, capacités et compétences me manque-t-il? Puis-je les acquérir rapidement? Les obtenir en embauchant du personnel? En m'associant à une autre personne?

• Ai-je bien estimé la demande ? Est-ce que la croissance de mes ventes se fera comme prévu ? Ai-je bien désigné mes concurrents ? Ont-ils les mêmes stratégies, politiques et pratiques commerciales que moi ? Que font-ils de mieux que moi ?

• Quelles sont mes compétences particulières qui me distinguent de mes concurrents et qui me donneront un avantage sur eux ? Puis-je acquérir de nouvelles compétences, renforcer celles que j'ai déjà ?

• La marge des profits réalisés correspond-elle à mes prévisions ? À celui de l'industrie, aux risques courus ? Est-ce possible d'améliorer le présent seuil de rentabilité ? En réalisant des économies dans les opérations ? En accroissant mon efficacité ? En augmentant mes prix ?

20.2 LES EXERCICES « EN GYMNASE » POUR UN BON DÉMARRAGE

La réussite du démarrage d'une entreprise repose sur la définition précise des activités à réaliser et de l'établissement de leur échéancier à l'aide d'un cheminement critique (CPM). Elle repose également sur la préparation d'une charte de responsabilité linéaire qui précise les rôles qui doivent être joués par l'entrepreneur et par chacun des autres intervenants (collaborateurs internes, fournisseurs, financiers, conseillers, etc.). Des exemples de CPM et de charte de responsabilité sont proposés à l'annexe 1 du présent chapitre.

20.2.1 Les principales activités à inclure dans le CPM

• Le choix de l'emplacement et du local, le choix entre l'achat ou la location du local, les décisions sur le prix, la durée et le renouvellement du bail, sur les conditions quant à l'aménagement du local, sur le budget à prévoir pour les frais de premier établissement et sur leur amortissement (activité I qui peut prendre plusieurs semaines).

• La préparation du local qui peut être plus ou moins longue selon le type d'activité lancée et les travaux à faire (activité II qui nécessite quelques mois surtout lorsque le travail est réalisé par soi-même).

- La sélection de l'équipement et de l'outillage et le choix des fournisseurs en fonction des prix et des conditions de paiement et de financement obtenues, ainsi qu'en fonction des stratégies adoptées. Par exemple, l'entrepreneur qui poursuit une stratégie de coûts faibles optera sans doute pour le choix d'un équipement plus automatisé, plus rapide, plus efficace et produisant à un coût unitaire plus bas, puisque ce type d'équipement demande peu de main-d'œuvre. Il devra toutefois s'attendre à payer cet équipement plus cher, ce qui ajoutera des contraintes sur le plan de la mise de fonds initiale et des remboursements mensuels (activité III qui peut être mené en parallèle avec la II).

- Le choix des matières premières et des fournisseurs dépend encore ici des prix et des conditions de livraison et de paiement obtenues. Quand il le peut, l'entrepreneur a intérêt à élargir la gamme de ses fournisseurs afin de se prémunir contre le pouvoir d'un seul fournisseur (activité IV qui peut également être menée en parallèle avec l'activité III).

- La sélection des canaux de distribution et le contenu des ententes avec eux dépendent beaucoup des marchés auxquels l'entreprise s'adresse, du volume d'affaires escompté dans l'avenir et de la clientèle cible visée (activité V qui peut être aussi menée en parallèle avec les activités III et IV).

- L'aménagement des locaux et l'installation de l'équipement et de l'outillage peuvent être effectués par l'entrepreneur lui-même ou par des experts recommandés ou fournis par des fournisseurs. L'entrepreneur doit s'interroger sur la pertinence de faire lui-même les travaux, en tout ou en partie, plutôt que de les faire faire totalement ou partiellement par des experts. Il est sûr qu'une telle décision dépend non seulement de la capacité des entrepreneurs à réaliser ces travaux, mais aussi du budget dont ils disposent et du degré de risque qu'ils sont prêts à assumer. Il faut se rappeler qu'il est parfois plus rentable de faire appel à des experts dès le début, permettant ainsi à l'équipement de fonctionner rapidement, que de risquer de perdre un temps précieux en improvisant (activité VI qui suit l'activité III).

- La sélection et le recrutement de ses premiers collaborateurs sont des décisions de toute première importance, puisque ces personnes contribueront avec l'entrepreneur à produire et à offrir des produits ou des services de qualité, à établir un bon climat de confiance entre le client et l'entreprise, à fonctionner avec efficacité et à obtenir de bons résultats financiers. Le mauvais collaborateur non seulement ralentit le lancement des activités, mais risque encore de le faire avorter (activité VII qui peut se faire en même temps que l'activité VI).

- Le rodage de l'équipement, de l'outillage et du personnel permet de voir si tout est au point et d'apporter les ajustements requis avant le jour J de l'ouverture officielle. Il ne faudrait pas faire comme ce jeune professionnel qui, heureux d'avoir terminé l'installation de son bureau, rêvassait à son premier client lorsque quelqu'un sonna à la porte du bureau et entra. Le jeune professionnel, soucieux de se montrer occupé, décrocha le téléphone et se mit à causer avec un client fictif, tout en faisant signe au visiteur de s'asseoir. Ce dernier, après quelques minutes d'attente, interrompit la soi-disant conversation téléphonique et annonça au jeune professionnel qu'il était le représentant de la compagnie de téléphone chargé de terminer l'installation de l'appareil téléphonique (activité VIII qui ne peut se faire qu'après avoir terminé toutes les activités antérieures).

- Le premier client téléphone ou arrive sur place. Ouf! Que de papillons envahissent votre estomac. Voilà la minute tant attendue pour créer une excellente première impression. Rappelez-vous que les trois ou quatre premières minutes sont cruciales. Selon des recherches, c'est généralement pendant cette courte période de temps que les gens se forment une première opinion sur leur interlocuteur, opinion qu'ils modifient difficilement et très lentement par la suite (activité IX qui souligne la concrétisation officielle de votre rêve).

20.3 LE DÉMARRAGE SELON LES TYPES D'ACTIVITÉ

Quel que soit le type d'entreprise que l'entrepreneur a choisi, le démarrage engendre beaucoup de stress, en raison des risques liés à son projet, de son besoin et de son désir de réussir, du doute qu'il entretient à l'égard de ses capacités et de ses qualités personnelles et professionnelles ainsi que des difficultés que comporte le choix des services qu'il offrira et des stratégies commerciales, opérationnelles et financières qu'il appliquera. Cependant, même si ces difficultés sont identiques pour tous, certaines sont particulières au projet et à l'activité que l'entrepreneur a choisis. En effet, celui-ci ne rencontrera pas les mêmes problèmes de lancement selon qu'il exploite une entreprise de fabrication, de commerce de détail, de services personnels (par exemple, un restaurant, un salon de coiffure, un atelier de réparation ou d'entretien d'appareils mécaniques ou électroniques, un service de nettoyage, etc.), ou un cabinet de services professionnels (tel un cabinet d'avocat, de notaire, de comptable, d'ingénieur, de médecin, de dentiste, d'opticien d'ordonnance, de denturologue, de conseiller en gestion, en placement, en design d'intérieur, en informatique, etc.).

20.3.1 Le démarrage d'une activité de fabrication

L'entrepreneur qui démarre un atelier de fabrication doit s'assurer qu'il a l'équipement et l'outillage requis, les bonnes matières premières et les bons fournisseurs. Il doit en outre vérifier si la disposition de l'outillage, le choix des procédés et des étapes de fabrication sont adéquats. Il teste aussi la qualité de ses ouvriers de production, la justesse de leur formation et leur motivation à apprendre. Il voit si le contrôle de la qualité est bien fait, si les méthodes d'emballage, d'entreposage et de transport des produits finis sont correctes. Il confirme également que ses prévisions de ventes se réalisent selon le prix fixé, selon les clients visés, selon les marges brute et nette espérées. Il doit aussi s'assurer qu'il est capable de bien calculer ses prix de revient pour chacun de ses produits et chacune des activités de production et de distribution afin de pouvoir mesurer la marge réelle (brute et nette) de chacun de ses produits (ou services) et contrôler chacun de ses déboursés.

20.3.2 Le démarrage d'une activité commerciale

L'entrepreneur qui démarre une activité commerciale doit s'assurer que ses plans de marketing sont justes en vérifiant le choix et l'étendue de sa gamme de produits, la sélection des marques, des couleurs, des designs et des niveaux de qualité, la fourchette du prix fixé entre le produit le moins cher et celui le plus cher. Il confirme également que le profil de ses clients correspond à celui qu'il avait prévu. Il vérifie que les prix obtenus reflètent bien les stratégies qu'il avait choisies pour mieux concurrencer les autres commerces (soit en ayant les coûts les plus faibles ou en se différenciant). Il voit s'il est capable de tenir tête à ses concurrents tout en réalisant les marges de profit escomptées. Il s'assure aussi qu'il a choisi la bonne localisation, que l'aménagement intérieur de son local correspond à ses besoins et reflète l'image qu'il veut créer. Dès les premiers jours d'activité, il évalue le choix de son personnel, de ses heures d'ouverture, la qualité de son accueil, l'efficacité de ses politiques commerciales (prix, publicité, promotion, garantie) par rapport à ses concurrents immédiats. Dès ses premiers résultats, il peut vérifier son seuil de rentabilité et confirmer s'il a fixé les bonnes marges brute et nette.

20.3.3 Le démarrage d'une activité de services

Le démarrage d'une entreprise de services personnels exige le même type de vérifications que celles d'une entreprise commerciale puisque l'entreprise de services personnels repose aussi sur des transactions commerciales. Cependant, l'entrepreneur devra voir s'il a réussi à établir un bon lien de confiance avec ses premiers clients, car la réussite de son entreprise dépend en grande partie de la perception que le client a de la qualité du service reçu ainsi que de sa perception du rapport qualité/prix. La perception du client détermine s'il en a eu « pour son argent » et s'il peut se fier au nouvel entrepreneur.

Le démarrage d'une entreprise de services professionnels requiert particulièrement la reconnaissance des qualités personnelles de l'entrepreneur et de sa compétence professionnelle. Ce sont ces deux aspects qui, essentiellement, vont assurer le succès de l'entreprise, car ce sont eux qui inspireront confiance au client. La compétence professionnelle de l'entrepreneur est mesurée par sa capacité à saisir avec exactitude et rapidité les problèmes du client et à proposer des solutions adéquates dans des délais raisonnables grâce à des plans d'action que le client peut comprendre et maîtriser. Ce climat positif repose aussi sur la qualité des rapports humains, sur l'alchimie qui va s'établir entre les deux. Comme dans le cas des services personnels, tout repose sur la perception du client.

20.4 LE DÉMARRAGE ET LE TEST DU PROJET ET DES PLANS

Le démarrage permet de tester la pertinence du projet et l'exactitude des plans, des prévisions et des budgets prévus, quel que soit le type d'entreprise démarrée. D'une manière plus précise, le lancement des activités doit s'accompagner de l'examen des points suivants.

20.4.1 L'examen de l'offre et de la demande

- La demande est-elle conforme à l'estimation que j'en ai faite ? La clientèle actuelle, les marchés et segments de marché correspondent-ils à ce que j'ai prévu ? Certains de mes clients ont-ils trop de pouvoir sur moi ?

- Ai-je fait le bon choix des produits ou des services à offrir à la clientèle ciblée ? La gamme de produits est-elle suffisamment étendue et variée sur le plan du style ? Du prix ? De la qualité ? Du design ? Des couleurs ? Des sources d'approvisionnement ?

- Est-ce que je fais affaire avec les bons fournisseurs ? Est-ce que j'obtiens les bons prix d'achat, la bonne qualité, le meilleur rapport qualité/prix ? Certains de mes fournisseurs ont-ils trop de pouvoir sur moi ?

- Mes concurrents directs sont-ils vraiment ceux que j'avais répertoriés ? Sont-ils différents de moi ? Que font-ils de mieux, de moins bien que moi ? Existe-t-il des produits substituts que je n'avais pas remarqués ? Est-ce possible que des concurrents de l'extérieur du pays envahissent mon marché dans un avenir rapproché ?

- Mes prix sont-ils comparables à ceux de mes principaux concurrents ? Mon rapport qualité/prix se compare-t-il avantageusement à celui de mes concurrents ? Faut-il ajuster mes prix à la hausse ou à la baisse ? De combien ? Quels effets auront ces modifications sur le volume des ventes, sur la rentabilité ? Est-ce que je pratique la bonne politique d'escompte afin d'encourager mes plus gros clients à augmenter leurs achats chez moi ?

- Ma publicité, mes outils de promotion rejoignent-ils la bonne clientèle ? Rapportent-ils autant qu'ils le devraient ?

• Mes décisions en ce qui a trait à la localisation, au choix de mon réseau de ventes et de mes canaux de distribution sont-ils adéquats et efficaces à court et à long terme ?

• Mes politiques de garantie et de service après-vente sont-elles correctes ? Sont-elles comparables à celles qui sont offertes sur le marché ?

20.4.2 Les activités de fabrication (ou d'achat)

• Le choix des immeubles est-il pertinent, leur localisation correcte ? Ai-je décidé de les louer plutôt que d'en être propriétaire ?

• Le choix des fournisseurs, la sélection de l'équipement et de l'outillage ont-ils été faits en fonction de mes besoins, de mes objectifs et de mes stratégies actuels ou en fonction de mes capacités financières ou des conditions de crédit qui m'ont été proposées ? Par exemple, ai-je opté pour une technologie qui est plus chère à l'achat, mais qui permet des économies appréciables de main-d'œuvre ? Ai-je choisi une technologie éprouvée par rapport à une technologie nouvelle pas encore bien rodée ? Ai-je choisi la technologie du fournisseur qui m'offrait les meilleures marges de crédit et les meilleures conditions de financement ?

• Les plans de fabrication (ou d'achat) sont-ils établis en fonction des prévisions des ventes et de distribution ou en fonction des économies d'échelles réalisées par des volumes de production minima ? Les horaires et échéanciers de fabrication sont-ils linéaires ou sont-ils étalés différemment selon le temps et selon la disponibilité des ressources ? Existe-t-il des goulots d'étranglement ? Proviennent-ils de l'outillage ? De la main-d'œuvre ? De l'aménagement de l'équipement ? Des horaires de travail ? Quel niveau minimum de stocks de matières premières, de produits semi-finis et de produits finis faut-il fixer pour me prémunir contre des ruptures de stocks ?

• Dois-je fabriquer moi-même toutes les composantes de mes produits ? Pourrais-je en sous-traiter quelques-unes sans trop de risques et à des frais comparables aux miens ?

20.4.3 Les transactions financières

- Quels mouvements de trésorerie sont prévus? Quels seront mes besoins de fonds de roulement? Ai-je établi mes prévisions d'une manière conservatrice ou réaliste? Aurai-je besoin d'un fonds de roulement additionnel, de plus de capitaux permanents? Où pourrai-je me les procurer?

- Mes marges brute et nette sont-elles plus ou moins élevées que les marges prévues dans l'industrie? Si les premiers résultats d'exploitation indiquent des écarts par rapport à mes prévisions, quelle devra être l'étendue de ces écarts avant de modifier mes prix ou mes efforts de ventes ou de diminuer certains de mes frais directs et indirects? D'où peuvent provenir les principaux écarts : des frais directs ou des frais indirects de ventes, de production ou d'administration? Puis-je envisager de les réduire rapidement sans mettre en danger l'avenir de mes activités par l'adoption de mesures correctives temporaires ou permanentes qui pourraient être inadéquates?

20.4.4 L'utilisation des ressources : les différentes ressources utilisées répondent-elles adéquatement et efficacement aux besoins de l'entreprise?

- *Les ressources humaines.* Suis-je la bonne personne pour mener à bien la poursuite de mon projet? Ai-je les bons collaborateurs pour continuer mes activités? Puis-je améliorer assez rapidement mes connaissances et mes compétences et celles de mes collaborateurs? Est-ce que je dispose de moyens appropriés pour poursuivre ma formation et celle de mes collaborateurs? Ai-je une bonne connaissance du marché du travail et des sources de recrutement afin de compléter s'il y a lieu l'équipe de collaborateurs? Est-ce que je paie des salaires à un taux adéquat? Est-ce que j'offre des conditions de travail comparables à celles de mes concurrents?

- *Les ressources technologiques.* L'équipement que j'utilise répond-il à mes besoins? Me permet-il de produire aux mêmes coûts que mes principaux concurrents? Est-il désuet ou menacé de désuétude? Puis-je l'amortir sur une période suffisamment longue pour me permettre de récupérer mon investissement aussi rapidement que mes concurrents le font?

• *Les ressources financières.* Mes ressources financières ont-elles été utilisées totalement ? Ai-je un petit coussin de sécurité en cas d'imprévus ? Mes prévisions financières laissent-elles entrevoir des besoins additionnels de capitaux propres ? D'emprunts à court terme ? D'entrées de fonds plus fortes que prévues ? Les crédits fournisseurs et les crédits-clients sont-ils à leur maximum ? Que pourrais-je faire s'ils ne se révèlent pas conformes à mes prévisions ?

• *Les ressources en matière de gestion.* Mon système comptable est-il adéquat ? Mes systèmes d'information, de contrôle et de planification répondent-ils à mes besoins ? La répartition des tâches entre mes principaux collaborateurs et moi est-elle suffisamment claire pour faciliter le travail de chacun et pour aider à la coordination de nos efforts ?

20.4.5 La qualité de la gestion stratégique

On peut choisir de faire face à la compétition de deux façons. En utilisant la *stratégie de leadership des coûts,* c'est-à-dire en ayant les coûts les plus bas grâce à la taille des activités qui permettent de produire à grande échelle, de réaliser des économies sur les achats, sur les frais de distribution, de supervision et sur les divers coûts fixes d'exploitation, et grâce à un fort volume de production. Ou, à l'opposé, en adoptant la *stratégie de différenciation,* c'est-à-dire en essayant d'être très différent des concurrents en ayant des produits ou des services originaux, en utilisant des canaux de distribution différents, en offrant des garanties ou un service après-vente différents des autres. Il y a lieu donc de se poser les questions suivantes : Les clients et les marchés que j'ai choisis seront-ils bien servis par la stratégie d'affaires que j'ai adoptée ? Mes stratégies fonctionnelles (de marketing, de production, de finance, de ressources humaines, de recherche et développement, d'achat, de gestion générale) sont-elles compatibles avec ma stratégie d'affaires ? Viennent-elles l'appuyer ? Par exemple, si je vise les coûts les plus bas, ai-je le volume d'activités et les ressources adéquates pour le faire ? Si au contraire je veux me différencier de mes concurrents, puis-je le faire par la qualité des produits, par leur design, par la garantie, par les méthodes de distribution, par les prix ? Puis-je justifier la prime que je demande à mes clients pour cette différence ? L'écart de prix avec ceux de mes concurrents qui pratiquent une autre stratégie est-il suffisant ? Ma stratégie de tout fabriquer moi-même devrait-elle être maintenue ? Ne faudrait-il pas plutôt opter pour la sous-traitance de certaines composantes ou même de la totalité de certains de mes produits afin de bénéficier des économies d'échelles réalisées par nos sous-traitants? Faudrait-il fabriquer pour stocker la marchandise ou pour la livrer immédiatement? Devant l'évolution de la concurrence, dois-je poursuivre la même stratégie d'affaires, conserver les mêmes politiques, garder les mêmes ressources?

20.5 QUELQUES CONSEILS LIÉS AUX CONDITIONS DE RÉUSSITE DU DÉMARRAGE

MacMillan (1984-1985) et Papin (1983) rappellent à l'entrepreneur un certain nombre d'exigences et de conditions qu'il doit respecter pour bien réussir non seulement le démarrage de son projet, mais encore la poursuite des activités de sa nouvelle entreprise. En voici un bref résumé:

20.5.1 Connais-toi toi-même

Quelles sont tes motivations profondes? Quels sont tes objectifs de carrière? Que comptes-tu réaliser et accomplir dans l'immédiat? Dans quelques années? Quelles sont tes forces et tes faiblesses principales? Quelles sont tes expériences de travail et de vie personnelle que tu peux apporter au nouveau projet en démarrage? Quel est ton potentiel de développement? Quel est ton goût du risque? Quelle est ta capacité de travailler en équipe et de partager une partie de ton pouvoir? Quel est ton besoin d'autonomie et ta capacité à partager ton avoir? Serais-tu prêt éventuellement à t'associer avec une ou plusieurs personnes?

20.5.2 Maîtrise bien un certain nombre de connaissances et de techniques de base

Par exemple, es-tu familier avec les méthodes de planification et de fixation des objectifs, de choix des stratégies, de définition des politiques et d'élaboration des budgets généraux et particuliers? Maîtrises-tu bien les principales notions de marketing, de gestion des ressources humaines, de gestion des opérations, de comptabilité et de finance, de gestion du temps et du stress, des méthodes de délégation, des méthodes d'établissement du prix de revient et du prix de vente, des méthodes de ventes? Peux-tu et veux-tu établir et maintenir un réseau de relations de toutes sortes avec ta famille, tes amis, tes fournisseurs, tes clients et ton banquier, avec les fonctionnaires de tous les ordres gouvernementaux, avec les associations professionnelles reliées à ton métier et à ton secteur d'activité ? Sais-tu préparer les nombreux rapports périodiques exigés par les autorités gouvernementales ?

20.5.3 Assure-toi de posséder un minimum de compétences en gestion, en comptabilité et en finance

Ainsi, tu pourras établir correctement ton prix de revient, ton prix de vente et exercer les contrôles suffisants sur tes opérations, sur tes dépenses et sur tes recettes, sur l'établissement de ton système d'achat et d'inventaire, sur le choix et le suivi de ton réseau de distribution, sur la sélection et la fidélisation de ta clientèle, sur l'établissement d'un service de ventes et d'après-vente de qualité, sur le respect des exigences et des normes gouvernementales. Te rends-tu compte que toutes ces activités constituent le cœur de la gestion de l'entre-prise ? À ce propos, Dupont et Gaulin (1987) ainsi que Boone et Kurtz (1987) révèlent que la majorité des PME font faillite au cours des premières années d'exploitation en raison de problèmes de gestion et du manque d'expérience de leur principal dirigeant. En effet, si 70 % survivent à la première année, de 40 % à 50 % disparaissent au cours des trois premières années et seulement 20 % dépassent le cap de la cinquième année. Pour 15 entrepreneurs qui se lancent en affaires, 10 échouent pour des raisons financières ou personnelles.

20.5.4 Assure-toi que tu connais les conditions de travail et de revenu qui t'attendent au cours des premiers mois et des premières années

Une étude exploratoire effectuée il y a quelques années sous la direction de Louis Jacques Filion auprès d'entrepreneurs québécois a démontré que les con-ditions de travail et de revenu au cours des premières années d'une entreprise sont les suivantes : longues heures de travail et manque de repos et de vacances ; difficulté à tout faire ; faible revenu au début et absence d'avantages sociaux ; stress quasi constant et manque de temps pour se concentrer sur sa spécialisation ; isolement et solitude ; beaucoup d'imprévus.

20.5.5 Apprends à te mettre à la place des autres

Adopte la perspective de tes fournisseurs, de tes clients, de ton banquier, afin d'éviter d'être trop partial à propos de ton projet et de devenir prisonnier de tes rêves.

20.5.6 Entraîne ton esprit à être constamment en éveil et à ne pas te décourager malgré la distance à parcourir

Prépare-toi aux difficultés à court terme, mais reste optimiste à long terme. Une telle attitude va sans doute te permettre d'éviter beaucoup les principales erreurs commises au cours des premiers mois et des premières années d'activité. En voici une liste non exhaustive : une surestimation de tes compétences, de tes ressources, de ton expérience, des délais requis pour démarrer et pour développer une clientèle ; un endettement trop rapide ; une croissance mal calculée ; une grande naïveté par rapport aux concurrents ; une mauvaise évaluation de la croissance du secteur ; un investissement trop faible ou trop élevé au démarrage ; un manque de prévision à long terme, d'organisation et de contrôle en cas de croissance, et de personnel expérimenté ; une mauvaise connaissance du marché en raison d'études insuffisantes ; le démarrage au mauvais moment ; un manque de vision, de prévisions et de stratégies à moyen terme ; pas assez d'écoute de tes collaborateurs et manque de délégation et de consultation ; mauvaise utilisation des ressources financières, humaines, productrices et scientifiques ; manque de fermeté dans l'application des conventions d'affaires signées avec les autres ; trop grande concentration des ventes chez un ou quelques clients ; trop grande confiance dans les promesses verbales de gros clients, de gros fournisseurs, de collaborateurs clés ; estimation inadéquate des achats, des inventaires de produits finis, des mauvaises créances ; systèmes de contrôle et d'information incomplets, ce qui conduit à un mauvais contrôle des marges brute et nette et à une sous-estimation des ressources requises. Tout cela engendre des écarts trop grands entre les prévisions et les résultats.

20.5.7 Si tu le peux et si ton projet peut être retardé quelque peu sans trop en souffrir, essaie de faire tes premières erreurs chez les autres

L'expérience que tu pourras acquérir au sein d'une entreprise qui œuvre dans un secteur d'activité semblable ou connexe à celui de ton projet te permettra de mieux connaître et de maîtriser davantage les activités et les décisions importantes qui conduisent au succès. Regarde faire les autres, pose-leur des questions et demande aussi à accomplir certaines des activités clés afin d'apprendre le plus possible avant le démarrage de ton projet et afin aussi de confirmer la pertinence de ton choix d'activité ainsi que le réalisme de ton plan d'affaires.

20.5.8 Définis bien tes priorités dans la vie

Ainsi, tu pourras mieux gérer ton temps et mieux le partager entre tes activités et tes obligations professionnelles et personnelles, sinon tu risques de sacrifier beaucoup de ton temps de loisirs, de repos, de sommeil et même de vie familiale pour répondre aux demandes de plus en plus fortes de ton travail. Si tu ne sais pas gérer ton temps, un ulcère d'estomac, un infarctus, un divorce, des enfants qui te connaissent peu ou pas te rappelleront sans doute trop tard qu'il faut essayer de conserver un juste équilibre.

20.5.9 Apprends à vendre tes idées en les présentant d'une manière claire et précise

Développe aussi ta capacité à bien écouter. Rappelle-toi que la première impression que tu crées auprès de ton banquier, de ton fournisseur, de ton client, de tes collaborateurs est très importante, car il te sera très difficile ultérieurement de la modifier. Après cinq ou six minutes de présentation de ta part, tes interlocuteurs se sont fait une image de ton projet et sont en mesure de te poser des questions qui te permettront de compléter ta description. Il est utile de bien préparer tes entretiens en faisant ressortir et en élaborant les idées principales du point de vue des interlocuteurs. Il est aussi recommandé de préparer un dossier concis et suffisamment bien documenté qui fournira tous les renseignements dont a besoin l'interlocuteur pour appuyer ses décisions.

20.5.10 Entraîne-toi à l'art de la négociation

Tu auras sans cesse à négocier avec tes partenaires, créanciers, prêteurs, fournisseurs, clients. Dis-toi que ton enthousiasme et ta certitude à l'égard de ton projet sont rarement partagés par ces derniers. Tout au mieux sont-ils indifférents et neutres à ton égard. Néanmoins, comme le rappelle MacMillan, « ces acteurs constituent un enjeu vital pour l'entrepreneur, mais ils ne veulent pas être les premiers à s'engager dans l'opération. Chacun attend que les autres s'y soient engagés. Les entrepreneurs doivent apprendre à prévoir ces résistances, ces hésitations et acquérir les techniques de négociation qui permettent de les neutraliser et de les surmonter. » Ainsi, même les idées les plus novatrices resteront à l'état de rêve si personne n'y prête attention. Que dire maintenant des projets à faible contenu technologique, faciles à copier ou à imiter par le premier venu, à faible valeur ajoutée pour le client ? Leurs promoteurs devront être doublement bons vendeurs, bons négociateurs et bien documentés s'ils veulent réussir à convaincre leurs futurs partenaires.

Voici quelques mesures pour améliorer les talents de négociateur, proposées par MacMillan (1984-1985, p. 8-11).

1. Apprends à déceler au préalable les points de résistance et à déterminer leur origine. Par exemple, si ton projet constitue une menace pour des personnes proches du fournisseur ou du client, ces dernières peuvent devenir des ennemis inattendus. Tu dois donc examiner au préalable quelles personnes risquent d'être les plus menacées par ton projet afin de les mettre de ton côté soit en sollicitant leur collaboration, soit en formant une coalition avec certaines d'entre elles, ou encore en leur proposant de t'aider à t'introduire plus haut dans la hiérarchie. Il faut surtout éviter de leur donner l'impression que tu les mets de côté et t'assurer que tu ne leur fais pas perdre la face.

2. Évalue bien le risque que ton interlocuteur pourrait courir en appuyant ton projet. Pourquoi ton banquier, ton fournisseur, ton client prendraient-ils un risque, si minime soit-il, en appuyant ton projet, puisque, pour eux, le statu quo est parfaitement acceptable aussi longtemps que tu ne leur as pas démontré la valeur que ton projet représente pour eux ? Tu dois les convaincre que tu veux les associer à ton projet parce que tu les tiens en haute estime. Tu peux également leur souligner le risque qu'ils courent s'ils refusent de participer et qu'un de leurs concurrents accepte de le faire.

3. Efforce-toi, dans la négociation, de réduire les risques perçus par ton interlocuteur. Par exemple, rassure ton banquier en lui énumérant les principaux fournisseurs et clients intéressés par ton projet. Parle-lui du réseau de relations que tu as bâti, de ton expérience accumulée, des appuis reçus de personnes importantes. Cependant, ne cherche pas à lui

en mettre plein la vue, sois fidèle aux faits et évite les demi-vérités. Tente d'obtenir les meilleures conditions de crédit de ton fournisseur en lui démontrant que ton projet l'avantagera à long terme et qu'il présente un risque minimum. Essaie d'attirer un client important en mettant l'accent sur les points communs qui vous unissent, en lui soulignant l'apport que ton projet peut constituer pour lui dans un avenir assez rapproché.

4. Mets toujours l'accent d'abord sur les points positifs et communs entre toi et tes partenaires. Mentionne également les points de divergence qui sont apparents. N'hésite pas, lorsque l'occasion se présente, à offrir humblement à tes partenaires de l'aide et des suggestions, ce qui démontrera sans doute ta compétence et l'importance de ton réseau de relations. Dans la même veine, n'hésite pas à demander leurs conseils et leur aide afin d'améliorer ton projet, de réduire le degré de risque perçu et de leur permettre de contribuer à sa mise en œuvre.

20.6 CONCLUSION

Si l'étape de la conception d'un projet prend relativement peu de temps, sa mise en œuvre requiert beaucoup plus de temps, d'efforts, de patience et de courage. Ce sont souvent les économies amassées depuis longtemps, les nombreuses années de formation et de perfectionnement, l'énergie la plus créatrice, les loisirs, les vacances annuelles, une grande part de liberté qu'il faut sacrifier pour réaliser son projet, et ce, peut-être sans retour pécuniaire, parfois même en encaissant la perte de la santé et un échec psychologique dur à surmonter. Voilà pourquoi il est nécessaire de bien planifier, d'organiser et de contrôler chacune des étapes du développement d'un projet d'entreprise. Jamais trop de temps ne peut être mis à réaliser chacune de ces étapes, même si cela donne l'impression que les choses vont trop lentement.

Nous avons tenté de montrer dans le présent chapitre que le démarrage d'une nouvelle entreprise ne peut être improvisé et qu'il requiert de nombreuses heures d'études, de réflexion, de consultation et de recherche avant que le premier client ne soit accueilli. Ces heures « supplémentaires » consacrées à la préparation d'un bon démarrage peuvent rapporter gros à long terme, car elles offrent de bonnes chances à l'entrepreneur de se trouver, après quelques années, parmi le petit nombre de survivants. C'est du moins ce que nous lui souhaitons après la lecture de nos propos.

20.7 BIBLIOGRAPHIE

Boone, L. E. et D. L. Kurtz (1987). *L'entreprise d'aujourd'hui, structure et dynamique*, 2ᵉ édition. Éditions Études Vivantes.

Côté, M. *et al.* (1995). *La gestion stratégique d'entreprise : aspects théoriques.* Boucherville : Gaëtan Morin Éditeur.

Dupont, E., H. Gaulin (1987). *Se lancer en affaires*. Les Publications du Québec.

MacMillan, I. C. (1984-85). « Les défis du créateur d'entreprise », *Harvard-L'Expansion*, hiver, p. 6-12.

Papin, R. (1983). « Conseils aux créateurs d'entreprises », *Direction et Gestion*, nᵒ 1, p. 58-66. Annexe 1.

ANNEXE 1

Les étapes de préparation d'un pique-nique : répartition des activités entre Georges et Marie

Liste des activités	Durée (minutes)	Personne responsable
1. Débuter	0	—
2. Préparer les sandwiches	15	Georges
3. Préparer les boissons gazeuses	10	Marie
4. Préparer les fruits	2	Marie
5. Préparer le panier	2	Marie
6. Prendre des vêtements chauds	2	Marie
7. Sélectionner des jeux	3	Georges
8. Charger le tout dans la voiture	4	Georges
9. Faire le plein avant le départ	6	Georges
10. Conduire jusqu'au terrain de pique-nique	20	Marie
11. Arrivée au terrain	0	—

Bâtir les étapes des activités

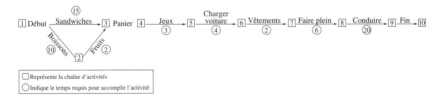

☐ Représente la chaîne d'activités
○ Indique le temps requis pour accomplir l'activité

Annexe 2

Décisions \ Personnes-ressources	Directeur des ventes	Adminis. interne – Ventes	Vendeurs et représentants	Chef de la production	Acheteur	Contremaîtres	Ingénieur fabrication	Contrôleur production	Recherche et développement	Magasinier	Trésorier – Finance	Comptable	Directeur général	Chef du personnel
Livraison (délais)	A	Con	I	Coo				E			I		C	
Expédition (retards, etc.)	A	Con	I			I				Coo	I		D	
Volume de production	I			E	I	C	I	Con	C	Coo	D	I	A	
Inventaire des stocks	D		Coo	C				D		Con	D	I	A	I
Normes de qualité	D		I	Con		I	Coo		D				A	
Estimé des ventes	A	Coo	D	C	I		I	I			Con	I	A	I
Prix de vente (remises, etc.)	D	I	E	D			I	I		I	V		A	
Estimation du prix de revient			V	C	C	E		C			D	Con	A	
Crédit	D	I	I								I	D	A	
Budget d'exploitation	D	I	I	D			C		C		Con	Coo	A	
Budget d'investissement	D	I		D		C	C		D	I	Con	Coo	A	C
Volume et nature des achats				A	E			I			D	I	C	
Caractéristiques des produits	D		C	D		I	C		E		C		A	
Choix des matières premières	I			A	E	C	D	Con	D		C		C	
Relations du travail	I			Con	D	D	C				C	I	A	Coo
Nouveaux produits (recherche, etc.)	D		C	Coo			I		E		Con		A	

A → pour décision ou approbation
C → pour donner conseils ou commentaires
Con → contrôler
Coo → coordonner
D → doit être consulté
E → pour exécution
I → pour être informé

* Donner à titre d'illustration seulement. Ne se veut pas le reflet de la réalité.

ANNEXE 3

LES ACTIVITÉS DE DÉMARRAGE - CHEMINEMENT CRITIQUE

I	II	III	VI	VIII	IX
Choix du local et emplacement Bail ou achat (2-3 semaines)	Préparation du local (5-12 semaines)	Choix de l'ameublement Ou Équipement (3-4 semaines)	Aménagement Et Installation Ameublement Équipement (4-6 semaines)	Rodage Personnel Équipement Outillage (2-3 semaines)	Ouverture Officielle
		IV Choix des fournisseurs (3-4 semaines)	VII Choix des collaborateurs (4-6 semaines)		
		V Choix des canaux de distribution (3-4 semaines)			

Chapitre 21

L'apprentissage du métier d'entrepreneur

par Louis Jacques Filion

Ce chapitre vise à répondre, du moins en partie, à des questions qui nous sont souvent posées relativement aux exigences du métier d'entrepreneur. «Qu'est-ce qui est particulier au métier d'entrepreneur?» «Je compte me lancer en affaires, dans quoi est-ce que je m'embarque?» «Que dois-je connaître?» «Que dois-je apprendre pour mieux me préparer à jouer mon futur rôle?» «Comment penser et m'organiser pour exercer efficacement mon métier d'entrepreneur?»

Il n'existe pas un livre de recettes à suivre. Il n'existe pas de réponses absolues à toutes ces questions. Nous pouvons cependant fournir des pistes de réflexion et d'organisation personnelle pour mieux penser et mieux organiser la pratique entrepreneuriale. Nous aborderons d'abord les activités principales de l'entrepreneur, ainsi que les caractéristiques ou qualités, compétences et apprentissages que ces activités requièrent. Nous terminerons par les étapes du processus entrepreneurial. Les avenues entrepreneuriales ont déjà été présentées au chapitre 2 de cet ouvrage.

Il n'existe pas de modèle absolu de ce qu'est ou de ce que fait l'entrepreneur. Au cours des dernières décennies, nous remarquons un accroissement des catégories et des types d'entrepreneurs : dirigeants de PME et d'entreprises familiales axés sur la pérennité ; visionnaires axés sur la croissance ; travailleurs autonomes volontaires et involontaires ; entrepreneurs coopératifs qui veulent se prendre en main dans leur milieu ; entrepreneurs technologiques qui visent le marché international et qui envisagent des alliances.

Le texte qui suit tente de rendre compte de ce qui est commun à l'ensemble de ces catégories et typologies. Il est fondé sur des recherches au cours desquelles nous avons étudié sur le terrain des entrepreneurs de certaines catégories et de certains types au cours des dernières décennies. Ce chapitre ne prétend pas fournir toutes les réponses. Il se veut une introduction aux éléments de base qui permettent de comprendre les aspects essentiels à maîtriser en vue d'exercer le métier d'entrepreneur.

21.1 LES COMPOSANTES DU MÉTIER D'ENTREPRENEUR

Nous présentons les composantes du métier d'entrepreneur à partir d'éléments plus facilement identifiables : des activités clés de l'entrepreneur. Pour chaque activité retenue, nous présentons une ou quelques caractéristiques, compétences et apprentissages requis en vue de mieux l'exercer.

21.1.1 Les activités

Quelles sont les activités courantes des personnes qui se lancent en affaires ou des personnes qui dirigent une entreprise ? Elles sont nombreuses, bien sûr. Elles sont aussi extrêmement variées, compte tenu de la grande variété des catégories d'entrepreneurs. Elles varieront aussi dans le temps d'un entrepreneur à l'autre. Elles ne sont pas nécessairement toutes les mêmes au moment du démarrage que ce qu'elles seront plus tard au cours de périodes de croissance. Nous en avons conservé 10, soit celles que nous considérons comme les plus communes et les plus courantes.

21.1.2 Les caractéristiques

Bien des caractéristiques ont été attribuées aux entrepreneurs (Filion, 1991, en particulier le chapitre 1 ; Julien et Marchesnay, 1996). Ces caractéristiques apparaissent parfois disparates ou même contradictoires car, encore une fois, elles sont tirées de recherches portant sur des catégories d'entrepreneurs souvent fort distinctes : gens qui viennent de démarrer leur entreprise, entrepreneurs en exploitation depuis longtemps, dirigeants de micro-entreprises ou de PME, entrepreneurs qui ont bâti de grandes entreprises. Il n'existe pas d'absolu en ce qui a trait aux caractéristiques de l'entrepreneur. Elles pourront varier dans le temps selon les activités privilégiées ou les étapes de croissance de l'entreprise. Nous trouvons utile d'associer des caractéristiques avec des activités, car des caractéristiques ne sont pas immuables. La fonction crée l'organe, c'est-à-dire que la pratique de certaines activités aura pour effet d'engendrer le développement de certaines caractéristiques. Il faut qu'il existe un minimum de potentiel chez la personne au départ. Par exemple, on entend souvent dire que les entrepreneurs sont créatifs. On est à même d'observer qu'ils le deviennent encore davantage après avoir lancé leur entreprise car, s'ils ne le deviennent pas, ils auront beaucoup de difficultés à réussir. Ce sera plus facile pour la personne qui a déjà eu l'occasion de développer l'une ou l'autre des caractéristiques que nous allons aborder ou si elle présente déjà un potentiel. Dans le cas contraire, elle devra travailler plus fort pour les développer ou pour les compenser ou pour déléguer à d'autres ce qui lui apparaît incompatible à accomplir, compte tenu de certaines de ses caractéristiques. On aura avantage à comprendre ce qu'exigent les activités entrepreneuriales sur le plan des caractéristiques et à se demander où on se situe par rapport à chacune de ces dernières.

21.1.3 Les compétences

Avoir de la compétence, c'est avoir de la capacité par rapport à quelque chose. Une compétence s'acquiert, se développe, se perfectionne. Comme ce fut le cas dans la section précédente pour les caractéristiques, nous n'essaierons pas d'établir une liste exhaustive des compétences requises pour mener à bien chaque activité, mais nous tenterons plutôt d'associer au moins une compétence clé qui facilite la réalisation de chacune des 10 activités principales retenues. Encore ici, notre objectif consiste à nous en tenir à l'essentiel en vue de faciliter la préparation à l'exercice du métier d'entrepreneur.

21.1.4 Les apprentissages

Pour mener à bien chacune des 10 activités clés de l'entrepreneur, on se devra de procéder à certains apprentissages. Ceux-ci portent essentiellement sur des éléments de gestion. Comme ce fut le cas dans les sections précédentes, les apprentissages suggérés sont tirés de nos recherches sur les systèmes d'activités des entrepreneurs. Un des éléments frappant du comportement des entrepreneurs est qu'ils apprennent tout le temps. Cela se comprend, car leurs activités changent continuellement. D'ailleurs, dès qu'ils cesseront d'apprendre, ils cesseront de réussir. Tout ce que nous avons vu précédemment s'apprend. Alors pourquoi suggérer cette dernière catégorie qui s'intitule spécifiquement « les apprentissages » ? Le développement de caractéristiques et l'acquisition de compétences nécessitent des apprentissages à des niveaux plus fondamentaux et qui ne se poursuivent pas nécessairement de façon continue et symétrique. Par exemple, on va se concentrer sur l'apprentissage d'une technique de négociation au moment d'un cours ou d'une activité intense de formation, puis on va continuer à apprendre par la suite au fur et à mesure de la pratique. Quant aux apprentissages proprement dits, ils portent sur des sujets qui évoluent souvent rapidement et sur lesquels on va devoir continuer à apprendre de façon quasi ininterrompue. Par exemple, aussitôt qu'on touche à des technologies, on est dans des secteurs qui évoluent rapidement où il faut continuer à apprendre en permanence quant aux façons de les gérer, ne serait-ce que sur le plan de leur mise en marché. En fait, dans presque tout ce qu'on touche en ce qui a trait aux entreprises et aux organisations, de nos jours, nous sommes à l'ère de la société et de l'organisation apprenante. Dans la présentation des activités, caractéristiques, compétences et éléments d'apprentissage, nous avons tenté d'être bref et de nous en tenir à l'essentiel.

21.2 LES 10 ACTIVITÉS CLÉS

21.2.1 Identifier des occasions d'affaires

Être et agir en entrepreneur consiste d'abord et avant tout à identifier des occasions d'affaires. L'entrepreneur demeure à l'affût de ce qui se passe dans le marché. Il cherche à identifier ce qui présente du potentiel, des créneaux prometteurs pour des activités d'affaires. C'est une activité primordiale attribuée aux entrepreneurs. Fait intéressant à souligner, les créneaux se situaient dans le passé essentiellement dans des espaces à occuper dans le marché ; de nos jours, ils se situent aussi dans l'espace « temps ». Le temps, soit la rapidité de production et de service, est devenu un élément majeur pour ce qui est des occasions d'affaires.

Le flair, l'intuition

Pour être entrepreneur, il faut du flair. Il faut pouvoir sentir ce qui se passe autour de soi. L'entrepreneur excelle à définir des besoins latents. Il sent ce qui présente du potentiel. Il est à l'écoute, à l'affût de ce qui se passe autour de lui. Le flair se cultive par le système de relations et d'information qu'on a su se donner. Dans un cours préparé par l'auteur sur l'intuition, on a demandé aux participants de citer des exemples de situations où ils avaient eu de l'intuition. Dans tous les cas rapportés, il s'agissait de situations où les personnes étaient déjà familières avec le sujet ou le domaine. Par exemple, quelqu'un a dit : « Moi, je loue des appartements. Je sais qui seront de bons ou de mauvais locataires. Avec les années, j'ai développé cette intuition-là. » Avec la pratique, cette personne a appris à distinguer et à connaître le locataire sans problème. Elle a établi des critères implicites pour sélectionner les locataires. Elle a appris à se donner des outils dans son domaine d'activités. Le phénomène de l'intuition chez l'entrepreneur s'apparente à cela : parce qu'il s'intéresse à un secteur, il finit par le connaître. Lorsqu'il se passe quelque chose dans le secteur, l'entrepreneur en a l'intuition. Il sent que quelque chose se « brasse ». Soit que les habitudes de consommation sont en train d'évoluer, soit que l'avance technologique est en train d'ouvrir des possibilités nouvelles. L'intuition ne se produit généralement pas par hasard ou par rapport à un sujet qui nous est étranger. C'est une attitude de réflexion active et engagée par rapport à un sujet d'intérêt. Cela se développe.

Le pragmatisme

Ce qui frappe au contact suivi d'entrepreneurs qui réussissent, c'est leur gros bon sens. Ils expriment un esprit terre-à-terre, un sens pratique, une capacité remarquable à identifier ce qui peut être utile et donner des résultats. On peut résumer cette compétence qu'ils ont apprise et cultivée comme une forme de pragmatisme. Ils ont développé ce réflexe de s'interroger beaucoup sur ce qui est autour d'eux avant de s'arrêter sur une formule ou de prendre une décision. Ils savent mettre en question ce qui existe et demander pourquoi ne pas envisager telle ou telle autre possibilité, plutôt que de s'en tenir à ce qui existe déjà !

L'analyse sectorielle

Pour apprendre à identifier des occasions d'affaires, on aura avantage à comprendre les caractéristiques du secteur dans lequel on veut se lancer. Les méthodes de travail pourront comprendre l'analyse de données statistiques sur ce secteur, bien sûr, mais surtout deux autres éléments : le client et les leaders. Il faut d'abord bien connaître le client : savoir qui il est et pourquoi il consomme ce produit. Avant de commencer à travailler sur son plan d'affaires, on conseille d'aller parler à quelques dizaines de clients ou de clients potentiels, leur poser 5 à 10 bonnes questions afin de comprendre leur comportement d'achat. Ces questions peuvent ressembler à celles-ci : achèteriez-vous ce produit ? Quel prix seriez-vous prêt à payer ? Les entrepreneurs qui réussissent passent un minimum de temps chaque semaine à apprendre des clients. C'est une règle d'or. Parallèlement, on s'initiera aux caractéristiques du secteur, puis on se tiendra à jour à ce sujet. Pour ce faire, rien de tel que de commencer avec le leader du secteur : connaître ses produits, sa distribution, enfin, tout son système marketing pour ensuite le comparer à celui des principaux concurrents. C'est à partir de là qu'on va voir apparaître des trous, des créneaux dans le marché.

21.2.2 Concevoir des visions

Une des premières activités qui distingue l'entrepreneur de toute autre personne qui œuvre dans les organisations consiste à définir des projets, c'est-à-dire à concevoir des visions, puis à passer à l'action pour les réaliser. Alors que la plupart des gens évoluent dans un cadre qui a été pensé par quelqu'un d'autre, l'entrepreneur identifie le créneau, puis définit l'espace qu'il va occuper dans le marché ainsi que le cadre dans lequel il va s'organiser pour arriver à le faire.

L'imagination, l'indépendance, la passion

Comme l'une des premières activités de l'entrepreneur consiste à concevoir des visions, soit quelque chose qui n'a jamais existé dans les mêmes termes auparavant, il faut de l'imagination qui reflète de l'originalité, de l'indépendance et un minimum de passion pour ce qu'on compte entreprendre. Seront alors avantagés les créateurs, les innovateurs, les personnes indépendantes qui aiment faire ce qu'elles pensent devoir faire, selon leurs propres définitions. L'imagination se cultive. La nécessité est la mère de l'invention. Les entrepreneurs mis en situation, une fois leur entreprise créée, doivent apprendre à cultiver leur imagination pour demeurer en affaires ou devancer leurs concurrents. Une des caractéristiques de l'entrepreneur souvent reconnue par les chercheurs est un grand besoin d'autonomie et d'indépendance. On sera plus motivé à identifier des occasions d'affaires et à se lancer en affaires à son compte si on a un plus grand besoin d'indépendance à satisfaire. Les personnes qui ont des besoins élevés d'affiliation fonctionnent généralement mieux en travaillant avec d'autres ou au moins dans une organisation à laquelle ils peuvent s'identifier. La passion va non seulement aider à maintenir la motivation, mais elle agit comme un stimulant pour viser des sommets. C'est un des éléments clés qui va soutenir la dynamique et le dynamisme de l'entrepreneur, son enthousiasme, sa vivacité.

La conception, la pensée systémique

Concevoir, c'est imaginer et définir un ensemble et ses composantes. Cela se pratique. Si, dans son quotidien, la personne se demande ce qu'elle ferait à la place de telle ou telle personnalité publique, déjà elle pratique des exercices de construction mentale. La conception de visions implique aussi la définition explicite ou implicite de critères quant à ce qui est pertinent, intéressant pour soi. Par exemple, mon cheminement m'amène à vouloir construire une petite entreprise dans tel secteur, suivant tel modèle. Même si tout n'est pas encore tout à fait précis dans mon esprit, ce sont là des références sur lesquelles je m'appuie pour concevoir. La conception demande un travail d'imagination organisé et structurant. Cela requiert de la méthode, des efforts.

Penser systémiquement, c'est être capable de se donner des fils conducteurs autour desquels on va ensuite organiser l'ensemble de ses activités. C'est aussi une capacité à établir des frontières afin de délimiter l'ampleur des activités à réaliser pour atteindre l'essentiel. Ce sont là les éléments de base d'une démarche de pensée systémique. Cela requiert une capacité à réfléchir sur ce qu'on veut faire ainsi que sur les façons de le faire. On aura avantage à cultiver la souplesse mentale. La pensée systémique nécessite une interrelation tant de la partie droite que de la partie gauche du cerveau. Autrement dit, la partie droite pourra s'activer pour concevoir une vision, mais cette conception sera d'autant mieux structurée qu'elle émergera de l'analyse rigoureuse d'un secteur préalablement réalisée par les facultés de la partie gauche.

L'évaluation des ressources

La conception de visions implique qu'on tienne compte des ressources existantes et qu'on évalue avec assez de justesse les ressources humaines, matérielles, techniques, technologiques et financières dont on aura besoin pour réaliser ce qu'on conçoit. Plus on a d'expérience du domaine, plus cela devient facile d'évaluer les ressources requises avec plus de précision. Si on ne possède pas au moins quelques années d'expérience du domaine, on aura avantage à prendre conseil auprès de gens expérimentés au fur et à mesure qu'on évoluera dans le processus de conception de la vision. Certains entrepreneurs savent bien utiliser les ressources qui les entourent, en particulier les ressources humaines : amis, membres de la famille, connaissances d'affaires. D'autres excellent à créer une grande valeur ajoutée à partir de peu de ressources.

21.2.3 Prendre des décisions

L'entrepreneur prend des décisions. La première sera celle de lancer l'entreprise. Il aura avantage à établir un système qui lui permettra de distinguer les diverses catégories de décisions auxquelles il devra faire face, dont les nombreuses décisions opérationnelles qui doivent presque toutes être prises sur-le-champ ainsi que les décisions stratégiques qui demandent plus de préparation et de réflexion. Ces dernières peuvent mettre en péril la survie de l'entreprise. Dans une micro-entreprise et une PME, ce sont les décisions reliées au lancement de nouveaux produits ou services, ainsi que celles qui ont trait à la conquête de nouveaux marchés. De plus, les décisions relatives à l'embauche d'employés clés seront déterminantes, car elles auront pour effet implicite de délimiter ce qu'il sera possible ou non de faire dans l'avenir.

Prendre des décisions implique de savoir calculer. «Calculer» est utilisé ici dans un sens large et signifie : estimer, analyser, prévoir, évaluer des probabilités. Il ne sera possible de maintenir une activité d'affaires que si elle réalise des profits. Tout ce qu'on fait dans une activité d'affaires implique une référence à ce qui est rentable. Plus on aura acquis d'expérience dans un secteur d'activités d'affaires, plus on arrivera à fonctionner en utilisant moins de ressources. On saura aller à l'essentiel, à ce qui est rentable et profitable. Mais le calcul ne se limite pas seulement aux questions monétaires et à l'analyse du coût de revient, il comprend nombre d'autres éléments tels que la complémentarité des éléments qu'on juxtaposera (produits/marchés), sans compter l'adéquation entre ce qu'on a envie de faire, ce qu'on veut faire et les choix qu'on fera. Le calcul portera aussi sur l'embauche de personnes, l'adéquation entre caractéristiques et compétences requises d'une part, tâches à accomplir et complémentarité avec les autres d'autre part.

Le jugement, la prudence

L'entrepreneur imagine, mais il doit évaluer, calculer, regarder les conséquences des gestes qu'il s'apprête à faire, en établir l'ordre séquentiel, un peu comme le fait un joueur d'échecs. Cela requiert énormément de souplesse d'esprit, de discernement, de sens commun. Il faut se donner une bonne méthode de réflexion, d'analyse et être capable de voir juste et de s'autocritiquer. Pour prendre des décisions éclairées, il faut du jugement. Il faut posséder une bonne compréhension des éléments en cause. On sait que les entrepreneurs qui réussissent sont ceux qui pratiquent la prudence en tentant de réduire au maximum le risque dans leurs prises de décision. On comprend ainsi pourquoi ils restent en affaires. Ils utilisent la rentabilité et la profitabilité comme critères de décision. Ils se sont habitués à penser à long terme. La prudence et la sagesse, cela se cultive.

La vision

Concevoir et réaliser des visions, ce sont des activités. Mais la conception visionnaire constitue aussi pour l'entrepreneur une compétence centrale qu'on peut apprendre à maîtriser, car le cœur du travail de l'entrepreneur consiste à définir de nouveaux contextes : d'abord, la place qu'on veut occuper dans le marché et ce qu'on devra mettre en place pour y réussir. Une vision est une image d'un état futur désiré qu'on veut atteindre. La maîtrise du fonctionnement du processus visionnaire débute par l'acquisition d'une image, d'une connaissance la plus adéquate possible de ce qui existe déjà dans le secteur dans lequel on veut se lancer. Ensuite, on doit apprendre à élaborer des scénarios de rechange quant à ce qu'il serait possible de faire dans le domaine. Une fois élaborée, même s'il s'agit d'un processus en évolution continuelle, la conception d'une vision fournit un fil conducteur qui est un des critères de base par excellence pour évoluer dans la continuité.

L'information, le risque

Pour prendre des décisions, on se doit d'être bien informé. Pour ce faire, on devra se donner une méthode de travail pour recueillir et traiter l'information, mais aussi établir des critères de fond permettant d'améliorer la cohérence et la constance. Il faut distinguer entre l'information circulante et l'information structurante. Plus la vision est claire, plus il devient facile de discriminer et d'identifier l'information pertinente. Pour rester en affaires, il faut réduire le risque dans les prises de décision. On aura à prendre des risques, cela est inévitable, mais on saura être prudent. Il revient à chacun d'établir le degré de risque avec lequel il se sent confortable.

21.2.4 Réaliser des visions

L'entrepreneur définit ce qu'il veut faire et comment il va le faire, puis il le fait. C'est un rêveur qui sait passer à l'action. C'est un rêveur concret. Ce qui est pensé l'est en vue de l'action. On se demande parfois si l'action ne précède pas la pensée. Il sait s'organiser pour passer à l'action et réaliser ses visions. Ça bouge.

La débrouillardise, la constance, la ténacité

Une fois le projet conçu, on aime passer à l'action. C'est là une expression de leadership. Cela indique aussi de l'initiative et de la débrouillardise. Pour atteindre les résultats souvent ambitieux qu'ils se sont fixés, les entrepreneurs devront investir de l'énergie, faire preuve d'un optimisme indéfectible, avoir cultivé une grande confiance en eux-mêmes, apprendre à se dépasser, apprendre à diriger dans des contextes où on doit être très tolérant devant l'ambiguïté et l'incertitude. Il faut savoir se débrouiller et ne pas s'empêcher de choisir des orientations parce qu'on a peur avant de commencer de ne pas pouvoir les faire, les réaliser, les réussir. Être dégourdi, créatif, fonceur. Trop d'entrepreneurs ont d'excellentes idées, mais ne savent pas se concentrer et continuer à travailler dans la même direction. Évitez l'éparpillement. C'est à force de travailler avec méthode dans la même direction qu'on finit par obtenir des résultats.

L'action

L'entrepreneur aime l'action. Il aime que ça bouge. Il est une dynamo qui sait susciter l'enthousiasme dans l'action, car il sait communiquer la passion qui l'anime. S'il en est arrivé là, c'est qu'il a su rester à l'écoute de lui-même et orienter ses activités autour de ce qu'il aime et qui l'anime. Dans bien des cas, c'est la passion entretenue pour le sujet qui le conduit à l'action. L'entrepreneur est motivé par le concret. Il a assez de confiance en lui-même pour passer à l'action. Il se réalise dans l'action. D'ailleurs, ses projets n'ont de sens que lorsqu'ils se réalisent. Leur réussite est un gage de leur valeur.

La rétroaction

La réalisation d'une vision ne consiste pas à suivre un plan rigide coulé dans le béton. Une vision est un fil conducteur qu'on se donne pour améliorer sa performance. Sa réalisation nécessite des ajustements continus. Nous avons parlé ci-dessus de l'importance de l'information. Il importe d'établir un bon système de rétroaction, d'ajustements qui puissent être apportés avec discernement à la suite de l'information reçue au fur et à mesure qu'on progresse. Il ne s'agit pas que d'accumuler de l'information, il faut qu'elle serve, qu'elle ait un effet sur ce qu'on fait, sur ce qu'on s'apprête à faire.

21.2.5 Faire fonctionner l'équipement

Presque tout entrepreneur doit utiliser une forme quelconque d'équipement. À l'ère technologique dans laquelle nous évoluons présentement, il est devenu presque impossible de concevoir une activité d'affaires sans devoir avoir recours à ces technologies, ne serait-ce qu'à un télécopieur ou à un ordinateur. Dans un grand nombre de cas, à moins que l'on sous-traite, on se devra d'être en mesure de maîtriser le fonctionnement d'équipement, quelle qu'en soit sa forme. Si l'entreprise prend de la croissance, on se consacrera davantage à la mise en marché et à l'administration. On entraînera quelqu'un d'autre à faire fonctionner cet équipement. La technologie évoluera, on renouvellera graduellement l'équipement original mis en place et on deviendra moins au fait des nouvelles technologies. Mais au départ, on aura avantage à bien les connaître et à bien les maîtriser.

La dextérité

Quel que soit le secteur dans lequel on se lancera, on aura un avantage si on a développé un minimum de dextérité par rapport à une activité donnée. Bon nombre d'entrepreneurs sont des artisans, des gens de métiers, des «opérateurs» de micro-entreprises. Il est nécessaire pour eux de pouvoir maîtriser une technique, souvent manuelle. Pour les autres, on devra maîtriser au moins le fonctionnement des outils de base comme un ordinateur.

La polyvalence

Pour faire fonctionner l'équipement, on doit faire preuve de polyvalence, être capable de s'adapter à diverses formes de technologies. Bien des recherches ont montré qu'une bonne partie du temps des personnes qui créent des entreprises est passée à faire fonctionner de l'équipement, surtout au cours des premières années. En fait, la polyvalence est aussi nécessaire sur d'autres plans. Par exemple, au début de l'entreprise, il faut savoir presque tout faire soi-même : comptabilité, mise en marché, vente, administration, ménage.

La technique

En plus de maîtriser l'essentiel de la technique du domaine, on se devra de se tenir bien informé de l'évolution tant de l'équipement technique que de la technologie reliée au secteur d'activités dans lequel évolue l'entreprise. Dans bien des cas, ce seront là des éléments stratégiques vitaux qui permettront à l'entreprise de demeurer compétitive ou non.

21.2.6 Acheter

L'entrepreneur achète à un prix qu'il connaît pour vendre à un prix qu'il ne connaît pas toujours d'avance. On devra se procurer des matières premières si on est en fabrication ; des produits finis si on est en commerce de détail ; de l'équipement si on est dans un domaine de services. Tous auront besoin de services bancaires et d'assurances. Dans bien des cas, le succès de l'entrepreneur se joue d'abord dans ce qu'il achète et dans les conditions suivant lesquelles il effectue ses achats. C'est ce qui va conditionner et déterminer ce qu'il va vendre ainsi que le prix auquel il devra le vendre. À ne pas négliger.

L'acuité

Acheter, comme bon nombre d'autres activités reliées à la gestion d'une petite entreprise, requiert qu'on se donne une méthode de travail nous obligeant à réfléchir avec clarté, perspicacité et précision sur des scénarios futurs, et à planifier en conséquence. Cela peut s'avérer vital, plus particulièrement en ce qui a trait aux achats, car, souvent, ce sont là des activités stratégiques tout à fait déterminantes pour l'avenir de l'entreprise, en particulier dans le commerce de détail.

La négociation

La négociation implique de se fixer des objectifs, des bornes, des scénarios à l'intérieur desquels on essaiera de demeurer. Elle nécessite une bonne connaissance des éléments en cause et beaucoup de flexibilité. Il faut savoir convaincre. On a avantage à être créatif et ne pas se bloquer : être en mesure d'offrir sur le champ des solutions de rechange pour faciliter les échanges. Il faut que tout le monde gagne ou ait au moins l'impression de gagner.

Le diagnostic

Pour acheter, il faut du flair, mais il faut être capable de poser un diagnostic tant sur des ensembles que sur du cas par cas. Ce qu'on achète et le prix auquel on achète déterminent les profits futurs. Ce qu'on achète, pour autant que ce soit relié à l'ensemble de ce qu'on veut réaliser, déterminera la réussite future. Plus d'une recherche a démontré que les contacts avec les fournisseurs constituent une des meilleures façons de se tenir informé de l'évolution du secteur. En effet, les représentants des fournisseurs qui font le tour des entreprises sont ceux qui savent le mieux ce qui se passe dans un secteur : qui s'est doté de tel nouvel équipement, qui a développé tel nouveau produit, qui a changé d'entreprise, qui est en train de développer tel nouveau marché. Être capable de poser tant un diagnostic sectoriel qu'un diagnostic de l'entreprise ainsi que de chaque activité d'achat.

21.2.7 Mettre en marché

La mise en marché, c'est le test, c'est la confirmation à savoir si la vision conçue s'adressait à un créneau offrant le potentiel espéré. C'est une des activités qui se situe au cœur du travail de l'entrepreneur (Fortin, 1992 ; Gasse et Carrier, 1992 ; Dubuc, 1993 ; Carrier, 1994 ; Dubuc, Van Coillie-Tremblay, 1994). Il faut savoir se mettre dans les souliers du client et voir ce qu'il aimerait acheter, à quel prix, sous quelle présentation, à quel endroit, vendu par quelle sorte de personnes. Mettre en marché constitue une science autant qu'un art. Sa maîtrise se situe au cœur de ce qui expliquera le succès ou le non-succès de plus d'un entrepreneur.

La différenciation, l'originalité

Pour mettre en marché, il faut savoir exprimer son originalité en se différenciant : d'abord, concevoir un produit ou service attrayant et bien adapté au goût des consommateurs, trouver un système de distribution adéquat, apposer le prix qui convient, le faire savoir au moment approprié en utilisant parfois des moyens différents pour mieux rejoindre les divers segments de marché qu'on a identifiés. Les savoir-faire sont imbriqués et découlent des savoir-être. La différenciation et l'originalité commencent par une attitude mentale, une façon de se concevoir et s'expriment ensuite dans ce qu'on fait.

L'agencement

Un peu comme c'est le cas pour mettre en place un processus visionnaire, la mise en marché requiert des compétences de conception mais aussi d'agencement d'une multitude d'éléments en cause : habitudes de consommation des clients du marché cible visé, activités publicitaires et promotionnelles, ajustements aux produits, services et ainsi de suite. Il faut s'habituer à interrelier un grand nombre d'éléments divers dans un tout cohérent.

Le marketing, la gestion

La mise en marché n'est pas une activité de gestion comme une autre. Elle est le cœur autour duquel les autres activités de gestion s'organisent. Si elle ne fonctionne pas, plus rien ne va. Il faut bien maîtriser la cohérence des quatre « P » : produit, prix, place (distribution), promotion (incluant la publicité). Il faut apprendre à organiser l'ensemble de ses activités de gestion autour de la mise en marché.

21.2.8 Vendre

La vente est l'une des activités difficiles à maîtriser pour un bon nombre de jeunes entrepreneurs. Elle est pourtant vitale à toute entreprise. Elle doit être effectuée, dans la plupart des cas, par l'entrepreneur lui-même au début, au moment du lancement de l'entreprise (Lalande, 1995). L'entrepreneur ne vend pas que ses produits ou services, il vend son entreprise et ses expertises à longueur de journée : aux investisseurs, aux clients potentiels, aux employés, au banquier, aux fournisseurs, aux membres de sa famille. Peut-on demander aux autres de croire davantage à son projet, à sa vision que l'on n'y croit soi-même !

La flexibilité

L'entrepreneur achète à un prix certain – il le connaît – pour vendre à un prix incertain. Dans beaucoup de cas, l'entrepreneur doit faire des ventes lui-même. Quelle que soit la situation, on aura avantage à réserver au moins quelques heures par semaine pour prendre contact avec des clients. Cela est vital pour rester branché sur son marché. Pour vendre, il faut de la flexibilité : savoir s'ajuster aux personnes et aux circonstances. Il faut être à l'écoute et montrer de la sensibilité envers son environnement, et savoir s'ajuster en conséquence.

L'adaptation

L'adaptation aux personnes et aux circonstances fait toute la différence. Par exemple, une façon légèrement modifiée de présenter le produit rendra celui-ci plus attrayant pour une nouvelle clientèle ciblée. Nombre de nos recherches ont montré l'importance de la flexibilité pour vendre : savoir poser des questions au client pour comprendre ses besoins, ce qu'il cherche, ses critères d'achat et s'ajuster en conséquence.

La connaissance du client

Une entreprise est un système de satisfaction de clients. L'entrepreneur est en apprentissage permanent, en particulier dans la relation de vente, même si ce n'est pas lui qui vend directement au client. Cet apprentissage commence par l'écoute du client. C'est là une des pierres angulaires autour de laquelle les décisions vont se prendre, autour de laquelle tout va se faire. Qu'elle se fasse directement ou indirectement, la vente nécessite qu'on connaisse et comprenne bien les besoins et les attentes du client. Il faut se garder du temps chaque semaine pour interroger et écouter en permanence le client, puis se placer dans la perspective du client pour regarder l'entreprise ainsi que ses produits ou services.

21.2.9 S'entourer

Pour être en mesure de prendre de la croissance, il faut savoir s'entourer. L'entrepreneur a avantage à s'entourer de personnes compétentes à qui il peut demander conseil. Il n'existe pas qu'une seule et unique façon de faire les choses. L'entrepreneur gagne à rechercher les avis autour de lui : rien de tel qu'un entrepreneur pour comprendre un autre entrepreneur, surtout dans les débuts. On aura avantage à constituer un comité-conseil composé de personnes compétentes et complémentaires. Par la suite, l'embauche de personnes complémentaires à soi et entre elles constitue la décision stratégique la plus déterminante que prendra plus d'un dirigeant d'entreprise. On aura avantage à y consacrer du temps, à établir des critères de sélection rigoureux, à bien préparer l'insertion dans l'entreprise, à réfléchir méthodiquement aux complémentarités requises. Les mêmes principes s'appliquent en ce qui a trait aux relations qu'on établit avec les sous-traitants.

Le jugement, le discernement

Une partie importante du travail de l'entrepreneur consiste à définir des visions générales puis des visions complémentaires, plus spécifiques de ce qu'il veut faire. Il doit apprendre à agencer les définitions de tâches et les personnes qu'il recrute pour accomplir ces tâches. Un jour, j'ai demandé à un entrepreneur en fin de carrière qui avait réussi à construire un empire industriel imposant ce qu'il avait trouvé de plus difficile dans l'apprentissage de son métier d'entrepreneur. Il me répondit que l'agencement adéquat et efficace des tâches et des personnes requiert la mise au point d'une méthode d'analyse personnelle qui exige beaucoup de réflexion et de profondeur de pensée. Comme l'entrepreneur travaille souvent sur des configurations nouvelles où il n'existe pas de modèles sur lesquels il peut se baser, il doit pratiquer son jugement en posant des questions, en écoutant et en réfléchissant beaucoup sur les façons de structurer les tâches, puis sur les choix des personnes qui devront les accomplir. Les mêmes principes s'appliquent quant aux choix de collaborateurs externes à l'entreprise et quant aux choix de relations du réseau d'affaires.

La communication

L'essentiel du travail de l'entrepreneur consiste à concevoir des visions et à s'organiser pour qu'elles se réalisent. Cela nécessite énormément de communication : savoir s'exprimer, mais surtout savoir écouter. La communication comprend deux acteurs : un émetteur et un récepteur. L'entrepreneur doit être en mesure de bien jouer les deux rôles. On doit faire soi-même des choses, bien sûr, mais on doit surtout s'organiser pour en faire faire afin de se consacrer à l'essentiel qu'on ne peut déléguer. Il faut posséder et développer de bonnes caractéristiques d'organisation personnelle, sous-traiter à l'extérieur au maximum, s'entourer de gens à qui on peut faire confiance et leur faire confiance en leur déléguant tout ce qu'on peut. Il faut que chacun soit responsabilisé par rapport à ce qu'il fait. Ce sera d'autant plus facile que chacun comprendra l'ensemble des opérations dans lequel il se situe. Toutes ces activités requièrent des caractéristiques de communicateur. On devra les développer. L'entrepreneur se situe au confluent d'un ensemble de réseaux et sa capacité à communiquer constitue un élément important de sa réussite. Cela se cultive de plusieurs façons, mais aussi par la capacité de conception.

La gestion des ressources humaines, le partage

Si on veut prendre de la croissance, on devra penser à s'entourer de personnes compétentes, en qui on a confiance, et qui sont complémentaires entre elles. On devra se familiariser avec les rudiments de la gestion des ressources humaines, en particulier en ce qui a trait à la sélection et à l'introduction des employés à l'entreprise. On aura avantage à établir un bon contrat psychologique avec les collaborateurs et à garder à l'esprit que la motivation du personnel dépend de nombreux facteurs, dont l'équité vis-à-vis de chacun. Lorsque les résultats seront là, il faudra rendre à César ce qui appartient à César, savoir récompenser au mérite et partager en fonction de l'effort et de la contribution fournie.

On aura aussi à diriger le personnel. Une bonne direction de personnel commence par l'exemple. Il faut savoir responsabiliser chacun, respecter l'espace de chacun, savoir reconnaître, apprécier et récompenser les contributions. De nombreux entrepreneurs qui réussissent attribuent leur succès à leurs employés et à leur motivation. Ils nous disent qu'on doit traiter les gens comme s'ils étaient des membres de sa propre famille. Ils ont une attitude envers leur personnel et envers ce qu'il fait, qui engendre une culture de l'implication et de la performance.

21.2.10 Déléguer

Parmi les premières décisions à prendre, nous trouvons celle de faire ou de faire faire, soit en sous-traitance, soit par des personnes embauchées à temps partiel ou à temps plein. L'entrepreneur doit garder à l'esprit que son métier consiste d'abord et avant tout à élaborer et à réaliser des visions. C'est ce qu'il a fait en lançant son entreprise. Il doit se réserver du temps, s'organiser pour pouvoir poursuivre le développement, ne pas se laisser déborder par les opérations et par l'administration (Filion, 1990).

La prévoyance

Une des activités les plus complexes qu'aura à mener l'entrepreneur dès le début consiste à savoir bien s'entourer, puis à choisir des collaborateurs qu'il embauchera ou avec qui il sous-traitera. Plus la vision sera claire, plus on sera en mesure de voir clair à long terme, plus on sera en mesure d'utiliser des éléments de cette vision comme critères de référence pour s'entourer et pour embaucher. Il faut de la projection à plus long terme, de la prévoyance, une certaine sagesse, être capable de regarder avec clairvoyance au-delà de l'immédiat.

Les relations, l'équipe

Pour hausser son degré de jugement et réduire les degrés de risque, rien de mieux que quelques relations d'expérience autour de soi. Pour améliorer sa capacité d'information par rapport à ce qui se passe dans l'environnement, rien de tel qu'un bon réseau de relations d'affaires. Si on veut croître, il faudra penser à former autour de soi une équipe de gens compétents, responsables et impliqués dans ce qu'ils font.

Plus claire est la vision qu'on désire réaliser, plus on pourra déléguer tant à l'intérieur qu'à l'extérieur de l'entreprise, car on sait ce qui doit être fait. Il est impossible de croître sans déléguer. L'expérience du domaine offre un avantage : on sait plus exactement ce qui doit être fait. Par contre, on retrouve de plus en plus de gens qui se lancent dans des domaines nouveaux où il existe peu de références. Les capacités à concevoir, à communiquer, à faire des suivis, à apprendre et à s'ajuster deviennent primordiales.

La gestion des opérations

Que l'on fasse faire ou que l'on fasse soi-même, on ne peut éviter un minimum de gestion d'opérations. Plus on est entrepreneurial, plus on aura tendance à travailler sur du développement, plus on aura tendance à faire faire, soit en déléguant, soit en faisant faire à l'extérieur. La gestion de la sous-traitance devient un élément qu'on se doit d'apprendre à gérer. C'est là une façon de réduire ses risques, car on a moins à investir en équipement. C'est aussi une façon de rester flexible : on pourra aller dans des secteurs connexes ou se diversifier plus facilement, car on sera moins dépendant des gros investissements en équipement qu'on doit faire quand on fait soi-même. On pourra aussi consacrer plus de temps à la mise en marché.

En somme, les activités de l'entrepreneur consistent à identifier des occasions d'affaires, c'est-à-dire des espaces à occuper dans le marché, puis à définir une vision qui comprend un ensemble d'activités structuré pour arriver à occuper profitablement l'espace identifié. Dans bien des cas, pour arriver à réaliser ce qu'il veut, l'entrepreneur devra aussi pratiquer des activités qui s'apparentent à la gestion.

La pratique de ces activités amène l'entrepreneur à cultiver et à développer certaines caractéristiques, tels le flair, l'imagination, le jugement, la débrouillardise. Il doit rester vigilant et à l'écoute. Les caractéristiques se développeront à la pratique, si on sait rester souple et se placer dans une dynamique d'auto-évaluation et d'autoperfectionnement. Il faut être en mesure d'identifier ses forces et ses faiblesses, de renforcer les premières et de compenser les secondes.

Pour mieux réaliser ces activités, on aura aussi avantage à favoriser une culture personnelle d'apprentissage, en particulier en ce qui a trait aux compétences. Les apprentissages qui portent sur les éléments de gestion à maîtriser sont non seulement requis, mais devront être remis à jour très périodiquement.

Le tableau 21.1 reproduit de façon schématique les éléments présentés ci-dessus. On notera que, dans bien des cas, les caractéristiques, compétences et apprentissages peuvent compléter plus que la seule activité immédiate à laquelle ils sont associés dans le tableau. Depuis quelques années, on observe un intérêt pour la notion de métier (Chanlat, 1995 ; Doublet, 1996). Le métier fait référence à du savoir-faire. En réalité, l'exercice d'un métier requiert des habiletés techniques, conceptuelles, parfois manuelles, souvent humaines et managériales. En entrepreneuriat, les savoir-faire s'intègrent aux savoir-être, se construisent à partir d'eux et s'imbriquent en eux (Gasse et D'Amours, 1993). De là l'importance de cultiver une attitude et des caractéristiques qui préparent à l'acquisition de compétences et de savoir-faire nécessaires à l'exercice du métier. Il faut aussi considérer que l'acte d'entrepreneuriat existe rarement à l'état pur. Il est réalisé le plus souvent dans un contexte où l'entrepreneur doit apprendre à jouer des rôles multiples tels ceux de dirigeant et de gestionnaire.

Tableau 21.1 LES COMPOSANTES DU MÉTIER D'ENTREPRENEUR

Activités	Caractéristiques	Compétences	Apprentissages
Identifier des occasions d'affaires	Flair/Intuition	Pragmatisme	Analyse sectorielle
Concevoir des visions	Imagination/ Indépendance/ Passion	Conception/ Pensée systémique	Évaluation des ressources
Prendre des décisions	Jugement/ Prudence	Vision	Information/ Risque
Réaliser des visions	Débrouillardise/ Constance/Ténacité	Action	Rétroaction
Faire fonctionner l'équipement	Dextérité	Polyvalence	Technique
Acheter	Acuité	Négociation	Diagnostic
Mettre en marché	Différenciation/ Originalité	Agencement	Marketing/Gestion
Vendre	Flexibilité	Adaptation	Connaissance du client
S'entourer	Jugement/ Discernement	Communication	GRH/Partage
Déléguer	Prévoyance	Relations/Équipe	Holisme/GOP

En conclusion, on peut considérer que le métier d'entrepreneur est un métier qui peut s'apprendre. L'entrepreneur doit être capable d'analyser les activités propres à ce métier, puis de déterminer ce qu'il doit apprendre et maîtriser afin d'accomplir ces activités. Le problème de trop de gens consiste à penser qu'on peut s'improviser entrepreneur du jour au lendemain. C'est un métier comme un autre. Pour l'exercer, il faut en apprendre les rudiments. Pas plus qu'on ne peut s'improviser plombier, électricien ou dentiste, on ne peut s'improviser entrepreneur. Si on le fait, on devra en payer le prix.

21.3 LES ÉTAPES DU PROCESSUS ENTREPRENEURIAL

Les activités de l'entrepreneur varieront constamment au cours des années. Cela tient à ce que l'entrepreneur définit et gère des projets différents les uns des autres. Toutefois, du point de vue de la pensée systémique, il existe énormément de similitudes dans la façon de définir, de structurer et de réaliser ces différents projets. En vue de faciliter l'apprentissage du métier d'entrepreneur, nous avons divisé le processus entrepreneurial en neuf étapes. Les étapes qui définissent le processus entrepreneurial en général peuvent s'appliquer particulièrement à la création de l'entreprise. Dans ce cas, elles se présentent comme suit :

Tableau 21.2 LES ÉTAPES DU PROCESSUS ENTREPRENEURIAL
1. Image différenciée de soi
2. Proactivité et apprentissage
3. Intérêt pour le domaine
4. Visualisation
5. Action
6. Organisation
7. Positionnement - développement
8. Relations au milieu
9. Transférabilité
Kadji Youaleu, Filion (1996)

Chaque étape comprend des activités multiples. Par exemple, l'étape cinq de l'action peut comprendre jusqu'à 10 activités, qui sont présentées au tableau 21.3.

Tableau 21.3 LES ÉTAPES DE L'ACTION

1. Concevoir les produits
2. Trouver un nom à l'entreprise
3. Préparer un plan d'affaires
4. Rechercher du financement auprès des banques
5. Trouver des partenaires
6. Louer un espace pour y installer l'entreprise
7. Développer des outils de production
8. Fabriquer des produits
9. Recruter et former les premiers employés
10. Se consacrer aux activités de gestion

Kadji Youaleu, Filion (1996)

Pour mieux se préparer à exercer son futur métier, il est utile et intéressant de considérer les étapes que ce métier implique, puis de préciser les activités que l'on doit accomplir à chaque étape et, enfin, de déterminer les caractéristiques ou qualités, compétences et apprentissages qu'il serait bon d'acquérir et de développer afin de mener à bien ces activités.

21.4 CONCLUSION

Parler de métier, c'est parler de l'occupation principale de quelqu'un, de son gagne-pain. Lorsqu'on dit de quelqu'un qu'il a du métier, on veut dire qu'il est compétent, qu'il s'y connaît dans son domaine, qu'il a développé les aptitudes nécessaires au type de travail qu'il accomplit.

Une des différences entre l'entrepreneur et les autres acteurs organisationnels est qu'il définit lui-même ce qu'il veut faire ainsi que le contexte dans lequel il va le faire. Une autre des particularités du métier d'entrepreneur réside dans le fait que ce métier vient souvent se superposer à un métier déjà existant.

Compte tenu de nombreux éléments de polyvalence qui y sont rattachés, la pratique du métier d'entrepreneur exige des apprentissages variés où les savoir-être important autant que les savoir-faire. Si on n'est plus bien dans sa peau parce qu'on n'a pas appris à vivre avec le risque, on ne restera pas en affaires longtemps. La pratique du métier d'entrepreneur fait partie de soi, c'est le prolongement de soi-même.

Nous avons tenté de disséquer en activités les éléments principaux de la pratique du métier d'entrepreneur afin de permettre de mieux le comprendre et de se donner plus de perspectives pour apprendre à mieux le maîtriser. Il s'agit d'un travail d'analyse qui aura avantage à être poussé plus loin à d'autres étapes. Par exemple, l'exercice présenté dans ce chapitre pourrait être repris en identifiant une série de sous-activités pour chacune des activités présentées, ainsi que des caractéristiques, des compétences et des apprentissages pouvant être reliés à chacune de ces sous-activités.

Le métier d'entrepreneur s'apprend. C'est une question de temps et de méthode. Trop de gens se lancent encore en affaires sans avoir suffisamment appris à le faire. Plus et mieux on aura appris à le faire, plus les chances de réussite seront élevées.

21.5 BIBLIOGRAPHIE

Carrier, S. (1994). *Le marketing et la PME.* Montréal et Charlesbourg : Les Éditions Transcontinental et Fondation de l'entrepreneurship.

Chanlat, A. (Éd.) (1995). *Métier et management.* L'AGORA, cahier spécial hors série, octobre.

Doublet, J. M. (Éd.) (1996). *Le métier de dirigeant.* Numéro spécial, novembre-décembre, n° 111.

Dubuc, Y. (1993). *La passion du client.* Montréal et Charlesbourg : Les Éditions Transcontinental et Fondation de l'entrepreneurship.

Dubuc, Y., Van Coillie-Tremblay, B. (1994). *En affaires à la maison.* Montréal et Charlesbourg : Les Éditions Transcontinental et Fondation de l'entrepreneurship.

Filion, L. J. (1990). *Les entrepreneurs parlent.* Montréal: ADP/Éditions de l'Entrepreneur.

Filion, L. J. (1991). *Vision et relations: Clefs du succès de l'entrepreneur.* Montréal: ADP/Éditions de l'Entrepreneur.

Fortin, P.-A. (1992). *Devenez Entrepreneur,* 2e édition. Sainte-Foy, Montréal et Charlesbourg: Les Presses de l'Université Laval, Les Éditions Transcontinental et Fondation de l'entrepreneurship.

Gasse, Y. et C. Carrier (1992). *Gérer la croissance de sa PME.* Montréal: ADP/Éditions de l'Entrepreneur.

Gasse, Y. et A. D'Amours (1993). *Profession: entrepreneur.* Montréal et Charlesbourg: Les Éditions Transcontinental et Fondation de l'entrepreneurship.

Kadji Youaleu, C. et L. J. Filion (1996). *Neuf étapes du processus entrepreneurial.* 13e colloque annuel - Conseil canadien de la PME et de l'entrepreneuriat. CCSBE/CCPM, nov. Montréal. Publié dans: Filion, L. J. et D. Lavoie, (Éd.). *Support Systems for Entrepreneurial Societies - Systèmes de soutien aux sociétés entrepreneuriales,* Proceedings/Actes, vol. 1, p. 307-322.

Lalande, J. (1995). *Profession: vendeur.* Montréal et Charlesbourg: Les Éditions Transcontinental et Fondation de l'entrepreneurship.

Chapitre 22

Le mentorat : un atout pour l'entrepreneur en devenir

Par Céline Bareil

Il ne sera jamais assez question de l'importance de la qualité d'une bonne préparation pour réussir sa carrière d'entrepreneur. Bon nombre d'études et de recherches l'ont prouvé et de plus en plus d'auteurs (Filion, 1998) insistent sur l'utilité des services d'encadrement, de soutien et d'appui pour réussir un plan d'affaires, démarrer une entreprise et assurer la croissance de celle-ci. Le mentorat peut apporter un soutien très efficace et constitue actuellement une formule appelée à prendre de l'ampleur[1].

Le mentorat est une relation entre un mentor (aussi parfois appelé un parrain ou un tuteur), personne compétente et expérimentée dans un domaine spécifique, qui accepte d'interagir auprès d'une autre personne, appelée « protégé », dans le but que ce dernier acquière certains rouages d'un métier, durant une période déterminée. Il s'agit aussi « d'un accompagnement sur le chemin de la maturité », comme le cite M.-M Guay (1998). J. C. Scraire[2] (2000 :118) en parle comme étant « l'art discret du leadership et de l'encouragement : bien qu'invisible parfois, il s'agit d'une influence et d'une énergie positives ».

Dans ce chapitre, l'importance de la relation mentorale, ses principales fonctions et ses effets seront discutés tout en insistant sur les critères de choix d'un mentor, la prédisposition nécessaire du protégé et, finalement, sur l'évolution de leur relation.

22.1 L'IMPORTANCE DU MENTORAT

Pourquoi le mentorat est-il devenu si nécessaire ? Pour apprendre un métier, il est souvent préférable de côtoyer quelqu'un d'expérience et qui désire la partager (Filion, 1998). Dans le milieu des affaires de plus en plus complexe et imprévisible, la solitude de l'entrepreneur entraîne celui-ci dans de nombreuses difficultés au moment du départ. Le mentorat permet à l'entrepreneur débutant d'éviter de faire de mauvais choix, de prendre trop de temps pour analyser différentes situations ou d'être dépassé par une crise soudaine. Parfois, l'entrepreneur éprouve de la difficulté à obtenir du financement ou du capital de risque et à s'entourer de personnes compétentes. Il peut aussi désirer valider des orientations ou des décisions, ou encore élargir son réseau de contacts. Sur un plan plus personnel, le mentor peut devenir un « allié précieux : savoir politique, personnalité, jugement, finesse d'intervention » (Tremblay, 1999). Compte tenu du taux élevé de mortalité des jeunes entreprises, évalué à plus de 50 % au Québec après cinq ans, le mentorat s'avère une solution prometteuse et presque une nécessité pour soutenir la relève.

Concrètement, le mentorat permet à l'entrepreneur de se révéler à lui-même et d'implanter son rêve de vie. Plusieurs protégés ayant vécu des pratiques de mentorat rapportent « que cette relation a accru leur motivation au travail, leur assurance, leur confiance en eux-mêmes et a augmenté leur capacité stratégique de lire l'environnement et leur désir de contribuer à l'atteinte d'objectifs » (Guay, 1998 : 226).

22.2 LES RÔLES ET LES ATTRIBUTS D'UN MENTOR

L'entrepreneur a intérêt à bien saisir la portée d'une relation de mentorat et ce qu'il peut en retirer. Le mentor se donne généralement comme mission de développer le potentiel d'un protégé. Seul un mentor qui se soucie de la réalisation personnelle et professionnelle de l'autre personne est un véritable mentor (Houde, 1995 : 28). En pratique, le mentorat s'exerce de bien des façons.

Toutefois, il implique des transactions réelles entre deux partenaires qui se sont choisis[3] (Houde, 1995 : 27). Il ne s'agit surtout pas de faire de l'entrepreneur débutant une copie conforme de l'entrepreneur expérimenté ! Au contraire, on entre dans une relation de confiance où le mentor peut aider le débutant à développer lui-même ses propres ressources et sa compétence afin qu'il réalise tout ce dont il est capable. Autrement dit, « l'entrepreneur doit conserver sa vision et le mentor doit devenir un guide de gestion » (Scraire, 2000). D'ailleurs, selon Marcel Lafrance, un expert en la matière, un mentor est quelqu'un qui sait d'abord poser les bonnes questions (Filion, 1998).

Un mentor apporte généralement l'expérience, des connaissances, des habiletés ainsi qu'un réseau de relations qui peuvent être utiles à quiconque débute et désire apprendre rapidement à exercer un métier. En fait, le mentor joue différents rôles dont ceux d'éducateur et de soutien. Les définitions de ces rôles varient toutefois selon les modèles et les auteurs (Houde, 1995 ; Kram, 1985). Voyons-les de plus près.

22.2.1 Le rôle d'éducateur

En tant qu'éducateur, le mentor apprend à son protégé certains savoirs, notamment en ressources de financement et en gestion, ainsi qu'en savoir-être, en tant que personne et entrepreneur. Il doit savoir transmettre son expérience, tout en laissant à son protégé le soin d'adapter les contenus à sa réalité et à son style de personnalité. Il le laisse faire ses erreurs mais, surtout, lui permet d'apprendre de ces dernières. Il aide à rendre le protégé visible dans le milieu, lui suggère des stratégies de travail et lui propose des défis à la mesure de ses compétences. Il lui enseigne des habiletés précises reliées à la pratique du métier d'entrepreneur. Le mentor fournit au protégé l'occasion de se confronter à une autre vision, de réviser son jugement et de prendre des décisions mieux éclairées. Le mentor conseille le protégé au mieux de ses connaissances, l'aide à préciser ses objectifs, à identifier ses problèmes et à poser un diagnostic sur les situations qu'il rencontre.

Le mentor maîtrise les caractéristiques d'une relation d'aide. Selon Rogers (1976), « une relation d'aide est une relation où au moins une des deux personnes cherche à favoriser chez l'autre la croissance, le développement, la maturité, un meilleur fonctionnement et une plus grande capacité d'affronter la vie. Il s'agit d'une appréciation plus grande des ressources latentes internes de l'individu ». Cette définition de Rogers semble bien convenir à la relation de mentorat. En effet, l'entrepreneur expérimenté fournit des occasions d'apprentissage à l'entrepreneur débutant afin de favoriser chez ce dernier sa croissance, son développement et sa maturité dans les affaires.

Pour jouer adéquatement ce rôle qui s'apparente aux fonctions de carrière développées par Kram (1985), le mentor doit être digne de confiance, acceptant toutes les facettes de l'entrepreneur en devenir. Il doit être affectivement conscient de ses propres sentiments envers l'autre et capable de manifester des attitudes de chaleur, d'intérêt et de respect. Il doit se montrer indépendant de l'autre tout en étant sensible; il ne doit pas être perçu comme menaçant. En conséquence, il doit posséder un sentiment de sécurité personnelle suffisant pour pouvoir adhérer au projet de l'entrepreneur sans lui imposer ses propres idéaux ni ses propres valeurs. Il doit avoir le désir d'observer un autre être humain en devenir et s'intéresser à lui avec chaleur, mais sans implication émotionnelle excessive (Rogers, 1976).

22.2.2 Le rôle de soutien

Un mentor offre du soutien à l'entrepreneur débutant. Ce rôle réfère davantage aux fonctions psychosociales décrites par Kram (1985). Le mentor doit encourager son protégé, le féliciter et lui permettre de faire ses propres bilans. Il l'appuie de façon à accroître ses chances de réussite. Il sait équilibrer le degré de soutien à lui accorder et le niveau de défis à lui proposer. Le soutien offert peut varier d'un niveau élevé au début de la relation à un niveau plus faible, au fur et à mesure que son protégé prend de l'assurance dans ses nouvelles fonctions. Il peut aussi faire varier son degré de sévérité selon les besoins exprimés ou ressentis par le protégé. Le soutien peut se manifester par des récompenses et des reconnaissances verbales en diminuant ensuite le niveau d'attention *(caring)* lorsque le protégé est sûr de lui. Il peut aussi soutenir le protégé en lui offrant une variété de défis, qu'il sait doser adéquatement en fonction des capacités du protégé. Les défis seront stimulants et parfois même très exigeants.

Le mentor peut être une source de motivation pour que l'entrepreneur poursuive son projet. On s'attend à ce que le mentor soutienne moralement son protégé en période difficile ou de stress intense. Il peut lui arriver de renforcer son sentiment de sécurité. Le mentor sert de point d'appui et peut aider le protégé à sortir de son isolement. Il joue aussi le rôle d'un agent de feed-back où il offre de la rétroaction directe, constructive, utile et rapprochée de l'action.

Pour réussir un tel rôle de soutien, le mentor doit avoir développé une relation assez étroite avec l'entrepreneur en devenir. Cette relation peut être qualifiée d'ouverte, de franche, de soutenante et d'aidante (Heimann et Pittenger, 1996).

22.3 LE MOMENT OÙ LA RELATION DE MENTORAT S'AVÈRE LA PLUS UTILE

L'entrepreneur débutant ne doit pas tarder à demander un mentor. Il ne faut pas attendre que tout aille mal ou d'être dans le pétrin. Au contraire, la relation de mentorat peut aider à cheminer vers la carrière entrepreneuriale, à établir un plan d'affaires et à démarrer une entreprise. Dans bien des cas, cette relation aurait avantage à se maintenir par la suite. Les études à ce sujet (Heimann et Pittenger, 1996) suggèrent que l'effet le plus important du mentorat s'obtient peu après que le protégé ne débute ses nouveaux projets parce qu'il s'agit de la période de temps où le potentiel d'influence est le plus élevé. C'est aussi un moment où les transferts d'expertises sont cruciaux. Malheureusement, il est assez rare que la relation de mentorat commence à ce moment-là. Le manque de temps, la précarité de la situation ou le manque de confiance empêchent l'entrepreneur d'établir de nouvelles relations dans un moment d'activités intenses.

Avoir un mentor correspondrait en théorie à une étape particulière du développement de la personne, soit à la phase d'entrée dans le monde adulte selon Levinson et à la phase d'intimité-isolement selon Érikson. L'âge chronologique n'est pas le seul critère. Le mentorat peut s'exercer à différents moments de la vie adulte et souvent en périodes de transition où l'adulte change de carrière ou de trajectoires vocationnelles. « Les mentors ne sont jamais aussi utiles que dans les périodes de transition » (Robert, 1999) ; encore faut-il savoir reconnaître ces périodes. Un mentor peut s'avérer utile avant de prendre des décisions importantes, ou après avoir pris de telles décisions afin de faire le bilan de leurs conséquences. Souvent, des apprentissages importants sont requis à la suite de ces prises de décisions.

22.3.1 Savoir si on est prêt à être mentoré

L'entrepreneur débutant doit être prédisposé à entrer en relation de mentorat. Pour ce faire, il doit satisfaire à deux exigences ou prédispositions nécessaires (Houle, 1995 : 184) : 1) éprouver le besoin et un désir de changement et 2) posséder des aptitudes au changement développemental. Cela signifie qu'il doit être prêt à recevoir les conseils d'un mentor. En tant que protégé, l'entrepreneur doit non seulement accepter de se faire aider et conseiller, mais aussi de se faire remettre en cause. Il doit avoir une attitude d'apprentissage (Senge, 1991). Cette attitude est qualifiée de « maîtrise personnelle » par Senge : « Les individus qui bénéficient d'un haut niveau de maîtrise personnelle réussissent continuellement à améliorer leur capacité à atteindre de nouveaux objectifs. Faire preuve de maîtrise personnelle signifie de vivre sa vie comme un acte créatif plutôt que comme une réaction à des événements ». Ainsi, le protégé doit avoir l'esprit ouvert à un apprentissage permanent. Il doit savoir reconnaître ses forces et ses faiblesses et ressentir le besoin d'être accompagné. Lorsque ces deux conditions sont remplies, l'entrepreneur peut procéder au choix éclairé d'un mentor qui respectera sa personnalité, ses intérêts et son style personnel.

22.4 COMMENT RECONNAÎTRE ET APPROCHER UN MENTOR POTENTIEL ?

Savoir choisir son mentor éventuel constitue une démarche de première importance. Il faut prendre cette étape au sérieux. Cette section devrait permettre de prendre une décision éclairée et judicieuse quant aux critères de sélection d'un bon mentor.

22.4.1 Les critères de sélection d'un mentor

L'entrepreneur qui désire vivre une expérience de mentorat qui soit riche doit bien sélectionner son mentor. Trouver un mentor qui convient à ses besoins est une tâche malaisée et ne doit pas être prise à la légère. Les caractéristiques à rechercher chez un mentor sont nombreuses. Les critères de sélection d'un mentor reposent tant sur des savoirs, savoir-faire et savoir-être que sur des conditions particulières. Le tableau 22.1 illustre ces critères.

TABLEAU 22.1 LES CRITÈRES DE SÉLECTION D'UN MENTOR

Savoir/Connaissances

Métier d'entrepreneur
Éducation

Savoir-faire/Habiletés

Expérience en gestion
et expertise pertinente
Compétences interpersonnelles
et relationnelles solides :
- capacité à communiquer,
  à écouter et à questionner
- empathie, initiative, capacité
  à s'engager
- feed-back direct et constructif
- reconnaissance et soutien –
  relation d'aide
Habileté à maintenir ou hausser
l'estime de soi

Savoir-être/Attitudes

Volonté de participer
au développement d'autrui
Attitude de confiance et
climat propice

Dispositions particulières

Disponibilité réelle (physique et
mentale) et accessibilité
Réputation dans son milieu
Réseau de relations

Différents auteurs (Knox et McGovern, 1988 ; Houle, 1995) retiennent les critères suivants : le désir de communiquer son savoir, la volonté de participer à la formation et au développement d'autres personnes (souvent associé au concept de la générativité) et des compétences interpersonnelles solides :

clarté, empathie, stimulation, feed-back direct et constructif, initiative, capacité de s'engager. D'autres éléments sont aussi désirables : une réalisation de soi active accompagnée d'une bonne estime de soi. En plus de ces critères subjectifs et fortement circonstanciés, d'autres déterminants sont à considérer (Guay, 1998). Parmi les critères objectifs de décision, plus de 90 % des protégés mentionnent la réputation du mentor dans son milieu et son niveau hiérarchique. Guay décrit le mentor comme une personne enviée, qui jouit d'une bonne réputation et avec laquelle les gens aiment être associés. Le mentor possède généralement une bonne expérience de gestion ainsi qu'une expertise que le protégé pourrait utiliser à bon escient. En plus de ces attributs professionnels, un bon mentor possède aussi des compétences relationnelles fondées sur la confiance, l'accessibilité et les qualités de communicateur.

Trop souvent ces compétences relationnelles sont mises de côté au profit de qualités professionnelles ; pourtant, elles devraient être déterminantes dans le choix d'un mentor. Il faut trouver quelqu'un avec qui on se sentira en confiance et écouté. Capable d'empathie, le mentor doit créer une relation de confiance et un climat propice à l'apprentissage.

La disponibilité du mentor est aussi un facteur de succès ou d'échec dans plusieurs relations de mentorat. Les protégés se plaignent souvent du peu de temps que peut leur accorder leur mentor. Or, le temps accordé joue un rôle fondamental dans la qualité du soutien. Comme il s'agit souvent d'une activité qui a lieu hors des tâches régulières et que le mentor a généralement des responsabilités professionnelles importantes, le facteur temps est important à prévoir. Même si vous avez déniché le meilleur mentor, si vous ne pouvez pas lui parler lorsque vous en avez besoin ou s'il ne vous rappelle pas lorsque vous lui téléphonez, il ne pourra pas remplir son rôle. Heimann et Piettenger (1996) ont démontré que « l'opportunité d'interagir », c'est-à-dire la possibilité d'entrer en interaction à des fréquences suffisantes, est fortement liée à la perception de qualité de la relation de mentorat. C'est dire toute l'importance que revêt le degré de disponibilité du mentor.

Le mentor doit aussi savoir écouter et poser des questions (Filion, 1998). Il doit savoir communiquer de façon à maintenir l'estime de soi du protégé, avec fermeté et bienveillance à la fois. Il doit répondre aux besoins à la fois d'autonomie et de réconfort de l'entrepreneur. De plus, le mentor doit aimer discuter avec son protégé et se sentir libre de manifester ses émotions en sa présence.

Au début de ma carrière, j'ai eu l'immense privilège d'avoir un mentor (masculin) et un modèle (féminin). J'ai choisi mon mentor non pas de façon formelle mais plutôt au fil des événements professionnels de ma vie. Je le connaissais et je l'admirais. Vous devez estimer votre mentor, et même l'admirer, sans toutefois qu'il vous paraisse inaccessible. Les recherches mentionnent que le choix du mentor est souvent fondé sur le fait de voir chez ce dernier une qualité qui nous manque et que nous convoitons. Il semblerait que ce type d'admiration soit nécessaire à l'établissement d'une bonne relation.

J'avais aussi la ferme conviction que je pouvais me révéler à mon mentor et avoir confiance qu'il ne me trahirait jamais. Apprendre, c'est changer et évoluer; cette apprentissage est parfois difficile. Il faut se sentir suffisamment à l'aise avec notre mentor pour lui montrer nos vulnérabilités et nos faiblesses. La relation avec le mentor est centrée sur nous ou sur notre entreprise. En tant que protégé, nous sommes un être apprenant qui profite de l'expérience d'autrui pour développer notre propre potentiel, améliorer nos points faibles et devenir plus clairvoyant par rapport aux obstacles à venir.

Trouver le bon mentor n'est pas facile. Un mentor n'est pas un partenaire d'affaires ni quelqu'un qui peut devenir un associé, même si parfois il pourra devenir un partenaire financier temporaire ou minoritaire. Il s'agit d'un choix réciproque qui est complexe et délicat.

22.4.2 Le premier contact avec le mentor souhaité

Après avoir pris connaissance des critères de sélection d'un mentor, il s'agit d'établir une liste de personnes potentielles qui respectent ces critères et avec qui l'entrepreneur en devenir aurait le goût de s'investir dans une relation de mentorat. Cette liste peut être élaborée à l'aide d'amis, de parents, de connaissances, de regroupements ou d'associations[4]. L'entrepreneur peut par la suite approcher un mentor potentiel en lui expliquant ses attentes, ses préoccupations et ce qu'il recherche dans cette relation. Cette première prise de contact vise à mesurer les degrés d'intérêts communs et, plus spécifiquement, à vérifier les compétences et caractéristiques désirées (ouverture, disponibilité, intérêt, etc.). En cas de doute, il vaut mieux s'abstenir et poursuivre l'exploration. En cas de refus, le protégé doit mettre les choses en perspective sans interpréter cette réponse comme un rejet. Quelquefois, le mentor pourra recommander d'autres personnes plus appropriées aux besoins manifestés par l'entrepreneur.

22.4.3 Quelques mots sur les femmes et le mentorat

Les femmes considèrent qu'il est plus difficile pour elles de bénéficier d'une relation de mentorat que pour leurs collègues masculins, et ce à cause de raisons sociales et culturelles. Toutefois, certaines recherches (Missirian, 1982) indiquent l'importance du mentorat pour les femmes sur les plans suivants : l'appropriation d'un modèle et la création de réseaux et d'alliés. Renée Houde (Robert, 1999), professeure à l'Université du Québec à Montréal et auteure, affirme que « notre société a un besoin urgent de mentors... et particulièrement pour les femmes, puisqu'elles ont généralement moins de modèles dans leur entourage ». On dit aussi des femmes qu'elles ont davantage besoin qu'on les soutienne et qu'on leur ouvre des portes. Nombreux sont en effet les témoignages de femmes entrepreneures qui ont pu réussir grâce à un mentor. Que celui-ci soit un homme ou une femme importe peu ; l'important est de pouvoir s'y identifier et de lui faire confiance.

22.5 LES ENJEUX LIÉS AUX DIFFÉRENTES ÉTAPES DE LA RELATION PROTÉGÉ-MENTOR

La relation mentorale est à la fois complexe et dynamique. Comme elle se déroule dans le temps, il devient nécessaire de bien saisir les enjeux associés aux trois étapes de la relation que sont la prise de contact, le déroulement et la fin de la relation (Houle, 1995).

Au moment de la prise de contact, l'enjeu principal, selon 80 % des protégés (Guay, 1998), est celui de la clarification des attentes mutuelles réalistes et de la négociation d'un contrat psychologique clair (clarification des rôles, fréquence des rencontres, modes de fonctionnement, garanties de confidentialité, intentions de s'engager). Le commencement de la relation est aussi lié à l'établissement d'un climat de confiance et d'ouverture, prélude à une négociation réussie. Si cette étape est négligée, il s'ensuit souvent des conséquences négatives.

Cette prise de contact est loin d'être aussi facile qu'on le laisse croire. L'entrepreneur débutant vit cette période dans la crainte de s'affirmer, de faire les premiers pas et de se voir rejeté. Il s'agit souvent d'une relation d'inégalité ou de pouvoir où le protégé place le mentor sur un piédestal et se voit lui-même comme un novice (Houle, 1995 : 136). On dit que cette idéalisation du mentor par le protégé est pourtant nécessaire pour qu'une identification ait lieu. Par ailleurs, on parle d'admiration mutuelle où le mentor idéalise également son protégé en lui attribuant beaucoup de potentiel. C'est pourquoi la clarification des attentes est très importante. À cette étape, les deux apprennent à se faire confiance et à se respecter dans leur identité respective. On note quelques problèmes reliés à cette phase : le mentor admiré se complaît dans cette situation ou, au contraire, il a de la difficulté à recevoir cette admiration ; le mentor est en conflit d'intérêts sur le plan des affaires à cause de sa relation avec le protégé ; le protégé n'est pas habitué à une situation de dépendance, etc.

Au fur et à mesure que la relation se développe, le protégé gagne en confiance par rapport à ses compétences, se sent plus en sécurité et acquiert son autonomie. Il perd progressivement ses illusions sur son mentor et le mentor réajuste ses attentes, souvent trop élevées au début de la relation. Cela constitue des préalables à la deuxième étape du processus, le déroulement proprement dit de la relation sur un plan plus égalitaire. D'autres enjeux se présentent : le protégé doit trouver une oreille attentive pour exprimer ses objectifs, obtenir une rétroaction et recevoir des suggestions par rapport aux situations ou aux projets présentés ; il doit s'assurer que les frontières de la relation sont claires. Des mises au point fréquentes sont nécessaires afin que la relation se déroule conformément aux attentes, qui peuvent aussi se modifier en cours de route. Des discussions à ce sujet doivent avoir lieu afin de distinguer les frontières entre travail et relation d'aide, surtout lorsque la relation n'est pas encadrée (Guay, 1998 : 228). Les rencontres peuvent être très fréquentes au début ou au cours de périodes de décisions importantes et s'espacer plus tard ou dans les périodes plus calmes. Des rencontres bi-mensuelles constructives (et non seulement de courtoisie) permettent d'établir les fondements d'une relation de qualité. Elles durent entre une et trois heures selon les cas et ont lieu à un moment convenu entre les deux parties, autour d'un repas par exemple. Les difficultés associées au déroulement de la relation de mentorat sont nombreuses : difficulté à reconnaître l'autre tel qu'il est avec ses limites ; sentiments variés de peur, d'envie et de jalousie, etc.

Une relation de mentorat comporte aussi une fin. Il ne s'agit pas d'une relation à vie. Plusieurs programmes de mentorat formels s'échelonnent sur une période d'un an, pouvant se poursuivre au-delà de cette date, à la demande des deux parties. Le fait de se fixer un délai améliore l'efficacité de la relation ; en effet, un délai limite incite les deux personnes à tout mettre en œuvre, sans relâchement, pour être satisfaites du résultat à l'échéance. Des périodes de bilan occasionnelles sont aussi recommandées afin de faire le point sur la relation et les apprentissages. À cette étape de dénouement avant la séparation, les enjeux sont principalement liés aux aspects affectifs de la perte. Une grande majorité de protégés soulignent la nécessité d'évaluer les bienfaits de la relation et, ensuite, de faire le deuil de celle-ci tout en terminant sur une « bonne note ». Le protégé peut ressentir un certain vide suite à la perte du « filet de sécurité » présent dans la relation de mentorat. Dans d'autres cas, il vit la fin de la relation avec soulagement, se voyant prêt à voler de ses propres ailes. Bref, trois scénarios peuvent survenir : la perte graduelle d'implication de part et d'autre ; un processus de séparation qui donne lieu à une nouvelle relation fondée sur de nouvelles bases ; un processus de séparation empreint de conflits où des sentiments de rancœur ou d'amertume. Le dénouement souhaité est bien sûr celui qui donnera lieu à l'émergence de deux Soi séparés, plus forts et plus mûrs.

22.6 LES CRITÈRES DE SUCCÈS D'UNE RELATION DE MENTORAT

Tentons de résumer certains critères de succès reconnus dans les recherches sur la question.

- *Le temps disponible.* La disponibilité du mentor est citée dans 25 % des cas de succès d'expériences de mentorat. Les difficultés liées à ce critère sont les horaires de travail conflictuels, la durée ou la fréquence des rencontres et le manque de proximité physique.

- *Les devoirs du protégé envers son mentor.* Afin de tirer le maximum de la relation, le protégé doit faire sa part, c'est-à-dire préparer adéquatement ses rencontres avec son mentor, l'impliquer au moment opportun (pas seulement en cas de problème ou de crise), l'informer et le consulter régulièrement, utiliser de façon optimale le temps consacré par le mentor, faire preuve de transparence, d'honnêteté et de discernement, être à l'écoute, oser poser des questions et susciter un feed-back. Il doit agir en tout temps avec professionnalisme et savoir reconnaître l'aide apportée par son mentor.

- *Un contrat psychologique clair.* 80 % des relations de mentorat ayant du succès sont basées sur un contrat par lequel chacune des deux parties a su exprimer clairement ses attentes par rapport à l'autre, de façon verbale ou écrite. Le fait de s'accorder du temps au début de la relation pour discuter des attentes réciproques et des règles du jeu à respecter (quand et comment se communiquer ; délais raisonnables ; façon de se parler ; sens éthique, etc.) s'avère un facteur de succès très important.

- *Un climat de confiance et d'ouverture.* Plus de 60 % des relations enrichissantes se déroulent dans un bon climat. Souvent, au début de la relation ou avant d'entreprendre la relation, le mentor fait une évaluation du potentiel du protégé ; si cette dernière est bonne, il s'avère que la relation sera davantage appréciée. Une bonne gestion de la relation affective, qui oscille constamment entre la zone d'autonomie du protégé et sa zone de dépendance envers le mentor, constitue aussi un critère important.

- *La reconnaissance du travail du mentor par le protégé.* Il est souvent recommandé que le mentor ne soit pas rémunéré pour sa tâche. Toutefois, des marques de reconnaissance de la part du protégé sont appréciées des mentors. En plus des marques de reconnaissance et d'appréciation verbales, des signes tangibles, tels que le paiement des frais des repas du mentor, sont des considérations qui témoignent éloquemment de l'intérêt du protégé pour le soutien du mentor.

- *L'évaluation périodique de la relation et de la progression du protégé.* Une telle évaluation permet de consolider la confiance mutuelle et de régler à mesure les malentendus ou les problèmes qui peuvent surgir.

22.7 LES EFFETS DU MENTORAT

Les effets d'un mentorat réussi sont multiples, mais les études sont peu nombreuses à ce sujet. Les protégés soulignent le développement d'habiletés de gestion de l'ordre du savoir-faire : prendre du recul, faire des choix éclairés, diagnostiquer des situations problématiques, choisir des réponses appropriées. Le développement personnel semble aussi un autre effet du mentorat.

«Le mentor est perçu comme une personne, un modèle qui permet de faire reculer les barrières personnelles et interpersonnelles que l'on peut posséder et qui donne le goût de s'engager à fond dans tous ses projets» (Guay, 1998: 230). Plus de 80 % des protégés indiquent que la relation a eu des effets importants sur leur estime de soi, qu'ils se connaissent mieux et se sentent plus confiants et qu'ils savent dorénavant prendre avec assurance des décisions importantes. Enfin, d'autres soulignent l'effet positif de la relation sur le développement de leur entreprise et la constitution d'un réseau de relations important.

22.8 CONCLUSION

Le mentorat n'est pas une solution magique pour former des entrepreneurs exceptionnels! Elle n'offre aucune garantie. Cela dit, cette relation semble bénéfique à la fois pour les mentors, qui y trouvent une occasion de satisfaire leur besoin de générativité, et pour les protégés, qui augmentent leur détermination et leur confiance ainsi que les habiletés stratégiques et relationnelles utiles à la réalisation de leur projet d'entreprise. Mieux informés et avertis au sujet de l'utilité de la relation mentorale, nous vous invitons à bien structurer l'ingénierie de cette relation afin de vivre harmonieusement de bonnes expériences de mentorat!

Exercice 22.1 QUESTIONS DE RÉVISION SUR LE MENTORAT

1. À quoi peut servir le mentorat?

2. Dans quelles circonstances est-ce le plus utile?

3. Quels sont les critères de sélection d'un mentor?

4. Quels peuvent être les conflits d'intérêts entre un mentor et son protégé?

5. Que doit apporter le mentor?

6. Comment savoir si le protégé est prêt à s'engager dans une relation de mentorat?

7. Quelles sont les principales difficultés associées à chacune des trois étapes de la relation de mentorat?

8. Quels sont les principaux critères de succès d'une relation de mentorat?

9. Quels sont les devoirs du protégé dans une relation de mentorat?

10. Quels sont les effets d'une relation de mentorat pour le protégé et pour le mentor?

22.9 OUVRAGES RECOMMANDÉS

Bouvard, C. (1993). *Le Tuteur Minute – Guide pratique du formateur sur le poste de travail.* Paris: Éditions d'organisation.

Houde, R. (1995). *Des mentors pour la relève.* Montréal: Éditions du Méridien.

22.10 BIBLIOGRAPHIE

Campbell, J. A. « Le mentorat est une formule appelée à prendre de l'ampleur. » *Journal Les Affaires,* 26 février 2000.

Filion, L. J. « Le parrainage, un soutien qui fait la différence » - entrevue avec Marcel Lafrance. *Revue Organisations et Territoires,* automne 1998.

Guay, M.-M. (1998). « Développement de carrière et mentorat: paradoxes et opportunités. » *Tome 5: Travail et carrière en quête de sens,* p. 223-233. Collection Gestion des paradoxes dans les organisations – AIPTLF. Actes du 9e Congrès, sous la direction de C. Lamoureux et E. M. Morin. Cap-Rouge: Presses Inter-Universitaires.

Heimann, B. et K. K. S. Pittenger. « The impact of formal mentorship on socialization and commitment of newcomers. » *Journal of Managerial Issues,* vol. 8, n° 1, 1996.

Houde, R. (1995). *Des mentors pour la relève.* Montréal: Éditions du Méridien

Kram, K .E. (1985). *Mentoring at Work: Developmental relationships in organizational life.* Glenview, Ill., Scott Foresman.

Missirian, A. K. (1982). *The Corporate Connection : Why Executive Women need mentors to reach the top.* Englewood Cliffs, N.J. Prentice-all.

Robert, V. « Mentorat : Aidez-vous les unes les autres. » *Châtelaine,* mai 1999.

Rogers, C. (1976). *Le développement de la personne,* Paris : Dunot.

Scraire, J. C. Allocution d'ouverture du colloque « Mentorat 2000 : l'audace d'entreprendre » reproduite dans Nouvelles de la Fondation de l'entrepreneurship, *Revue Organisations et Territoires,* été 2000.

Senge, P. M. (1991). *La cinquième discipline,* Paris : First.

Tremblay, J. « Le mentor : un gardien pour notre carrière. » *Coup de Pouce,* mai 1999.

22.11 RESSOURCES DISPONIBLES

Au Québec, il existe certains organismes offrant des services de mentorat. Il reste beaucoup de chemin à parcourir avant qu'émergent au Québec de nouveaux projets intergénérations comme il peut en exister en France ou aux États-Unis (Jocelyn All Campbell dans *Les Affaires,* 2000). Voici quelques organismes qui offrent aux entrepreneurs des programmes en ce sens.

Caisse de dépôt et de placement du Québec

Chambre de commerce du Montréal métropolitain

Fondation de l'entrepreneurship
- Programme pour l'appui et le suivi des entrepreneurs

Centres d'aide aux entreprises (ex. Haut-Richelieu)

Réseau des femmes d'affaires du Québec
et **Institut de formation pour les gens d'affaires**

• Programmes :

- Femmes vers l'entrepreneurship : pour aider les femmes qui lancent leur propre entreprise

- Femmes vers le sommet : pour aider les entrepreneures qui désirent faire croître leur entreprise.

Incubateurs d'entreprises

École des hautes études commerciales
et **Université du Québec à Montréal**

• Ces deux centres universitaires offrent des programmes de jumelage entre étudiants et diplômés.

NOTES

1 Campbell, Journal *Les Affaires*, 26 février 2000, p. 49.

2 M. Jean-Claude Scraire, président du conseil d'administration et directeur général de la Caisse de dépôt et de placement du Québec et président du conseil d'administration de la Fondation de l'entrepreneurship, a prononcé une allocution d'ouverture lors du 17e colloque annuel de la Fondation d'entrepreneurship qui avait pour thème «L'audace d'entreprendre, Mentorat 2000». Elle fut reprise dans les Nouvelles de la Fondation de l'entrepreneurship de la *Revue Organisations et Territoires*, Été 2000, p.115-127.

3 Il existe des programmes formels et informels de mentorat. Nous traiterons ici davantage de mentorat informel où chaque entrepreneur choisit et identifie son mentor et adapte cette relation à ses propres besoins.

4 Voir « Ressources disponibles » à la fin du texte.

Chapitre 23

L'intégration dans l'entreprise familiale

Par Louise St-Cyr

23.1. L'IMPORTANCE DE LA SUCCESSION

Les experts estiment que 90 % des entreprises en Amérique du Nord sont des entreprises familiales. Elles contribuent à constituer 55 % du produit national brut et sont à l'origine de 50 % de tous les salaires payés ainsi que de 66 % des nouveaux emplois. Le Québec n'échappe pas à cette réalité. L'économie québécoise est marquée par la présence de grandes entreprises qui ont conservé, à travers les années et malgré une croissance parfois fulgurante, un caractère familial, le fondateur partageant la direction de l'entreprise avec un ou plusieurs de ses enfants. Pensons par exemple au Groupe Jean Coutu (Jean Coutu et ses fils), à Power Corporation of Canada (Paul Desmarais et ses fils) et à Télémédia (M. et Mme De Gaspé Beaubien et leurs enfants). Ces entreprises ont des chiffres d'affaires de plusieurs milliards de dollars et emploient des milliers de personnes. Dans l'univers des PME, la présence des entreprises familiales est plus importante encore et leur contribution est majeure.

Malgré tout, les statistiques révèlent qu'à peine 30 % des entreprises familiales survivent à la deuxième génération et seulement 10 % à la troisième !

Étant donné les efforts déployés par les dirigeants pour créer ces entreprises et leur donner une certaine viabilité, un tel taux de disparition est préoccupant. Comment expliquer ce phénomène ? Selon plusieurs recherches, une des causes de disparition serait le manque de relève ou l'absence de planification de la succession. Il semble que la pérennité des entreprises passe, entre autres, par la prise en compte de l'ensemble des éléments entourant le phénomène de la transmission des exploitations.

À cet égard, une étude effectuée au Canada en 1998[1] et menée auprès de PME familiales canadiennes[2] nous apprend que la majorité des dirigeants d'entreprise (66 %) n'ont pas encore établi de processus pour le choix de leur successeur, et ce même s'ils comptent prendre leur retraite dans un horizon de dix ans. De plus, des recherches menées aux États-Unis auprès des fils et des filles des prédécesseurs ont montré que la motivation de ces successeurs potentiels n'était pas d'emblée acquise, même dans les cas où les descendants avaient travaillé depuis leur plus jeune âge au sein de l'entreprise familiale.

Le besoin de planifier la succession et d'en discuter dans la famille est crucial si on veut augmenter les chances que l'entreprise perdure au-delà du départ de son fondateur. Ce chapitre traite donc de plusieurs aspects relatifs à la relève dans les entreprises et s'adresse particulièrement aux successeurs (fils et filles). D'abord, nous donnerons une définition de l'entreprise familiale, puis nous traiterons des deux dimensions fondamentales du processus de succession. Nous discuterons ensuite des responsabilités qui incombent au successeur potentiel à l'intérieur du processus ainsi que des qualités qu'on attend de lui. Nous examinerons également la question des filles successeures. Enfin, nous considérerons la continuité de l'entreprise à l'extérieur de la famille.

23.2 UNE DÉFINITION DE L'ENTREPRISE FAMILIALE

Qu'est-ce qu'une entreprise familiale ? Quelles sont les caractéristiques qui nous permettent de considérer qu'une entreprise est familiale ?

Pour déterminer si une entreprise est familiale, la majorité des chercheurs considèrent la situation de l'entreprise tant du point de vue de sa propriété que de sa direction. Sur le plan de la propriété, l'entreprise doit être contrôlée par un ou plusieurs membres de la famille pour être considérée comme familiale.

Quant à la direction, elle doit être assurée par un ou plusieurs membres de la famille, cette dernière caractéristique étant essentielle pour que la vision familiale se reflète au niveau de la prise de décision. Certains spécialistes ajoutent qu'il est nécessaire que plusieurs membres d'une même famille soient impliqués dans l'entreprise pour que celle-ci soit vraiment familiale. D'autres considèrent plutôt que l'intention de conserver l'entreprise dans la famille est suffisante, peu importe qu'un ou plusieurs membres en fassent partie.

La définition que donne R. A. Litz[3] de l'entreprise familiale résume les aspects soulevés précédemment : « Une entreprise peut être considérée comme une entreprise familiale si sa gestion et sa propriété sont concentrées dans les mains d'une entité familiale et si ses membres essaient de maintenir ou d'augmenter la présence de la famille dans l'organisation. »

Le diagramme de la figure 23.1 permet de cerner la réalité de l'entreprise familiale et les éléments associés à la problématique de la relève dans ces entreprises. Ce diagramme est composé de trois cercles représentant la famille, l'entreprise et la propriété. Ces trois dimensions s'entrecoupent et exercent des influences l'une sur l'autre (représentées par les pointillés). Le fondateur, par exemple, qui est propriétaire de l'entreprise, membre de la famille et dirigeant, se situe à l'intersection des trois cercles. Un jeune enfant qui ne travaille pas dans l'entreprise et ne possède aucune part dans la propriété sera situé dans la partie supérieure du cercle « famille ». Un enfant qui détient des parts mais qui ne travaille pas dans l'entreprise sera situé dans la partie inférieure, à l'intersection des deux cercles « famille » et « propriété ». Ce schéma permet de comprendre que le point de vue de l'individu sur l'entreprise familiale diffère selon la position qu'il occupe à l'intérieur des trois cercles.

Figure 23.1[4] LE SYSTÈME DE L'ENTREPRISE FAMILIALE

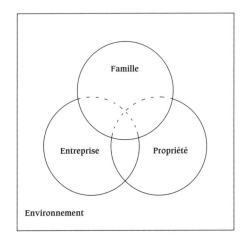

23.3 LES DIMENSIONS DE LA SUCCESSION

Que signifie réaliser la succession de l'entreprise familiale ? Il importe de savoir que le processus de succession comprend deux dimensions, soit le *transfert de propriété,* par lequel le ou les prédécesseurs cèdent leurs parts dans l'entreprise à un ou plusieurs successeurs, et le *transfert de direction*, au terme duquel le ou les successeurs deviennent les dirigeants de l'entreprise, donc les détenteurs du pouvoir. Par exemple, le propriétaire d'une entreprise peut distribuer ses parts dans l'entreprise également entre chacun de ses enfants (transfert de propriété), mais transmettre les rennes à un seul d'entre eux (transfert de direction) parce qu'il est le seul intéressé ou le plus compétent.

Ces deux dimensions, qui doivent nécessairement être prises en compte pour réussir le transfert de la succession, suivent chacune un processus tout à fait différent. Le tableau 23.1 présente les étapes relatives à chacune des deux dimensions.

Tableau 23.1[5] LE PROCESSUS SUCCESSORAL

PROCESSUS DE TRANSFERT DE DIRECTION	PROCESSUS DE TRANSFERT DE PROPRIÉTÉ
Étape 1 **L'incubation**	**Étape 1** **La fixation du modèle** **de dévolution**
• Intéresser les enfants • Renforcement positif • Endoctrinement	• Issu du système de valeurs • Liste de principes et d'objectifs
Étape 2 **Le choix**	**Étape 2** **La consultation d'experts**
• Évaluation des candidats, critères situationnels et qualitatifs. • Choix implicite confirmé par le temps	• Montage juridique et fiscal pour formaliser la dévolution selon les principes et objectifs soumis
Étape 3 **Le règne conjoint**	**Étape 3** **Le choix des solutions disponibles**
• Plusieurs types de transfert et de cheminements possibles, durée variable	• Précision des objectifs • Choix du compromis satisfaisant
Étape 4 **Le désengagement**	**Étape 4** **La sanction et la mise en œuvre**
• Causes rarement volontaires Assez tard : + 65 ans	• Signature des divers documents – aspect symbolique important – • Fin d'un processus et début d'un autre.

23.3.1 Le transfert de propriété

Le prédécesseur doit répondre à de nombreuses questions pour régler le transfert de la propriété de son entreprise. Souhaite-t-il que tous les enfants reçoivent une part égale de la propriété de l'entreprise même s'ils n'y travaillent pas ? Veut-il vendre l'entreprise à ses successeurs ou la donner ? Que lui est-il possible de faire ? Quels sont ses moyens financiers ? Quelle situation est la plus viable pour le ou les successeurs ? Peuvent-ils acheter et à quel prix ?

Ces décisions, difficiles et longues à prendre, revêtent des aspects à la fois personnels (reliés aux valeurs) et techniques (fonds pour la retraite du prédécesseur, capacité de payer de l'entreprise, véhicules de financement disponibles, fiscalité). La consultation d'experts juridiques et fiscaux est presque toujours inévitable. De plus, si le prédécesseur veut conserver l'harmonie dans la famille, il devra consacrer beaucoup de temps à expliquer et faire accepter certaines de ses décisions par l'ensemble des membres de la famille.

23.3.2 Le transfert de direction

Le processus du transfert de direction se divise en quatre étapes qui s'étendent sur une très longue période.

La première étape est celle de l'**incubation** : prenant racine dans l'enfance du successeur, cette période initie celui-ci à l'entreprise. Ce processus de « socialisation » permet au successeur d'apprendre les valeurs, les normes et les comportements valorisés par la famille.

La deuxième étape est celle du **choix** : le prédécesseur fait son choix parmi les successeurs potentiels. Ce choix peut être très difficile, par exemple lorsque plusieurs successeurs sont intéressés et qu'il n'est pas possible ou souhaitable de répartir les responsabilités entre eux ; de même, si le successeur intéressé ne possède pas les compétences que le prédécesseur juge nécessaires. Par contre, le choix peut être facile à faire et s'imposer de lui-même.

La troisième étape est celle du **règne conjoint** : le ou les successeurs travaillent de pair avec le prédécesseur dans l'entreprise. Cette période peut être plus ou moins longue. On assiste alors à un transfert sur le plan des attitudes, des connaissances, du pouvoir et des habiletés de gestion. Durant cette étape le successeur apprendra beaucoup du prédécesseur, mais il devra également s'affirmer, choisir son propre style de gestion et, peu à peu, devenir autonome.

La quatrième étape est celle du **désengagement** : le processus du transfert se termine et le prédécesseur se retire. On observe que l'âge avancé, la maladie ou le décès sont généralement les facteurs qui entraînent le désengagement du prédécesseur plutôt que sa volonté de le faire.

23.4 LA PLANIFICATION DU PROCESSUS

Comme nous l'avons vu, les processus de transfert de propriété et de direction s'étendent sur une longue période. Par conséquent, si aucune réflexion dans ce sens n'est jamais faite dans l'entreprise ou dans la famille, le processus risque d'être précipité par les circonstances, ce qui n'est pas du tout souhaitable. Par exemple, si le père, fondateur de l'entreprise, décède subitement sans avoir planifié ni le transfert de propriété ni le transfert de direction, la situation peut rapidement devenir chaotique et mettre en péril la survie même de l'entreprise.

Il ne faut négliger la planification d'aucune des deux dimensions du processus de succession.

Même le transfert de propriété, qui peut paraître moins important ou moins exigeant, doit faire l'objet d'une planification. Dans une étude menée aux États-Unis auprès de 749 héritiers d'entreprises familiales ayant fait faillite[6], les successeurs révèlent que c'est le manque de planification du transfert de propriété qui a causé la faillite. Le prédécesseur ayant été mal conseillé et les finances mal planifiées, l'entreprise n'avait pu, par exemple, assumer toutes les charges relatives au décès du prédécesseur (taxes, droits, impôts). Les aspects relatifs au financement sont également importants. L'acquisition de l'entreprise par le ou les successeurs au moyen d'un emprunt ne doit pas mettre en danger la situation financière de l'entreprise.

Le transfert de direction implique le choix d'un successeur. Or, pour faire un choix sûr, il est préférable de voir le successeur potentiel à l'œuvre, de le conseiller et de lui donner la chance de se faire la main sur de petits projets. Si le successeur n'est pas suffisamment préparé, les conséquences peuvent être graves, tant pour lui que pour l'entreprise.

23.5 LES RESPONSABILITÉS DU SUCCESSEUR POTENTIEL

S'il est vrai que le prédécesseur se doit de planifier sa relève à la tête de l'entreprise, cette responsabilité ne lui incombe pas entièrement. Le successeur doit également assumer certaines responsabilités vis-à-vis du processus de succession.

23.5.1 Réfléchir à son intérêt pour l'entreprise familiale

En général, les enfants sont associés dès leur très jeune âge à l'entreprise familiale. Enfants, ils visitent les lieux de travail de leurs parents et, surtout, ils entendent parler de l'entreprise à la maison. À l'adolescence, ils peuvent y travailler les fins de semaine et les étés. Ils sont initiés progressivement à l'entreprise. C'est ce que nous avons appelé la phase d'incubation.

Le successeur potentiel se doit d'abord de réfléchir sur son intérêt pour l'entreprise. Envisage-t-il d'y travailler plus tard ? Voudrait-il la diriger ? Souhaite-t-il ne pas être impliqué du tout dans le fonctionnement de l'entreprise ? Quelles sont ses attentes par rapport à la propriété ? La considération des facteurs suivants peuvent l'aider à répondre à ces questions : ses affinités avec la nature des opérations menées par l'entreprise, ses compétences et son désir de travailler avec d'autres membres de sa famille.

Des recherches effectuées auprès des successeurs potentiels démontrent que les jeunes manifestent concrètement leur intérêt (ou leur désintérêt) pour l'entreprise familiale entre l'âge de 18 et 28 ans[7]. Ceux qui envisagent de prendre la relève donnent à leur choix les raisons suivantes : la conservation du patrimoine familial, la continuité de l'œuvre du prédécesseur ainsi que les avantages d'une entreprise déjà établie.

Il ne suffit pas de réfléchir à sa place dans l'entreprise familiale ou de s'imaginer à la direction pour que les désirs de succession se concrétisent. L'aspirant doit entreprendre une série d'actions pour optimiser ses chances de succès.

23.5.2 Communiquer ses intentions

Le successeur doit d'abord communiquer ses intentions au prédécesseur. Trop souvent des entreprises familiales sont vendues à l'extérieur de la famille, ou sur le point de l'être, alors qu'un des enfants du prédécesseur aurait désiré prendre la relève. Malheureusement, il n'avait pas manifesté son intention. Bien sûr, un parent peut présumer de l'intérêt d'un enfant pour l'entreprise. Il peut deviner ses intentions. Mais si le successeur potentiel prend le temps de transmettre au prédécesseur sa vision de son rôle dans l'entreprise, il contribuera de façon efficace à la planification du processus de succession.

23.5.3 Planifier l'acquisition de connaissances et de compétences

Pour prendre la direction de l'entreprise familiale et gérer le patrimoine en vue de le maintenir et de l'accroître, le futur successeur doit acquérir les connaissances et les compétences nécessaires. Sur le plan des connaissances, il doit faire des études ayant une relation avec le rôle qu'il compte assumer dans l'entreprise. Il doit aussi s'interroger sur la façon d'acquérir les compétences nécessaires à l'exercice de ses futures fonctions. Si la plupart des personnes qui travaillent au sein d'entreprises familiales s'entendent pour dire qu'un bon bagage scolaire ne peut être qu'un atout, les opinions diffèrent quant à l'endroit où le candidat devrait prendre son expérience de gestion. Certains préconisent une entrée précoce dans l'entreprise, aux premiers échelons, pour se familiariser avec la culture de l'entreprise et gagner l'acceptation des employés, en « faisant ses preuves » comme tout le monde. D'autres avancent qu'il est préférable de prendre de l'expérience à l'externe afin d'élargir ses horizons, d'acquérir une certaine perspective sur les façons de gérer à l'extérieur du cercle familial, de savoir ce que représente le fait d'avoir un patron autre que son père ou sa mère et de se « faire les dents » ailleurs que dans un contexte où tous les yeux sont rivés sur le fils ou la fille du président. Incidemment, lorsqu'on interroge des successeurs qui n'ont pas eu l'occasion de prendre de l'expérience à l'extérieur, ils mentionnent souvent qu'ils auraient aimé le faire, ne serait-ce que pour se conforter dans leurs propres décisions et comparer avec ce qui se fait ailleurs.

23.5.4 Établir une relation de qualité avec le prédécesseur

Il peut être délicat de parler de relève au prédécesseur. Comment le faire sans avoir l'air de lui signifier que son règne achève, qu'il aura à se retirer bientôt ? De plus, cela ne va pas toujours de soi de travailler à deux dans l'entreprise, côte à côte, pendant la durée du règne conjoint. Pour que le transfert d'expertise soit maximisé, la « chimie » doit être bonne entre le prédécesseur et le successeur. Il est donc important que le successeur se préoccupe d'établir une relation de qualité avec le prédécesseur. La communication constitue un atout important pour que cette relation se développe.

Responsabilités du successeur potentiel

- Réfléchir à son intérêt pour l'entreprise familiale

- Communiquer ses intentions

- Planifier l'acquisition de connaissances

- Planifier l'acquisition de compétences :
  - expérience à l'intérieur de l'entreprise familiale
  - expérience à l'extérieur de l'entreprise familiale
  - identification d'un mentor

- Développer une relation de qualité avec le prédécesseur

23.6 LES QUALITÉS D'UN BON SUCCESSEUR

Lorsque l'on demande à des prédécesseurs quelle est la cause la plus probable d'un faible degré d'avancement du processus de succession, ils répondent dans la majorité des cas que l'absence d'un successeur crédible explique cet état de fait. Qu'est-ce qu'un successeur crédible ? Quelles sont les qualités attendues d'un bon successeur ?

Une étude menée au Canada auprès de 485 dirigeants d'entreprises familiales a permis de déterminer les qualités d'un bon successeur. Le tableau 23.2 présente, par ordre d'importance, les quinze premières caractéristiques mentionnées par les répondants à cette enquête.

On constate que l'intégrité, l'engagement envers l'entreprise et le respect des employés sont les qualités qui occupent respectivement le premier, deuxième et troisième rang. Ainsi, les compétences (habiletés décisionnelles et interpersonnelles ainsi que l'intelligence), quoique considérées comme importantes puisqu'elles arrivent au quatrième, cinquième et sixième rang, doivent apparaître chez des individus honnêtes, dignes de confiance, respectueux et dédiés à l'entreprise. En acceptant de devenir le successeur, ce dernier devrait donc garder à l'esprit que les attentes à son sujet sont élevées, non seulement quant à ses aptitudes en gestion mais aussi sur le plan de son attitude envers l'entreprise et ses employés.

Tableau 23.2[8] QUALITÉS SOUHAITÉES D'UN BON SUCCESSEUR

Rang	Caractéristiques
1	Intégrité
2	Engagement envers l'entreprise
3	Respect des employés
4	Capacité de prendre des décisions et expérience dans ce domaine
5	Habiletés interpersonnelles
6	Intelligence
7	Confiance en soi
8	Créativité
9	Expérience en affaires
10	Performance dans des expériences antérieures en gestion
11	Respect des autres membres de la famille impliqués dans l'entreprise
12	Confiance des membres de la famille
13	Habiletés en vente / en marketing
14	Capacité de s'entendre avec les autres membres de la famille
15	Habileté et expérience en finance

23.7 LES FILLES SUCCESSEURES

Par le passé les filles qui succédaient à la direction d'une entreprise familiale constituaient des exceptions. Pensons à Guylaine Saucier qui prenait la succession du Groupe Gérard Saucier après le décès de son père. Pensons aussi à Denise Verreault, présidente du Groupe Maritime Verreault qui assumait la succession dans les mêmes circonstances. Il en est de même de Mariette Clermont, présidente de Ameublements Mariette Clermont. Aujourd'hui, les femmes sont plus nombreuses à prendre la relève d'une entreprise familiale. (Qui n'a pas déjà vu un nom d'entreprise du genre «Tremblay et filles»?) Pourquoi, alors, traiter de la succession par des filles? En fait, des études récentes sur ce sujet ont démontré que le processus de succession des filles présente certains aspects particuliers qui méritent d'être mis en lumière.

23.7.1 Les filles, successeures invisibles

Les recherches démontrent que, très souvent, les filles ne sont pas perçues comme des successeurs potentiels (Dumas, 1990). Même si elles ont travaillé dans l'entreprise, même si leur formation les prépare à un rôle dans l'entreprise familiale, les chances sont moindres que le prédécesseur songe à choisir son successeur parmi ses filles plutôt que parmi ses garçons. Ces résultats sont appuyés par d'autres recherches qui examinent les circonstances dans lesquelles les filles ont pris la relève dans l'entreprise familiale. C'est plus souvent le cas quand il n'y a pas de garçon dans la famille ou dans des situations d'urgence, que l'on peut qualifier de catastrophiques (maladie ou décès du père, départ précipité du successeur désigné).

Soulignons par ailleurs que ces constatations doivent être nuancées compte tenu de certaines études menées auprès des prédécesseurs, ces derniers affirmant que le sexe de la ou du successeur n'intervient que très peu dans le choix de ce dernier[9].

23.7.2 Le manque de planification

L'invisibilité des filles a comme conséquence, entre autres, que le processus de succession est moins bien planifié, lacune qui, à son tour, engendre souvent des difficultés plus nombreuses et plus grandes.

La figure 23.2 présente un schéma comparatif du processus de succession tel qu'il est vécu par les garçons et par les filles. On observe que la phase d'incubation est écourtée chez les filles, celles-ci s'éloignant souvent de l'entreprise familiale au moment de l'adolescence. Cette situation peut entraîner des choix moins pertinents autant sur le plan de la formation que sur celui de l'expérience de travail. Le règne conjoint sera également moins long, parfois même absent, surtout si la succession est assumée dans des conditions catastrophiques. En conséquence, le transfert de connaissances et d'aptitudes se fait plus difficilement. De même, le manque de planification augmente les risques que des difficultés financières surgissent, mettant ainsi en péril la survie de l'entreprise.

Figure 23.2 [4] SCHÉMA COMPARATIF DU PROCESSUS DE SUCCESSION

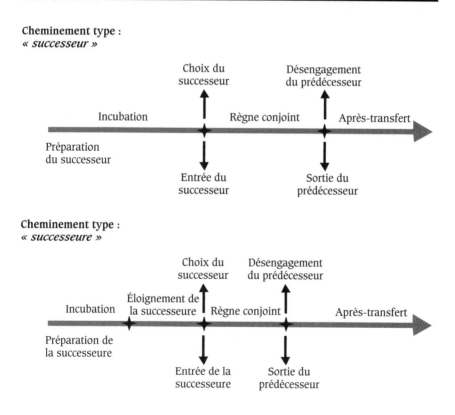

23.7.3 Le besoin de communication

Comment faire pour augmenter les chances que les filles soient prises en considération lors de la planification du processus de succession ?

Un travail est à faire pour sensibiliser les prédécesseurs au potentiel que les filles représentent. La plupart du temps, ce n'est pas parce qu'ils doutent des compétences de leur fille que les prédécesseurs omettent de les considérer pour la succession de l'entreprise. Ils n'ont tout simplement jamais pensé qu'elle pourrait être intéressée, soit parce que le secteur d'activité est traditionnellement un secteur d'hommes, soit parce que la fille n'a jamais manifesté son intérêt. L'importance de la communication est donc d'autant plus évidente en ce qui concerne les filles qui aspirent à prendre la relève. Il est primordial que la successeure potentielle fasse part de ses intentions, car il est moins probable que le prédécesseur devine ses intentions que ce ne l'est dans le cas des garçons.

23.8 LA CONTINUITÉ À L'EXTÉRIEUR DE LA FAMILLE

Malgré toute la bonne volonté du prédécesseur, malgré son désir, parfois très fort, de conserver l'entreprise familiale au sein de la famille, il se peut qu'il n'y ait pas de relève. Est-ce à dire que l'entreprise soit appelée à disparaître ? Pas nécessairement, car il est possible d'assurer la continuité de l'entreprise, à l'extérieur de la famille. D'ailleurs, que veut dire continuité ? Si la mission de l'entreprise se perpétue, même si la direction et la propriété de l'entreprise passent à l'extérieur de la famille, on peut parler de continuité, affirment certains. Le prédécesseur doit garder les yeux ouverts : parmi les cadres de l'entreprise, il y a peut-être quelqu'un qui est prêt à prendre la relève. La planification financière dans ces cas doit cependant être effectuée avec beaucoup de soin. Si le prédécesseur désire vendre l'entreprise en totalité, il se peut que le successeur doive faire appel à d'autres investisseurs pour réaliser l'acquisition. Dans certains cas, la formule coopérative d'employés est utilisée pour assurer la continuité de l'entreprise au-delà du départ de l'entrepreneur-fondateur.

23.9 CONCLUSION

En conclusion, répétons l'importance de la planification du processus de succession pour optimiser les chances de continuité de l'entreprise. Signalons également le rôle, non seulement du prédécesseur, mais aussi de la ou du successeur dans le déclenchement du processus. Aucun effort ne doit être négligé si on souhaite assurer la pérennité des entreprises.

Mentionnons enfin que les connaissances acquises par l'étude du processus de succession et de relève dans les entreprises familiales peuvent également s'avérer très utiles pour comprendre le processus de relève dans les entreprises non familiales.

23.10 BIBLIOGRAPHIE

Dumas, Colette. « Preparing the new CEO : Managing the father-daughter succession process in family businesses ». *Family Business Review*, 1990, vol. 3, n° 2, p. 169-181.

Gersick, Kevin E., Davis, John, McCollom Hamption, Marion et Ivan Lansberg (1997). *Generation to generation : Life cycles of the Family Business*. Boston : Harvard Business School Press.

Hugron, Pierre. « La régie d'entreprises familiales ». *Gestion,* vol. 23, n° 3, automne 1998, p. 37-40.

Hugron, Pierre (1992). *L'entreprise familiale – Modèle de réussite du processus successoral*. Institut de recherches politiques et Les Presses HEC.

Inoussa, Rahim et Louise St-Cyr. *Revue de la littérature sur la relève dans la PME familiale*, Cahier de recherche n° 00-01, Chaire de développement et de relève de la PME, École des HEC, mars 2000.

Ibrahim, A., E. Baker et H. Willard (1994). *Family Business Management Concepts and Practice*, Kendall/Hunt.

Lansberg, Ivan. « The succession conspiracy ». *Family Business Review*, vol. 1, n° 2, 1988, p. 119-143.

Perreault, Yvon (1994). *L'entreprise familiale. La relève : ça se prépare !*, 2ᵉ édition. Montréal : Les Éditions Transcontinental et Fondation de l'entrepreneurship.

NOTES

1 Centre d'études et de recherches fiscales de Deloitte & Touche et de l'University of Waterloo, *Les entreprises familiales canadiennes sont-elles une espèce en voie de disparition ?* (1999)

2 Environ 97 % des répondants avaient un chiffre d'affaires inférieur à 50 millions de dollars (et 59 % inférieur à 5 millions de dollars) et 89 % comptaient moins de 100 employés à temps plein.

3 Litz, R.A. « The Family Business : Toward Definitional Clarity », *Family Business Review*, 1955, 8 (2), p. 71-81.

4 Source : Lansberg (1988), p. 123.

5 Source : Hugron (1991), p. 47.

6 File, P. et Prince, R.A. « Attributions for Family Business Failure : The Heir Perspective », *Family Business Review*, 1996, 9 (2), 171-184.

7 Stavrou, E.T., « Succession in Family Business : Exploring the effects of Demographic factors on Offspring Intentions to join and take over the Business » *Journal of Small Business Management*, 1999, 37 (3), 43-61

8 Chrisman, J.J., Chua, J.H. et Sharma, P. « Important Attributes of Successors in Family Businesses : An Exploratory Study », *Family Business Review*, 1998, 9 (1) 19-30.

9 Il est possible que les prédécesseurs ne soient pas conscients de leur véritable attitude à cet égard. Il se peut cependant que la situation soit en train de changer quand on constate la percée des femmes dans d'autres domaines jugés non traditionnels pour ces dernières. Il y a, par exemple, de plus en plus de plombières, de conductrices de camion et l'Université de Montréal accepte maintenant plus de femmes que d'hommes à la faculté de médecine.

Chapitre 24

Approches et critères pour la rédaction et l'évaluation d'un plan d'affaires
Point de vue de l'investisseur

Par Jean-François Pariseau

24.1 INTRODUCTION

Au-delà de sa fonction dans la réflexion stratégique de l'entreprise, le plan d'affaires demeure l'outil principal de l'entrepreneur au moment de la recherche de financement. Il constitue souvent le premier contact que l'investisseur potentiel a avec l'entreprise. Au moment du démarrage du projet, l'entreprise devra trouver des sources de financement diverses qui l'aideront à se financer. Ces sources de fonds potentielles viendront non seulement de banquiers, d'investisseurs de capitaux de risques ou de corporations de développement et d'organismes subventionnaires, mais aussi de fournisseurs, de clients, d'associés, d'anges investisseurs et d'employés de l'entreprise. Tous ces intervenants se serviront de votre plan d'affaires comme premier crible avant de procéder à une analyse poussée du projet. Le plan d'affaires doit donc être adapté à chacun de ces intervenants. De plus, l'entrepreneur doit garder à l'esprit que tous ces individus et institutions sont très sollicités, pouvant recevoir plusieurs dizaines de demandes de financement par semaine. Dans le lot de toutes ces demandes, votre plan d'affaires doit se démarquer des autres.

Le présent chapitre porte sur les critères d'évaluation du plan d'affaires du point de vue du financier et donne aux entrepreneurs des conseils pratiques pertinents en vue d'une préparation bien adaptée aux lecteurs. La première partie traite des sections du plan jugées importantes aux yeux de l'investisseur. La deuxième partie énumère quelques règles et astuces que l'entrepreneur a souvent tendance à oublier au cours de la rédaction du plan d'affaires. Ce rappel lui permettra de maximiser ses chances d'obtenir du financement.

24.2 LES ÉLÉMENTS DU PLAN D'AFFAIRES

Le plan d'affaires doit convaincre le lecteur que l'entreprise est bien positionnée pour réussir son projet. Il doit démontrer au financier que ce projet lui apportera un rendement intéressant sur son investissement, ou au fournisseur et client qu'il représente une bonne occasion d'affaires.

Il n'existe pas de règle précise quant à la longueur du plan d'affaires. On peut cependant affirmer que plus celui-ci est concis, plus la probabilité d'intéresser le lecteur augmente. Le plan d'affaires doit être perçu comme un résumé des activités de la compagnie et ne devrait pas dépasser 25 pages. Le lecteur intéressé par votre projet aura tout le loisir de vous demander des renseignements supplémentaires.

Le plan d'affaires peut prendre plusieurs formes. Il devra néanmoins comporter les éléments suivants:

1. Le sommaire exécutif

2. La présentation du projet

3. La description de l'équipe

4. Le contexte d'affaires

5. Le plan opérationnel

6. Le plan marketing

7. Le plan financier

Ce chapitre ne traite pas de tous les éléments du plan d'affaires, ceux-ci étant décrits en détail tout au long de cet ouvrage. Nous insistons plutôt sur les éléments clés du document aux yeux du financier tels le sommaire exécutif, la présentation de l'équipe de direction et le plan financier. Ces sections doivent être rédigées avec le plus grand soin, car elles seront étudiées minutieusement par l'investisseur potentiel.

24.2.1 Le sommaire exécutif

Le sommaire exécutif est la section du plan d'affaires la plus déterminante. Dans la plupart des cas, le lecteur lira cette section en premier. Si l'entrepreneur ne suscite pas son intérêt dès cette étape, il y a de fortes chances que sa lecture n'aille pas plus loin. C'est pourquoi il est fortement conseillé de rédiger cette section en dernier lieu, lorsque tous les éléments du plan auront été mis sur papier. Le sommaire doit être court — une à deux pages maximum —, et doit insister sur les points importants du plan d'affaires, notamment les avantages compétitifs de l'entreprise sur ses concurrents. Le sommaire devrait traiter des sujets suivants :

• La mission de l'entreprise.

• La description de la compagnie et les produits offerts.

• Le marché dans lequel elle évolue et les avantages compétitifs.

• Le but du financement, le montant demandé et l'utilisation des fonds.

• Les réalisations de l'entreprise dans la dernière année.

• Les principaux actionnaires de la société.

• Une projection du chiffre d'affaires et du bénéfice net.

• Une conclusion reprenant la rationnelle d'investissement dans le projet.

24.2.2 La description de l'équipe

La présentation de l'équipe est une des pierres angulaires du plan d'affaires, particulièrement dans le cas d'un projet de démarrage. Comme une entreprise à ce stade de développement est souvent faiblement capitalisée et n'a que peu ou pas d'actif à présenter à son bilan, la décision de l'investisseur de financer ou non l'entreprise reposera sur la qualité des promoteurs du projet et de son équipe de direction. Il est donc important de souligner les qualités de l'équipe et la valeur ajoutée que celle-ci apportera au projet.

- Présentez chacun des intervenants en décrivant son expérience passée et dites en quoi celle-ci est pertinente par rapport au projet ; prenez soin également de décrire la valeur ajoutée de chacun dans la réalisation du projet.

- Mettez en annexe les curriculum vitæ des employés clés. L'investisseur pourra les consulter au moment de faire la vérification minutieuse de l'information donnée. Ainsi, il pourra valider rapidement les références de chaque membre de l'équipe.

- Insérez un organigramme de l'organisation, utile au lecteur pour visualiser la structure organisationnelle.

- Décrivez les membres du conseil d'administration de la compagnie et des sous-comités tels le comité conseil scientifique (dans le cas d'une entreprise technologique), le comité-conseil et le comité de compensation.

- Présentez les consultants externes que la compagnie utilise ainsi que ses principaux conseillers d'affaires tels la banque, la firme comptable, l'avocat, l'agent de brevets, etc.

24.2.3 Le plan financier

Pour la majorité des investisseurs, le plan financier est l'élément le plus important du plan d'affaires. C'est à partir des hypothèses émises que le lecteur évaluera le rendement probable qu'il pourra tirer de son investissement. Il est donc important que le plan financier soit adapté au type d'investisseur. L'investisseur qui utilisera un instrument de dette déterminera la capacité de votre entreprise à rembourser les intérêts, alors que celui qui souscrira au capital de l'entreprise calculera son rendement sur l'équité. Dans tous les cas, le plan financier de l'entreprise devra comprendre les éléments suivants :

- Les états financiers vérifiés des deux dernières années (si possible).
- Les états financiers maison les plus récents.
- Les états financiers *pro forma*.
- Le budget d'opération annuel.
- Le budget de caisse pour la durée du projet.

La table de capitalisation de la compagnie qui décrit tous les instruments financiers utilisés : classes d'actions ordinaires et privilégiées, options, bons de souscription, etc.

- Appuyez chaque hypothèse par des données vérifiées et assurez-vous que ces données sont pertinentes. Le plan financier doit reposer sur des assises solides, sinon vous perdrez votre crédibilité aux yeux de l'investisseur potentiel.
- Faites des prévisions de revenus aussi réalistes que celles de vos dépenses. Les analystes ont accès à des bases de données spécialisées qui fournissent les ratios courants de l'industrie. Des prévisions de revenus irréalistes ou des structures de coûts inadéquates diminueront beaucoup votre crédibilité et celle du projet.
- Avant de présenter votre plan d'affaires, élaborez des scénarios à la fois optimiste et pessimiste en vérifiant l'incidence de chacun sur vos besoins de financement. Cet exercice est crucial, car il permettra de déterminer vos besoins réels de financement. Soulignons qu'il vaut mieux prévoir un financement plus important qui durera le temps prévu que de retourner à l'investisseur quelques mois plus tard, sans liquidité à cause d'une sous-évaluation des besoins de fonds.
- Si possible, diversifiez votre structure de capital. Tentez d'utiliser tous les modes de financement à votre disposition, en gardant à l'esprit que les actifs à court terme devraient êtres financés par la dette à court terme et que les immobilisations devraient être financées par la dette à long terme. Le financement par émission d'équité peut aussi être une avenue à privilégier pour l'entreprise qui n'a que peu ou pas d'actif. Il existe

également plusieurs programmes gouvernementaux d'aide au démarrage à l'entreprise qui peuvent faciliter le financement des activités de l'entreprise.

La rédaction des autres parties du plan d'affaires, tels la présentation du projet, le plan opérationnel et le plan marketing, est évidemment tout aussi importante ; ces notions sont traitées en détail dans d'autres chapitres de cet ouvrage. Néanmoins, le promoteur devra porter une attention particulière à la documentation du marché potentiel du produit ainsi qu'aux prévisions de pénétration de celui-ci. Il est important de bien identifier les joueurs qui opèrent dans le marché ainsi que les concurrents directs et indirects. De plus, on doit insister sur les points importants du plan d'affaires en énumérant les avantages compétitifs du produit et en définissant l'approche utilisée par rapport à la concurrence potentielle. À la fin de sa lecture, l'investisseur devra être aussi convaincu que le promoteur que le financement du projet lui permettra d'obtenir un rendement intéressant sur son investissement.

La grille d'évaluation qui suit reprend les points importants qui devraient se retrouver dans un plan d'affaires. La première partie évalue les sections du plan d'affaires selon le degré d'importance que le lecteur accorde à chacune. Les critères sont les suivants : l'originalité, le réalisme et la viabilité du projet ainsi que la cohérence du document. La deuxième partie résume les éléments importants qui devraient être notés en vue d'une rencontre subséquente avec le financier. La grille comporte aussi des exemples de questions que le lecteur peut poser à l'entrepreneur au moment de la rencontre d'évaluation. Le résultat final est résumé dans la troisième partie. Cette grille laisse toute la latitude au lecteur d'évaluer et de pondérer chacun des projets de financement selon les points qu'il juge importants. Nous conseillons cependant à ceux-ci de demeurer constant dans la pondération des différents critères d'évaluation afin d'assurer un processus uniforme.

PREMIÈRE PARTIE

GRILLE D'ÉVALUATION DU PLAN D'AFFAIRES

A- Importance des sections
0. Ne s'applique pas
1. Pas important
2. Peu important
3. Moyennement important
4. Important
5. Très important

B- Échelle d'évaluation
1. Insuffisant
2. Suffisant
3. Bon
4. Très bon
5. Excellent

IMPORTANCE DES SECTIONS	SECTIONS DU PLAN D'AFFAIRES	CRITÈRES D'ÉVALUATION		
(1)		Originalité (2)	Réalisme et viabilité (3)	Cohérence (4)
1.	**Sommaire exécutif :** mission de l'entreprise, description de la compagnie, marché visé et avantage compétitif, but du financement et montant demandé, actionnaires de la société	X___=___	X___=___	X___=___
2.	**Description :** du produit/service, de l'organisation, de son secteur et de son environnement général	X___=___	X___=___	X___=___
3.	**Plan marketing :** analyse de marché, stratégie marketing, stratégies de prix, publicité et promotion, de service après-vente et prévisions des coûts	X___=___	X___=___	X___=___
4.	**Plan de recherche et développement :** description de la technologie, statut de développement du produit/service, calendrier des réalisations, plan de développement, partenariat, portefeuille de brevets	X___=___	X___=___	X___=___

IMPORTANCE DES SECTIONS	SECTIONS DU PLAN D'AFFAIRES	CRITÈRES D'ÉVALUATION		
(1)		Originalité (2)	Réalisme et viabilité (3)	Cohérence (4)
5.	**Plan des opérations :** choix de localisation et de site, aménagement et équipement requis, calendrier des opérations	X___=___	X___=___	X___=___
6.	**Plan des ressources humaines :** employés clés, conseil d'administration et comités, liste des principaux actionnaires, conseillers externes	X___=___	X___=___	X___=___
7.	**Plan financier :** états financiers vérifiés, états financiers maison récents, états financiers *pro forma*, table de capitalisation, dépenses d'immobilisations, sommaire des hypothèses	X___=___	X___=___	X___=___
8.	**Total** des colonnes 2, 3 et 4			
9.	**Total** des valeurs de la colonne 1			
10.	**Somme totale** Ligne 8 divisée par la ligne 9 (et reporter les résultats à la colonne 1 de la troisième partie)			

Colonne (1) : Degré d'importance que le lecteur accorde à chacune des sections du plan d'affaires selon l'échelle A. Il s'agit d'une échelle en 5 points, partant de « ne s'applique pas » jusqu'à « très important » ; par conséquent, une ou des sections pourraient ne pas s'appliquer à un plan d'affaires en particulier.

Colonne (2), (3) et (4) : Le lecteur évaluera l'originalité, le réalisme et la viabilité ainsi que la cohérence de chacune des sections du plan d'affaires selon l'échelle d'évaluation B. Cette échelle de 1 à 5 va d'« insuffisant » à « excellent ». On multiplie ensuite ce résultat par le degré d'importance accordée à la colonne (1).

Pour obtenir l'évaluation de chacun des trois critères évalués dans cette partie, on procède aux étapes suivantes (lignes 8 à 10) :

1. Ligne 8 : Faire le total des colonnes (2), (3) et (4).

2. Ligne 9 : Faire la somme des valeurs d'importance accordée à la colonne (1) pour chacune des sections évaluées.

3. Ligne 10 : Diviser les résultats obtenus à la ligne 8 par ceux obtenus en ligne 9. Le résultat ainsi obtenu ne doit pas excéder 5 pour chacune des colonnes.

4. Les résultats de la ligne 10 sont transposés à la première colonne de la troisième partie de la grille d'évaluation.

DEUXIÈME PARTIE

GRILLE D'ÉVALUATION DE LA PRÉSENTATION ORALE

A- Importance des facteurs
0. Ne s'applique pas
1. Pas important
2. Peu important
3. Moyennement important
4. Important
5. Très important

B- Échelle d'évaluation
1. Insuffisant
2. Suffisant
3. Bon
4. Très bon
5. Excellent

IMPORTANCE DES FACTEURS	DESCRIPTION DES FACTEURS	CRITÈRES D'ÉVALUATION	
		Échelle d'évaluation	Valeur pondérée
(1)		(2)	(3) = (1) x (2)
1.	Connaissance du projet		
2.	Facilité de communication		
3.	Clarté de l'exposé		
4.	Dynamisme		
5.	Esprit d'initiative		
6.	Ténacité		
7.	Confiance en soi		
8.	Vision à court terme et à long terme		
9.	Capacité d'adaptation et de flexibilité		
10.	Tolérance à l'ambiguïté, au stress et à l'incertitude		
11.	Somme colonne (1) et (3)		
12.	Somme totale Diviser la somme de la colonne (3) par la somme de la colonne (1)		

Colonne (1): Degré d'importance que l'évaluateur accorde à chacune des descriptions des facteurs au moment de la présentation par l'entrepreneur selon l'échelle A. Cette échelle comporte cinq points, allant de « ne s'applique pas » à « très important »; donc, certains facteurs pourraient ne pas s'appliquer à la présentation du promoteur.

Colonne (2): On évaluera la qualité de chacun des facteurs selon l'échelle d'évaluation B. Cette échelle de 1 à 5 va d' « insuffisant » à « excellent ».

Colonne (3): On multiplie ensuite la colonne (1) par la colonne (2) pour chacun des facteurs jugés, ce qui donnera la valeur pondérée.

Ligne 11 : Faire la somme des résultats obtenus pour les colonnes (1) et (3).

Ligne 12 : Diviser le total de la colonne (3) par le total de la colonne (1). Le résultat ainsi obtenu ne doit pas dépasser cinq. Transposer ensuite ce résultat à la première colonne de la troisième partie de la grille d'évaluation.

Exemples de questions posées au promoteur du projet

1. Quelles sont, d'après vous, les qualités et les qualifications que vous possédez et qui vous permettront de mener à bien votre projet d'entreprise (c'est-à-dire créer et diriger votre entreprise) ?

2. Quelles sont vos faiblesses susceptibles de nuire à votre projet ? Que ferez-vous pour y remédier ?

3. Décrivez comment sera votre entreprise (nombre d'employés, chiffre d'affaires, etc.) dans cinq ans. Quels sont les obstacles que vous aurez à surmonter ?

4. Pourquoi vous lancez-vous seul en affaires ?

   Variante :
   Pour quelles raisons avez-vous décidé de prendre un ou des associés ? Pour quelles raisons avez-vous choisi cette ou ces personnes ? Avez-vous, par le passé, travaillé ou réalisé quelque chose avec cette ou ces personnes ? Si oui, comment cela s'est-il passé ? Comment entrevoyez-vous votre relation avec lui ou eux lorsque l'entreprise sera créée ?

5. Décrivez la concurrence potentielle existant dans votre champ d'activité. Quel plan d'action avez-vous établi pour vous distinguer de celle-ci ?

6. Quelles sont les raisons qui vous motivent à démarrer votre entreprise ?

7. Auriez-vous des éléments additionnels à ajouter, des commentaires à formuler ou des questions à poser avant de clore cette rencontre ?

TROISIÈME PARTIE

SOMMAIRE DE L'ÉVALUATION

Critères d'évaluation	Évaluation (1)	Pondération (2)	Valeur pondérée (3)= (1) x (2)
1. Originalité			
2. Réalisme et viabilité			
3. Cohérence			
4. Présentation orale			
5. Total		100	__/5 = __/100

Adapaté de Filion, L. J.

La troisième partie est utilisée pour compléter le processus d'évaluation du projet.

Colonne (1) : On retrouve les résultats obtenus dans les deux premières grilles d'évaluation selon les trois critères mentionnés.

Colonne (2) : Pondération accordée à chacun des critères d'évaluation du plan d'affaires et de la présentation de l'entrepreneur. L'évaluateur décide ainsi quelle importance il accordera à chacun des critères d'évaluation du plan d'affaires et de la présentation orale. Le total de la colonne doit égaler 100. Il est important que la pondération reste identique d'un plan à l'autre afin d'assurer un processus uniforme.

Colonne (3) : Multiplier les résultats de la colonne (1) par ceux de la colonne (2).

Ligne 5 : Faire la somme des résultats obtenus en colonne (3). Le total ne doit pas excéder 500. Diviser ensuite le total obtenu par cinq pour obtenir une note finale sur 100.

24.3 ASTUCES ET CONSEILS PRATIQUES

Le financement d'une entreprise peut s'avérer un exercice fastidieux pour le dirigeant dont la compagnie est peu capitalisée, surtout au moment de son démarrage. Nous vous avons présenté, dans la partie précédente, les sections qui retiennent l'attention du financier au moment de la première étude du plan d'affaires. Les lignes qui suivent donnent des conseils d'ordre général sur la présentation du document. Ces conseils peuvent sembler évidents ; pourtant ils concernent les erreurs les plus fréquemment commises par les entrepreneurs à la recherche de financement.

24.3.1 Adaptez le plan d'affaires à l'intervenant

Le plan d'affaires est un document dynamique qui devrait être mis à jour régulièrement par les dirigeants de l'entreprise. Celui-ci devrait être adapté au lecteur ainsi qu'au type de financement envisagé. Une institution financière qui soutient les compagnies à l'aide d'une marge de crédit n'a pas nécessairement les mêmes critères d'investissement qu'une institution de capital de risque. Le client potentiel ou les organismes de développement économique ont des attentes différentes. Il ne s'agit donc pas de changer les caractéristiques fondamentales de celui-ci, mais d'en adapter la présentation en fonction du type d'information que les divers organismes de financement recherchent.

Si possible, le promoteur devrait s'informer sur le lecteur potentiel du plan d'affaires, et ce particulièrement si votre projet a un fort contenu technologique. Un plan d'affaires très technique risque de décourager le lecteur qui n'a pas les connaissances spécifiques appropriées, alors qu'un document très général diminuera votre crédibilité aux yeux d'un investisseur plus sophistiqué. Il est donc préférable de concevoir un document dont le langage sera adapté au type de lecteur. On suggère d'insérer la section plus technique du plan d'affaires en annexe.

24.3.2 Gardez le cap

L'élaboration par l'entrepreneur d'un projet d'entreprise entraîne souvent l'éclosion de nouveaux projets. La tentation est forte, dans ce cas, de les inclure dans le plan d'affaires. On doit résister à cela et se limiter à un ou deux projets, et ce particulièrement pour une entreprise en démarrage. Le lecteur appréciera un projet bien défini dont tous les aspects de la mise en œuvre auront été vus en profondeur ; un plan d'affaires confus sera interprété comme le signe que la direction de l'entreprise est peu organisée.

L'entrepreneur se rendra compte aussi que les ressources sont généralement très limitées au moment du démarrage et qu'il est important de les focaliser vers un objectif bien défini. De plus, les besoins de fonds de l'entreprise et les dépassements de budgets sont proportionnels à la multiplication des projets.

24.3.3 Soyez concis

N'oubliez pas : 25 pages au maximum, et pas plus de 15 pages d'annexes ! Le lecteur que vous aurez réussi à intéresser par votre plan d'affaires aura tout le loisir de vous demander de l'information supplémentaire au moment d'une rencontre ultérieure.

La présentation de votre projet doit être aussi brève, structurée et précise que celle de votre plan d'affaires. Prévoyez tout au plus une heure pour votre rencontre, en mettant en réserve des éléments de présentation préparés en vue des questions usuelles, tels le budget d'opération, l'utilisation des fonds, la capitalisation de l'entreprise et les éléments les plus techniques du projet. Une présentation bien organisée est le reflet d'une direction qui est tout aussi organisée. Enfin, arrivez bien préparé à cette présentation. L'investisseur ne laissera pas une seconde chance à l'entrepreneur qui connaît mal son dossier.

24.3.4 Soyez le maître d'œuvre de la rédaction de votre plan d'affaires

Le plan d'affaires est un document que l'on utilise principalement pour la recherche de financement. On a cependant tendance à oublier qu'il est aussi un outil primordial de planification stratégique pour la compagnie. C'est pourquoi il est important que l'essentiel de sa rédaction soit effectué par les promoteurs du projet. Ce sont eux qui défendront celui-ci lors des rencontres avec les investisseurs potentiels. Les promoteurs qui ne maîtrisent pas tous les éléments du plan d'affaires risquent de laisser une mauvaise impression aux investisseurs potentiels. Cela n'exclut pas cependant de faire appel à de l'aide.

Même si l'implication du promoteur principal est essentielle à la rédaction du plan et des présentations subséquentes, il est tout aussi important que toutes les personnes clés participent au processus. Ainsi, on s'attend à ce que le vice-président finance élabore le plan financier et que le vice-président recherche et développement présente la technologie reliée au projet.

24.3.5 Faites lire votre plan par plusieurs personnes

Obtenez des commentaires de collaborateurs impliqués dans votre entreprise. Ces personnes seront en mesure de faire une critique constructive des éléments de votre plan d'affaires et permettront de réajuster le tir au besoin.

L'entrepreneur devrait aussi faire lire son document à des personnes qui ont peu ou pas de connaissance du projet. Ces dernières vous permettront de vérifier la clarté de votre document en tant qu'outil de présentation et de communication.

Assurez-vous de bien protéger l'information en ne faisant circuler votre document qu'à des personnes de confiance et en leur faisant signer des ententes de confidentialité, si vous le jugez approprié.

24.3.6 Connaissez vos concurrents

Il est à peu près certain que la concurrence existe pour votre produit, aussi novateur soit-il. Elle peut être directe ou indirecte et peut venir de compagnies bien établies ou d'entreprises en démarrage comme la vôtre. Votre concurrence peut être locale, mais en raison de la mondialisation des marchés, elle sera sans doute de plus en plus internationale. Ne sous-estimez surtout pas le lecteur potentiel de votre plan d'affaires sur ce plan. L'investisseur spécialisé a accès à des banques de données qui lui permettent de vérifier l'information contenue dans votre plan d'affaires. De plus, les fournisseurs et les clients potentiels ont généralement une connaissance profonde du marché dans lesquels ils évoluent.

Préparez une cartographie de votre concurrence en vous positionnant relativement à celle-ci. Essayez de dégager vos avantages compétitifs et soyez honnête quant à vos faiblesses. Soyez assuré que si vous ne prenez pas le temps de faire cet exercice, l'investisseur le fera au moment de son analyse du projet.

24.3.7 Restez réaliste dans vos projections financières

Si la prévision des dépenses peut être un exercice relativement aisé lors de votre planification financière, il en va tout autrement pour la prévision des ventes, particulièrement quand votre produit s'adresse à un marché qui n'est pas encore défini. Estimez vos ventes potentielles en croisant différentes sources d'information pouvant valider les données sur votre marché. Consultez vos fournisseurs ainsi que des clients potentiels qui peuvent vous aider à estimer vos ventes probables. Le degré d'intérêt qu'ils manifestent pour votre produit peut aussi vous aider à estimer le potentiel du produit.

Soyez conservateur dans l'évaluation des taux de pénétration de marché et bâtissez des scénarios pessimistes, réalistes et optimistes qui vous permettront de bien estimer vos besoins de fonds. Finalement, ne sous-estimez pas vos dépenses de mise en marché de votre produit, particulièrement lorsque votre entreprise opère dans un nouveau marché.

24.3.8 Servez-vous de votre réseau de contacts

Vos contacts d'affaires peuvent être de précieux atouts lors de la recherche de financement. Il est même probable que ceux-ci aient été financés dernièrement par des institutions ou par des investisseurs privés. Sollicitez vos contacts afin de discuter de leur expérience personnelle quant à leur propre financement. Lorsque cela est possible, demandez-leur de vous mettre en contact avec ces personnes.

L'investisseur aura souvent tendance à étudier plus rapidement un plan d'affaires qui lui est recommandé, particulièrement si le document provient d'un contact d'affaires. Il pourra aussi vérifier la crédibilité du promoteur du projet en discutant avec la personne qui lui réfère le dossier.

24.4 CONCLUSION

La préparation du plan d'affaires est un processus itératif qui demande à l'entrepreneur de s'assurer que chacun des aspects du plan a été soigneusement rédigé. Lors de la recherche de financement, ce document constitue en quelque sorte le test d'entrée aux yeux de l'analyste financier. Si vous répondez aux critères d'investissement de celui-ci et que vous attisez son intérêt, celui-ci vous convoquera fort probablement à une rencontre au cours de laquelle vous aurez l'occasion de présenter votre projet. Après cette étape, l'investisseur potentiel entamera un processus de vérification diligente en vue de préparer une offre de financement. Le processus peut prendre plusieurs semaines entre la première présentation de votre projet et la clôture de l'investissement.

En terminant, tâchez de rester positif si votre projet se bute à un refus de la part de l'investisseur. Essayez d'obtenir des commentaires de sa part, ce qui vous aidera à identifier les forces et les faiblesses du plan d'affaires. Tâchez aussi de maintenir le contact avec l'investisseur, même s'il a initialement refusé votre projet. Ce dernier peut l'avoir refusé pour des motifs qui sont sans lien avec la qualité de votre projet. Et qui sait, cet investisseur cognera peut-être à votre porte au moment de votre prochaine ronde de financement.

24.5 BIBLIOGRAPHIE

Blowers, Stephen C., H. Peter, Griffith et Thomas L. Milan (1999). *The Ernst & Young LLP Guide to the IPO Value Journey*. John Wiley & Sons.

Morissette, Denis (1994). *Décisions financières à long terme*. Les Éditions SMG.

Frank, Mike (1998) *The 10 Commandments of Fundraising*
http://garage.com/forums/ventureCapital/articles.shtml

24.6 LIENS HYPERTEXTES D'INTÉRÊT

Info entrepreneurs
http://www.infoentrepreneurs.org

Banque de développement du Canada
http://www.bdc.ca

Centre de services aux entreprises du Canada
http://www.cbsc.org/

Banque Royale du Canada (Exemple de plan d'affaires assez complet)
http://www.banqueroyale.com/entreprises/pmegrand/

Réseau Capital (Index des principaux investisseurs de capital de risque au Québec)
http://www.reseaucapital.com/

Strategis (Site de recherche d'Industrie Canada ; il contient une mine d'information sur différentes industries)
strategis.ic.gc.ca/

Chapitre 25

Repères pour la formation en entrepreneuriat

Par Jean-Pierre Béchard

25.1 INTRODUCTION

Vous vous apprêtez à enseigner à une classe d'entrepreneurs en herbe, mais vous vous demandez quels contenus, quelle méthodologie pédagogique et quels partenaires du milieu pourraient vous donner un coup de main dans cette aventure peu banale. Le défi est de taille mais non insurmontable. Dans le cadre de ce chapitre, nous tentons de tracer quelques balises pour lancer votre carrière de formateur en contexte entrepreneurial. Êtes-vous prêt ? Nous avons regroupé les préoccupations éducatives en 4 catégories et nous vous fournissons 13 questions de départ regroupées entre ces catégories.

1. Les contenus de formation

- Quels sont les objectifs de votre formation ?

- Quels sont les thèmes de votre formation ?

- Quels sont les niveaux d'intervention que vous visez ?

2. La méthodologie pédagogique

- Quelles sont les méthodes d'enseignement que vous connaissez ?

- Quelles sont les formes d'évaluation des apprentissages que vous valorisez ?

- Quels moyens pédagogiques avez-vous à votre disposition ?

3. Les contextes de formation

- Où a lieu votre formation ?

- Quelles sont les organisations de votre milieu qui gravitent autour du programme ?

- Quels sont les rôles possibles de chacune de ces organisations ?

4. Les conditions de réussite

- Quelle est l'étendue de vos connaissances en gestion ?

- Pouvez-vous et voulez-vous vous centrer sur l'apprentissage des entrepreneurs ?

- Quelle est l'étendue et la profondeur de votre réseau de contacts ?

- Quelle est votre capacité à vous remettre en question comme formateur ?

Peu importe votre niveau d'expertise pédagogique (novice, intermédiaire ou expert), ces quelques repères se veulent des indicateurs de base pour orienter les multiples décisions implicites et explicites du métier de formateur. Êtes-vous toujours d'attaque pour entreprendre un tour du jardin ?

25.2 LES CONTENUS DE FORMATION

Depuis de nombreuses années, les programmes de formation en entrepreneuriat sont devenus une des stratégies favorites des institutions scolaires et communautaires pour allumer la flamme entrepreneuriale. Dans un souci de clarification de ces efforts pédagogiques, le réseau international du développement du management (INTERMAN), le Programme des Nations Unies pour le développement (UNAP) et le Bureau international du travail (BIT) de Genève se sont entendus sur une définition commune. On recoupe sous le vocable de

programme de développement en entrepreneuriat (PDE) un ensemble d'enseignements formalisés qui a pour but d'informer, de former et d'éduquer toute personne intéressée au développement socio-économique par le truchement d'un projet de sensibilisation à l'entrepreneuriat, de création d'une entreprise ou de développement d'une petite entreprise existante (INTERMAN, 1992). Cela représente les trois grands objectifs généraux que votre programme de formation peut viser : **sensibiliser à l'entrepreneuriat, créer une petite entreprise et développer une petite entreprise existante.**

À partir de ces trois grandes cibles pédagogiques, Béchard et Toulouse (1998) ont identifié huit thématiques de formation qu'il est nécessaire de présenter.

Thème 1 : Comprendre les forces concurrentielles d'un secteur

Thème 2 : Comprendre ce qu'est un entrepreneur

Thème 3 : Comprendre les forces culturelles qui entourent l'entrepreneur

Thème 4 : Comprendre les fondements du management

Thème 5 : Comprendre les fondements en stratégie de démarrage et de croissance

Thème 6 : Comprendre la base technique d'un métier ou de certaines compétences

Thème 7 : Comprendre le processus visionnaire

Thème 8 : Comprendre les étapes de création d'une entreprise

Tous ces thèmes peuvent être enseignés dans tous les programmes de formation. Ce qui diffère de l'un à l'autre est la pondération du temps accordé à chacune des thématiques et le niveau d'intervention pédagogique.

Si vous voulez **sensibiliser les gens à l'entrepreneuriat**, il est essentiel que votre cours ou programme mette l'accent principalement sur ce qu'est un entrepreneur (thème 2) et sur la compréhension du contexte culturel dans lequel il baigne (thème 3). Par contre, si vous vous destinez à construire un cours centré sur la compétence de **créer une entreprise**, rien de tel que de favoriser davantage l'enseignement des processus de gestion (tels le contrôle, la planification, la direction, l'organisation) et des fonctions de marketing, de finance, de ressources humaines et de gestion des opérations (thème 4). Finalement, si votre objectif général est de **soutenir la croissance de la petite entreprise existante**, il est pertinent de s'attarder sur les stratégies de lancement, de survie et de croissance d'une PME (thème 5).

Quant au niveau d'intervention, il peut être de trois ordres : on recherche la transmission des connaissances, l'application des connaissances ou le transfert des connaissances dans le projet de l'entrepreneur. On constate dans le tableau 25.1 que les thématiques prennent une couleur différente selon les niveaux d'intervention pédagogique. C'est à vous de choisir !

Tableau 25.1[1] : MATRICE DES THÉMATIQUES DE LA FORMATION EN ENTREPRENEURIAT

INTENTIONS	THÉMATIQUES D'ENSEIGNEMENT							
	FORCES CONCURRENTIELLES	ENTREPRENEUR	FORCES CULTURELLES	MANAGEMENT	STRATÉGIE	EXPERTISE TECHNIQUE	PROCESSUS VISIONNAIRE	ÉTAPES DE CRÉATION D'UNE ENTREPRISE
Transmettre	Comprendre les éléments d'une étude de marché	Comprendre les caractéristiques d'un entrepreneur	Comprendre les facteurs socioculturels qui encouragent ou limitent l'esprit d'entreprise	Comprendre les rudiments de la gestion interne d'une petite entreprise	Comprendre les éléments des stratégies de lancement, de survie et de croissance d'une petite entreprise	Expliquer les différentes compétences techniques d'un métier	Comprendre les différentes étapes du processus d'identification d'une idée d'affaires	Comprendre les éléments d'un plan d'affaires
Appliquer	Évaluer une étude de marché déjà construite	Identifier les habiletés principales d'un entrepreneur à succès	Identifier les systèmes de soutien nationaux dédiés aux entrepreneurs	Appliquer les connaissances en management pour résoudre un problème réel ou simulé	Faire une analyse stratégique d'une petite entreprise à succès	Participer à un stage en entreprise pour acquérir les différentes compétences d'un métier	Identifier plusieurs occasions d'affaires dans différentes industries	Évaluer un plan d'affaires déjà existant
Transférer	Transférer les informations de l'étude de marché dans le projet personnel	Construire une autoévaluation du potentiel entrepreneurial	Communiquer avec les groupes de soutien qui peuvent contribuer au projet personnel	Transférer les connaissances de gestion dans le projet personnel	Développer une stratégie cohérente avec le projet personnel	Développer une ou des techniques qui seront à la base du projet personnel	Exploiter une occasion d'affaires en lien avec le processus visionnaire personnel	Développer un plan d'affaires qui décrit le projet personnel

25.3 LA MÉTHODOLOGIE DE FORMATION

Comment transmettre, faire appliquer et transférer toutes les connaissances dans une situation pédagogique ? Bref, comment communiquer les éléments de contenu de votre cours ou de votre programme de formation en entrepreneuriat ? Il est question ici de méthodes et de moyens pédagogiques (Béchard, 2000).

Quand on s'intéresse aux méthodes pédagogiques, deux questions doivent nous venir à l'esprit : comment vais-je organiser ma classe et qui va prendre le contrôle des apprentissages ? D'une part, l'organisation spatiale de la classe peut emprunter plusieurs géométries : travail individuel, travail en sous-groupes ou travail en grand groupe. D'autre part, le contrôle des apprentissages peut vous appartenir ou être principalement l'affaire de l'étudiant (Ruano-Borbalan, 1998). Selon les intentions pédagogiques que vous recherchez (transmettre, appliquer ou transférer), les méthodes pédagogiques, telles qu'elles sont décrites par Chamberland, Lavoie et Marquis (1996), peuvent varier grandement (voir le tableau 25.2).

Abordons maintenant la délicate question de l'évaluation des apprentissages. D'entrée de jeu, mentionnons que vous pouvez évaluer les acquis des entrepreneurs qui se retrouvent dans vos classes sans pour autant parler de notation. On parle plutôt d'**évaluation formative**, dont le but premier est de donner de la rétroaction rapide à un apprentissage en construction. On peut aussi faire de l'**évaluation sommative**, c'est-à-dire sanctionner par une note le niveau des apprentissages. Cela dit, l'évaluation peut demeurer très conventionnelle en utilisant des examens écrits de formes courtes ou longues, ou des devoirs d'application. Mais, quand on veut changer de niveaux d'intervention (passer de la transmission au transfert des apprentissages), il est impératif de passer de l'évaluation conventionnelle centrée sur les indicateurs de compréhension et d'application à celui de l'**évaluation en situation authentique**. Cela implique la tenue d'un journal de bord, la présentation orale des travaux de recherches, des entrevues avec des gens susceptibles de faire progresser le projet, des études de marché, des plans d'affaires, etc. Certes, ces moyens d'évaluation sont plus difficiles à calibrer (identification et validation des critères de correction), mais leurs exigences sont largement compensées par la motivation accrue des entrepreneurs à besogner sur une tâche complexe qui a beaucoup de sens pour eux (Béchard et Grégoire, 1999).

Si vous voulez provoquer un réel apprentissage, il faut doser savamment la méthodologie de formation en fonction des besoins des entrepreneurs et des intentions de transmission, d'application et de transfert des connaissances que vous recherchez.

Quant aux moyens d'enseignement, ils sont légion : on parle de logiciels de simulation, d'objets réels, de la télévision, de la vidéo, des ordinateurs portables et connectés en réseaux, du bon vieux tableau, des enregistrements radio, des transparents, etc. Mentionnons que tous ces moyens n'ont pas de valeur pédagogique en soi. Il faut qu'il y ait une intention d'enseignement et d'apprentissage sous-jacente : transmettre, appliquer ou transférer. Ces moyens sont donc des soutiens aux méthodes pédagogiques et non l'inverse.

Tableau 25.2 MÉTHODOLOGIE DE LA FORMATION EN ENTREPRENEURIAT

INTENTIONS	CRITÈRES	MÉTHODES PÉDAGOGIQUES
Transmettre	• Organisation spatiale de la classe : grand groupe ou individuel • Contrôle de l'apprentissage : formateur	• Exposés • Documentation • Enseignement programmé • Enseignement modulaire • Exercices répétitifs
Appliquer	• Organisation spatiale de la classe : individuel • Contrôle de l'apprentissage : apprenant	• Protocole • Recherche guidée • Interview • Projet individuel • Laboratoire
Transférer	• Organisation spatiale de la classe : grand groupe ou petit groupe • Contrôle de l'apprentissage : partagé entre le formateur et l'apprenant	• Jeux • Jeux de rôles • Simulation • Tournoi • Étude de cas • Enseignement par les pairs • Travail en équipe • Apprentissage coopératif • Groupe de discussion • Ressources du milieu

25.4 LES CONTEXTES DE FORMATION

Un programme de formation en entrepreneuriat ne s'offre pas en vase clos. Il est partie prenante du développement local et régional. Ainsi, les organisations qui gravitent autour de votre formation peuvent grandement contribuer au déploiement, à l'enseignement et à l'évaluation de votre programme.

Dans une recherche sur les organisations scolaires et communautaires qui soutenaient un programme de formation en entrepreneuriat du ministère de l'Éducation du Québec, Béchard (1998a) a identifié 13 grandes catégories d'organisations :

- Les institutions financières
- Les groupes de soutien
- Les organisations communautaires
- Les organisations provinciales
- Les fonds de financement
- Les entreprises
- Les centres d'expertise
- Les corporations de développement
- Les organisations scolaires
- Les organisations municipales
- Les organisations fédérales
- Les regroupements d'affaires
- Les médias

Selon les orientations que vous voulez donner à votre formation, ces organismes peuvent jouer une multitude de rôles aussi importants les uns que les autres. Ainsi, ces partenaires éventuels peuvent soutenir vos initiatives dans les champs d'intervention présentés au tableau 25.3.

Fait intéressant à noter, les organisations scolaires semblent plus à l'aise avec les programmes de sensibilisation à l'entrepreneuriat, tandis que les organisations communautaires excellent dans les programmes de formation consacrés au développement des petites entreprises existantes (Béchard, 1998b). Il semblerait que les organisations scolaires telles que les écoles, collèges et universités aient plus de difficulté à s'ouvrir au milieu et à mettre à contribution les partenaires socio-économiques de la région. Le choix du contexte de formation est loin d'être neutre. Il est tributaire à la fois du nombre de contacts et du degré d'implication des acteurs sociaux en place.

La culture du pays dans laquelle s'insère votre programme de formation a également une influence majeure sur les défis pédagogiques. Dans une recherche sur 146 programmes de développement en entrepreneuriat provenant de 40 pays différents, Béchard (1998b) avance les propositions suivantes : les PDE centrés sur le professeur se retrouvent majoritairement en Europe, les PDE centrés sur l'éducation permanente dans la communauté se concentrent en Asie, les PDE de l'Amérique du Nord valorisent un modèle axé sur le réseau local et, enfin, les PDE de l'Amérique centrale et du Sud s'occupent davantage de l'apprenant qui est devant eux. Là encore, la culture nationale n'est pas neutre dans la conception, l'implantation et l'évaluation des programmes de formation en entrepreneuriat. Connaissez-vous bien la culture dominante qui influera sur votre formation ?

Tableau 25.3 LES DIFFÉRENTS RÔLES DES ORGANISATIONS DU MILIEU

RÔLES POSSIBLES	CHAMPS D'INTERVENTION
1. Rôle de politicien	• Convaincre les décideurs de votre milieu du bien-fondé de votre projet de formation
2. Rôle de financier	• Amasser des fonds pour lancer le projet de formation et en assurer l'allocation optimale
3. Rôle d'entremetteur	• Identifier et obtenir les locaux et les équipements nécessaires pour la formation
4. Rôle de chasseur de têtes	• Participer à la recherche et à la sélection du coordonnateur et des enseignants de votre programme
5. Rôle de promoteur	• S'assurer d'une publicité adéquate qui rejoint tout le monde de la région
6. Rôle de sélectionneur	• Aider au recrutement et à la sélection des entrepreneurs potentiels
7. Rôle de planificateur	• Donner son avis sur les grandes orientations pédagogiques du programme de formation ainsi que des échéanciers
8. Rôle de formateur	• Enseigner certains éléments de contenu et apporter des témoignages
9. Rôle d'évaluateur	• Évaluer les apprentissages des entrepreneurs étudiants (jury de plans d'affaires)
10. Rôle de mentor	• Accompagner l'entrepreneur tout au long des premières démarches de prédémarrage et démarrage

25.5 LES CONDITIONS DE RÉUSSITE

L'examen attentif des écrits concernant l'enseignement en entrepreneuriat recèle trois conditions pour que les formations pédagogiques soient à la fois efficaces et de qualité. On parle d'interdisciplinarité des contenus, de centration sur l'apprentissage et d'ouverture sur les milieux locaux et régionaux.

Une formation réussie en entrepreneuriat doit tenir compte tant des aspects reliés aux disciplines de base, telles que l'économie, la psychologie et la sociologie, que de ceux inscrits dans les fonctions du management stratégique. Ce défi de taille exige du formateur beaucoup de versatilité, de curiosité et de rigueur intellectuelle.

Par ailleurs, la seconde condition de réussite implique de la souplesse dans la communication pédagogique et la capacité de baliser son rôle d'enseignement. En effet, la concentration sur l'entrepreneur nécessite la création d'environnements d'apprentissage où les défis sont gradués et mis à la portée de l'entrepreneur. L'entrepreneuriat s'apprend plus qu'il ne s'enseigne.

Ce qui apparaît comme une troisième condition gagnante pour mener à bien une formation en entrepreneuriat se révèle comme une caractéristique unique en sciences de la gestion, à savoir une grande ouverture envers les différents milieux concernés. Connaître les partenaires de sa communauté, les impliquer dans différents champs d'intervention – de la promotion du programme aux évaluations des apprentissages –, sont des gages d'une formation incarnée dans son terroir. Le développement socio-économique est l'affaire de toute la communauté et non seulement de l'organisation formatrice.

Cependant, pour que ces conditions deviennent gagnantes, vous devez non seulement construire des compétences de contenus et de communication pédagogique avec les apprenants enracinés dans leur milieu respectif, mais aussi en arriver à développer une pensée critique, une sorte de métaréflexion sur vos propres pratiques de formateur. Le tableau 25.4 propose en guise de conclusion, neuf questions fondamentales qui peuvent guider votre démarche réflexive pour devenir un formateur en entrepreneuriat.

Tableau 25.4 QUESTIONNAIRE D'ACCOMPAGNEMENT POUR DEVENIR FORMATEUR EN ENTREPRENEURIAT

	CONTENUS DE LA FORMATION	MÉTHODES DE LA FORMATION	CONTEXTES DE LA FORMATION
Niveau de réflexion technique	Est-ce que je **connais** les différents contenus à enseigner ainsi que les objectifs à atteindre ?	Est-ce que je **connais** les différentes méthodes et moyens pédagogiques ?	Est-ce que je **connais** suffisamment les ressources organisationnelles de mon milieu ?
Niveau de réflexion sur la communication	Est-ce que j'**organise** de façon systématique les éléments de contenus que j'ai à enseigner ?	Est-ce que j'**adapte** les méthodes et moyens pédagogiques aux besoins des différentes clientèles que je rencontre et aux objectifs que je vise ?	Est-ce que je **mobilise** les leaders de mon milieu dans les différents dossiers du programme de formation ?
Niveau de métaréflexion	Est-ce que j'**innove** dans les contenus à enseigner et est-ce que je construis aussi avec l'expertise des entrepreneurs que j'ai devant moi ?	Est-ce que je **partage** le contrôle des apprentissages avec les entrepreneurs que j'ai devant moi ?	Est-ce que j'**accepte** les commentaires positifs et négatifs de mes partenaires extérieurs au moment de la conception, de l'implantation et de l'évaluation de la formation ?

Comme il est pratiquement impossible de tout maîtriser dès les premières expériences d'enseignement, il est suggéré de procéder par étapes. Comme formateur novice, il est nécessaire de se concentrer sur le niveau technique de la formation. Par la suite, l'expérience et la confiance aidant, on peut se donner comme défi intermédiaire de réfléchir sur la communication la mieux adaptée aux entrepreneurs. Finalement, l'expert en formation en entrepreneuriat peut se permettre de pousser le métier au niveau métaréflexif. Le métier de formateur, tout comme celui d'entrepreneur, a ses exigences mais aussi ses grandes satisfactions. À vous de les découvrir!

25.6 BIBLIOGRAPHIE

Béchard J. P. «Implantation d'un programme de formation en entrepreneuriat et ressources interorganisationnelles régionales : le cas du Québec». *Revue Internationale PME*, vol 11 n° 4, 1998a, p. 105-123.

Béchard J. P. «L'enseignement en entrepreneurship à travers le monde : validation d'une typologie». *Management International,* automne, vol 3, n° 1, 1998b, p. 25-34.

Béchard J. P. et D. Grégoire. Évaluation d'une expérience d'autodidaxie assistée en sciences de la gestion. *RES ACADEMICA,* vol. 17 (1,2), 1999, p. 175-194.

Béchard J. P. et J. M. Toulouse. «Validation of a Didactic Model for the Analysis of Training Objectives in Entrepreneurship». *Journal of Business Venturing,* vol. 13 n° 4, 1998, p. 317-332.

Béchard J. P. (2000). «Méthodes pédagogiques des formations à l'entrepreneuriat : résultats d'une étude exploratoire». *Revue Gestion 2000,* vol. 17, n° 3, 165-178.

Chamberland, G., L. Lavoie et. D. Marquis (1996). *20 formules pédagogiques.* Presses de l'Université du Québec.

INTERMAN, Réseau international du développement du management en coopération avec le Programme de développement des Nations Unies (UNDP) et le Bureau international du travail (ILO) (1992). *Networking for Entrepreneurship Development.* Genève : Bureau international du travail.

Ruano-Borbalan J. C. (1998). « Méthodes d'enseignement : entre tradition et innovation ». Dans Jean-Claude Ruano-Borbalan (dir.), *Éduquer et former.* Éditions Sciences Humaines.

NOTE

1 Adapté du tableau 6 dans Béchard J.P. et J.M. Toulouse (1998). « Validation of a Didactic Model for the Analysis of Training Objectives », *Entrepreneurship Journal of Business Venturing*, vol. 13, nº 4, 317-332.

Chapitre 26

Des sites Web pour entrepreneurs

par Jean Talbot

Le World Wide Web est devenu au cours des dernières années une source d'information inestimable pour les entrepreneurs. On y trouve des renseignements sur pratiquement tout ce qui peut leur être utile pour le démarrage et l'exploitation de leur entreprise : statistiques industrielles, programmes d'aide gouvernementaux, guides pratiques, documents de recherche, liste de logiciels, liste de contacts et autres ressources. Cependant, comme il existe des centaines, voire des milliers de sites pertinents, trouver ce que l'on cherche peut rapidement devenir un exercice fastidieux. Par exemple, une recherche à partir du mot « entrepreneur » à l'aide du moteur de recherche Google (www.google.com) retourne plus d'un million de documents.

Ce chapitre présente quelques-uns des sites Web les plus intéressants pour l'entrepreneur québécois. Il ne s'agit aucunement de faire un inventaire exhaustif de tout ce qui est offert dans le Web. D'autres se sont déjà très bien acquittés de cette tâche. Par exemple, la liste des sites Web pertinents pour l'entrepreneur du site Info-entrepreneur (http://www.infoentrepreneurs.org/fre/liens_f.cfm) présente un panorama très complet de ce qui est aujourd'hui offert dans le Web. L'objectif est plutôt de présenter les sites incontournables que l'entrepreneur québécois devrait absolument conserver dans ses signets. Ces sites d'intérêt général sont tous très dynamiques et mis à jour régulièrement. Par conséquent, ils doivent être visités souvent. Ils sont aussi d'excellents points de départ pour repérer des ressources sur des sujets plus spécifiques.

26.1 LES UNIVERSITÉS QUÉBÉCOISES

26.1.1 Le Centre d'entrepreneurship HEC - Poly - UdeM

www.hec.ca/entrepreneurship/

Le Centre d'entrepreneurship HEC - Poly - UdeM est un organisme sans but lucratif et autonome qui cherche à susciter l'intérêt pour l'entrepreneurship en milieu universitaire et à soutenir de façon concrète la création d'entreprises. En plus de la description de la mission et des activités du Centre, son site Web propose des guides pratiques sur le démarrage d'entreprise, la rédaction du plan d'affaires et les questions juridiques. La section Liens propose une liste exhaustive de sites intéressants pour l'entrepreneur québécois.

26.1.2 La Chaire d'entrepreneuriat Rogers — J.-A. Bombardier

www.hec.ca/chaire.entrepreneurship

La Chaire d'entrepreneuriat Rogers — J.-A. Bombardier de l'École des HEC de Montréal cherche à faire avancer les connaissances en entrepreneurship et à soutenir le développement de l'entrepreneurship dans le milieu universitaire. La section Cahiers de recherche propose une liste de rapports de recherche portant sur différents sujets reliés à l'entrepreneurship, tels que l'éducation entrepreneuriale, l'entrepreneurship immigrant et ethnique, l'entrepreneurship féminin et le travail autonome.

26.1.3 Entrepreneuriat Laval

www3.fsa.ulaval.ca/el

Entrepreneuriat Laval est un organisme sans but lucratif qui « a pour mission de stimuler et d'accélérer l'émergence de projets, de soutenir l'innovation et le développement d'entreprises issues de l'Université Laval ». On retrouve

dans ce site de l'information sur les services offerts ainsi que sur les différentes activités.

26.1.4 L'Institut d'entrepreneuriat de la Faculté d'administration de l'Université de Sherbrooke

www.callisto.si.usherb.ca :8080/ient/index.html

L'institut d'entrepreneuriat a « pour mission de développer le potentiel entrepreneurial des étudiantes et étudiants de l'Université de Sherbrooke ». Son site
Web décrit les services offerts.

26.2 LES ORGANISMES DE PROMOTION DE L'ENTREPRENEURIAT

26.2.1 La Fondation de l'entrepreneurship

www.entrepreneurship.qc.ca

La Fondation de l'entrepreneurship a pour mission de promouvoir l'entrepreneurship au Québec et de produire des outils à l'intention des entrepreneurs.
Son site contient une grande quantité d'information sur l'entrepreneuriat. C'est
une référence essentielle pour tous les entrepreneurs.

La page d'accueil présente les dernières nouvelles sur les principaux événements dans le domaine de l'entrepreneurship (colloques, lancement d'un nouveau programme de financement, ouverture d'un centre, etc.).

La section Boutique de l'entrepreneur présente des volumes, des cédéroms,
des logiciels cassettes audio et vidéo et des logiciels regroupés en neuf
domaines d'intérêt :

- Démarrage d'entreprise.
- Gestion d'entreprise.
- Marketing.
- Vente.

- Exportation.

- Entreprises technologiques.

- Sensibilisation à l'entrepreneurship.

- Développement local.

- Portrait d'entrepreneur.

La section Réseau entrepreneurship propose des listes complètes et récentes de diverses ressources offertes dans le Web dans les domaines suivants :

- Évaluation du potentiel d'entrepreneuriat.

- Plan d'affaires.

- Études de marché.

- Organismes de soutien.

- Sites Internet spécialisés.

- Aide financière.

- Magazines/E-zines/télévision.

- Formation.

- Exportation/importation.

On trouve aussi dans cette section des listes de sites touchant à des domaines spécialisés, tels que l'entrepreneurship technologique, l'entrepreneurship jeunesse, l'entrepreneurship féminin, les travailleurs autonomes, l'entrepreneurship collectif et les réseaux d'entrepreneurs.

Le site propose également le questionnaire *Instrument de sensibilisation sur vos caractéristiques entrepreneuriales* (ISCE). Cet outil permet de comparer les caractéristiques entrepreneuriales du répondant avec celles des entrepreneurs et de la population en général. Il est offert à l'adresse http://www.entrepreneurship.qc.ca/Fondation/Potentiel/questionnaire.html.

26.2.2 Info entrepreneurs

http://www.infoentrepreneurs.org/

L'organisme Info entrepreneurs a été créé pour permettre aux gens d'affaires de consulter facilement l'information gouvernementale sur les différents programmes qui peuvent les aider. Cet organisme est membre du réseau des centres de service aux entreprises du Canada (http://www.rcsec.org). Ce site se distingue par la grande quantité d'information pertinente pour les entrepreneurs. En plus de la description de la mission de l'organisme, le site Web propose de nombreux guides pratiques sur différents sujets :

- Démarrage d'une entreprise au Québec : sources d'aide financière et technique.

- Services offerts à l'exportation : sources d'aide financière et technique.

- Programmes d'aide financière pour les entreprises en expansion.

- Réglementation relative aux permis et aux licences pour certains commerces.

- Les programmes d'embauche et de formation de la main-d'œuvre.

- Le travailleur autonome.

- Le financement du multimédia et de l'inforoute.

Le site permet aussi d'accéder à une base de données contenant les programmes, les services et certains règlements fédéraux s'adressant aux gens d'affaires.

Enfin, sa liste de sites d'intérêts pour les entrepreneurs est exhaustive et très intéressante (http://www.infoentrepreneurs.org/fre/liens_f.html). Cette liste comprend les sous-sections suivantes :

- Commerce électronique/Inforoute.

- Commerce international.

- Démarrage/Expansion.

- Innovation/R-D.

• Intérêt général.

• Main-d'œuvre/Formation.

26.2.3 L'Association des clubs d'entrepreneurs étudiants du Québec

www.acee.qc.ca

La mission de l'Association des clubs d'entrepreneurs étudiants du Québec (ACEE) consiste à créer des clubs d'entrepreneurs étudiants (CEE), à les animer et à les structurer en réseau dans les collèges et universités au Québec, et ce de façon à sensibiliser les jeunes à une option de carrière différente : celle de devenir leur propre patron. L'Association compte actuellement plus de 50 clubs dans les maisons d'enseignement supérieur au Québec et quelques autres clubs à l'extérieur du Québec, soit en Ontario, en France, en Belgique, au Togo et au Bénin.

26.2.4 La Fédération canadienne de l'entreprise indépendante

www.fcei.ca/default_F.asp

26.2.5 Réseau Entrepreneuriat

www.aupelf-uref.org/entrepreneuriat

Ce site est maintenu par l'Agence Universitaire de la Francophonie (AUF). Il contient une base de données très complète des enseignants-chercheurs en entrepreneuriat qui œuvrent dans les pays de la francophonie.

26.2.6 L'Agence pour la création d'entreprises

www.apce.com

L'Agence pour la création d'entreprises est un organisme français dont les objectifs sont « d'assurer la diffusion de l'esprit d'entreprise, d'informer les entrepreneurs, d'assister les professionnels dans leurs missions, et d'observer et d'analyser la création d'entreprise dans le but de déterminer les actions susceptibles d'en améliorer les causes et les effets ». Ce site est particulièrement intéressant pour ceux qui considèrent le marché français. Le site contient des liens vers d'autres sites Web, des études et statistiques et surtout des contacts éventuels.

26.2.7 L'Académie de l'entrepreneuriat

www.entrepreneuriat.com

La section Ressources contient une liste intéressante de thèses, ouvrages et revues sur l'entrepreneuriat

26.2.8 The Entrepreneurship Centre

www.entrepreneurship.com

Ce site, principalement en anglais, contient de nombreuses ressources pour l'entrepreneur. Les sections « Ressource Centre » et « Web Based Training Program » sont particulièrement intéressantes.

26.3 LES SITES GOUVERNEMENTAUX

26.3.1 Strategis

strategis.ic.gc.ca/

Strategis, développé par Industrie Canada, se veut le « site d'information du monde des affaires ». Il contient une quantité phénoménale de renseignements, d'études, de statistiques sur une très grande variété de sujets reliés au monde des affaires. C'est un site d'une qualité exceptionnelle qui devrait faire partie de la trousse à outils de tous les entrepreneurs. Les principales rubriques de Strategis sont les suivantes :

- Répertoires d'entreprises.
- Commerce et investissement.
- Information d'affaires par secteur.
- Analyse économique et statistiques.

• Recherche, technologie et innovation.

• Soutien à l'entreprise et financement.

• Licences, lois et règlements.

• Ressources - Emploi et apprentissage.

• Renseignements pour les consommateurs.

De plus, on y trouve différents guides et une carte du commerce canadien.

Comme ce site est très complet, il est un peu plus difficile que les autres à apprivoiser, mais il en vaut la peine.

26.3.2 La Banque de développement du Canada
www.bdc.ca

Les sections Démarrage d'entreprise, Croissance de votre entreprise et Jeunes entrepreneurs sont particulièrement intéressantes pour l'entrepreneur.

26.3.3 Le ministère de l'Industrie et du Commerce du Québec (MIC)
www.micst.gouv.qc.ca/index.html

Les sous-sections Entrepreneurship et Outils/publications de la section Entreprise et commerce sont particulièrement intéressantes pour l'entrepreneur. On y trouve de nombreux renseignements sur le démarrage d'entreprise, le plan d'affaires, l'entrepreneuriat féminin, la comptabilité par activités, le *benchmarking*, de nombreux rapports sur la conjoncture économique au Québec et une description des programmes d'aide. Le guide « Démarrer une entreprise » publié par Communication-Québec y est aussi accessible gratuitement en format html (http://www.comm-qc.gouv.qc.ca/fonder_0.htm) ou en format pdf (http://www.comm-qc.gouv.qc.ca/pdf/ent_f.pdf)

26.4 LES SITES AMÉRICAINS

Il existe de nombreux sites américains qui traitent de l'entrepreneurship en général. En voici quelques-uns, en ordre alphabétique, qui méritent une visite :

American Express, Small Business
(http://www.americanexpress.com/homepage/smallbusiness.shtml)

Bloomberg, Entrepreneur Network (www.bloomberg.com/business)

CCH Business Owner's Toolkit (http://www.toolkit.cch.com)

Entrepreneur.com (http://www.entrepreneur.com)

Entrepreneurial Edge (http://www.lowe.org)

eWeb, St. Louis University (http://eweb.slu.edu/Default.htm).

Home Business Online (http://www.homebusinessonline.com)

Quicken.com Small Business (http://www.quicken.com/small_business)

MIT Entrepreneurship Center
(http://entrepreneurship.mit.edu)

Netscape Netcenter, Netbusiness (http://netbusiness.netscape.com)

Small Business Administration, l'agence de promotion de l'entrepreneurship du gouvernement fédéral américain
(http://www.sbaonline.sba.gov).

Small Business Advisor (http://www.isquare.com)

Small Business Resource Center
(http://www.webcom.com/seaquest/sbrc/ welcome.html)

Yahoo Small Business (http://smallbusiness.yahoo.com)

SmallBizSearch.com
(portail spécialisé sur les petites et moyennes entreprises et sur l'entrepreneurship).

Bonne navigation !

La réalisation de soi et l'apprentissage entrepreneurial

par Louis Jacques Filion

On a lu dans cet ouvrage des éléments qu'on aura avantage à bien maîtriser pour se préparer à se lancer en affaires. La première partie du livre situe la dimension entrepreneuriale dans l'ensemble du système de vie. Elle introduit diverses avenues entrepreneuriales et suggère une approche pour mieux procéder à l'identification d'occasions d'affaires. Elle vise à procurer des bases en vue de travailler de façon créative à la conception de son projet d'entreprise.

On y a abordé les notions essentielles à l'élaboration d'un plan d'affaires en fonction de chacune des principales activités de gestion : la connaissance du secteur et du client, les bases comptables et financières, la gestion des opérations et du système d'information. Nous avons traité des dimensions juridiques et technologiques ainsi que de la gestion des ressources humaines. Pour faciliter la progression de l'apprentissage, nous avons suggéré une approche graduelle par la présentaton de deux niveaux de plans d'affaires : le sommaire et le classique. Nous avons donné quelques conseils pour démarrer l'entreprise, puis pour exercer avec succès le métier d'entrepreneur. Nous avons insisté sur l'importance du mentorat et avons présenté les critères les plus souvent utilisés pour évaluer les plans d'affaires.

Nous allons ainsi plus loin que l'apprentissage du seul plan d'affaires. En effet, on a vu trop de gens munis d'excellents plans d'affaires essuyer un échec dans les premiers mois après le lancement de l'entreprise parce qu'ils n'avaient pas été suffisamment encadrés et préparés au démarrage puis à l'exercice de leur nouveau métier d'entrepreneur et de dirigeant de petite entreprise. Par exemple, ils n'avaient rien acquis sur le plan de l'expertise en négociation, compétence pourtant essentielle dans les rapports avec les fournisseurs et les clients. C'est pourquoi nous avons tenu à apporter au futur entrepreneur une base plus complète et plus solide afin qu'il puisse augmenter ses chances de réussir son projet d'entreprise.

Le chapitre sur l'intégration dans l'entreprise familiale devrait amener plus d'un jeune à réfléchir à ce qui lui est possible de ce côté, sinon à commencer à penser dès la création de son entreprise à sa propre relève. Le fait de lancer une entreprise implique souvent une redéfinition de son savoir-être individuel et même familial. Une petite entreprise peut constituer un milieu extrêmement stimulant pour le développement intégral de la personne. L'éducation de masse a été inventée depuis un peu plus d'un siècle et a eu comme conséquence de séparer le travail de l'apprentissage. La démarche d'éducation, telle qu'elle est présentée dans les systèmes scolaires de la plupart des pays, est essentiellement centrée sur le développement de la partie gauche du cerveau, soit celle de l'analyse et de la rationalité. Une éducation holistique devrait impliquer tant les dimensions de la partie droite que celles de la partie gauche du cerveau. Le fait d'exploiter une petite entreprise dans une famille devrait être considéré comme un avantage majeur à ce sujet. Elle permet de soutenir le développement intégral et équilibré de la personne. Il faut savoir écouter et communiquer ; on ne doit pas abuser du potentiel des membres ; on doit se servir de l'entreprise comme moyen d'apprentissage et non comme moyen d'exploitation d'une main-d'œuvre captive (comme peuvent l'être les enfants, par exemple). Il faut responsabiliser chacun et savoir confier des tâches à la mesure de chaque âge. Pourquoi un si grand nombre de grands créateurs sont-ils issus de milieux où ils ont d'abord évolué dans une entreprise familiale ?

Revenons sur certains éléments de ce livre. Nous apportons d'abord des conseils sur l'importance des états d'équilibre de soi dans la pratique entrepreneuriale : pour l'entrepreneur, savoir réussir, c'est être en devenir tout en se sentant bien dans sa peau. La réussite vient à ceux qui se sont bien préparés. Elle vient aussi à ceux qui savent demeurer à l'écoute d'eux-mêmes et respecter ce qu'ils sont. Ceux-là vivront beaucoup moins de stress et de tensions. Leur progression sera continue plutôt qu'en dents de scie, ce qui rendra leur travail plus facile à suivre et à comprendre par leur entourage. Cela se manifeste non seulement dans la façon dont on se comporte, mais aussi dans la relation avec les autres.

On pensera à bien s'entourer. De nos jours, cela ne signifie pas seulement de savoir embaucher les personnes compétentes ou de choisir les meilleurs sous-traitants, mais de trouver des personnes qui seront en mesure de donner de bons conseils. Cela peut se faire de trois façons.

D'abord, il faut que les proches puissent suivre l'évolution de l'entreprise. Dans certains cas, se lancer en affaires signifie couper les ponts avec ses proches. Il s'agit là d'un scénario qui peut devenir dramatique, tant pour le nouvel entrepreneur que pour ses intimes. Des recherches démontrent que, trop souvent, ces derniers ne vivent que les effets négatifs de la nouvelle entreprise. Au lieu de devenir complices dans le nouveau projet, ils en sont exclus. Ils en entendent parler seulement lorsque quelque chose va mal. L'entrepreneur doit sans cesse s'excuser au moment des activités de famille ou de couple parce qu'il ne peut être présent. Nos recherches nous ont appris que la grande majorité des entrepreneurs qui réussissent savent communiquer ce qu'ils vivent à leur entourage immédiat. Ils savent les engager dans ce qu'ils font. Jean Coutu consulte encore son épouse pour obtenir ses conseils quant à l'emplacement d'une nouvelle pharmacie.

L'entrepreneur doit également s'entourer de quelques personnes compétentes. Il aura avantage à fréquenter quelques clubs ou associations d'affaires, chambres de commerce et autres activités semblables. Mais rien ne vaut un bon tuteur, quelqu'un qu'on a choisi et qui peut servir de guide, de mentor, de conseiller. Il n'y a rien comme un entrepreneur pour comprendre un autre entrepreneur. Comment le trouver ? Il est recommandé de chercher quelqu'un qui a de l'expérience de la pratique des affaires. Certains préfèrent quelqu'un de plus âgé ; d'autres, quelqu'un de plus jeune, peu importe. Il faut quelqu'un avec qui l'on se sent à l'aise et qui sait poser les bonnes questions plutôt que de donner des réponses toutes faites. Pensez à toutes les personnes que vous connaissez qui pourraient remplir ce rôle. Si vous n'en connaissez pas, consultez l'association des anciens ou des diplômés d'une institution que vous avez fréquentée ou une association d'affaires et informez-vous. Cherchez à connaître une personne qui répond aux critères que vous vous êtes donnés. Invitez cette personne à manger avec vous une fois par mois.

Une autre façon de s'entourer consiste à mettre en place un comité-conseil. Il suffit de choisir trois ou quatre personnes complémentaires : un entrepreneur d'expérience ou le tuteur, si on en a déjà un, une personne en marketing et une ou deux autres sélectionnées en fonction des besoins de l'entreprise. Souvent, on recrute des cadres de grande entreprise. Le comité peut se réunir deux ou trois fois par année pendant une soirée pour discuter de stratégie. Il revient à l'entrepreneur de conserver ce qu'il juge approprié des conseils qui seront émis.

On peut utiliser son plan d'affaires et le transformer en plan stratégique. Au fur et à mesure qu'on progresse, on met son plan stratégique à jour. Mon expérience avec les comités-conseils m'a appris que les plus efficaces sont ceux où le plan stratégique est remis à jour après chaque séance et est envoyé aux membres, avec un ordre du jour précis indiquant les questions qui seront abordées, au moins un mois avant chaque séance. On a ainsi le temps de mieux se préparer. Voici quelques exemples de questions qui auront avantage à être remises constamment sur la table et discutées au cours de ces rencontres : Qui est le client ? Qu'achète-t-il lorsqu'il achète le produit ou le service ? Où en sommes-nous par rapport aux concurrents ? Où et comment améliorer nos marges ?

Se lancer en affaires, ce n'est pas une fin en soi. C'est un moyen pour grandir, apprendre, évoluer, croître, se réaliser. À partir du moment où un entrepreneur considère l'entreprise comme plus importante que les humains qui la composent, il est inévitable qu'apparaissent des tensions de toutes natures. La première ressource de l'entreprise, c'est soi-même. Il faut savoir bien s'utiliser et non s'exploiter. Le même principe s'applique à ses relations avec les autres.

Nous sommes à l'ère de l'entreprise réseau. Les entreprises auront de plus en plus tendance à rester petites et à fonctionner en réseaux tant pour confier en sous-traitance la fabrication de certains produits et la mise en forme de certains services que la mise en marché. Le nombre d'entreprises qui accèdent rapidement au marché international augmente chaque année et, dans bien des cas, si l'on veut progresser dans ces marchés, il est nécessaire de conclure des alliances avec d'autres entreprises de différents pays. Il importe d'élaborer un système qui soit cohérent, flexible et facilement ajustable. Le fait de rester petit et d'apprendre à faire affaire et à négocier avec d'autres fera de plus en plus la différence entre ceux qui réussiront et les autres. Apprendre à communiquer et à pratiquer une certaine transparence peut devenir un atout.

Un des derniers chapitres offre de belles pistes de réflexions sur l'éducation et la formation entrepreneuriale. Nous sommes à l'ère de l'entreprise et de la société apprenantes. Les projets d'entreprise qui ont les meilleures chances de réussir sont ceux où l'on se sera donné de meilleurs moyens d'apprendre. On ne peut dissocier sa propre évolution de celle de l'entreprise. Une entreprise ne sera jamais plus grande que celles et ceux qui la composent. Il faut se donner les moyens de grandir et permettre à ceux qui nous entourent de le faire aussi. Nous sommes à l'ère de l'apprentissage permanent et de l'organisation apprenante. Tout le monde y gagne.

BIBLIOGRAPHIE[1]

Abrams, R. M. (1996). *The Successful Business Plan: Secrets & Strategies.* Oasis Press.

Adams, B. (1998). *Adams Streetwise Complete Business Plan: Writing a Business Plan Has Never Been Easier.* Holbrook, Mass.: Adams Media Corporation.

André, C. (2000). *Start-up: Année 0.* Paris: Les Echos édition.

André, C. (2000). *Start-up: Année 1.* Paris: Les Echos édition.

Arkebauer, J. B. (1995). *The McGraw-Hill Guide to Writing a High-Impact Business Plan: A Proven Blueprint For Entrepreneurs.* New York, Toronto: McGraw-Hill.

Ashbrook, T. (2000). *The Leap.* Boston: Houghton Mifflin.

Bangs, D. H. Jr. (1998). *The Start-Up Guide: A One-year Plan for Entrepreneurs,* 3e éd., Chicago: Upstart.

Bangs, D.H. (1998). *The Business Planning Guide: Creating a Plan for Success in Your Own Business,* 8e éd., Chicago: Upstart.

Bangs, D.H. Jr. et A. Axman (1998). *Launching Your Home-Based Business: How to Successfully Plan, Finance, and Grow your Venture.* Chicago: Upstart.

Barrow, C., P. Barrow et R. Brown (1998). *The Business Plan Workbook,* 3e éd., London: Kogan Page.

Basso, O. et P. Bieliczky (1999). *Guide pratique du créateur de start-up: Créer, financer, développer une entreprise innovante.* Paris: Éditions d'Organisation.

Bégin, J.-P. et D. L'Heureux (1995). *Des occasions d'affaires : 101 idées pour entreprendre.* Montréal : Les Éditions Transcontinental.

Bégin, J.-P., S. Laferté et G. Saint-Pierre (1994). *Guide de l'étudiante et de l'étudiant : Je démarre mon entreprise.* Université de Sherbrooke : Fondation de l'Entrepreneurship.

Belley, A. et J. Lorrain (1990). *Concours d'excellence : « Devenez entrepreneur ».* Association des Cadres de l'Éducation aux Adultes des Collèges du Québec.

Belley, A., L. Dussault et S. Laferté (1996). *Comment rédiger son plan d'affaires.* Montréal : Les Éditions Transcontinental.

Bergeron, P. (2000). *Veille stratégique et PME : Comparaison des approches gouvernementales de soutien.* Sainte-Foy : Presses de l'Université du Québec.

Berle, G. (1990). *Planning and Forming Your Company.* New York : Wiley.

Bernasconi, M., M. Monsted, et Coll. (2000). *Les start-up high tech : Création et développement des entreprises technologiques.* Paris : Dunod.

Bessis, J. (1993). *Business plan : Concevoir et rédiger un plan de développement.* Paris : F. Nathan.

Birley, S., et D. Muzyka (1998). *L'art d'entreprendre /*, préf. de Ernest-Antoine Sellière. Paris : Financial Times, éd., Village Mondial.

Blackwell, E. (1998). *How to Prepare a Business Plan : Planning for Successful Start-Up and Expansion,* 3ᵉ éd., London : Kogan Page.

Blanchard, K., T. Waghorn, et J. Ballard (1997). *Mission possibl : Créer une entreprise de niveau mondial pendant qu'il en est encore temps.* Montréal, Toronto : Chenelière/McGraw-Hill.

Blechman, B. J. et J. C. Levinson (1991). *Guerrilla Financing : Alternative Techniques to Finance Any Small Business.* Boston : Houghton Mifflin.

Block, Z. et I. C. MacMillan (1993). *Corporate Venturing: Creating New Businesses Within the Firm.* Boston, Mass.: Harvard Business School Press.

Boivin, F. (1999). *Créer et gérer une petite entreprise.* Québec: Direction de la formation générale des adultes du ministère de l'Éducation du Québec: Joint Federal-Provincial Literacy Training Initiatives.

Bonnier, Y. (1996). *Subventions et autres aides pour la PME.* Éditions Graphico.

Borderie, A. (1998). *Financer les PME autrement: Le capital-investissement: Des fonds propres pour les entrepreneurs.* Paris: Maxima, Laurent du Mesnil.

Bordron, J. M. (1999). *Créer son entreprise touristique: De l'idée au plan d'affaires.* Nicolet: Corporation de développement agroalimentaire-forêt du Centre-du-Québec.

Brannen, W.H. (1998). *Business Plans That Work for Your Small Business Choice.* Middletown.

Brenner, G., J. Ewan et H. Custer (1990). *The Complete Handbook for The Entrepreneur.* Englewood Cliffs, N-J: Prentice Hall.

Brossier, J. (1998). *Gestion des exploitations et des ressources rurale: Entreprendre, négocier, évaluer.* Versailles (France): INRA.

Carroll, J., et R. Broadhead (1998). *Small Business Online: A Strategic Guide for Canadian Entrepreneurs.* Ontario: Prentice Hall.

Clark, S. A. (1991). *Beating the Odds.* New York: Amacom.

Coltman, M. M. (1991). *Start and Run a Profitable Restaurant: A Step-by-Step Business Plan.* North Vancouver, C.-B.: Self-Counsel Press.

Conseil de la Coopération du Québec (1999). *Démarrer et gérer une entreprise coopérative.* Montréal: Les Éditions Transcontinental.

Conseil du trésor du Canada (1994). *Conseils utiles sur la rédaction d'un plan d'entreprise efficace*. Ottawa.

Corbeil, P. (1995). *Entreprendre par le jeu : Un laboratoire pour l'entrepreneur en herbe*. Montréal : Les Éditions Transcontinental.

Cossette, C. (1998). *La créativité en action*, 2ᵉ éd., Montréal : Les Éditions Transcontinental.

Coté, M. et E. Kamdem (1997). *Maître de son temps : Parce que chaque minute compte*, 3ᵉ éd., Montréal : Les Éditions Transcontinental.

Covello, J. A. et B. J. Hazelgren (1998). *Your First Business Plan : A Simple Question and Answer Format Designed to Help You Write Your Own Plan*, 3ᵉ éd., Naperville : Sourcebooks.

De Thomas, A. R. et N. B. Fredenberger (1995). *Writing a Convincing Business Plan*. New York : Barron's.

Dell'Aniello, P. (2000). *Un plan d'affaires gagnant*, 4ᵉ éd., Montréal : Les Éditions Transcontinental.

DeLuca, F. et J.P. Hayes (2000). *Start Small, Finish Big : Fifteen Key Lessons to Start and Run Your Own Successful Business*. New York : Warner Books.

Desseigne, G. (1998). *La création d'entreprise*, 2ᵉ éd., Paris : Presses universitaires de France.

Dubuc, Y. et B. Van Coillie-Tremblay (1994). *En affaires à la maison : Le patron c'est vous*. Montréal : Les Éditions Transcontinental.

Duguay, E. et A. Samson (1998). *Se lancer en affaires dans internet*. Montréal : Les Éditions Transcontinental.

Dupont, E. et H. Gaulin (1994). *Se lancer en affaire : Les étapes pour bien structurer son projet d'entreprise*, 2ᵉ éd., Publications du Québec, Gouvernement du Québec.

Engrand, S. (1999). *Le grand guide pratique pour se mettre à son compte: Apprendre à entreprendre: Concrètement que dois-je faire?*. Paris: Maxima-L. Du Mesnil.

Eyler, D. R. (1990). *Starting and Operating a Home-Based Business*. New York: Wiley.

Ferré, J.-L.(2000). *Les start-up: Nouvelle économie, nouvel eldorado?* Toulouse: Éditions Milan.

Filion, L. J. (1990). *Les entrepreneurs parlent: Neuf entrepreneurs de cinq pays différents*. Montréal: Éditions de l'Entrepreneur.

Fisher, L. L. (1995). *On Your Own*. Englewood Cliffs, NJ: Prentice Hall.

Force Marketing (1994). *Le rédacteur de plans d'entreprise du 21ᵉ siècle*. Montréal: EZ-WRITE™.

Fortin, P. A. (1992). *Devenez entrepreneur*, 2ᵉ éd., Montréal: Les Éditions Transcontinental.

Franks, L.(2000). *The SEED Handbook: The Feminine Way to Do Business*. New York: Putnam; London: Thorsons.

Fry, F. L. et C. R. Stoner (1995). *Strategic Planning for The New and Small Business*. Dover, N.H.: Upstart.

Gasse, Y. et A. D'Amours (2000). *Profession: Entrepreneur*, 2ᵉ éd., Montréal: Les Éditions Transcontinental.

Girard, A. G. (1998). *S'associer: Pour le meilleur et pour le pire*. Montréal: Les Éditions Transcontinental.

Golzen, G. (1991). *The Daily Telegraph Guide to Self-Employment: Working for Yourself*, 12ᵉ éd., London: Kogan Page.

Good, W. S. (2000). *Building a Dream: A Comprehensive Guide to Starting a Business of Your Own.* Toronto: McGraw-Hill.

Gray, D. et D. Gray (2000). *The Complete Canadian Small Business Guide.* 3ᵉ éd., Whitby, Ont.: McGraw-Hill Ryerson.

Green, J. (1998). *Starting Your Own Business: How to Plan and Create a Successful Enterprise.* 2nd Ed. Plymouth: How To Books.

Gumpert, D. E. (1990). *Guide to Creating a Successful Business Plan.* Boston: Inc. Pub.

Gumpert, D. E. (1994). *How to Really Create a Successful Marketing Plan.* Boston: Inc Publ.

Gumpert, D.E. (1994). *How to Really Create a Successful Business Plan: Step-by-Step Guide.* Boston, MA: Inc. Pub.

Hall, D. A. (1995). *1101 Businesses You Can Start From Home: The World's Most Complete Directory of Part-time and Full-time Business Ideas.* New York: Wiley.

Hawkins, B. et G. C. Bage (1990). *Think Up a Business: How to Come Up with an Idea for a New Business.* Worcester: Rosters.

Hillstrom, K. et L. C. Hillstrom (1998). *Encyclopedia of Small Business.* Detroit: Gale Research.

Hisrich, R. D. et M.P. Peters (1992). *Entrepreneurship: Starting, Developing, and Managing a New Entreprise.* Homewood, Il: BPI\Irwin.

Holtz, H. (1994). *The Business Plan Guide for Independent Consultants.* New York, Toronto: Wiley.

Hyypia, E. (1992). *Crafting the Successful Business Plan.* Englewood Cliffs, NJ: Prentice Hall.

Inman, K. (2000). *Women's Resources in Business Start-Up : A Study of Black and White Women Entrepreneurs*. New York : Garland.

Jacksack, S. M. (1998). *Business Plans That Work : For Your Small Business*. Chicago, Ill. : CCH Incorporated.

Jacksack, S. M. (1998). *Start, Run & Grow a Successful Small Business* 2ᵉ éd., Chicago, Ill. : CCH Incorporated.

Johnson, R. (1992). *The 24 Hour Business Plan : A Step-by-step Guide to Producing a Tailor-Made Professional Business Plan in 24 Working Hours*, 2ᵉ éd., Century Business.

Jones, K. (1996). *The Adams Businesses You Can Start Almanac*. Mass : Adams Media Corporation.

Joquet, C. (1994). *Emploi : Des idées qui marchent*. Alleur (Belgique) : Marabout.

Kahrs, K. et K. E. Koek (1995). *Business Plans Handbook : A Compilation of Actual Business Plans Developed by Small Businesses Throughout North America*, 1ʳᵉ éd., Detroit : Gale Research.

Kawasaki, G. C. (1999). *Rules for Revolutionaries*. Harper Business.

Keays, P. et B. Mowat (1990). *Home-Based Business : Staring Your Home-Based Business*. Victoria : Ministry of Regional and Economic Development.

Kennedy, D. S. (1997). *How To Succeed in Business by Breaking All the Rules : A Plan for Entrepreneurs*. Dutton.

Kishel, G. et P. Kishel (1991). *Start, Run and Profit From Your Own Home-Based Business*. New York : Wiley.

Koffler, R. R. et J. Lepage (1995). *Le plan d'affaires*. CDEC Centre-Nord. Éditions Montparnasse.

Krass, P. (Ed.) (1999). *The Book of Entrepreneurs' Wisdom: Classic Writings by Legendary Entrepreneurs.* New York : Wiley.

Laferté, S. (1994). *Trouvez votre idée d'entreprise et devenez entrepreneur.* Montréal : Les Éditions Transcontinental.

Laferté, S. (1998). *Comment trouver son idée d'entreprise,.* 3ᵉ éd., Montréal : Les Éditions Transcontinental.

Laferté, S. et G. Saint-Pierre (1997). *Profession : Travailleur autonome.* Montréal : Les Éditions Transcontinental.

Lafrance, M. (1991). *Les secrets de la croissance.* Montréal : Les Éditions Transcontinental.

Langdon, S. et Toronto Fashion Incubator (Firme) (1998). *How to Prepare a Business Plan : Designed for Fashion Entrepreneurs.* Toronto : Toronto Fashion Incubator.

Larue, J. (1994). *Guide d'autoévaluation.* Montréal : Institut québécois de la qualité totale.

Lepage, J. et R. R. Koffler (1995). *Le plan d'affaires.* Montréal : Éditions Montparnasse, Collection Réussir en affaires.

Levison, L. (1994). *Filmmakers and Financing : Business Plans For Independents.* Boston : Focal Press.

Lhotte, C. et M. Duménil (1999). *La création d'entreprise : Tout ce qu'il faut savoir pour réaliser son projet,* 2ᵉ. éd., Rueil-Malmaison (France) : Éditions Liaisons.

Lochard, J. (1997). *Créer, reprendre, gérer une petite entreprise.* Paris : Éditions d'Organisation.

Luther, W. M. (1991). *The Start-Up Business Plan.* New York, Toronto : Prentice Hall.

Maire, C. (1994). *Construire et utiliser un plan de développement : Le business-plan.* Paris : Éditions d'Organisation.

Mancuso, J. R. (1992). *How to Prepare and Present a Business Plan.* New York : Fireside (1983 : Prentice Hall).

Mariotti, S., T. Towle et D. DeSalvo (1996). *The Young Entrepreneur's Guide to Starting and Running a Business.* New York : Random House.

McLaughlin, H.J. (1992*). The Entrepreneur's Guide to Building a Better Business Plan : A Step-by-Step Approach,* 2ᵉ éd., New York : Wiley.

Morisset, L.E. (1994). *Le guide pratique de l'inventeur.* Montréal : CMP, Centre canadien d'innovation industrielle.

Nadeau, J. B. (1997). *Le guide du travailleur autonome : Tout savoir pour faire carrière chez soi.* Montréal : Éditions Québec/Amérique.

O'Hara, P. D. (1990). *The Total Business Plan : How to Write, Rewrite, and Revise.* New York : Wiley.

Pallanca-Pastor, G., J.-P. Gailloux et F. Cazalas (2000). *Business Angel : Une solution pour financer les start-up.* Quatrième tirage, Paris : Éditions d'Organisation.

Papin, R. (2001). *Stratégie pour la création d'entreprise : Création, reprise, développement,* 9ᵉ éd., Paris : Dunod.

Perreault, J. et R. Perreault (1999). *Tout ce que l'entrepreneur doit savoir : Le guide juridique du nouvel entrepreneur.* Farnham, Québec : Publications CCH ltée.

Perreault, Y. G. (1994). *Un plan d'affaires stratégique vers le succès.* Boucherville : Gaëtan Morin Éditeur.

Pinson, L. et J. Jinnett (1996). *Anatomy of a Business Plan: Step-by-Step Guide to Starting Smart, Building the Business and Securing Your Company's Future*, 3e éd., Chicag: Upstart.

Polynôme (1999). *Le risque d'entreprendre*. Toulouse: Milan.

Rice, F. H. (1990). *Starting a Home-Based Business*. Manhattan, KS.: Kansas Rural Entreprise Institute.

Ross, L. M. (1998). *Businessplan.Com: How to Write a Web-Woven Strategic Business Plan*, 1re éd., Central Point, OR.: Oasis Press.

Ruud, M. et L. Lloyd (1999). *Les affaires en ligne: Un guide pratique pour les petites et moyennes entreprises*. Vancouver: Association des comptables généraux accrédités du Canada.

Ryan, J. D., R. J. Ray et G. P. Hiduke (1999). *Small Business: An Entrepreneur's Plan*. 5e éd., Fort Worth: Dryden Press.

Rye, D. E. (1995). *The Vest-Pocket Entrepreneurs*. Englewood Cliff, N.J.: Prentice Hall.

Sammut, S. (1998). *Jeune entreprise: La phase cruciale du démarrage*. Paris: L'Harmattan.

Samson, A. (2001). *J'ouvre mon commerce de détail: 24 activités destinées à mettre toutes les chances de votre côté,* 2e édition. Les Éditions Transcontinental et la Fondation de l'entrepreneurship.

Samson, A., en collaboration avec P. Dell'Aniello (1997). *Devenez entrepreneur: Plan d'affaires* 2.0. (version cédérom ou version disquette). Les Éditions Transcontinental et la Fondation de l'entrepreneurship.

Samson, A. et P. Dell'Aniello (2000). *Un plan d'affaires pour le travailleur autonome*: Un livre-logiciel pour développer votre projet d'entreprise. Drummondville: Société-conseil Alain Samson.

Schilit, W. K. (1990). *The Entrepreneur's Guide to Preparing a Winning Business Plan and Raising Venture Capital*. Englewood Cliffs, NJ : Prentice-Hall.

Sheedy, E. (1990). *Start and Run a Profitable Home-Based Business*. North Vancouver, C.-B. : Self-Counsel Press.

Shepherd, D.A. et E. J. Douglas (1999). *Attracting Equity Investors : Positioning, Preparing, and Presenting the Business Plan*. Thousand Oaks, Calif. : Sage Publications.

Siegel, E.S., B. R. Ford et J. M. Borstein (1993). *The Ernst & Young Business Plan Guide*. 2ᵉ éd., New York : Wiley.

Siegel, J. et J. Shim (1991). *Keys to Starting a Small Business*. New York : Barron's.

Smith K., C. Hoffman et T. Wolfgram (1990). *How to Run Your Own Home Business*. Lindolnwood : VGM Career Horizons.

Sova, P.P. (1991). *The Business Plan and Planning in Small Business*. Ann Arbor, Mich. : UMI Dissertation Information Service.

Stephen H. (2000). *Kick-Starter.Com : The Definitive European Internet Start-Up Guide*.

Stolze, W. (1996). *Start-Up : An Entrepreneur's Guide To Launching and Managing A New Business*. 4ᵗᵉ éd., Franklin Lakes, NJ. : Career Press.

Stolze, W.J. (1999). *Start-Up : An Entrepreneur's Guide to Launching and Managing a New Business*. 5ᵉ éd., Publisher Franklin Lakes, NJ : Career Press.

Stutely, R. (2000). *Business plan en action*. Paris : Les Échos édition.

Swanson, W. et M. Myers (1992). *Business Planning for Cooperatives*. Madison, NY : Cooperative Development Services.

Szydlik, S. et L. Wood (2000). *E-trepreneur! : A Radically Simple and Inexpensive Plan for a Profitable Internet Store in Seven Days!* New York : Wiley.

Taylor, M. et R. Taylor (1992). *Start and Run a Profitable Bed and Breakfast : Your Step-by-Step Business Plan.* North Vancouver, C.-B. : Self-Counsel Press.

Tebeaux, E. (1990). *Design of Business Communications : The Process and The Product.* New York : Macmillan.

Tiffany, P. et S. D. Peterson (1997). *Business Plans for Dummies.* IDG Books Worldwide.

Timmons, J. F. (1999). *New Venture Creation : Entrepreneurship for The 21st Century.* 5e éd., Boston : Irwin.

Vallée, D. (1996). *La passion d'entreprendre : Guide du travail indépendant, des micro-entreprises et des entreprises à domicile.* Montréal : Centreprendre, micro-édition.

Van Osnabrugge, M. et R. J. Robinson (2000). *Angel Investing : Matching Start-Up Funds With Start-Up Companies : A Guide for Entrepreneurs and Individual Investors.* San Francisco : Jossey-Bass.

Verstraete, T. (dir.) (2000). *Histoire d'entreprendre : Les réalités de l'entrepreneuriat.* Caen : Éd. EMS, Management & Société.

Vesper, K. H. (1990). *New Venture Strategies.* Rev.Ed. , Englewood Cliff, NJ : Prentice Hall.

Vesper, K. H. (1993). *New Venture Mechanics.* Englewood Cliff, NJ : Prentice Hall.

Vesper, K. H. (1994). *New Venture Experience.* Seattle, Wa. : Vector Books.

Vinturella, J. B. (1999). *The Entrepreneur's Fieldbook.* Englewood Cliff, NJ : Prentice Hall.

West, A. et National Westminster Bank (1998). *A Business Plan : Build a Great Plan for The Growing Business*. 3ᵉ éd., London : Financial Times Management.

Westcoast Development Group (1992). *The Business Plan Package*. C.-B. : Port Alberni.

Yon, B. (1992). *Innovation et capital risque : Le cas des biotechnologies*. Paris : Éditions d'Organisation.

Youth Employment Services (1997). *Montreal Entrepreneur's Guidebook*. Montréal : Les Éditions Transcontinental.

Zuckerman, L. B. (1990). *On Your Own : A Woman's Guide to Building a Business*. Poner : Upstart.

NOTE

1 Nous n'avons retenu que les livres les plus couramment utilisés sur la création et le démarrage d'entreprise publiés à compter de 1990.

COLLECTION
ENTREPRENDRE

Profession : patron
Pierre-Marc Meunier
21,95 $ • 152 pages, 1998

S'associer pour le meilleur et pour le pire
Anne Geneviève Girard
21,95 $ • 136 pages, 1998

L'art de négocier
Ministère de l'Industrie et du Commerce
9,95 $ • 48 pages, 1998

La comptabilité de gestion
Ministère de l'Industrie et du Commerce
9,95 $ • 48 pages, 1998

La gestion financière
Ministère de l'Industrie et du Commerce
9,95 $ • 48 pages, 1998

Le marketing
Ministère de l'Industrie et du Commerce
9,95 $ • 48 pages, 1998

La vente et sa gestion
Ministère de l'Industrie et du Commerce
9,95 $ • 48 pages, 1998

La gestion de la force de vente
Ministère de l'Industrie et du Commerce
9,95 $ • 48 pages, 1998

Le marchandisage
Ministère de l'Industrie et du Commerce
9,95 $ • 48 pages, 1998

La publicité et la promotion
Ministère de l'Industrie et du Commerce
9,95 $ • 48 pages, 1998

La gestion des opérations
Ministère de l'Industrie et du Commerce
9,95 $ • 48 pages, 1998

La gestion des stocks
Ministère de l'Industrie et du Commerce
9,95 $ • 48 pages, 1998

Les mesures légales et la réglementation
Ministère de l'Industrie et du Commerce
9,95 $ • 48 pages, 1998

La sécurité
Ministère de l'Industrie et du Commerce
9,95 $ • 48 pages, 1998

La qualité des services à la clientèle
Ministère de l'Industrie et du Commerce
9,95 $ • 48 pages, 1998

Comment gagner la course à l'exportation
Georges Vigny
27,95 $ • 200 pages, 1997

La révolution du savoir dans l'entreprise
Fernand Landry
24,95 $ • 168 pages, 1997

**Devenez entrepreneur 2.0
(version sur disquettes)**
Plan d'affaires
Alain Samson
39,95 $ • 4 disquettes, 1997

Profession : travailleur autonome
Sylvie Laferté et Gilles Saint-Pierre
24,95 $ • 272 pages, 1997

Des marchés à conquérir
Guatemala, Salvador, Costa Rica et Panama
Pierre-R. Turcotte
44,95 $ • 360 pages, 1997

La gestion participative
Gérard Perron
24,95 $ • 212 pages, 1997

Comment rédiger son plan d'affaires
André Belley, Louis Dussault, Sylvie Laferté
24,95 $ • 276 pages, 1996

J'ouvre mon commerce de détail
Alain Samson
29,95 $ • 240 pages, 1996

Communiquez ! Négociez ! Vendez !
Alain Samson
24,95 $ • 276 pages, 1996

La formation en entreprise
André Chamberland
21,95 $ • 152 pages, 1995

Profession : vendeur
Jacques Lalande
19,95 $ • 140 pages, 1995

Virage local
Anne Fortin et Paul Prévost
24,95 $ • 275 pages, 1995

Comment gérer son fonds de roulement
Régis Fortin
24,95 $ • 186 pages, 1995

Des marchés à conquérir
Chine, Hong Kong, Taiwan et Singapour
Pierre R. Turcotte
29,95 $ • 300 pages, 1995